Data Analysis with Mplus

Mplus를 이용한 데이터 분석

Christian Geiser 저 | 김진현·한지나 공역

학지사

Translation from the German language edition:
Datenanalyse mit Mplus
Eine anwendungsorientierte Einfuhrung
by Christian Geiser

역자 서문

Mplus는 다변량 통계분석 프로그램으로 관측변수와 잠재변수를 포함한 구조방정식모델을 분석하는 데 활용되고 있다. Mplus는 구조방정식모델을 분석하는 AMOS, LISREL 프로그램과 유사하지만, 연속형 변수뿐만 아니라 비연속형 변수를 포함한 모델의 분석이 가능하고, 사용자 친화적인 명령어로 현존하는 거의 모든 구조방정식모델의 분석이 가능하다.

이 역서는 이러한 Mplus를 좀 더 쉽게 다룰 수 있도록 훌륭한 안내서 역할을 할 수 있다. Mplus는 개발자를 중심으로 Mplus 사용자들의 질문에 대한 답변을 제공하는 온라인 네트워크가 활성화되어 있다. 역자도 Mplus를 사용할 때, 오류 메시지가 뜨거나 궁금증이 생길 때마다 기존의 Q & A 기록들을 검색하여 해결방법 및 답의 일부분을 얻을 수 있었다. 하지만, 이러한 과정이 초보 사용자들에게는 굉장히 번거롭다는 문제가 있다.

이 역서의 큰 장점은 바로 Mplus를 사용할 때 기술적으로 경험할 수 있는 어려움을 책의 내용을 통해 쉽게 해결해 나갈 수 있도록 도울 만한 도구 역할을 하고 있다는 것이다. 아주 사소한 오류임에도 불구하고 오류로 인해 다음 과정으로 진행되지 못할 때의 답답함은 누구나 한 번쯤 경험해 보았을 것이다. 물론 이 역서가 모든 오류에 대한 답을 주지는 못한다. 하지만, 적어도 이 역서가 Mplus를 통해 기본적인 모델을 분석하는 데 필요한 과정들과 자주 발생하는 오류 해결법들을 제시하고 있으므로, 이 역서를 참고로 하여 Mplus를 활용한 분석을 한다면 답답함이 조금은 덜할 것이라고 확신한다.

이 역서는 구조방정식과 관련한 수리적인 방법론이나 개념적인 이론 설명보다는 기본적인 개념을 간단하게 설명하고 모델분석에 프로그램을 이용하는 방법을 설명하는 데 초점을 두고 있으며, 사회과학의 데이터를 활용하여 실제 모델추정과 결과 해석, 문제 해결방법 등을 설명하고 있다.

먼저, 이 역서는 SPSS를 이용하여 원(raw)데이터를 Mplus로 어떻게 불러올지에 대한 설명부터 시작하여 제3장까지는 사회과학에서 주로 사용되는 회귀분석, 매개분석 등을 포함한 선형구조방정식모델들에 대한 내용으로 구성되었다. 특히 구조방정식을 이용하여 매개분석을 어떻게 할 것인지 비교적 자세하게 기술하고 있다. 제4장부터는 구조방정식을 활용한 고급통계분석 기법들을 소개하고 있는데, 구조방정식을 활용한 종단분석에서 기초가 되는 다양한 측정불변성에 대한 검증과 시간의 경과에 따른 잠재변수의 평균변화율과 분산을 분석하는 잠재성장모델들을 다루고 있다. 제5장은 다층적으로 구성된 자료를 분석하는 다수준 분석을 다루고 있는데, 기초모델인 절편-단독(intercept-only) 모델부터 임의 절편 및 기울기(random intercept and slope) 모델의 특징까지 단계별로 친절히 설명해 주고 있다. 마지막으로, 제6장은 Mplus에서 비연속형 변수를 포함한 구조방정식모델의 분석으로 잠재계층분석(latent class analysis)을 소개하고 있다. 잠재계층분석은 특정 비연속형 자료를 분석하여 동질적인 집단을 추출하여 특성을 파악하고, 이에 영향을 미치는 외부변수들을 분석할 수 있다.

이 역서는 기존의 구조방정식 책들과 달리 구조방정식의 기초부터 고급통계분석까지를 포괄하고 있어 구조방정식 공부를 시작하는 사람들뿐만 아니라 구조방정식을 활용하여 고급통계분석을 하려는 연구자들에게 폭넓게 활용될 수 있을 것으로 기대된다.

역자들은 Mplus를 좀 더 능숙하게 사용하고 싶고, 구조방정식모델들에 대해 더 공부하고 싶다는 생각에 Geiser의 책에 관심을 두기 시작하였고, 이러한 관심과 공부의 결과물로 이 역서가 나오게 되었다. 원문의 세세한 부분들을 여러 번의 교정 작업을 통해 최대한 전달하려 했지만, 번역으로 인한 오류가 발견된다면 언제든지 지적해 주기 바란다. 이 역서를 공부하면서 역자들이 느꼈던 해소감과 정리되는 듯한 경험을 독자들도 경험하고, Mplus를 활용한 연구모형 분석에 좀 더 자신감을 가질 수 있기를 소망해 본다.

2019년 3월

역자 씀

저자 서문

다양한 관측변수와 잠재변수 사이의 복잡한 관계에 대해 검증하는 연구가 사회과학 분야에서 많아짐에 따라 잠재변수의 포함 유무와 상관없이 다변량 통계 방법들은 사회과학 분야 연구에서 점점 더 많이 사용되고 있는 추세이다. 특히 잠재변수들을 이용한 다변량 통계 접근들은 측정에서의 오류를 통제하여 모수추정치와 표본 오차에서의 오류를 피할 수 있게 하는 장점 때문에 유용할 뿐 아니라 점점 더 많이 사용되고 있다(Bollen, 1989).

Mplus는 하나의 포괄적인 모델 구조에서 잠재변수를 포함하거나 포함하지 않는 다양한 다변량 통계모델의 분석을 실행한다(Muthén, 2002; Muthén & Muthén, 1998~2012). 연속형 잠재변수를 사용한 모델(예를 들어, 확인적 요인분석, 구조방정식모델, 문항반응이론)과 범주형 잠재변수(latent class variable이라 부르기도 함)를 사용한 모델의 추정이 모두 가능하다는 점도 Mplus의 특징이다. 잠재계층모델들(제6장 참조)은 **요인 혹은 성장혼합모델**과 같은 분석을 통해 연속형 잠재변수들을 위한 모델(제3장 참조)들과 결합될 수 있다.

더불어 Mplus는 보편적으로 사용되는 계수 추정 방법인 최대우도법의 기본 가정이 만족되지 않는 데이터를 다루는 데 있어서도 유연한 편이다. 예를 들어, 최대우도법은 변수들의 다변량 정규분포를 전제로 한다. 하지만 서열척도수준의 문항들을 잠재변수들의 지표로서 사용하는 경우를 포함하여 다변량 정규분포의 가정을 실제로 만족하기는 쉽지 않다(Finney & DiStefano, 2006). 더불어 많은 통계 절차는 독립적인 관측들이 임의 표본으로부터 이뤄져야 한다는 것을 전제로 한다. 하지만 실증연구들에서는 학교의 반에 소속된 아이들을 표본으로 하는 것과 같이 그룹 안에 속해 있는 개인들을 군집표본으로 추출하여 사용하는 경우가 많다. 이러한 군집표본 방법은 독립적인 관측에 관한 가정을 위배하는 것으로, Mplus에서는 다층모델 기법들을 사용하여 분석해야 한다(제5장 참조).

Mplus는 서열척도수준의 변수들, 정규분포가 아니거나 군집 데이터도 적절하게 분석될 수 있는 다양하고 견고한 계수추정 방법을 가진다. 더불어 Mplus는 상대적으로 사용자가 사용하기에 쉬운 프로그램이다. 비록 Mplus에서 모델들은 신택스 명령어들을 통해 입력되어야 하지만, Mplus의 신택스는 비교적 배우기에 간단하고 쉬운 편이다. 복잡한 모델들은 상대적으로 적은 코드 라인들을 통해 입력될 수 있고, 사용자가 복잡한 잠재변수모델을 입력하기 위해 프로그래밍이나 매트릭스 알지브라에서 전문가가 될 필요는 없다.

이 책은 Mplus를 가지고 다변량 데이터 분석을 하는 방법들에 대해 소개하고, 사회과학연구에서 주로 사용되는 다변량 통계 방법에 관한 이론과 실질적인 적용 방법들을 소개할 것이다. 횡단구조방정식모델들(SEMs: 회귀분석, 확인적 요인분석, 경로분석; 제3장 참조), 종단구조방정식모델들(잠재상태, 잠재상태-속성, 자기회귀, 잠재변화, 잠재성장곡선모델; 제4장 참조), 다수준 회귀분석(제5장 참조), 전통적인 잠재계층분석(LCA; 제6장 참조)이 그것이다.

이 책의 목적이 독자들에게 쉽게 적용 가능하고, 사용자 친화적인 방법으로 Mplus를 사용하여 통계분석을 할 수 있도록 소개하는 것이기 때문에 실증적 데이터 예시들을 책 전체에 사용하였다. 이러한 예시들은 사회과학에서 실행될 수 있는 전형적인 분석들을 반영한 것이기 때문에 사용자의 연구 질문들에 직접적으로 적용될 수 있을 것이다. 여러 스크린 샷과 결과물 발췌 데이터는 독자들이 분석을 단계적으로 쉽게 따라할 수 있고, 분석결과 해석이 용이하게 가능하도록 도울 것이다. 특히 책에서 소개된 통계기법들의 사용을 좀 더 가능하게 하기 위하여 책에서 사용된 모든 데이터 예시와 입력물, 결과물을 포함한 여러 파일은 출판사의 웹사이트(www.hakjisa.co.kr)를 통해 접근이 가능하도록 하였다. 사용자들이 Mplus에 입력된 신택스와 모델을 매칭할 수 있도록 모든 신택스 파일은 주석을 포함한다. 이 책에서는 Mplus 소프트웨어를 구입할 필요 없이 학생들이 Mplus를 배울 수 있도록 Mplus 데모 버전(www.statmodel.com/demo.shtml)을 사용하여 연습할 수 있는 여섯 개 이하의 변수를 이용한 예시들을 대부분 사용하였다.

이 책은 'Mplus를 사용하기 위해 어떻게 데이터를 준비해야 하는가?'라는 질문을 가지고 시작한다. 사회과학에서는 SPSS가 가장 보편적으로 사용되는 프로그램이기 때문에 SPSS를 사용하여 데이터를 준비하고 내보내는 주요 절차들을 설명하였다. 기본 원리들은 다른 통계 프로그램들, 가령 R, SAS, STATA, STATISTICA, 그리고 SYSTAT에도 적용할 수 있다.

이 책은 단순히 Mplus 신택스 안내서가 아닐 뿐만 아니라 Mplus 사용자 안내서를 대체하는 것도 아니다. 이 책의 목표는 저자들에게 Mplus 신택스를 사용하여 다양한 모델을 구축하는 방법을 알려 주고, 모델을 구축하는 데 있어서 유용한 전략과 결과물들을 해석하는 방법을 알려 주는 것이다. 더불어 이 책은 복잡한 다변량 데이터의 분석에서의 전형적 어려움들(가령, 종단구조방정식모델에서 측정 불변성을 어떻게 사정하는지 혹은 잠재계층분석에서 국소 우도값을 어떻게 피할 수 있는지에 대한 질문)을 지적하고 어떤 방법으로 이러한 어려움들을 다룰 수 있는지에 대해 논의한다. 특정 쟁점과 해결 방안은 주로 다양한 글상자에서 논의된다.

이 책이 통계분석의 응용에 초점을 두고 있음에도 불구하고, 각 장의 초반부에서는 각 통계분석 접근에 관한 이론을 간략하게 설명하였다. 이 책은 다른 통계 서적들이나 전문적인 문헌들을 완벽하게 대체할 수는 없다. 따라서 중요한 문헌들은 각 장이 시작되는 부분에 제시가 되어 있고, 경로분석에서 매개효과를 적절하게 검증하기 위한 방법들과 같은 특정한 문제를 논의하기 위해서 관련 문헌들이 제시되었다(제3장의 5. 경로모델과 매개요인분석).

이 책에서는 다수의 통계 워크숍에서 강의를 한 경력을 바탕으로 수많은 실증적 연구자들이 가장 필요로 하는 방법을 소개한다. 이 책에서 소개된 방법들과 모델들이 많은 연구자에게 실제로 유용하게 쓰이기를 바란다. 좀 더 복잡한 통계 방법들은 Geiser, Crayen, 그리고 Enders(2012)에 논의되어 있다.

이 책은 다양한 세미나와 워크숍에서의 교육경험으로부터 만들어졌다. 교육과정에 대한 피드백을 제공해 준 나의 학생들과 워크숍 참여자들에게 감사한다. 또한 특별히 Martin Corth, David Cole, Mark Roosa와 이 책에서 예시로 사용된 데이터를 허가해 준 독일 노년학센터에 감사한다. 제3장에 소개된 경로모델과 매개분석을 설명하기 위해 사용된 데이터를 준비해 주고 분석하는 데 있어 도움을 주었을 뿐만 아니라 이 부분의 초안에 대한 피드백을 제공해 준 Christopher Marx에게도 감사한다. Claudia Crayen은 그림의 제작 및 수정에 도움을 주었고, Henriette Hunold, Anne Janssen, Tanja Kutscher, Maike Luhmann, Natalie Mallach, Tabea Reuter는 이 책의 독일어 원고를 교정하는 데 도움을 주었을 뿐만 아니라 유용한 피드백을 제공해 주었다. 여기서 언급된 모든 사람이 이 책을 좀 더 이해하기 쉽고 사용자 친화적이며, 오류가 없는 책으로 만드는 데 큰 기여를 해 주었다. 그럼에도 불구하고 혹시나 발견되는 오류나 약점들은 모두 나의 개인적인 책임이다. 오류를 발견하거나 더 나은 책이 될 수 있는 좋은 제안이 있다면 이메일(christian.geiser.78@gmail.com)을 통해 연락해 주기를 바란다. 모든 독자가 Mplus를 이용하여 데이터 분석을 하는 데 최선의 결과를 얻을 수 있기를 바라며, 결과들을 통한 논문 출판에도 성공하기를 바란다.

Christian Geiser

차례

제3장 선형구조방정식모델 • 47

제4장 변량과 변화를 측정하기 위한 구조방정식모델들 • 123

제5장 다수준 회귀분석 • 275

제6장 잠재계층분석 • 325

이 책에서 설명하기 위해 사용된 모든 데이터들과 Mplus 입력 파일, 출력물 파일들은 학지사 홈페이지 http://www.hakjisa.co.kr에서 제공된다.

제1장

SPSS를 이용한 데이터 준비

이 장에서는 SPSS 원데이터(raw data)를 Mplus에서 사용하기 위해서 어떻게 준비해야 하는지에 대해 설명한다. SPSS는 사회 및 행동 과학 분야에서 가장 널리 사용되고 있는 통계 프로그램이기 때문에 SPSS를 통해 준비하는 방법을 설명하였다. 여기서 설명된 방법들은 R, SAS, STATA, STATISTICA, SYSTAT 등을 포함한 다른 통계 프로그램들에도 쉽게 적용할 수 있다.

Mplus는 보통의 SPSS 데이터 형식(*.sav)을 바로 읽을 수 없다. 그러나 SPSS를 통해 (혹은 다른 통계 프로그램을 통해) 원데이터를 간단한 텍스트 파일(*.txt 혹은 *.dat) 형태로 저장하는 것은 어렵지 않다. 이렇게 저장된 텍스트 파일 형태의 데이터는 Mplus에서 통계분석을 위해 사용될 수 있다. 텍스트 파일 저장 형태는 여러 가지가 있는데, 가장 적절한 형태는 '탭으로 구분(tab-delimited)' 형태이다. '탭으로 구분'이라는 것은 텍스트 파일 각각의 칼럼(column; 일반적으로 하나의 변수를 나타내는)들이 탭(tab)에 의해서 구분된다는 것을 의미한다. 물론 '탭으로 구분' 이외의 다른 형식으로 데이터를 읽는 것도 가능하고(Mplus User's Guide: Muthén & Muthén, 1998~2012), 원데이터 대신에 데이터의 요약본(예를 들어, 공분산 행렬, 상관 행렬,

평균, 표준편차)을 이용할 수도 있다(2장 '2. 요약 데이터 불러오기와 분석하기'에 설명).

다음 나올 절에서는 KFT.sav의 데이터를 사용하여 SPSS로부터 원데이터를 준비하고 내보내는 편리한 과정에 대해 단계적으로 설명한다. 여기에 소개하는 방법이 유일한 방법은 아니며, 다른 방법들도 같은 결과를 낼 수 있다. SPSS로부터 원데이터를 준비하고 내보내는 과정과 관련한 SPSS 신택스 파일과 연습데이터 파일은 소개한 웹사이트에서 찾아볼 수 있다.

글상자 1.1. 연습데이터 KFT.sav

KFT.sav는 독일 지능 테스트(Kognitiver Fähigkeitstest, KFT: Heller, Gaedicke, & Weinläder, 1976)를 실시한 455명의 독일 고등학교 학생들의 데이터이다. KFT는 종종 독일어를 사용하는 국가에서 학업성취도를 측정하기 위해 사용된다. 연습데이터에 포함된 하위테스트들은 언어테스트(kft_vl, kft-v2), 수리테스트(kft_q1, kft_q3), 비언어테스트(kft_n1, kft_n3)이다. 데이터에는 여섯 개의 KFT 하위테스트들의 총합 점수도 포함되어 있다.

1 결측치 코딩

Mplus에 SPSS 시스템 결측치(즉, SPSS 데이터보기에서 점으로 표시된 빈 셀들)를 포함한 데이터를 불러오기 전에 모든 결측치에 하나의 숫자 코드를 부여하는 것이 필요하다. SPSS에서 시스템 결측치를 포함한 데이터 파일을 *.dat파일로 저장하여 Mplus에서 데이터를 읽을 때 오류가 발생할 수 있기 때문이다. 그러므로 시스템 결측치의 경우에는 결측치를 나타내는 수를 부여하여 코딩해 주는 것이 필요하다. 데이터에서 결측치를 수를 통해 알 수 있게끔 −9, −99, 혹은 999와 같은 숫자를 결측치 값으로 코딩할 것을 추천한다. 물론, 결측치를 나타내는 숫자를 선택할 시 변수들에서 유효한 값으로 사용되지 않는 숫자를 선택해야 한다. 연습데이터에서는 −99가 모든 여섯 개의 변수에서 결측치를 나타내기 위한 값으로 사용되었다. −99는 여섯 개의 KFT 하위측정도구에서 발생할 수 없는 숫자이다.

원데이터에서 결측치를 삭제하는 것은 피해야 할 것이다. Mplus는 결측치를 다루는 데 훌륭한 능력을 보유하고 있다[예를 들면, 완전정보최대우도법(Full Information Maximum likelihood: FIML)과 다중대체법(Multiple Imputation: MI); Enders, 2010; Geiser et al., 2012 참조]. Mplus에서 목록별 삭제(listwise deletion) 또한 사용할 수 있으며, Mplus에서 데이터 분석을 하기 전에 결측치를 따로 삭제할 필요가 없다(목록별 삭제는 모든 변수에서 완전한 데이터를 가지고 있는 케이스들을 이용하여 데이터 분석을 실시한다는 것을 의미한다).

SPSS에서 변환 → 같은 변수로 코딩변경 옵션을 사용하여 결측치들은 쉽게 하나의 결측치를 나타내는 수로 코딩될 수 있다. [그림 1-1]부터 [그림 1-4]는 결측치 코딩방법을 보여 준다. 결측치 코딩을 SPSS 신택스 명령어를 통해 하는 방법은 웹사이트에서 찾아볼 수 있다.

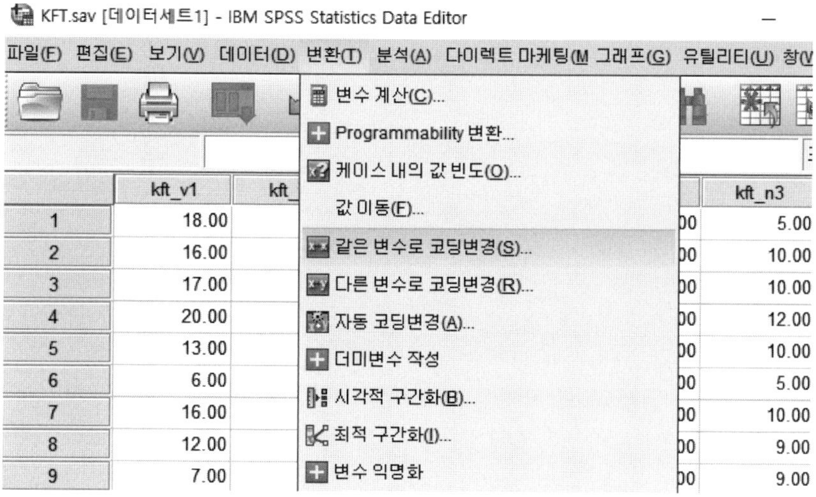

[그림 1-1] SPSS **변환 → 같은 변수로 코딩변경**

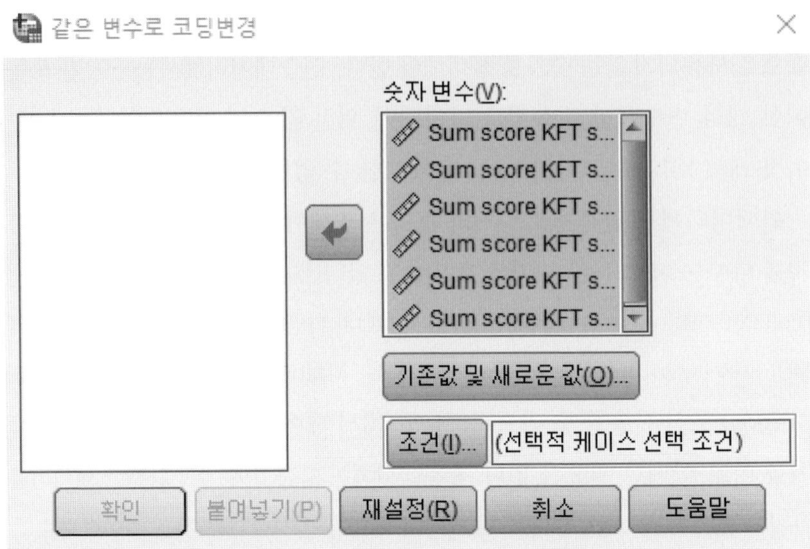

[그림 1-2] 결측치를 숫자값으로 입력하기 위해 모든 변수를 오른쪽의 창으로 옮김

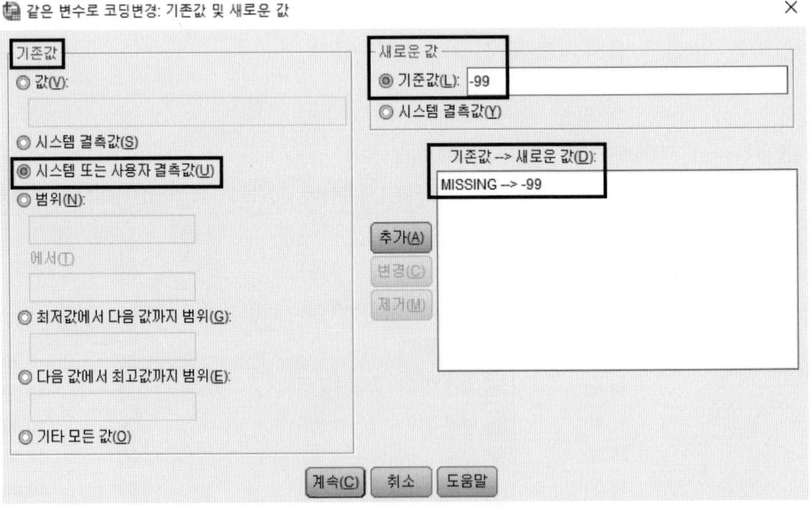

[그림 1-3] 기존값 및 새로운 값을 통해 시스템 혹은 사용자 결측치들을 모두 같은 숫자코드인 -99로 부여함

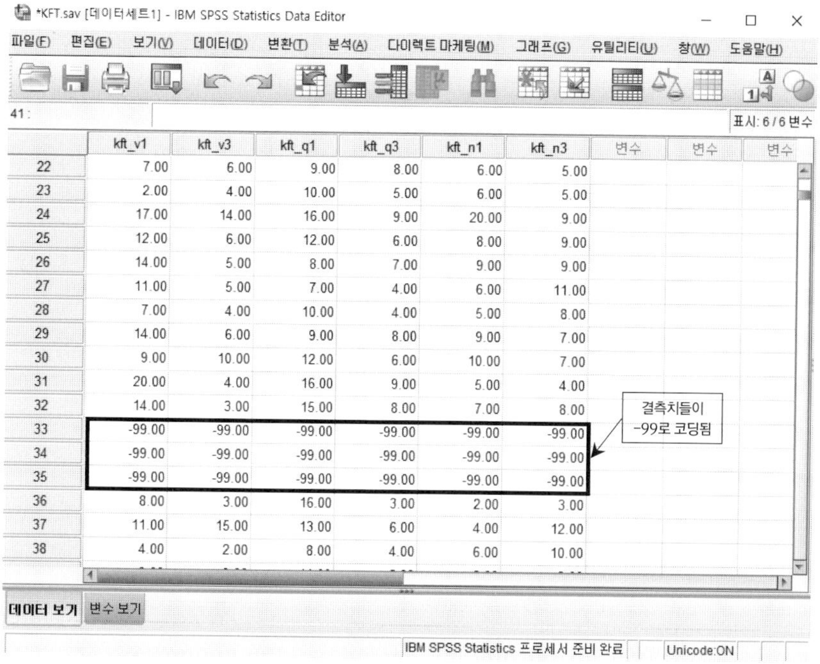

*KFT.sav [데이터세트1] - IBM SPSS Statistics Data Editor

파일(F) 편집(E) 보기(V) 데이터(D) 변환(T) 분석(A) 다이렉트 마케팅(M) 그래프(G) 유틸리티(U) 창(W) 도움말(H)

41 : 표시: 6 / 6 변수

	kft_v1	kft_v3	kft_q1	kft_q3	kft_n1	kft_n3	변수	변수	변수
22	7.00	6.00	9.00	8.00	6.00	5.00			
23	2.00	4.00	10.00	5.00	6.00	5.00			
24	17.00	14.00	16.00	9.00	20.00	9.00			
25	12.00	6.00	12.00	6.00	8.00	9.00			
26	14.00	5.00	8.00	7.00	9.00	9.00			
27	11.00	5.00	7.00	4.00	6.00	11.00			
28	7.00	4.00	10.00	4.00	5.00	8.00			
29	14.00	6.00	9.00	8.00	9.00	7.00			
30	9.00	10.00	12.00	6.00	10.00	7.00			
31	20.00	4.00	16.00	9.00	5.00	4.00			
32	14.00	3.00	15.00	8.00	7.00	8.00			
33	-99.00	-99.00	-99.00	-99.00	-99.00	-99.00			
34	-99.00	-99.00	-99.00	-99.00	-99.00	-99.00			
35	-99.00	-99.00	-99.00	-99.00	-99.00	-99.00			
36	8.00	3.00	16.00	3.00	2.00	3.00			
37	11.00	15.00	13.00	6.00	4.00	12.00			
38	4.00	2.00	8.00	4.00	6.00	10.00			

결측치들이 −99로 코딩됨

데이터 보기 변수 보기

IBM SPSS Statistics 프로세서 준비 완료 Unicode:ON

[그림 1-4] 결측치들을 −99로 코딩한 수정된 데이터 파일

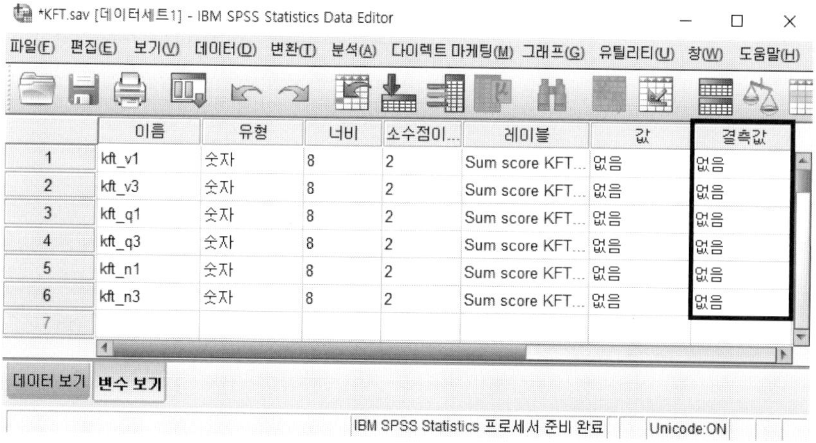

*KFT.sav [데이터세트1] - IBM SPSS Statistics Data Editor

파일(F) 편집(E) 보기(V) 데이터(D) 변환(T) 분석(A) 다이렉트 마케팅(M) 그래프(G) 유틸리티(U) 창(W) 도움말(H)

	이름	유형	너비	소수점이...	레이블	값	결측값
1	kft_v1	숫자	8	2	Sum score KFT...	없음	없음
2	kft_v3	숫자	8	2	Sum score KFT...	없음	없음
3	kft_q1	숫자	8	2	Sum score KFT...	없음	없음
4	kft_q3	숫자	8	2	Sum score KFT...	없음	없음
5	kft_n1	숫자	8	2	Sum score KFT...	없음	없음
6	kft_n3	숫자	8	2	Sum score KFT...	없음	없음
7							

데이터 보기 변수 보기

IBM SPSS Statistics 프로세서 준비 완료 Unicode:ON

[그림 1-5] SPSS는 새롭게 부여된 결측치를 나타내는 코드를 자동적으로 결측으로 인식하지 않기 때문에 SPSS 변수보기에서 '결측값' 부분에 새로운 코드를 입력해야 함.

주의할 점: 결측치에 값을 코딩해 준 후, SPSS에서 새롭게 코딩한 값이 결측치를 나타낸다는 것을 입력해야 한다(불행히도 SPSS는 자동적으로 이러한 인식을 하지는 못한다). 그렇지 않으면 SPSS는 새롭게 코딩된 값을 실제 유효한 값으로 인식하여(즉, -99를 변수값으로 인식한다) 잘못된 통계를 도출할 수 있다. 결측치를 나타내는 수를 정의하는 과정은 [그림 1-5]부터 [그림 1-8]에 묘사되어 있다. 이 과정에 대한 신택스는 웹사이트에서 찾아볼 수 있다.

SPSS에서 -99가 모든 변수에서 결측치를 나타내기 위한 숫자라는 것을 입력하기 위해서는 웹사이트에서 찾아볼 수 있는 신택스의 MISSING VALUES 명령어를 사용하거나, 다음 그림의 안내를 따르면 된다. [그림 1-6]과 같이 변수창에서 첫 번째 변수로 이동하여 결측값 칼럼에서 셀의 오른편의 세 개의 점이 있는 곳을 클릭하라.

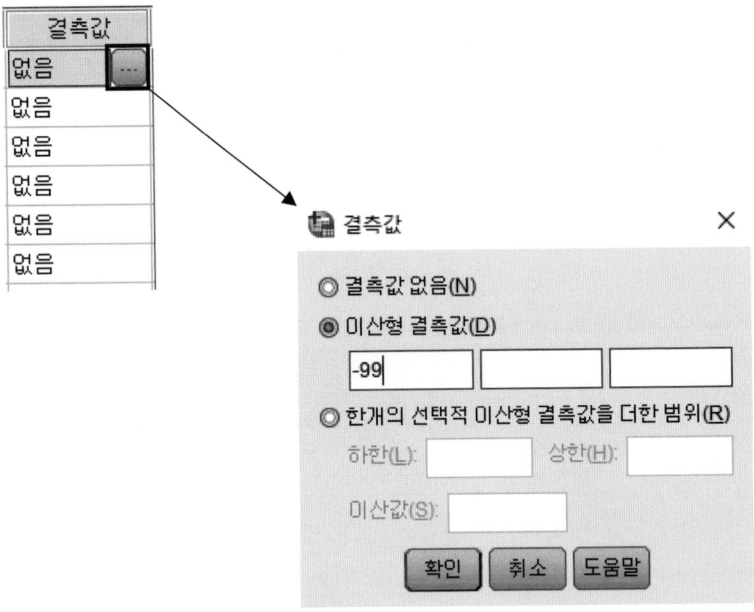

[그림 1-6] SPSS 변수보기에서 사용자가 지정한 결측치 코드 -99를 입력

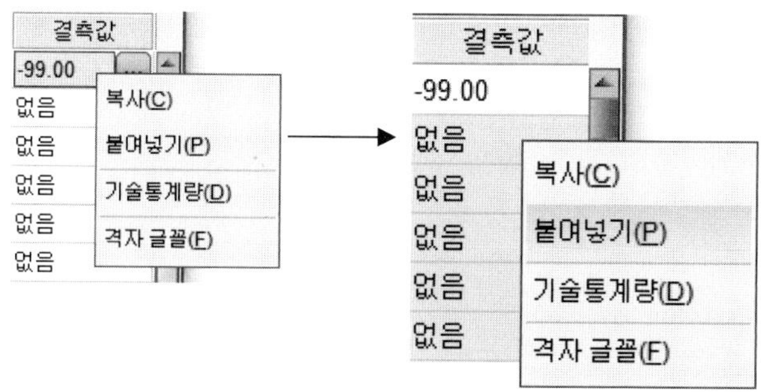

[그림 1-7] 각각의 여섯 변수의 결측치 코드로 -99를 부여하기 위해 복사-붙여넣기 기능을 사용함

*KFT.sav [데이터세트1] - IBM SPSS Statistics Data Editor

파일(F) 편집(E) 보기(V) 데이터(D) 변환(T) 분석(A) 다이렉트 마케팅(M) 그래프(G) 유틸리티(U) 창(W) 도움말(H)

	이름	유형	너비	소수점이...	레이블	값	결측값
1	kft_v1	숫자	8	2	Sum score KFT...	없음	-99.00
2	kft_v3	숫자	8	2	Sum score KFT...	없음	-99.00
3	kft_q1	숫자	8	2	Sum score KFT...	없음	-99.00
4	kft_q3	숫자	8	2	Sum score KFT...	없음	-99.00
5	kft_n1	숫자	8	2	Sum score KFT...	없음	-99.00
6	kft_n3	숫자	8	2	Sum score KFT...	없음	-99.00
7							

데이터 보기 변수 보기

IBM SPSS Statistics 프로세서 준비 완료 Unicode:ON

[그림 1-8] 여섯 개의 변수 모두 결측값이 새로 입력된 변수보기창

2 Mplus를 위한 ASCII 데이터 파일 내보내기

결측치를 나타내는 값을 적절하게 코딩한 후에는 Mplus에 적합한 ASCII 형식으로 데이터 파일을 내보낼 수 있어야 한다. SPSS에서 마우스 클릭 방법(point and click interface)을 사용할 때는 [그림 1-9]부터 [그림 1-10]에

제시된 것처럼, 파일 → 데이터를 다른 이름으로 저장을 사용할 수 있고, 또 다른 방법으로 신택스 명령어 SAVE TRANSLATE(웹사이트 참조)를 사용할 수 있다. [그림 1-11]은 Mplus에서 사용할 수 있는 '탭으로 구분(tab-delimited)' 텍스트 데이터 파일을 보여 주고 있다.

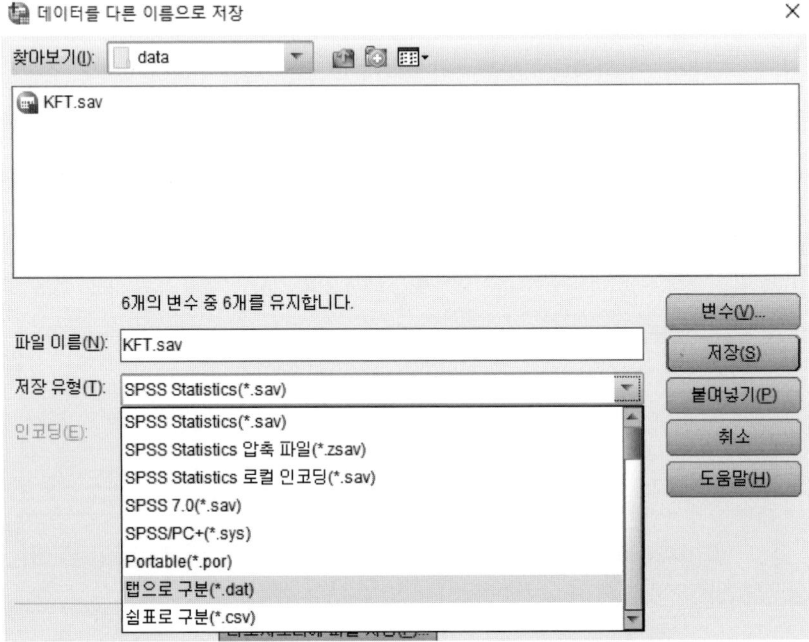

[그림 1-9] SPSS 데이터 파일을 ASCII 형식(*.dat)으로 내보내기

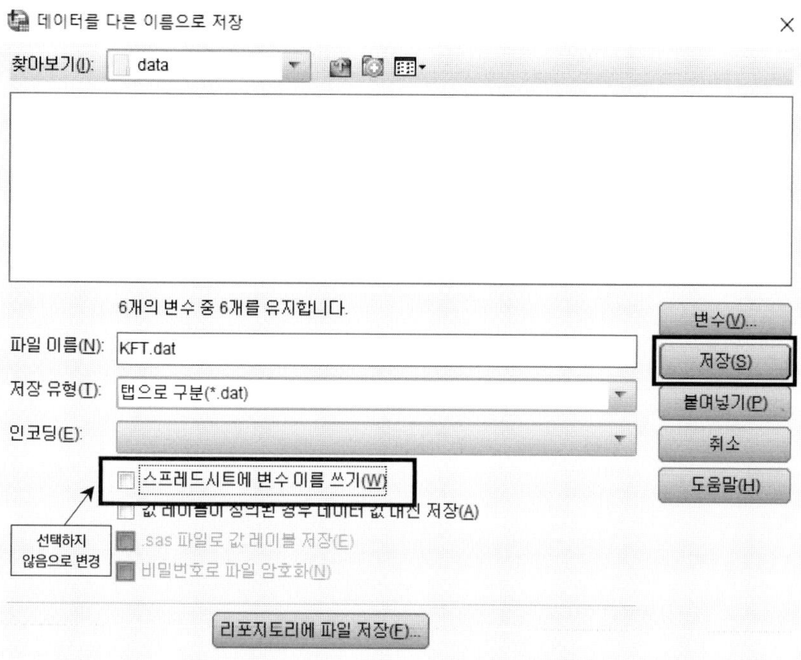

[그림 1-10] 스프레드시트에 변수 이름 쓰기 SPSS 옵션을 비활성화한 후 저장

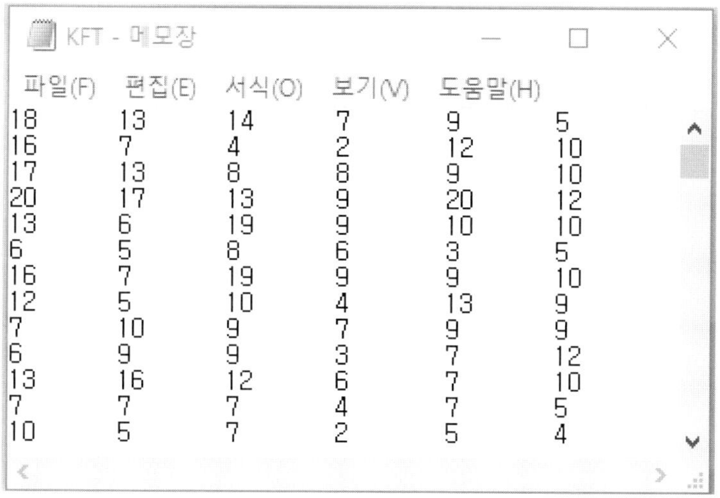

```
KFT - 메모장
파일(F)  편집(E)  서식(O)  보기(V)  도움말(H)
18	13	14	7	9	5
16	7	4	2	12	10
17	13	8	8	9	10
20	17	13	9	20	12
13	6	19	9	10	10
6	5	8	6	3	5
16	7	19	9	9	10
12	5	10	4	13	9
7	10	9	7	9	9
6	9	9	3	7	12
13	16	12	6	7	10
7	7	7	4	7	5
10	5	7	2	5	4
```

[그림 1-11] 탭으로 구분하는 형태로 변수들을 포함한 새롭게 만들어진 텍스트 파일을 발췌함. 이 파일은 Mplus에서 사용될 수 있음.

제2장
Mplus로 데이터 불러오기

Mplus는 다른 형식으로 데이터를 처리할 수 있다. 여기서는 대표적으로 사용하는 두 가지 방법인 개별 데이터(individual data)와 요약 데이터(summary data) 형식을 논의하고자 한다. **개별 데이터** 형식은 실제로 가장 많이 사용하는 형식일 것이다. 개별 데이터는 모든 변수에 모든 개인의 변수값이 그대로 있는 원데이터이다. 예를 들어, [그림 1-11]에 제시된 KFT 데이터와 같은 형식이다. **요약 데이터** 형식은 공분산이나 상관 행렬(변수의 평균과 표준편차도 필요함)과 같은 요약된 형식의 데이터를 분석하기를 원하는 사람이 사용한다. 연구자가 연구논문이나 연구지원서와 같은 연구보고서에 보고된 데이터를 재분석하고자 할 때 요약 데이터는 유용하게 사용될 수 있다. 원데이터는 출판물들에서 좀처럼 찾아보기 힘들지만, 많은 학술적인 출판문은 분석(예를 들어, 경로모델 혹은 구조방정식모델)에 기본적 정보로 사용할 수 있는 공분산(covariance)과 상관(correlation) 행렬을 제공한다. 여러 유형의 구조방정식 분석을 위해 개별 데이터를 분석하는 것이 꼭 필요하지는 않다. 개별 데이터를 사용하는 것이 유리한 경우가 있는데, 예를 들어 결측 데이터들을 설명하려고 하거나 군집화된(clustered) 데이터를 이용해 특정 추정방법을 활용하고자 할 때이다. 많은 모델의 경우, 모델을 추정하기 위한 입력값으로 변수들의 공분산 행렬(때때로 평균 벡터와 조합으로)만으로도 충분하다. 먼저 1장의 연습데이터를 이용하여 개별 데이터를 불러와 보자.

1 개별 데이터(원데이터) 불러오기와 분석하기

1장의 안내를 따른다면 개별 데이터를 Mplus로 불러오는 것은 문제없이 가능할 것이다. 그런데도 데이터가 Mplus로 오류 없이 불러와 졌는지 점검하기 위해 기본적인 통계분석들(예를 들어, 데이터의 모든 변수들을 위한 기술통계분석)을 실행해 볼 필요가 있고, 이러한 통계들이 최소한 하나의 다른 프로그램(예를 들어, SPSS)에서 계산된 통계와 일치하는지 확인할 필요가 있다. 이러한 방법으로 Mplus가 데이터를 정확하게 불러왔는지 확인해 볼 수 있고, 이러한 확인 절차는 정말 중요하다. 실제로 분석과정에서 연구자들은 종종 이러한 확인 절차를 생략하고, 결국 너무 늦어서야 Mplus가 정확한 데이터를 바탕으로 분석되지 않아 모델 추정이 틀렸다는 것을 알게 된다. 이러한 이유로 연구자들은 Mplus에서 실질적인 분석을 실행하기 전에 정확한 데이터가 불러져 왔다는 것에 대해 확신하기 위해 Mplus에서 basic 분석이라고 불리는 과정을 반드시 거쳐야 한다.

1) Mplus 신택스의 기본 구조와 BASIC 분석

Mplus는 거의 대부분 신택스를 바탕으로 하는 프로그램이다. 즉, Mplus에서 통계모델들의 추정과 다른 많은 기능이 신택스 명령어들을 통해 실행되나 SPSS와 같은 포인트-클릭 방식으로는 안 된다. 하지만 기본적인 Mplus 신택스를 만들기 위한 포인트-클릭 방식의 Mplus 언어생성기(language generator)는 사용 가능하다. 이 옵션은 사용자들이 가장 중요한 기본적인 신택스 명령어들을 생성하도록 돕는다. 사용자들은 보통 Mplus에서 기본적인 신택스 규칙을 배우고 나서는 더 이상 이 옵션에 대해 궁금해하지 않기 때문에 이 책에서는 언어생성기에 대해서는 자세히 설명하지 않는다. Mplus의 기본적인 신택스 규칙은 다행히 그리 어렵지 않다.

다음으로, Mplus로 데이터를 읽고 데이터 처리의 정확성 체크를 위한 유용한 방법을 Mplus의 basic 옵션을 통해 보여 주고자 한다. 이러한 목적을 위해 KFT.dat 샘플 데이터를 다시 사용한다. 먼저, Mplus editor를 열어야 한다(MS Windows 운영체제: 시작-프로그램-Mplus-Mplus Editor). 비어 있는 창이 하나 열리는데, 사용자는 요구되는 신택스 명령어를 직접 입력하거나 Mplus 언어생성기를 사용함으로써 시작할 수 있다. Mplus에서 KFT 변수들에

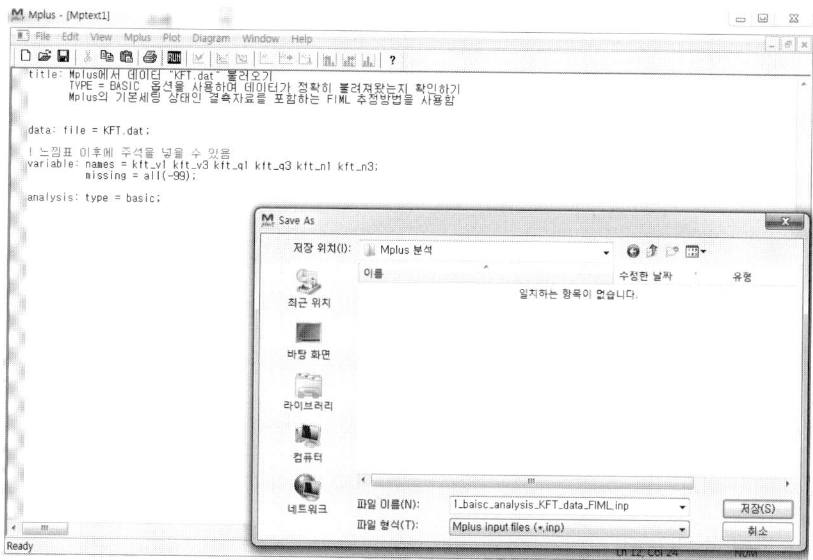

[그림 2-1] Mplus 신택스 파일(type = basic 옵션을 사용하여 정확한 데이터를 불러들였는지 점검하기 위함)

File → Save as는 입력 파일을 *.inp 파일로 저장하기 위해 사용한다. 분석할 데이터 파일이 있는 폴더에 입력 파일을 함께 저장하는 것이 편리하고, 이런 경우 data: file = 하에 구체적인 디렉토리 경로를 포함시키지 않아도 된다.

대한 basic 분석을 실행하기 위해 필요한 신택스 명령어는 [그림 2-1]에 있다.

새로운 신택스 파일은 Mplus 입력 파일로서 즉시 저장해야 한다([그림 2-1] 참조). 더불어 신택스 파일을 작성하거나 수정할 때 컴퓨터 문제 등으로 작업했던 것을 잃지 않기 위해서는 규칙적으로 메뉴의 저장아이콘을 이용하거나 Ctrl+S를 눌러서 저장하는 것을 잊어서는 안 된다. Mplus 입력 파일들은 *.inp로 끝나는 파일들이다. 하나의 신택스 파일에 여러 가지 모델을 위한 명령어를 포함할 수 있는 SPSS 신택스 파일과 다르게 Mplus는 각각의 통계모델을 위해 만들어진 구별된 입력 파일이 필요하다.

명령어 title은 실행하는 분석을 나타내면서 구체적으로 어떤 통계분석이 실행되는지에 대한 설명을 하고, 다른 분석들과 다른 점들에 대한 정보를 제공하는 데 사용된다. 비록 title 명령어가 꼭 필요한 건 아니지만, 의미 있는 정보를 포함한 title 섹션은 사용자가 어떤 분석들을 해 왔는지 명확하게 보여 줄 수 있기 때문에 신택스에 포함하는 것을 추천한다. 또한 주석을 사용할 수도 있다. 각각의 주석은 느낌표(!)로 시작해야 한다. 느낌표로 시작한 주석을 끝내는 방법에 대한 요구사항은 없고, 모든 새로운 주석은 다시 느낌표로 시작해야 한다. 주석은 초록색 글씨로 입력된다. 주석의 라인마다 80자(Mplus 구버전) 혹은 90자(신버전)가 넘는 경우에는 라인의 끝부분에서 잘려 주석의 일부분이 결과물에 나타나지 않는다. 결과물을 출력할 경우에도 주석의 일부분은 잘릴 수 있는데, 실제 명령어와 다르게 주석이 출력에 나타나지 않는 것은 그리 중요하지 않을 수 있다.

명령어 data는 분석에 사용할 데이터의 파일명, 유형, 위치를 Mplus에 알리기 위한 것이다. 만약 분석에 사용할 데이터가 Mplus 입력 파일과 같은 폴더 안에 저장되어 있다면, 데이터 파일을 찾아가기 위한 구체적인 경로는 Mplus 입력 파일에 추가할 필요가 없다. 명령어 variable은 데이터의 변수들의 이름을 정하고, 결측치를 나타내는 수를 부여하기 위해 사용한다(1장 참조). 부명령어(subcommand) names=를 사용하여 변수 이름을 부여한다. 변수의 이름은 데이터에서 정리되어 있는 순서대로 부여하는 것이 중요하다. 그리고 Mplus에서 변수 이름은 8자를 넘을 수 없다. SPSS의 유틸리티 → 변수 옵션을 사용하여 변수 이름을 SPSS로부터 직접 불러내는 것이 편리하다. 이 옵션은 [그림 2-2]와 [그림 2-3]에 설명되어 있다.

이 옵션을 사용하는 것의 또 다른 장점은 SPSS와 Mplus에서 변수들이 같다는 것이다. 이 옵션을 사용하는 데 있어서는 마찬가지로 SPSS에서도 8자 이하의 변수 이름을 사용해야 한다. 유틸리티 → 변수 옵션을 사용할 때 SPSS가 정확한 순서대로 변수 이름을 제공하는지 체크하는 것도 중요하다. 그리고 Mplus의 부명령어들은 세미콜론(;)으로 끝을 내야 한다. Mplus에서 가장 흔하게 나타나는 오류 메시지는 아마도 세미콜론을 하지 않아서 발생한 경우일 것이다. 부명령어 missing은 결측치가 어떻게 코딩되어야 하는지에 대한 입력을 위한 것이다. 예를 들어, 1장에서 결측치들은 −99로 코딩되었다(1장 1. 결측치 코딩 참조). 명령어 variable하에 부명령어 missing=all (-99);를 추가하였다. 명령어 analyses: type=basic을 사용하여

[그림 2-2] SPSS 메뉴 옵션인 **유틸리티 → 변수**를 통해 변수명들을 내보내기

왼쪽 창의 모든 변수명을 선택한 후 **붙여넣기**를 클릭하면 변수명들이 SPSS 신택스 창에 나타남([그림 2-3] 참조).

기술통계를 실행하고, SPSS에서 실행한 기술통계 결과물과 비교할 수 있다. run을 클릭하거나 Ctrl+R을 누름으로써 BASIC 분석이 실행된다. 〈글상자 2.1〉은 Mplus 신택스의 몇 가지 기본규칙을 보여 준다. 이어서 BASIC 분석의 결과물에 대해서 설명한다.

[그림 2-3]

SPSS 신택스 창에 나타난 변수명들을 복사하여 Mplus 신택스 **variable: names=**에 붙여 넣기를 할 수 있음. Mplus로 변수명들을 붙여 넣기 전에 SPSS 신택스 파일에 나열된 변수명의 순서가 올바른지 점검할 필요가 있음.

글상자 2.1. Mplus 신택스의 기본규칙

- Mplus 신택스에서 대문자와 소문자 간의 차이는 없다(즉, Mplus는 대소문자를 구분하지 않는다).
- 명령어들이 입력되는 순서는 임의적이다.
- 모든 명령어 라인은 세미콜론(;)으로 끝나야 한다.
- 하나의 명령어 라인은 90자를 넘어서는 안 된다(구버전에서는 80자만 허용). Mplus에서 읽어야 하는 변수들이 많거나 데이터 파일을 찾는 경로가 긴 경우에 명령어 라인이 90자를 넘길 수 있다. 라인당 80자 혹은 90자가 넘는 경우 Mplus는 프로그램 버전에 따라 80자 혹은 90자까지만 인식하고, 그 이상으로 입력된 것은 모두 무시하기 때문에 이를 그대로 실행하는 경우에 심각한 오류가 발생한다. Mplus는 출력물에서 오류 메시지로 이 문제에 대해 사용자에게 알린다. 사용자는 절대 이 오류 메시지를 무시해서는 안 된다. 긴 명령어 라인의 문제를 간단하게 해결하는 방법은 Enter 키를 사용하

여 라인을 나누면 된다.

- 변수 이름들은 8자(영문)를 넘어서는 안 된다.
- 각 라인의 주석은 느낌표로 시작해야 한다. 주석은 입력 및 출력물에서 초록색 글씨로 나타난다. 주석의 새로운 라인에서는 느낌표로 다시 시작해야 하지만, 주석의 끝에는 특별한 기호가 필요하지 않다.

*역자 주: title 명령어 하에는 한글로 신택스 내용을 입력하여도 오류가 발생하지 않지만, 그 이외에는 오류가 발생하기 때문에 변수명들을 포함하여 영어로 입력해야 한다.

2) Mplus BASIC 분석 출력물

BASIC 분석을 위한 입력 파일을 실행시키면 분석 출력물을 포함하는 새 창이 자동적으로 나타난다. 분석 출력물 파일은 자동적으로 입력 파일이 위치하고 있는 폴더에 저장된다. 출력물 파일은 입력 파일의 이름과 같은 파일 이름으로 저장이 되지만 파일의 다른 확장명으로 서로 구분된다(*.inp 대신에 *.out). BASIC 분석의 출력물은 다음과 같다. 먼저, 분석을 구체화하기 위해 사용한 명령어들이 출력물에 다시 제시된다. 이는 출력물에서 입력된 내용을 다시 한 번 보면서 계획했던 대로 명령어를 입력하였는지 확인할 수 있도록 하기 때문에 유용하다.

```
Mplus VERSION 7.11
MUTHEN & MUTHEN
06/04/2018   6:32 AM

INPUT INSTRUCTIONS

 title: Mplus에서 데이터 'KFT.dat' 불러오기
   TYPE = BASIC 옵션을 사용하여 데이터가 정확히 불러져 왔는지 확인하기
```

```
  Mplus의 초기설정 상태인 결측 데이터를 포함하는 FIML 추정방법을 사용함

 data: file = KFT.dat;

! 느낌표 이후에 주석을 넣을 수 있음
 variable: names = kft_v1 kft_v3 kft_q1 kft_q3 kft_n1 kft_n3;
        missing = all(-99);

analysis: type = basic;
```

다음으로, 다음과 같은 경고메시지를 확인할 수 있다. 이 경고메시지는 우리가 사용하고 있는 데이터에서 131명의 학생들이 6개의 모든 변수에서 결측치들을 가지고 있기 때문에 야기된 것이다.

```
*** WARNING
  Data set contains cases with missing on all variables.
  These cases were not included in the analysis.
  Number of cases with missing on all variables:  131
   1 WARNING(S) FOUND IN THE INPUT INSTRUCTIONS
```

이러한 경고메시지는 Mplus가 기본적으로 결측치에 대해 완전정보 최대우도법(FIML)을 사용하기 때문에 나타난다(예를 들어, Enders, 2010 참조). 완전정보 최대우도법은 모든 변수에 유효한 변수값들이 입력되어 있지 않은 대상자들을 위해서는 사용될 수 없는데, 이는 변수들에 대한 어떠한 정보도 없기 때문이다.

다음은 분석과 관련한 제목과 기술 정보로 표본 크기, 분석에 사용된 변수들, 데이터의 구조 등에 대한 정보를 제공한다.

Mplus에서 데이터 'KFT.dat' 불러오기
TYPE = BASIC 옵션을 사용하여 Mplus에서 데이터가 정확히 불러져 왔는지 확인하기
Mplus의 초기설정 상태인 결측 데이터를 포함하는 FIML 추정방법을 사용함

```
SUMMARY OF ANALYSIS

Number of groups                                         1
Number of observations                                 456

Number of dependent variables                            6
Number of independent variables                          0
Number of continuous latent variables                    0

Observed dependent variables

 Continuous
  KFT_V1     KFT_V3     KFT_Q1     KFT_Q3     KFT_N1     KFT_N3

Estimator                                               ML
Information matrix                                OBSERVED
Maximum number of iterations                          1000
Convergence criterion                            0.500D-04
Maximum number of steepest descent iterations           20
Maximum number of iterations for H1                   2000
Convergence criterion for H1                     0.100D-03

Input data file(s)
  KFT.dat

Input data format  FREE
```

여러 가지 정보 중 사용하고자 했던 변수들이 제대로 사용되었는지, 정

확한 데이터가 사용되었는지에 대한 정보는 꼭 체크해야 할 사항이다. Number of observations을 통해 456명의 학생들이 하나 이상의 변수값을 보고했다는 것을 알 수 있다(6개의 모든 변수가 결측치인 케이스들은 이미 모두 제외되었다). 다음으로 볼 수 있는 것은 분석에서 발견된 결측 데이터 패턴에 관한 보고이다.

```
SUMMARY OF DATA

   Number of missing data patterns                2

SUMMARY OF MISSING DATA PATTERNS

   MISSING DATA PATTERNS (x = not missing)

          1  2
 KFT_V1   x  x
 KFT_V3   x  x
 KFT_Q1   x  x
 KFT_Q3   x  x
 KFT_N1   x  x
 KFT_N3   x

   MISSING DATA PATTERN FREQUENCIES

   Pattern     Frequency     Pattern     Frequency
      1           455           2           1
```

SUMMARY OF DATA에서는 예시로 사용하고 있는 데이터에서 두 가지의 결측 데이터 패턴이 발견되었다는 것을 보여 준다. SUMMARY OF MISSING DATA PATTERNS에서는 두 가지의 패턴이 어떤 것인지를 보여 준다. 각 결측 데이터 패턴은 각각의 칼럼(column)으로 나타난다. 모든 변수값이 결측치인 패턴은 보이지 않는다. 칼럼 1(결측 데이터 패턴 1)에는 'x'들만 포함되어 있는데, 이는 결측치가 전혀 없는 경우의 패턴이다. 두 번째 칼럼은 마지막 변수인 KFT_N3를 제외한 변수들에서 'x'들을 포함한다. 패턴 2를 보이는 개인들은 변수 KFT_N3를 제외한 모든 변수에서 유효한 값들을 가지고 있다는 것을 의미한다.

MISSING DATA PATTERN FREQUENCIES에서는 456명 중 한 학생을 제외한 모든 학생이 6개의 변수에 유효한 값을 보고했다는 것을 보여 준다. 455명의 학생들은 결측 데이터 패턴 1을 보인 반면, 한 학생만 KFT_N3 변수가 결측인 결측 데이터 패턴 2에 해당한다.

COVARIANCE COVERAGE OF DATA에서는 분산(variance) 혹은 공분산(covariance) 계산을 위해 사용된 변수값들을 포함한 케이스들의 비율을 보여 준다. 변수 KFT_N3과 관련된 분산과 공분산을 제외한 모든 변수의 분산과 공분산이 모든 케이스를 바탕으로 계산되었음을 알 수 있다. 한 학생이 KFT_N3 변수에서 결측이었기 때문에 케이스들의 99.8%가 이 변수와 관련된 분산과 공분산 계산을 위해 사용되었음을 알 수 있다. Mplus에서 요구되는 최소한의 공분산 커버율(covariance coverage)은 10%이다('Minimum covariance coverage value 0.100'). 공분산 커버율이 10%를 넘지 않으면 커버율이 너무 낮기 때문에 Mplus는 모델을 추정하지 않는다.

```
COVARIANCE COVERAGE OF DATA

Minimum covariance coverage value   0.100

     PROPORTION OF DATA PRESENT

       Covariance Coverage
              KFT_V1      KFT_V3      KFT_Q1      KFT_Q3      KFT_N1
              ______      ______      ______      ______      ______
 KFT_V1        1.000
 KFT_V3        1.000       1.000
 KFT_Q1        1.000       1.000       1.000
 KFT_Q3        1.000       1.000       1.000       1.000
 KFT_N1        1.000       1.000       1.000       1.000       1.000
 KFT_N3        0.998       0.998       0.998       0.998       0.998

       Covariance Coverage
              KFT_N3
              ______
 KFT_N3        0.998
```

공분산 커버율은 변수들의 분산과 공분산을 의미하는 게 아니고 단순히 데이터의 완성도(completeness: 통계를 구하는 데 사용 가능한 데이터의 양)에 관한 것을 알려 주기 위함이다. 실제로 추정된 표본의 분산과 공분산은 RESULTS FOR BASIC ANALYSIS/ESTIMATED SAMPLE STATISTICS에서 확인할 수 있다.

```
RESULTS FOR BASIC ANALYSIS

 ESTIMATED SAMPLE STATISTICS

           Means
              KFT_V1        KFT_V3        KFT_Q1        KFT_Q3        KFT_N1
              ________      ________      ________      ________      ________
              11.904         8.978        12.377         7.730        11.088

           Means
              KFT_N3
              ________
               8.277

           Covariances
              KFT_V1        KFT_V3        KFT_Q1        KFT_Q3        KFT_N1
              ________      ________      ________      ________      ________
 KFT_V1        21.592
 KFT_V3        10.761        17.938
 KFT_Q1         6.010         5.267        11.235
 KFT_Q3         4.645         4.406         4.027         6.754
 KFT_N1        11.072        11.644         6.870         6.111        29.826
 KFT_N3         6.347         7.190         4.415         3.986         9.298

           Covariances
              KFT_N3
              ________
 KFT_N3        11.782
```

```
        Correlations
              KFT_V1      KFT_V3      KFT_Q1      KFT_Q3      KFT_N1
              ________    ________    ________    ________    ________
 KFT_V1         1.000
 KFT_V3         0.547       1.000
 KFT_Q1         0.386       0.371       1.000
 KFT_Q3         0.385       0.400       0.462       1.000
 KFT_N1         0.436       0.503       0.375       0.431       1.000
 KFT_N3         0.398       0.495       0.384       0.447       0.496


        Correlations
              KFT_N3
              ________
 KFT_N3         1.000


     MAXIMUM LOG-LIKELIHOOD VALUE FOR THE UNRESTRICTED (H1)
MODEL IS -7152.289


DIAGRAM INFORMATION

  Mplus diagrams are currently not available for TYPE=BASIC.
  No diagram output was produced.

   Beginning Time:  06:32:54
      Ending Time:  06:33:02
     Elapsed Time:  00:00:08


MUTHEN & MUTHEN
3463 Stoner Ave.
Los Angeles, CA  90066
```

```
Tel: (310) 391-9971
Fax: (310) 391-8971
Web: www.StatModel.com
Support: Support@StatModel.com

Copyright (c) 1998-2013 Muthen & Muthen
```

변수들의 기술통계(즉, 평균, 분산, 공분산, 상관계수)는 완전정보 최대우도법(FIML)을 사용하여 추정되었다. 그러므로 SPSS에서는 완전정보 최대우도법이 아닌 대응별 삭제(pairwise delection)나 목록별 삭제(listwise delection)를 사용하여 케이스들을 제외시키고 기술통계를 추정하기 때문에 SPSS에서 산출된 기술통계 값들과 정확히 일치하지 않을 수 있다.

Mplus와 SPSS의 기술통계값을 직접적으로 비교하기 위해서는 Mplus에서 초기설정이 되어 있는 완전정보 최대우도법이 아닌 목록별 삭제방법을 사용하는 것이 필요하다. 하지만 실제 모델의 적합도를 구하는 분석들에서 목록별 삭제를 이용하는 것은 바람직하지 않다. 이러한 과정을 거치는 이유는 적절한 데이터가 Mplus에 적용됐는지 체크하기 위한 기술적인 이유 때문이다. 나중의 분석 단계들에서는 연구자들은 목록별 삭제방법보다는 완전정보 최대우도법과 같은 더 합리적인 결측 데이터 분석 기술을 사용해야 한다(Enders, 2010; Schafer & Graham, 2002).

목록별 삭제방법은 부명령어 listwise = on; 을 data 명령어 하에 추가함으로써 적용할 수 있다. 부명령어 listwise = on; 은 완전정보 최대우도법을 비활성화시키고 분석에 포함된 변수들 중 하나라도 결측치가 있는 케이스들은 모두 분석에서 제외시킨다. 완전정보 최대우도법은 Mplus 버전 5부터 초기설정이 되어 왔다. Mplus 버전 4를 포함한 이전 버전들에서는 목록별 삭제방법이 초기설정이었다.

목록별 삭제방법을 사용한 Mplus 신택스는 [그림 2-4]에 있다. 그에 따른 기술통계 결과는 다음과 같다. 비교를 위한 SPSS 통계 결과(목록별 삭제 사용)도 [그림 2-5]에서 확인할 수 있다. SPSS 통계결과는 SPSS 옵션 분석 → 척도 → 신뢰도 분석 → 통계량 → 다음에 대한 기술량–항목/항목 간–상관계수/공분산을 이용하여 산출되었다. 결과값들은 세 번째 소수점 자리에서 올림을 한 Mplus의 값들과 동일하고, 이는 Mplus가 분석데이터 KFT.dat를 정확하게 읽었다는 것을 보여 준다. 더불어 SPSS에서도 표본 수가 455라는 것을 알 수 있다(N=455, 목록별 삭제 후). 이러한 확인절차를 마치고 Mplus에서의 첫 실제모델을 시작할 수 있다(3장 참조).

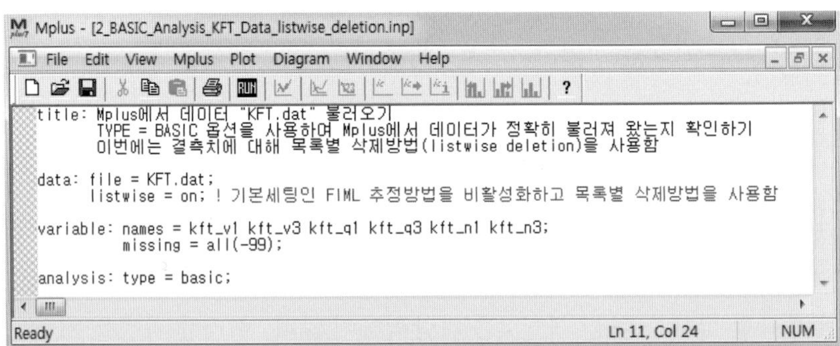

[그림 2-4]

기초 분석을 위해 FIML 추정을 비활성화한 수정된 Mplus 입력 파일로 목록별(listwise) 삭제를 사용하여 기술통계를 산출하고 SPSS에서의 기술통계 값들과 쉽게 비교 가능함.

```
SAMPLE STATISTICS[목록별 삭제 방법을 사용함]

 Means
 KFT_V1     KFT_V3     KFT_Q1     KFT_Q3     KFT_N1     KFT_N3
 ________   ________   ________   ________   ________   ________
 11.899      8.974     12.387      7.732     11.112      8.281
```

Covariances

	KFT_V1	KFT_V3	KFT_Q1	KFT_Q3	KFT_N1
KFT_V1	21.677				
KFT_V3	10.799	18.008			
KFT_Q1	6.057	5.310	11.242		
KFT_Q3	4.669	4.429	4.038	6.783	
KFT_N1	11.172	11.745	6.794	6.120	29.686
KFT_N3	6.383	7.230	4.417	4.001	9.294

Covariances

	KFT_N3
KFT_N3	11.811

Correlations

	KFT_V1	KFT_V3	KFT_Q1	KFT_Q3	KFT_N1
KFT_V1	1.000				
KFT_V3	0.547	1.000			
KFT_Q1	0.388	0.373	1.000		
KFT_Q3	0.385	0.401	0.462	1.000	
KFT_N1	0.440	0.508	0.372	0.431	1.000
KFT_N3	0.399	0.496	0.383	0.447	0.496

Correlations

	KFT_N3
KFT_N3	1.000

항목 통계량

	평균	표준편차	N
Sum score KFT subtest kft_v1	11.8989	4.65585	455
Sum score KFT subtest kft_v3	8.9736	4.24360	455
Sum score KFT subtest kft_q1	12.3868	3.35293	455
Sum score KFT subtest kft_q3	7.7319	2.60434	455
Sum score KFT subtest kft_n1	11.1121	5.44845	455
Sum score KFT subtest kft_n3	8.2813	3.43665	455

항목간 상관행렬

	Sum score KFT subtest kft_v1	Sum score KFT subtest kft_v3	Sum score KFT subtest kft_q1	Sum score KFT subtest kft_q3	Sum score KFT subtest kft_n1	Sum score KFT subtest kft_n3
Sum score KFT subtest kft_v1	1.000	.547	.388	.385	.440	.399
Sum score KFT subtest kft_v3	.547	1.000	.373	.401	.508	.496
Sum score KFT subtest kft_q1	.388	.373	1.000	.462	.372	.383
Sum score KFT subtest kft_q3	.385	.401	.462	1.000	.431	.447
Sum score KFT subtest kft_n1	.440	.508	.372	.431	1.000	.496
Sum score KFT subtest kft_n3	.399	.496	.383	.447	.496	1.000

항목간 공분산 행렬

	Sum score KFT subtest kft_v1	Sum score KFT subtest kft_v3	Sum score KFT subtest kft_q1	Sum score KFT subtest kft_q3	Sum score KFT subtest kft_n1	Sum score KFT subtest kft_n3
Sum score KFT subtest kft_v1	21.677	10.799	6.057	4.669	11.172	6.383
Sum score KFT subtest kft_v3	10.799	18.008	5.310	4.429	11.745	7.230
Sum score KFT subtest kft_q1	6.057	5.310	11.242	4.038	6.794	4.417
Sum score KFT subtest kft_q3	4.669	4.429	4.038	6.783	6.120	4.001
Sum score KFT subtest kft_n1	11.172	11.745	6.794	6.120	29.686	9.294
Sum score KFT subtest kft_n3	6.383	7.230	4.417	4.001	9.294	11.811

[그림 2-5] 여섯 개의 KFT 변수들을 위한 SPSS 기술통계(**SPSS: 분석 → 척도 → 신뢰도 분석 → 통계량 → 다음에 대한 기술량-항목/항목 간-상관계수/공분산)**

Mplus에서 listwise = on; 옵션으로 추정된 Mplus의 기술통계 결과물과 같음.

2 요약 데이터 불러오기와 분석하기(공분산 혹은 상관 행렬)

이 장의 초반 부분에서 이미 언급했던 것처럼, 분석을 위해서 개별 데이터를 사용하는 것보다 요약 데이터를 사용하는 것이 종종 유용할 수 있다. 요약 데이터는 공분산 혹은 상관 행렬을 의미하는데, 종종 모든 변수의 평균값과 표준편차가 필요한 경우가 있다. 요약 데이터를 Mplus로 어떻게 불러올 수 있는지에 대해 KFT 여섯 개의 변수들을 사용하여 살펴보고자 한다. 요약 데이터를 들여오는 가장 간단한 방법은 공분산 혹은 상관 행렬을 복사하여 텍스트 파일에 붙여넣기를 하는 것이다. 예를 들어, 메모장이나 워드패드를 사용할 수 있겠다(Windows 시작 → 모든 프로그램 → 보조 프로그램).

[그림 2-6]은 여섯 개의 KFT 관측변수들의 평균(첫 번째 줄), 표준편차(두 번째 줄), 상관 행렬을 포함하는 텍스트 파일의 예시를 보여 준다(실제 파일은 웹사이트에서 찾아볼 수 있다. KFT_summary-data.txt). 이 텍스트 파일에 포함된 데이터로 구조방정식과 같은 분석을 Mplus를 통해 실행할 수 있다. KFT_summary-data.txt 파일로부터 데이터를 읽어 내기 위한 Mplus 신택스는 [그림 2-7]에 제시되어 있다. 명령어 'data'는 데이터의 이름을 부여하기 위해 사용된다. 더불어 어떤 유형의 요약 데이터가 텍스트 파일로부터 읽혀지는지에 대한 구체적인 정보도 필요하다. [그림 2-7]에서는 부명령어 type = means std corr가 입력되었는데, 이는 KFT_summary-data.txt 파일에 데이터의 평균(means), 표준편차(std), 상관계수(corr)가 순서대로 포함되어 있음을 의미한다. 특히, 데이터 파일에 요약 통계가 입력된 순서대로 부명령어 입력 시 신택스가 입력되어야 한다. 공분산 행렬을 읽기 위해서는 부명령어로 corr 대신에 cova를 사용해야 한다.

부명령어 nobservations = 455는 표본 크기를 의미한다(요약 데이터에 포함된 개인의 수). 이 예에서는 455명의 데이터를 바탕으로 하였다. Mplus의 요약 데이터를 바탕으로 표본의 수를 알 수 없기 때문에 표본 크기에 대한 정보는 부명령어를 통해 제공되어야 한다(개별 데이터에서는 표본 수를 알 수 있다). variable: names = 명령어도 데이터 파일에서 제공되지 않기 때문에 변수 이름들을 부여하기 위해 입력되어야 한다.

KFT_summary-data - 메모장

파일(F) 편집(E) 서식(O) 보기(V) 도움말(H)

```
11.899  8.974  12.387  7.732  11.112  8.281
 4.656  4.244   3.353  2.604   5.448  3.437

1.000
 .547  1.000
 .388   .373  1.000
 .385   .401   .462  1.000
 .440   .508   .372   .431  1.000
 .399   .496   .383   .447   .496  1.000
```

[그림 2-6] 여섯 개의 KFT 변수들의 요약 데이터를 포함한 텍스트 파일

첫 번째 줄은 변수들의 평균, 두 번째 줄은 표준편차, 그 다음은 변수들의 적률 상관 행렬임. [그림 2-7]은 이 요약 데이터가 Mplus에서 어떻게 사용되는지 보여 줌.

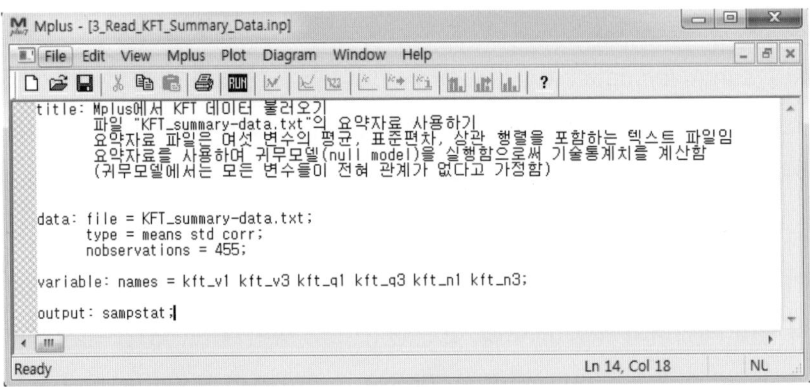
Mplus - [3_Read_KFT_Summary_Data.inp]

File Edit View Mplus Plot Diagram Window Help

```
title: Mplus에서 KFT 데이터 불러오기
       파일 "KFT_summary-data.txt"의 요약자료 사용하기
       요약자료 파일은 여섯 변수의 평균, 표준편차, 상관 행렬을 포함하는 텍스트 파일임
       요약자료를 사용하여 귀무모델(null model)을 실행함으로써 기술통계치를 계산함
       (귀무모델에서는 모든 변수들이 전혀 관계가 없다고 가정함)


data: file = KFT_summary-data.txt;
      type = means std corr;
      nobservations = 455;

variable: names = kft_v1 kft_v3 kft_q1 kft_q3 kft_n1 kft_n3;

output: sampstat;
```

Ready Ln 14, Col 18 NL

[그림 2-7] 요약 데이터([그림 2-6])를 읽기 위한 Mplus 입력 파일

'basic'옵션은 요약 데이터로 사용이 불가능하기 때문에 데이터 점검을 위한 기술통계는 **output: sampstat;** 옵션을 통해 요청. 아직 데이터를 위한 구체적 모델을 입력하지 않았기 때문에 Mplus는 **variable: names =** 에 나열된 모든 변수를 이용한 null 모델을 추정함.

BASIC 옵션은 Mplus에서 요약 데이터에 대해서는 사용이 불가능하기

때문에 데이터를 확인하기 위한 기술통계는 output: sampstat;. 옵션을 사용하여 요청한다. 줄임말인 sampstat는 표본의 통계치(sample statistics)를 의미하는 것으로, 여섯 변수들의 기술통계치를 제공해 준다(예시의 경우, 관측된 평균과 공분산 행렬이 제공될 것이다). 구체적인 모델이 입력되지 않았기 때문에 Mplus는 초기설정이 된 대로 **영(null)모델** 혹은 **독립모델**이라고 불리는 모델을 추정한다. 영모델은 여섯 변수 간에 전혀 관계가 없다고 가정한다. 이 모델에서 유일하게 추정되는 모델의 모수는 관측변수들의 평균과 분산이다. 이 분석에 대한 결과물은 여기에 포함되지 않았지만 웹사이트에서 찾아볼 수 있다.

다음 장에서는 Mplus에서 모델 설정의 기본을 선형구조방정식모델(linear SEMs)을 예로 사용하여 소개하고자 한다. 먼저 단순선형회귀모델들을 살펴보고, 이어서 확인적 요인분석과 잠재경로분석과 같은 좀 더 복잡한 구조방정식모델들을 살펴볼 것이다.

제3장

선형구조방정식모델

1 선형구조방정식모델이란

잠재변수들로 구성된 선형구조방정식모델(Linear Structural Equation Models: **공분산구조모델**이라고 불리기도 함)은 연속변수로 이뤄진 잠재변수들 간의 복잡한 관계를 구조화하기 위해 사용된다. 잠재변수들은 측정오류를 수정한 변수들이다. 선형구조방정식모델은 다변량회귀모델(multivariate regression models)로 볼 수도 있다. 선형구조방정식모델에서는 여러 종속변수와 독립변수 간의 관계가 동시에 분석될 수 있다. 모델에서 독립변수로서만 기능하는 경우에는 다른 변수들에 의해 분산이 설명되지 않기 때문에 **외생(exogenous)변수**라고 부른다. 외생변수들은 공분산 혹은 상관관계와 같은 비방향성 관계들에 대해서만 분석된다.

모델에서 하나 이상의 다른 변수들에 의해 설명되는 변수들은 **내생(endogenous)변수**라고 한다. 동시에 **독립변수**이자 **종속변수**로 기능하는 내생변수는 중개(intervening)변수 혹은 매개(mediator)변수라고 하는데, 다른 변수들 간의 관계를 매개하기 때문이다. 매개효과는 많은 관심을 받고 있으며, 3장 '5. 경로모델과 매개요인분석'에서 자세히 설명되고 있는 관측경로분석 혹은 잠재경로분석(manifest or latent path analysis)을 사용하여 자주 검증된다.

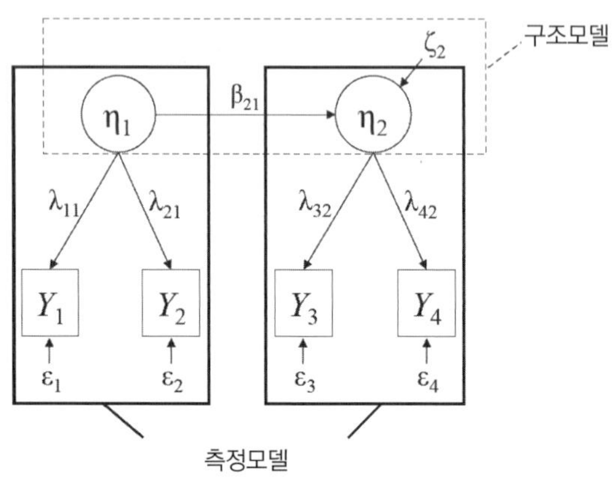

[그림 3-1] 각각 두 관측변수로 측정된 두 잠재변수(η_1 and η_2)로 구성된 단순구조방정식의 다이어그램(Y_1과 Y_2는 η_1의 관측변수들이고, Y_3과 Y_4는 η_2의 관측변수들) 모수 $\lambda_{11}-\lambda_{42}$는 요인부하량을 나타내고, $\epsilon_1-\epsilon_4$는 잔차(측정오차) 변수들. 구조모델에서는 잠재변수인 η_1가 η_2를 설명하는 회귀식이 추정됨. 잠재적 회귀식에서 β_{21}는 회귀 기울기 계수를 나타내고 ζ_2는 잠재잔차변수를 나타냄.

잠재변수들로 구성된 선형구조방정식모델은 두 부분으로 나누어서 설명한다([그림 3-1] 참조): **측정모델**(measurement model)과 **구조(잠재변수)모델**(structural model)이 그것이다. 두 모델과 관련된 모수들은 동시에 추정된다. 측정모델에서 연구자는 지표들(indicators)인 관측변수(observed or manifest variable: Y_i)들을 사용하여 잠재변수(latent variables or factors: η_j)가 어떻게 측정되는지 구체화한다. 잠재변수들은 같은 개념에 대한 다른 지표들 간의 공분산을 나타낸다고 가정하고 이를 **반영적인 측정모델**(reflective measurement model)이라고 부른다. 즉, 잠재변수에서의 변화는 관측변수들에서의 변화를 유발하고 다른 관측변수들 사이의 관계를 설명한다고 가정한다.

관측변수들과 잠재변수들은 측정모델에서 선형회귀식을 통해 연결된다. 반영적 측정모델에서 지표들은 종속변수로, 잠재변수들은 독립변수로 역할을 한다. **형성적 측정모델**(formative measurement model)에서는 서로 반대의 역할을 한다. 이 책에서는 형성적 측정모델에 대해 설명하지 않았다. 이러한 회귀식의 회귀계수 λ_{ij}는 **요인부하량**(factor loadings)이라고 한다. 구조모델(잠재변수모델)에서 잠재변수들 간의 관계는 공분산이나 잠재적 회귀 혹은 경로분석을 통해 구체화된다. 구조모델에서 잠재변수들 간의 관계가 공분산으로만 구성된다면 이를 **확인적 요인분석**(confirmatory factor analysis: CFA, 3장 4. 확인적 요인분석 참조)이라고 한다. 구조모델이 잠재변수들 간의 관계에서 방향이 있는 경로를 포함하는 경우, 이 모델은 **잠재회귀분석**이라고 한다([그림 3-1]과 3장 3. 잠재회귀분석 예시 참조). 만약 여러 잠재내생변수가 고려되었다면 이는 잠재경로분석이라고 한다(3장 5. 경로모델과 매개요인분석 참조).

잠재변수들로 구성된 선형구조방정식의 중요한 이점은 잠재변수들의 사용이 분석에서 측정오류를 명백하게 설명해 준다는 것이다. 결과적으로, 구조모델에서 변수들 간의 관계는 측정변수 수준에서 분석이 이뤄지는 상관분석, 회귀, 경로분석에 비해 더 정확하게 추정될 수 있다. 또한 구조방정식에서는 모델 검증(formal model tests)을 통해 변수들 간의 복잡한 관계를 검증할 수 있다. 더불어 서로 다른 모델들을 통계적으로 비교하는 것이 가능하다.

구조방정식은 매우 유연하고 다양하고 복잡한 연구 질문들에 대한 분석이 가능하다. 예를 들어, 구조방정식은 종단연구에서 변량(variability)과 변화(change)를 분석하는 데 사용이 가능한데, 심리학적 측정에서 시간과 관련되어 안정적으로 나타나는 특정 영향력을 구분하고(4장 2. 잠재상태-속성분석; Steyer, Ferring, & Schmitt, 1992; Steyer, Schmitt, & Eid, 1999 참조), 측정

차이를 검증하고(4장 1. 잠재상태분석과 4. 잠재변화모델들 참조), 잠재적 변화(4장 3. 자기회귀모델들－4장 5. 잠재성장곡선모델들 참조)와 잠재성장곡선을 분석한다(4장 5. 잠재성장곡선모델들; Bollen & Curran, 2006; Duncan, Duncan, & Strycker, 2006; Steyer, Eid, & Schwenkmezger, 1997 참조). 게다가, 구조방정식은 다양한 출처의 정보로부터 관찰된 복잡한 데이터[**다차원 데이터(multimethod data)**]를 분석하는 데 사용된다(Eid et al., 2008; Eid, Lischetzke, & Nussbeck, 2006; Geiser, 2009).

구조방적식을 그래픽으로 나타내기 위하여 [그림 3－1]과 같은 경로도가 종종 사용된다. 이 책에서는 Mplus를 통해 분석된 모델들을 나타내기 위하여 수학방정식을 대신해서 경로도를 이용한다. 경로도에서 관측변수(observed variable, manifest variables, indicators)는 박스로, 직접 관측되지 않는 잠재변수(latent variables, latent factors)는 원 혹은 타원형으로 나타낸다. 방향성이 있는 관계들(회귀)은 화살표로 그려진다(→). 화살표가 출발하는 변수는 화살표를 받는 변수와 관계하는 독립변수(independent variable, predictor, regressor)이다. 화살표를 받는 모든 변수는 내생(종속)변수이다. 경로를 내보내기만 하고 단일 방향(unidirectional)의 경로를 받지 않는 변수들은 외생변수로 불린다.

직선 혹은 곡선의 쌍방 화살표(↔)는 공분산이나 상관관계와 같은 비방향성(nondirectional) 관계를 나타낸다. 이 책에서 관측변수들은 Y 혹은 실제 변수 이름으로 나타내며, 잠재변수들은 η로 나타내거나 잠재변수가 의미하는 이름이 부여된다. 관측변수들과 관련된 오차(잔차)변수들은 ϵ로 나타내고, 잠재변수 잔차들은 ζ로 나타낸다.

선형구조방정식의 이론에 대한 유용한 개론서로는 Bollen (1989), Kaplan (2009), Kline (2011), Loehlin (1998), Raykov와 Marcoulides (2006), Schumacker and Lomax(1996)의 저서가 있다.

글상자 3.1. 잠재변수를 포함한 구조방정식에서 추정되는 중요한 모수치와 공동표기법

측정모델의 모수치:

λ_{ij} –j번째 잠재변수 η_j에 대한 i번째 관측변수 Y_i의 요인부하량(회귀 기울기 계수)

α_i –관측변수 Y_i의 절편(intercept)

$Var(\epsilon_i)$–관측변수 Y_i의 잔차 분산(residual/error variance)

$Cov(\epsilon_i, \epsilon_i{'})$–잔차 공분산

$Corr(\epsilon_i, \epsilon_i{'})$–잔차 상관관계

구조모델의 모수치(η_j 변수/요인 수준에서의 모델):

$Var(\eta_j)$–외생요인들의 요인 분산

$E(\eta_j)$–외생요인들의 요인 평균

$Cov(\eta_j, \eta_j{'})$–외생요인들의 요인 공분산

$Corr(\eta_j, \eta_j{'})$–외생요인들의 요인 상관관계

$\beta_{jj}{'}$ –내생요인 η_j에 대한 다른 요인 $\eta_j{'}$의 회귀를 위한 잠재경로계수/회귀계수. 고차요인모델(higher-order factor model)에서는 γ_j를 가진 고차요인에 대한 저차요인 η_j의 요인부하량을 나타냄

β_{0j}–회귀와 경로분석에서 내생요인 η_j의 잠재적 절편

γ_{0j}–고차요인분석에서 내생요인 η_j의 잠재적 절편

$Var(\zeta_j)$–외생요인들의 잠재적 잔차 분산

$Cov(\zeta_j, \zeta_j{'})$–외생요인들의 잠재적 잔차 공분산

$Corr(\zeta_j, \zeta_j{'})$–외생요인들의 잠재적 잔차 상관관계

상관관계는 r로 나타난다.

2 관측변수들로 이뤄진 단순선형회귀분석

복잡한 구조방정식의 하나의 특별한 경우로 여겨지는 관측변수들로 구성된 선형회귀분석(linear regression analysis)에 기초하여 Mplus의 기본 원리들을 소개하고자 한다. 첫 번째 모델은 하나의 관측독립변수(IV)와 하나의 관측종속변수(DV)로 이뤄진 단순선형회귀모델이다.

공식적으로 단순선형회귀모델은 다음과 같이 나타낼 수 있다(예를 들어, Cohen, Cohen, West, & Aiken, 2003 참조).

$$Y = \beta_0 + \beta_1 X + \epsilon$$

독립변수(predictor variable X)가 종속변수(criterion Y)를 설명하는 회귀모델에서 β_0는 X가 0일 때 기대되는 Y 값인 절편을 나타내고, β_1은 X가 1단위 증가할 때 기대되는 Y의 증가값인 기울기를 나타낸다. ϵ는 잔차변수를 나타낸다[Y와 X가 주어졌을 때 기대되는 Y값의 차이를 나타낸다. $\epsilon = Y - E(Y|X)$].

Mplus에서 새롭게 들여온 데이터로 첫 번째 모델을 구체화하고 실행하는 간단한 방법은 Mplus의 BASIC 분석을 위한 입력 파일을 하나의 견본(template)으로 사용하는 것이다. 견본 파일은 BASIC 분석의 본래 결과에 겹쳐 쓰는 것을 피하기 위해 새로운 파일명으로 저장을 하여 만들 필요가 있다. 예를 들어, 1_simple_regression.inp와 같이 새로운 파일명을 만들 수 있다([그림 3-3] 참조). 다음 과정으로는 [그림 3-2]의 모델을 추정하기 위하여 새 파일명으로 저장된 입력 파일에서 신택스 명령어들을 바꾸는 것이다.

간단한 설명을 위하여 Mplus에서 모델을 구체화하는 데 초기설정이 되어 있는 완전정보 최대우도법(FIML)보다는 목록별(listwise) 삭제방법을 바탕으로 하여 다음의 설명을 이어가려고 한다. 앞서 설명하였듯이, 결측데이터가 있는 경우에 실제 분석에서는 완전정보 최대우도법을 사용하여 모델 추정을 해야 한다(예를 들어, Enders, 2010; Geiser et al., 2012; Schafer & Graham, 2002 참조).

글상자 3.2. 단순선형회귀의 예시

한 연구자가 비언어 능력이 수리 능력을 예측하는지에 대해 흥미로워한다고 상상해 보자. 간단한 설명을 위해 두 변수만 사용하는데, 하나는 kft_q1으로 수리 능력을 나타내는 측정도구이자 종속변수인 *Y*이고, 다른 변수는 kft_n1으로 비언어 능력을 나타내는 측정도구로 독립변수인 *X*이다. [그림 3-2]는 해당하는 단순선형회귀모델을 보여 준다. [그림 3-2]의 경로도는 Mplus 모델을 통해 추정된 비표준화된 모수치들을 포함한다.

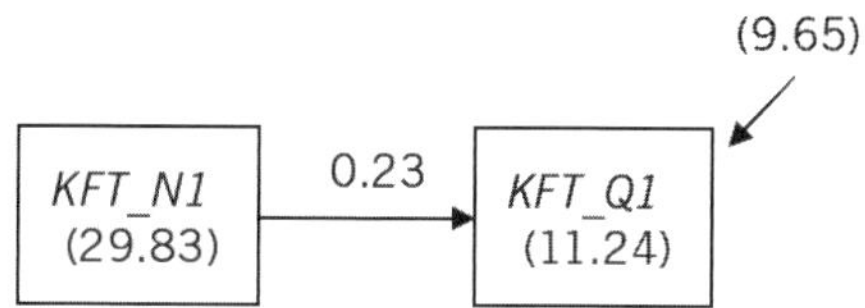

[그림 3-2] kft_n1(비언어 능력)으로부터 kft_q1(수리 능력)을 예측하는 이변량 회귀모델(bivariate regression model)의 경로도

모델에서 추정된 비표준화 회귀계수(0.23)와 변수들의 분산(29.83과 11.24), kft_q1의 잔차 분산(9.65)을 포함.

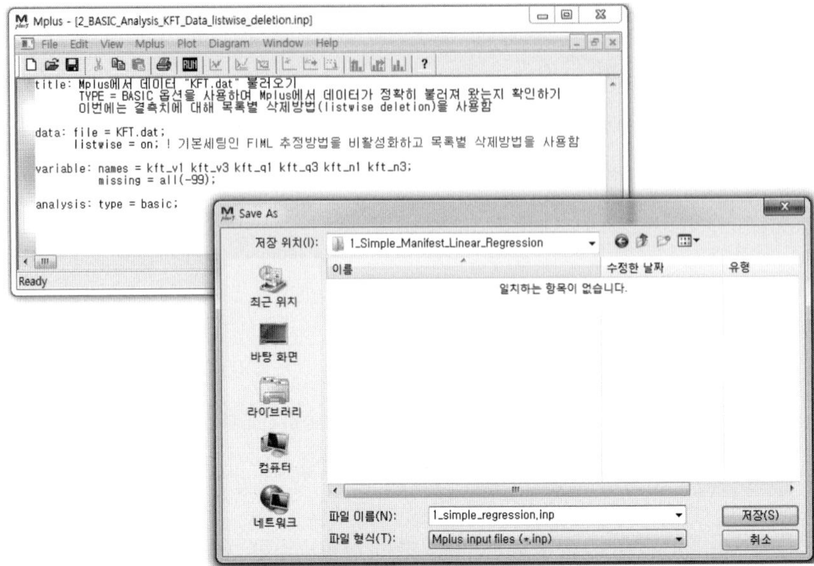

[그림 3-3] 이변량 회귀모델(bivariate regression model)을 위한 새로운 입력 파일을 생성하기 위해 [그림 2-1]의 Mplus 입력 파일을 새로운 파일명으로 저장

글상자 3.3. 첫 모델을 설정하기 위한 팁들

BASIC 옵션을 사용하여 Mplus에 정확하게 데이터를 들여왔는지를 확인한 후에는 실제 첫 모델을 설정한다(2장 참조). 일반적으로 많은 변수를 포함하는 복잡한 모델의 한 부분일 수 있는 단순 모델을 먼저 설정하는 것이 유용하다. 이러한 접근은 복잡한 모델에서 발생할 수 있는 오류와 기술적 문제들을 복잡한 모델에서보다 좀 더 단순한 부분모델에서 좀 더 쉽게 발견할 수 있다. 예를 들어, 많은 변수로 복잡한 모델을 분석하고자 할 때에는 단계적으로 모델을 구축하는 것이 유용하다(Mulaik & Millsap, 2000). 한 번에 모든 변수를 포함하는 대신에 관측변수와 잠재변수의 일부분만을 사용하여 모델 설정을 시작하는 것이다. 이러한 방법으로 발생할 수 있는 오류들과 기술적 문제들이 모델 혹은 변수의 어떤 부분에서 발생했는지를 추적할 수 있다. 결과적으로 많은 변수와 모수치를 포함하는 복잡한 모델들에서보다 문제해결이 쉬워진다. 또한 모델의 구조적 부분들에 제한을 가하기 전에 측정모델을 먼저 추정하는 것이 유용하다(Mulaik & Millsap, 2000).

이변량 선형회귀모델(bivariate linear regression model)을 위한 Mplus 설정(specification)은 [그림 3-4]에 제시되어 있다. 새로운 부명령어가 variable 명령어에 추가된 것을 볼 수 있다. 부명령어 usevar은 데이터에 있는 어떤 변수들이 실제적으로 모델에서 사용될 것인지를 입력할 수 있도록 한다. 예시로 사용하고 있는 단순관측회귀모델에서는 변수 kft_q1과 kft_n1을 사용하고, usevar 명령어를 통해 다음과 같이 입력할 수 있다.

```
usevar = kft_q1 kft_n1;
```

Mplus는 usevar를 통해 입력된 변수들이 모두 모델의 부분이라고 가정하기 때문에 모델에서 실제적으로 사용되는 변수들만 usevar 명령어를 사용하여 나열되어야 한다는 것을 명심해야 한다. usevar 명령어를 통해 입력된 변수들이 실제 모델의 설정에서 포함되지 않는다면 Mplus는 포함되지 않은 변수들이 모델의 다른 모든 변수와 상관관계가 없을 것이라고 자동적으로 가정하고(부록 2와 마찬가지로 다음의 논의 참조) 다음과 같은 오류 메시지를 출력한다.

```
*** WARNING in Model command
  Variable is uncorrelated with all other variables: KFT_N3
*** WARNING in Model command
  All least one variable is uncorrelated with all other
variables in the model.
  Check that this is what is intended.
  2 WARNING(S) FOUND IN THE INPUT INSTRUCTIONS
```

앞의 예에서 변수 kft_n3은 usevar 명령어를 통해 잘못 입력되었으나 모델 설정에서 실제로 사용되지 않았다. usevar 명령어가 전체적으로 생략되었을 때에도 Mplus는 names = 명령어와 함께 입력된 **모든** 변수가 모델의 부분이라고 가정하기 때문에 비슷한 문제가 발생한다. 출력물에 앞과 같은 메시지가 나타날 경우에는 반드시 입력 파일로 돌아가 usevar 명령어를 추가하거나 수정한 후 올바른 입력에 기초하여 모델을 재추정하여야 한다. 이러한 과정을 거치지 않는다면 심각하게 잘못된 모델과 함께 편향된 모수치를 갖게 된다.

Mplus는 BASIC 옵션에서 실제 모델을 추정하지 않기 때문에 분석 명령어에서 분석의 유형은 type = basic에서 type = general로 바꿔야 한다. BASIC 옵션은 단지 기술통계치들만 제공하고 실제 모델의 모수치들은 제공하지 않는다. 두 가지의 새로운 명령어가 입력 파일에 추가된다. 첫 번째는 원하는 모델을 설정하기 위한 model 명령어이고, 두 번째는 Mplus 출력물에서 초기설정이 되어 있지 않은 추가적인 출력을 요청할 때 사용하는 output 명령어이다.

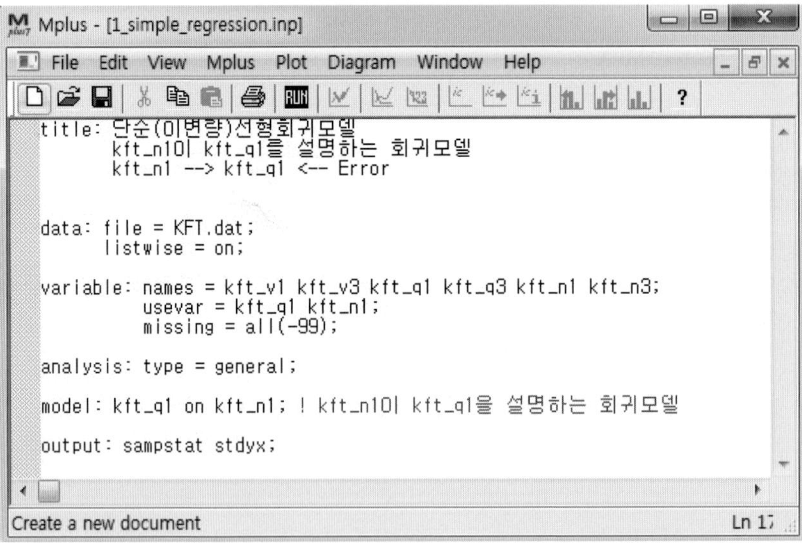


```
title: 단순(이변량)선형회귀모델
       kft_n1이 kft_q1을 설명하는 회귀모델
       kft_n1 --> kft_q1 <-- Error


data: file = KFT.dat;
      listwise = on;

variable: names = kft_v1 kft_v3 kft_q1 kft_q3 kft_n1 kft_n3;
          usevar = kft_q1 kft_n1;
          missing = all(-99);

analysis: type = general;

model: kft_q1 on kft_n1; ! kft_n1이 kft_q1을 설명하는 회귀모델

output: sampstat stdyx;
```

[그림 3-4] 이변량 선형회귀모델([그림 3-2])을 위한 Mplus 입력 파일

```
model: kft_q1 on kft_n1;
output: sampstat stdyx;
```

명령어 model을 통해 kft_q1이 kft_n1에 회귀된다는 단순회귀분석을 설정하는 것이다. on은 '회귀되는(regressed on)' 것을 의미한다. 로지스틱 회귀분석과 같은 다른 유형의 회귀분석들은 종속변수가 범주형이라는 것을 부명령어 categorical =를 통해 입력하고 특정 추정 방법을 요청함으로써 가능하다(Geiser et al., 2012; Muthén & Muthén, 1998~2012 참조).

명령어 output을 통해 Mplus의 초기설정 출력물에 더해서 관측변수들의 기술통계 결과(sampstat-sample statistics: 평균, 공분산, 상관관계)와 완전 표준화된 결과(stdyx)를 요청한다. 다음으로, 단순회귀모델의 출력물에서 가장 중요한 부분들이 나온다. 먼저 출력물에서 다음과 같은 메시지가 나타나는지 확인하는 것이 필요하다.

```
INPUT READING TERMINATED NORMALLY
```

앞의 메시지는 Mplus의 입력 파일 실행을 막는 어떤 종류의 신택스 오류도 발견되지 않았다는 것을 의미한다. 예를 들어, 앞의 메시지는 Mplus가 분석을 위해 데이터를 찾고 읽어 내는 데 어떤 어려움도 없었다는 것을 나타낸다. 하지만 앞의 메시지는 Mplus가 데이터를 정확하게 읽어 왔다든가, 모델이 정확하게 설정되었는지에 대해 보장해 주지 않는다. BASIC 분석을 통해 이미 실행을 했다 하더라도(2장 1. '1) Mplus 신택스의 기본 구조와 BASIC 분석' 참조) 추정된 모델의 모수치의 타당성과 함께 계산된 표본 크기와 기술통계치들이 정확한지 확인해 보는 것은 여전히 중요하다. 또한 앞의 메시지는 실제로 추정된 통계 모델이 수렴되었거나 모든 모수추정치가 적절하고 의미 있다는 것을 보장하지는 않는다. 특정 통계모델의 실제 **추정**과 관련된 문제들은 다음의 Mplus 출력물에 나타난다(SAMPLE STATISTICS 아래).

만약 앞의 메시지(INPUT READING TERMINATED NORMALLY)가 출력물에 나타나지 **않는다면**, 오류메시지가 같은 위치에 나타날 것이다. 이러한 메시지들은 모델 설정에서 발생한 오류와 데이터를 찾고 읽어 내는 프로그램 과정에서 발생하는 오류들을 알려 준다. 부록 2는 모델 설정과 관련된 전형적 문제들과 해결책들을 제시한다.

SUMMARY OF ANALYSIS 하의 Mplus는 분석에 대한 기술적 사실들을 보고한다(집단의 수–다집단 분석이 아니기 때문에 여기서는 그룹의 수가 1임, 관찰 수, 독립변수와 종속변수의 개수와 변수명, 잠재변수의 개수와 변수명, 데이터 파일의 파일명과 포맷).

```
SUMMARY OF ANALYSIS

Number of groups                                    1
Number of observations                            456

Number of dependent variables                       1
Number of independent variables                     1
Number of continuous latent variables               0

Observed dependent variables

  Continuous
   KFT_Q1

Observed independent variables
   KFT_N1
```

```
Estimator                                                ML
Information matrix                                 OBSERVED
Maximum number of iterations                           1000
Convergence criterion                             0.500D-04
Maximum number of steepest descent iterations    20

Input data file(s)
  KFT.dat

Input data format  FREE
```

SUMMARY OF ANALYSIS의 정보는 분석이 정확하게 실행되었는지 확인하기에 유용하다. 다음의 출력물에서는 모델에서 사용된 변수들의 기술통계치를 볼 수 있다(Mplus에서 SAMPLE STATISTICS라고 불리는). Mplus로 데이터를 읽어 오는 동안에 뭔가 잘못될 수 있는 경우를 대비해서 다시 한 번 정확성을 위해 기술통계치를 면밀히 점검해야 한다. 더불어 기술통계치들은 모델 결과들의 해석을 위해 종종 유용하게 사용된다. 예시에서 kft_q1과 kft_n1의 상관관계가 적당히(moderately) 크다는 것(r=.375)을 Correlations 부분에서 확인할 수 있다.

```
SAMPLE STATISTICS


     SAMPLE STATISTICS


        Means
          KFT_Q1      KFT_N1
        ________    ________
 1        12.377      11.088
```

```
       Covariances
        KFT_Q1     KFT_N1
       ________   ________
KFT_Q1  11.235
KFT_N1   6.870     29.826

       Correlations
        KFT_Q1     KFT_N1
       ________   ________
KFT_Q1   1.000
KFT_N1   0.375      1.000
```

기술통계치를 살펴보고 난 후에도 다시 한 번 가능한 오류메시지를 확인할 필요가 있다. 앞에서 언급했듯이, Mplus는 모델의 실제 추정과 관련하여 발생할 수 있는 여러 종류의 구체적인 문제에 대해 이 지점에서 추가적인 오류메시지를 출력한다. 이러한 오류메시지가 가능한 이유는 다음과 같다. (1) 모델이 식별되지(identified) 않는 경우, (2) 적절치 않은 추정 결과가 발생한 경우(예를 들어, 부적 분산 혹은 잔차 분산 추정치, 절대값이 1보가 큰 상관계수), (3) 추정 과정에서 모수추정의 적절한 값들을 수렴해 나가는 데 실패한 경우이다. 우리의 예시에서는 오류메시지가 나타나지 않았다. 관측변수들을 포함한 단순선형회귀모델을 위한 모델 추정이 문제없이 종료됐고, 다음과 같은 메시지가 나타났다.

```
THE MODEL ESTIMATION TERMINATED NORMALLY
```

출력물 중 모델 추정에 관한 부분에서 추가적인 메시지가 있는 경우에 연구자는 충분히 주의 깊게 결과를 살펴봐야 한다. 이러한 경우, 심각한 추정 문제들이 발생했을지도 모르기 때문에 적합도와 모델 모수추정치를 포함한 모든 결과를 충분히 주의해서 결과를 해석해야 한다.

다음으로, 모델의 전반적인 적합도(the overall goodness of fit of the model)를 평가하기 위해 사용되는 여러 통계 수치가 MODEL FIT INFORMATION (이전 버전의 Mplus에서는 TESTS OF MODEL FIT) 하에 보고된다. 이러한 지수들에 대한 설명은 〈글상자 3.7〉을 참고하기 바란다(더 자세한 설명은 Bollen & Long, 1993; Schermelleh-Engel, Moosbrugger, & Müller, 2003 참조). 이 장에서는 예시를 통해 관측변수들로만 구성된 단순선형회귀모델을 분석한다. 단순회귀모델은 모델 모수들을 추정하기 위해 데이터에 있는 모든 정보를 사용한다. 모델은 포화되었기(saturated) 때문에 대부분의 모델적합도(model fit)를 위한 지수들(indices)은 여기서 우리의 큰 관심거리가 아니다. 포화모델(saturated model)은 관측 데이터와 항상 완벽한 적합도를 보여 준다. 기초선 모델(baseline model or independence model)을 위한 카이제곱 검증(chi-square test)만이 유일하게 살펴볼 만하다. 독립모델(independence model)은 모델에서 사용된 모든 변수는 상관관계가 없다고 가정한다. 우리의 예시에서는 kft_q1과 kft_n1은 서로 관계가 없다. 예시의 독립모델은 유의미한 카이제곱 검증 결과가 나타났고($\chi^2 = 69.235$, $df = 1$, $p < .0001$), 이는 독립모델이 기각되어야 함을 나타낸다. 이러한 결과는 kft_q1과 kft_n1의 상관관계가 0과 유의미하게 다르다는 것이고, 회귀모델의 추정이 의미 있다는 것을 보여 준다.

```
MODEL FIT INFORMATION

Number of Free Parameters                  3

Loglikelihood

     H0 Value                      -1163.957
     H1 Value                      -1163.957
```

```
Information Criteria

     Akaike (AIC)                    2333.913
     Bayesian (BIC)                  2346.281
     Sample-Size Adjusted BIC        2336.760
       (n* = (n + 2) / 24)

Chi-Square Test of Model Fit

     Value                              0.000
     Degrees of Freedom                     0
     P-Value                           0.0000

RMSEA(Root Mean Square Error Of Approximation)

     Estimate                           0.000
     90 Percent C.I.             0.000  0.000
     Probability RMSEA <= .05           0.000

CFI/TLI

     CFI                                1.000
     TLI                                1.000

Chi-Square Test of Model Fit for the Baseline Model

     Value                             69.235
     Degrees of Freedom                     1
     P-Value                           0.0000

SRMR(Standardized Root Mean Square Residual)

     Value                              0.000
```

다음으로는 MODEL RESULTS하에 모델을 위한 모수추정치(parameter estimates)가 비표준화된(unstandardized) 형태로 나타난다.

```
MODEL RESULTS
                                                   Two-Tailed
                 Estimate    S.E.  Est./S.E.    P-Value

 KFT_Q1     ON
    KFT_N1      0.230     0.027      8.647      0.000

 Intercepts
    KFT_Q1      9.823     0.329     29.833      0.000

 Residual Variances
    KFT_Q1      9.652     0.639     15.100      0.000
```

Estimate 칼럼의 첫 번째 숫자인 0.23은 kft_q1의 kft_n1에 대한 회귀를 위해 추정된 비표준화된(unstandardized) 회귀 기울기 계수인 β_1이다. 두 번째 칼럼의 0.027은 β_1을 위해 추정된 표준오차(standard error: SE) σ_{β_1}이다. 세 번째 칼럼에 제시된 회귀계수를 회귀계수의 표준오차로 나눈 값의 표본이 클 경우에는 z값과 동등한 검증 통계치를 산출하기 때문에 유의도 판정에 사용될 수 있다. 예시에서 산출된 z값은 8.647이다. 네 번째 칼럼은 양측(two-tailed) 검증을 통해 모집단에서 회귀계수가 0일 것이라는 영가설(null hypothesis) 하에 관측된 회귀계수의 확률이다. 유의도(p값)가 .0001보다 작고, 이는 기울기값이 .0001의 α수준에서 0과 유의하게 다르다는 것을 알려 준다. 이는 kft_n1이 kft_q1을 유의하게 예측한다는 것을 혹은 두 변수가 유의한 관계가 있다는 것을 의미한다.

다음 줄은 추정된 절편 모수(β_0 =9.823)를 포함한다. 절편 또한 통계적으로 유의미하다(z=29.833). 기울기(β_1)와 절편(β_0)을 이용하여 예시에 대한 회귀식을 다음과 같이 나타낼 수 있다.

$$\text{kft\_q1} = 9.823 + 0.23\ \text{kft\_n1} + \epsilon$$

kft_n1의 값이 0(문제를 하나도 맞추지 못한 경우)인 개인들은 kft_q1의 값이 9.823일 것이라고 예측할 수 있다. 더구나 이 회귀식에 따르면 kft_n1의 값이 1단위 증가하면 kft_q1의 값은 0.23 증가할 것이라고 예상할 수 있다.

MODEL RESULTS 표의 세 번째 줄은 비표준화된 잔차 분산(unstandardized residual variance: 오차 변수 ϵ의 추정된 분산)을 포함한다. 여기서 잔차분산($\hat{\sigma}_{\epsilon}^{2}$)은 9.652이다. 오차분산을 종속변수의 전체분산($\hat{\sigma}_{Y}^{2}$)과 연결지을 때 오차분산은 의미가 있다. 출력물의 윗부분에 있는 SAMPLE STATISTICS 아래쪽에서(covariance matrix) 전체분산을 찾아볼 수 있다. 예시에서 kft_q1의 추정분산은 11.235이다. 이를 통해 잔차분산(즉, 회귀분석을 통해 설명되지 않은 분산)이 종속변수의 전체분산과 비교했을 때 상대적으로 크다는 것을 알 수 있다. 다시 말해, kft_q1 점수의 개인별 차이의 적은 일부분만 kft_n1 점수의 개인별 차이에 의해 설명될 수 있다. 위 말하는 결정계수(R^2)를 계산함으로써 kft_q1 점수의 14.1%만 단순회귀모델에 의해서 설명될 수 있다고 볼 수 있다.

$$\hat{R}^2 = 1 - \frac{\hat{\sigma}_{\epsilon}^{2}}{\hat{\sigma}_{Y}^{2}} = 1 - \frac{9.652}{11.235} = .141$$

비표준화된 모델의 모수추정치 아래에서 Mplus에서 STANDARDIZED MODEL RESULTS라고 불리는 결과를 볼 수 있다(fully standardized or STDYX solution). 이 부분에서는 앞에서 비표준화된 잔차분산과 전체분산의 비율을 이용해 계산한 추정된 결정계수(R^2)와 함께 완전 표준화된 모수추정치들을 나타낸다.

글상자 3.4. 독립변수들의 중심화

선형회귀분석에서 절편 β_0은 회귀식에서 모든 독립변수가 의미 있는 0값을 지닐 때에만 유효하게 해석될 수 있다. 하지만 사회과학에서 사용하는 많은 변수는 실질적인 0값을 지니지 않는다. 예를 들어, 나이, 지능, 외향성, 학교에서의 성공에서의 0값은 어떤 개인에게서든지 나타나리라는 기대를 하지 않는다. 이러한 구성 개념을 측정하기 위한 심리학적 척도들은 0값이 가능하지 않거나 의미 없게 만들어진다. 그런 변수들의 0값을 의미 있는 점수로 만들기 위해서는 그 값들을 중심화(centering)할 수 있다. 중심화란 각각의 원점수에서 의미 있는 절편값을 빼는 것이다. 보통 평균이 중심화를 위해 사용된다. 평균중심화는 변수의 0값이 변수의 평균값으로 변하도록 한다. 결국 원래의 0값은 의미가 없어지지만 평균중심화한 후의 0값은 의미를 갖게 된다. 왜냐하면 평균중심화한 후의 0값은 표본에서 전형적인(평균적인) 케이스를 의미하기 때문이다(Cohen et al., 2003).

중심화된 변수들에서 절편은 독립변수의 **평균**값을 지닌 개인들에게 기대되는 종속변수의 의미 있는 값을 나타내는 것이다. 중심화는 상호작용 항을 이용해 회귀분석을 하는 조절회귀(Aiken & West, 1991 참조)와 다층회귀분석(5장 참조)에서 중요한 역할을 한다.

Mplus에서 중심화는 variable 명령어에 부명령어인 centering을 추가함으로써 쉽게 실행할 수 있다. 예를 들어, 회귀분석을 실행하기 전에 독립변수인 kft_n1을 중심화하기 위하여 Mplus 입력창에 다음과 같이 입력한다(독립변수 중심화와 중심화된 독립변수를 이용한 분석결과는 웹사이트에서 확인할 수 있다).

```
variable: centering = grandmean(kft_n1) ;
```

부명령어 centering은 Mplus가 회귀분석을 실행하기 전에 독립변수인 kft_n1을 중심화하도록 한다. 예시에서 Mplus는 grand-mean centering을 하였다. 이는 kft_n1의 각각의 점수로부터 kft_n1의 평균을 빼는 것이다. 중심화한 후, 회귀식은 다음과 같다.

$$kft\_q1 = 12.377 + 0.23\ kft\_n1 + \epsilon$$

단순선형회귀분석에서 중심화는 절편 β_0을 다르게 추정한다. 중심화하지 않았을 때에는 절편이 9.823이었는데, 중심화하고 나서는 절편이 12.377이다. 하지만 기울기 β_1은 다르게 추정되지 않는다. 12.377은 kft_n1의 평균점수를 가지는 개인들에게서 예상되는 kft_q1의 점수(이 값은 kft_q1의 평균과 정확하게 같은 값이다)이다.

추정된 표준화된 회귀식의 기울기 값은 0.375이고, 이 값은 kft_n1과 kft_q1의 이변량 상관관계 계수와 같다. 단순회귀분석에서 표준화된 회귀식의 기울기 값은 독립변수와 종속변수의 상관관계 계수와 항상 같다.

```
STANDARDIZED MODEL RESULTS

STDYX Standardization

                                              Two-Tailed
               Estimate    S.E.  Est./S.E.    P-Value

 KFT_Q1    ON
    KFT_N1      0.375     0.040      9.329      0.000

 Intercepts
    KFT_Q1      2.931     0.166     17.678      0.000

 Residual Variances
    KFT_Q1      0.859     0.030     28.448      0.000
```

```
R-SQUARE

   Observed                                    Two-Tailed
   Variable Estimate   S.E.  Est./S.E.   P-Value

   KFT_Q1      0.141    0.030    4.664      0.000
```

표준화된 절편 값은 (중심화하지 않은 독립변수의 경우) 종속변수의 표준편차에 의해 비표준화된 절편 추정치(9.823)를 나눔으로써 계산할 수 있다. 표준편차는 Mplus에서 직접적으로 보고되지는 않았지만, 앞의 sample statistics output에서 찾을 수 있는 kft_q1 분산($\hat{\sigma}_Y^2$)의 제곱근 값으로 계산될 수 있다($\hat{\sigma}_Y = \sqrt{\hat{\sigma}_Y^2} = \sqrt{11.235} = 3.352$). 표준화된 절편 값은 비표준화된 절편 추정치인 9.823을 종속변수의 표준편차인 3.352로 나눈 결과치인 2.931이다. 표준화된 잔차분산인 0.859는 1에서 추정된 결정계수 값을 뺀 값이다($1-\hat{R}^2$: $1-.141=.859$). 잔차분산 값은 kft_n1에 의해서 설명될 수 **없는** kfr_q1의 분산의 부분을 나타낸다(약 85.9%).

3 잠재회귀분석

단순선형회귀모델(3장 '2. 관측변수들로 이뤄진 단순성형회귀분석' 참조)은 관측변수(manifest variable)인 수리지능과 비언어지능의 관계를 고려했다. 관측변수들로 구성된 회귀분석의 한 가지 중요한 약점은 이러한 분석들은 관측된 독립변수를 완벽하게 신뢰할 수 있다는 현실 불가능한 가정을 한다는 것이다. 즉, 측정오류(measurement error)가 없다고 가정한다. 하지만 관측된 점수들은 보통 임의적인 측정 오류를 가지며, 추정된 회귀계수와 같은 회귀분석의 결과는 결국 편향될 수밖에 없다. 비록 종속변수의 측정오류분산은 잔차분산을 통해 설명되지만, 체계적으로 설명되지 않은 분산과 명확하게 구분되지 않기 때문에 이 또한 그리 바람직하다고 볼 수 없다.

잠재변수들로 구성된 구조방정식모델(SEMs)은 측정 오류를 교정한 잠재변수(요인)들의 수준에서 회귀분석을 실행하도록 한다. 이러한 절차는 측정 오류가 독립변수와 종속변수(들)을 위해 분명하게 고려될 수 있다는 장점을 지닌다. 그러므로 잠재변수들로 구성된 구조방정식모델에서는 관측변수의 신뢰도에 대한 추정치를 확보할 수 있다. 측정 오류에 대한 고려는 측정 오류를 통제하지 않는 관측변수들로 구성된 회귀분석과 비교했을 때 회귀모델의 모수치들의 좀 더 정확한 추정(잠재구조모델의 모수치를 통해)을 할 수 있도록 한다.

잠재회귀모델에서 각각의 잠재변수를 위해 여러 관측변수가 필요하다. 적어도 두 관측변수가 하나의 잠재변수를 구성하기 위해 필요한데, 식별(identification)과 추정(estimation)을 위해서는 가능하다면 적어도 세 개의 관측변수로 잠재변수를 구성하는 것이 더 바람직하다. 이 절에서는 KFT의 수리 점수와 비언어 점수 사이의 관계가 관측 수준이 아닌 잠재 수준에서 어떻게 측정될 수 있는지를 설명한다.

글상자 3.5. 잠재회귀분석(latent regression analysis)의 예시

KFT.dat 파일의 데이터에는 언어, 수리, 비언어 각각의 능력에 대해 각각 두 개의 관측변수가 포함되어 있기 때문에 수리 능력과 비언어 능력에 대해 잠재적인 요인을 통해 모두 모델링할 수 있다. 관측변수인 kft_q1과 kft_q3는 수리 능력 요인(KFT_Q)의 관측변수로 사용되고, kft_n1과 kft_n3는 비언어 능력(KFT_N)을 나타내는 잠재변수의 관측변수로 사용된다. 비언어 능력에 대한 수리 능력의 회귀분석은 구조모델에서 잠재변수의 수준으로 구성된다. 이러한 모델을 **잠재회귀분석**이라 부르는데, [그림 3-5]의 경로도처럼 볼 수 있다.

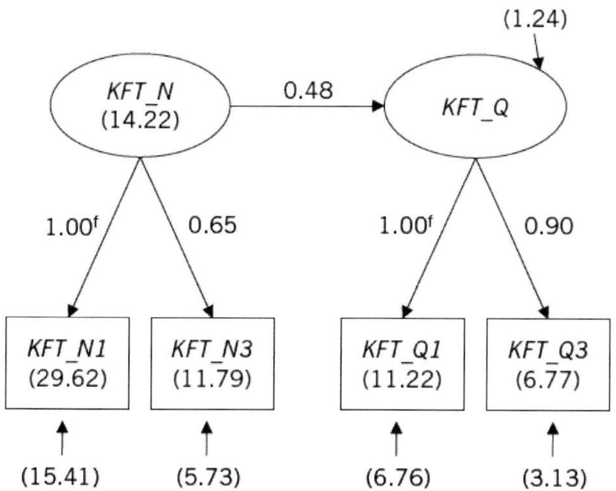

[그림 3-5] 비언어 능력(KFT_N 요인)이 수리 능력(KFT_Q 요인)을 예측하는지 검증하기 위한 잠재회귀모델

각각의 요인은 두 개의 관측변수(KFT의 하위 측정도구 점수)로 측정됨. 값들은 비표준화된 Mplus 모수추정치(요인부하량, 경로계수, 분산/잔차분산)임. 윗첨자 f는 잠재변수들의 metric(행렬)을 정의 내리기 위해 1로 고정한 요인부하량을 나타냄.

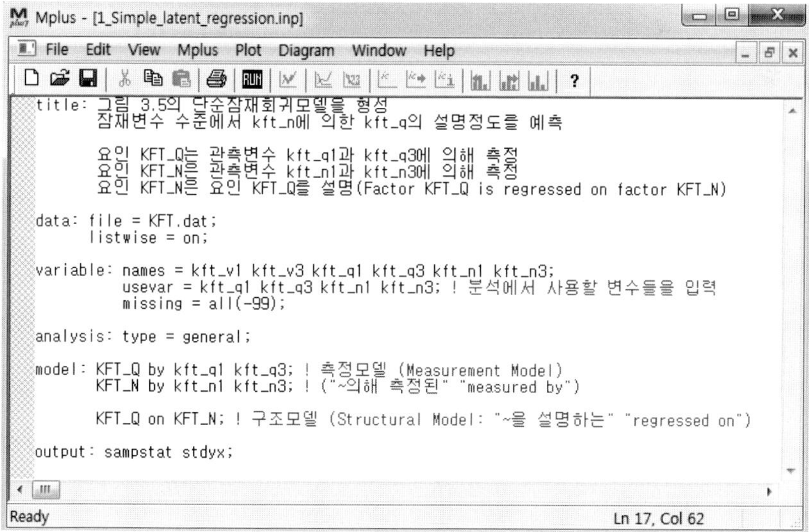

[그림 3-6] 잠재회귀모델([그림 3-5])을 위한 Mplus 명령어 입력 파일

[그림 3-6]은 [그림 3-5]의 모델을 구성하기 위한 Mplus 신택스 명령어를 보여 준다. 먼저 모델에서 사용되는 모든 관측변수는 usevariables 하에 모두 나열되어야 한다(모델에서 사용되지 않는 변수들은 포함하지 않는다). 측정모델은 by 명령문을 사용함으로써 명령어 model 하에 설정된다. by 명령문은 잠재요인에 적재된 관측변수를 나타내기 위해 사용된다. by는 어떤 것에 의해 측정되었다는 것(measured by)을 의미한다. 예시에서 잠재요인인 KFT_Q는 관측변수인 kft_q1과 kft_q3에 의해 측정되었고, KFT_N은 kft_n1과 kft_n3에 의해 측정되었다.

by 명령어와 함께 나열된 변수들 중 가장 먼저 배열된 변수는 Mplus의 초기설정에 의해 요인부하량이 1로 고정될 것이다. 예시에서는 kft_q1과 kft_n1의 요인부하량이 1로 고정될 것이다. 잠재요소마다 하나의 요인부하량을 고정하는 것은 각 요소에 메트릭을 부여하기 위해 필요하다(〈글상자 3.6〉 참조). 다른 관측변수들의 요인부하량은 초기설정을 통해 자유롭게 추정하게 되어 있다.

글상자 3.6. 잠재요인에 메트릭을 부여하기 위한 다른 방법들

잠재변수의 메트릭은 임의적이기 때문에 사용자에 의해 정해져야 한다(Bollen, 1989). Mplus는 초기설정을 통해 by 명령어와 함께 나열된 관측변수들 중 첫 번째 변수의 요인부하량을 1로 고정함으로써 잠재변수의 메트릭을 이러한 준거(reference or marker)변수의 메트릭을 통해 정해질 수 있도록 한다. 잠재변수마다 하나의 요인부하량을 고정하는 방법 외에도 연구자는 **모든** 요인부하량을 자유롭게 추정하고, 잠재변수분산(혹은 종속변수들, 잔차분산)을 양수(보통은 1)로 고정함으로써 메트릭을 정할 수 있다. 요인부하량을 고정하지 않고 잠재변수분산을 1로 고정하는 것은 실제 적용하는 데 있어서 기술적 이유 때문에 종종 유용하다. 예를 들면, 잠재변수의 관측변수들이 메트릭 간에 차이가 강하게 존재한다면(예를 들어, 매우 다른 분산을 가지는 경우) 하나의 요인부하량을 고정하여 모델을 구성하는 데 있어서 수렴(convergence) 관련 문제를 일으킬 수 있다. 또한 연구자가 구조모델의 특정 추정치를 미리 가정된 값들로 고정하고자 할 때 잠재변수분산을 고정하는 것이 요인부하량을 고정하는 방법보다 더 선호된다. 예를 들어, 연구자들은 이론에 기반하여 잠재변수 상관관계의 값을 특정한 값으로 고정하는 것에 관심이 있을 수 있다. 만약 잠재변수의 분산이 1로 부여되어 있다면 분산이 자유롭게 추정될 때보다 잠재변수의 상관관계 값을 특정하게 가정된 값으로 고정하는 것은 훨씬 더 수월할 것이다. 잠재변수분산을 1로 고정하는 것은 잠재변수를 표준화된 메트릭으로 구성하고, 이는 공분산의 값을 상관관계의 값과 같게한다.

다른 한편으로는, 잠재변수분산을 고정하는 것이 바람직하지 않을 수 있다. 예를 들어, 종단구조방정식에서 잠재변수분산은 시간의 흐름에 따라 변할 수 있거나 연구자의 가설에 따라 다를 수 있다.

잠재변수 KFT_N을 활용하여 Mplus의 초기설정을 변경하기 위한 하나의 예시로 설명하고자 한다. KFT_N의 첫 번째 관측변수의 요인부하량을 자유롭게 추정하도록 하기 위하여 첫 번째 관측변수 다음에 *를 더한다.

```
KFT_N by kft_n1* kft_n3;
```

*를 더함으로써 첫 번째 요인부하량이 자유롭게 추정된다. 잠재변수 KFT_N의 분산을 1로 고정하기 위해서는 잠재요인의 이름 다음에 '@1'을 더한 부가적인 명령어를 추가한다.

```
KFT_N@1;
```

이 예시에서 모델적합도나 표준화된 모수추정치는 요인부하량을 고정하는 것보다 잠재변수분산을 고정함으로써 영향을 덜 받는다(웹사이트에서 출력물 확인 가능).

명령어 KFT_Q on KFT_N; 은 3장 '2. 관측변수들로 이뤄진 단순선형회귀분석'에서 설명한 관측변수를 이용한 회귀분석의 명령어와 같은 방법으로 사용된다. 이 명령어는 잠재요인 KFT_Q의 KFT_N에 대한 회귀를(KFT_N이

KFT_Q을 예측하도록) 요청한 것이다. 단순구조방정식의 구조적인 파트라고 할 수 있다. 관측변수와 종속변수를 위한 잔차분산은 Mplus 초기설정으로 추정된다. [그림 3-6]에서 볼 수 있는 다른 명령어들은 이미 설명한 것이다. run을 클릭함으로써 부분적으로 다음과 같은 모델의 결과를 얻을 수 있다(완전정보 최대우도법이 초기설정임).

```
MODEL FIT INFORMATION

Number of Free Parameters                  13

Loglikelihood

     H0 Value                       -4696.080
     H1 Value                       -4696.079

Information Criteria

     Akaike (AIC)                    9418.160
     Bayesian (BIC)                  9471.724
     Sample-Size Adjusted BIC        9430.466
       (n* = (n + 2) / 24)

Chi-Square Test of Model Fit

     Value                              0.002
     Degrees of Freedom                     1
     P-Value                           0.9653

RMSEA(Root Mean Square Error Of Approximation)

     Estimate                           0.000
     90 Percent C.I.              0.000  .000
     Probability RMSEA <= .05           0.980
```

```
CFI/TLI

     CFI                               1.000
     TLI                               1.015

Chi-Square Test of Model Fit for the Baseline Model

     Value                           406.899
     Degrees of Freedom                    6
     P-Value                          0.0000

SRMR(Standardized Root Mean Square Residual)

     Value                             0.000
```

모델적합도(model fit) 정보는 모델이 데이터에 매우 적합하다는 것을 보여 준다. 모델의 카이제곱 값은 모델이 추정하는 공분산 행렬과 평균벡터가 상응하는 관측된 값들로부터 유의미하게 다르지 않다는 것을 보여 준다(χ^2 =0.002, df =1, p =.9635). 기본모델(baseline model)의 카이제곱 값은 매우 크고 통계적으로 유의미한데(χ^2 =406.899, df =6, p <.0001), 이는 네 개의 KFT 관측변수가 관계가 없다는 가정이 지지되기 힘들다는 것을 보여 준다. 다른 적합도들도 추천되는 기준값들(〈글상자 3.7〉 설명 참조)보다 더 나은 값들로 나타나 모델적합도가 좋다는 것을 알 수 있다. 기준값들에 따르면 CFI와 TLI는 0.95 혹은 0.97보다 커야 하고, RMSEA와 SRMR은 0.05보다 작아야 한다(Schermelleh-Engel et al., 2003). 예시에서 CFI와 TLI는 모두 0.97보다 크고, RMSEA와 SRMR은 0.05보다 작다. Close fit 대한 검증은 모델의 긍정적인 결과를 이끌어 낸다. 이 검증은 RMSEA가 모집단에서 .05보다 작거나 같다는 가정을 검증하기 위해 사용된다. 이 가정은 p =.980이기 때문에 .05 수준에서 기각되지 않는다.

글상자 3.7. 구조방정식모델에서 적합도를 판정하는 기준

여기서는 구조방정식의 모델적합도를 판정하기 위해 Mplus에서 사용 가능한 가장 중요한 검증과 지수들에 대해 설명하고, 받아질 만한 적합도 판정을 위해 보통 사용되는 기준값들을 제시한다(Hu & Bentler, 1999; Schermelleh-Engel et al., 2003).

카이제곱 검증(Chi-Square Test). 이 카이제곱 검증은 모집단의 공분산 행렬과 평균벡터가 모델에서 추정하는 공분산 행렬, 평균벡터와 같을 것이라는 영가설을 검증한다(정확한 모델적합도 검증). 유의미한 카이제곱 값은 모델이 모집단에 정확하게 적합하다는 영가설의 기각을 의미한다. 이 검증의 자유도는 사용 가능한 정보(관측변수의 분산, 공분산, 평균)의 수에서 추정된 모델 모수의 수를 뺀 값이다. Mplus에서 카이제곱 값, 자유도와 p값은 기본적으로 제공된다.

카이제곱 차이 검증(Chi-Square Difference Test). 이 검증은 각각 대립되는 두 개의 구조방정식모델을 통계적으로 비교하기 위해 사용된다. **내포된(nested)** 모델은 좀 더 일반적인 모델의 하나의 특별한 경우라고 볼 수 있다. 즉, 모수 제약들을 수단으로 사용하여 이 모델로부터 직접 끌어낼 수 있다. 검증의 중요한 가정은 다음과 같다. (1) 좀 더 일반적인 모델이 데이터에 적합하다. (2) 좀 더 제약적인 모델을 만드는 추가적인 제약은 모수들이 허용되는 모수의 경계값으로 고정되는 것을 야기하지 않는다(예를 들어, 분산이 0으로, 상관관계가 1로 고정). 카이제곱 차이 검증을 실시하기 위하여 두 모델(nested model)의 카이제곱 값의 차이와 자유도의 차이가 계산된다. 카이제곱 차이 값이 자유도의 차이 값에 기반하여 유의한지 검증한다. 만약에 카이제곱 값의 차이가 유의미하다면 이는 더 제약된 모델이 좀 더 일반적인 모델에 비해 데이터에 유의미하게 더 적합하지 않다는 것을 의미한다. 카이제곱 차이 검증은 측정도구의 불변성에 흥미가 있을 때 종단모델에서 종종 사용된다. 연구자들은 Mplus 출력물을 기반으로 하여 카이제곱 차이 검증을 가능하도록 하는 Crayen(2010)의 소프트웨어를 사용할 수 있다. 이 프로그램은 4장 1. '4) 시간에 따른 측정불변성의 검증'(〈글상자 4.4〉 참조)에서 설명하고 있고, 웹사이트에도 포함되어 있다.

Comparative Fit Index(CFI) CFI는 **증분적합도(incremental fit indices)**라고 불리는 계열의 지수이다. 이는 기초모델의 적합도에 표적모델의 적합도를 비교하는 것이다. Mplus에서 관측변수의 모집단 공분산 행렬이 대각행렬이라고 가정되는 기초모델을 **독립모델**이라고 부른다. 이는 관측변수는 다른 분산을 가질 수 있지만 공분산으로는 0을 가진다는 것을 가정함을 의미한다. 다른 말로 하자면, 변수들끼리 관계가 없는 것이 있을 수 있음을 가정한다는 것이다. CFI는 표적 모델이 더 간명한 독립모델에 비해 더 나은 모델적합도를 가지는지를 나타낸다. 하나의 좋은 모델에서 CFI는 0.95보다 더 커야 할 것이다. 물론 0.97보다 더 크면 더 좋다. CFI는 Mplus의 표준 출력물의 부분으로 보고된다.

Tucker-Lewis Index (TLI) TLI는 증분적합도 계열의 지수이고, 독립모델의 적합도와 표적모델의 적합도를 비교하는 것이다. CFI와 같은 적합도 기준치를 적용한다. TLI도 Mplus의 표준 출력물의 부분이다.

Root Mean Square Error of Approximation(RMSEA) RMSEA 계수는 모델의 추정 적합도이다. 좋은 모델은 RMSEA가 0.05보다 작은 값이어야 한다. Mplus는 RMSEA의 추정치를 제시하고, 이 추정치의 90% 신뢰구간도 제시한다. 더욱이 제공되는 p값은 모집단 RMSEA가 0.05보다 같거나 작다는 영가설을 검증할 수 있도록 제공된다.

Standardized Root Mean Square Residual(SRMR) SRMR는 모델의 잔차들(sample minus model-implied covariances and means)을 평가하기 위한 표준화된 지수이다. 작은 SRMR 값은 관측된 분산, 공분산, 평균들이 어느 정도 모델에 의해서 잘 재생산되었다는 것을 의미한다. 보통 0.05보다 작은 값들은 좋은 적합도를 나타내는 것으로 보인다. SRMR은 Mplus에서 기본적으로 출력되는 값이다.

Information Criteria(AIC, BIC, Smaple-Size Adjusted BIC) Information Criteria는 기술적 정보를 바탕으로 서로 다른 모델들을 비교하기 위해 사용될 수 있다. 카이제곱 차이 검증과 다르게, 이러한 지수들은 내포(nested)되지 않은 모델 또한 비교할 수 있다. 하나의 규칙으로, 적절한 Information Criterion의 가장 작은 값을 가진 모델이 선호된다. Information Criteria는 Mplus의 표준 출력물의 부분이다.

잔차(Residuals). 공분산과 평균 잔차는 일부에(전반적이거나 전체적이 아닌) 대한 적합도 지수로 사용될 수 있다. 잔차는 관측된 표본의 분산, 공분산, 평균과 모델에서 추정하는 값과의 차이를 나타낸다. 잔차는 이러한 통계치들(분산, 공분산, 평균)이 모델에 의해 얼마나 잘 재생산됐는지를 나타낸다. 그러므로 잔차는 전반적으로 좋지 않은 적합도(misfit)의 가능한 원인을 찾아내는 데 중요한 진단도구이다. 비표준화된 공분산 잔차는 관측변수의 메트릭에 의해 결정되기 때문에 종종 해석하기가 어렵다. 연구자들은 그래서 모델적합도를 평가하기 위하여 Mplus에서 z값으로 제공되는 **표준화된** 잔차에 대해 연구한다. 표준화된 잔차는 다른 변수들을 좀 더 쉽게 비교할 수 있고, z값 메트릭은 잔차값이 0과 유의미하게 다른지를 확인하는 검증을 가능하게 한다. 비표준화된 잔차와 표준화된 잔차는 Mplus에서 확인 가능하다(버전5부터). 표준 출력물이 부분으로 나타나지 않고 명령어를 추가함으로써 요청할 수 있다.

```
output: residual;
```

모델수정지수(Model Modification Indices). 모델수정지수를 이용함으로써 연구자는 전반적인 모델적합도를 유의하게 향상시키기 위해 어떤 제약들을 완화해야 할지에 대해 검증할 수 있다. 하나의 수정을 위한 하나의 수정지수는(하나의 추가된 모수) 자유도 1을 가진 카이제곱 값과 대략적으로 같다. 그러므로 수정지수는 추정된 모델과 덜 제약적인 모델 사이의 카이제곱 차이 검증과 유사하다고 볼 수 있다. 큰 수정지수는 특정 제약이 전반적으로 좋지 않은 적합도와 관계가 있다는 것을 나타낼 수 있다. Mplus에서 수정지수는 다음과 같은 명령어를 사용하여 확인할 수 있다.

```
output: modindices;
```

Mplus는 기대되는 모수의 변화를 출력하는데, 이는 제약이 더 적은 모델에서 추정되는 모수에서 예상되는 실제 값이다.

잔차와 비슷하게 수정지수는 불충분한 모델적합도의 원인에 대해 종종 유용한 힌트를 제공한다. 하지만 수정지수들은 때때로 혼동스러운 결과를 초래할 수 있고, 좋지 않은 적합도의 실질적인 원인과 직접적인 관계가 없을 수도 있다. 그러므로 수정지수는 순전히 데이터에만 의지하여 사용해서는 안 된다. 더불어 연구자들은 이론적으로 의미가 있는 수정을 한 번에 하나씩만 해야 한다. 모델의 수정은 순전하게 데이터에 의존하기보다는 이론적으로 설명이 되어야 하고 독립적인 데이터를 가지고 입증이 되어야 한다.

다음으로, [그림 3-5]의 잠재회귀모델의 비표준화된 Mplus 모수추정치를 볼 수 있다. 비표준화된 모수추정치들은 MODEL RESULTS 제목 하에 제시된다. 가장 중요한 추정치들은 [그림 3-5]에서도 볼 수 있다.

```
MODEL RESULTS

                                               Two-Tailed
              Estimate    S.E.  Est./S.E.    P-Value

 KFT_Q     BY
  KFT_Q1        1.000    0.000   999.000    999.000
  KFT_Q3        0.903    0.094     9.588      0.000

 KFT_N     BY
  KFT_N1        1.000    0.000   999.000    999.000
  KFT_N3        0.652    0.064    10.222      0.000
```

```
KFT_Q     ON
 KFT_N          0.476    0.056     8.467       0.000

Intercepts
 KFT_Q1        12.387    0.157    78.890       0.000
 KFT_Q3         7.732    0.122    63.398       0.000
 KFT_N1        11.112    0.255    43.552       0.000
 KFT_N3         8.281    0.161    51.457       0.000

Variances
 KFT_N         14.215    2.074     6.854       0.000

Residual Variances
 KFT_Q1         6.758    0.608    11.107       0.000
 KFT_Q3         3.128    0.395     7.921       0.000
 KFT_N1        15.406    1.591     9.683       0.000
 KFT_N3         5.734    0.644     8.911       0.000
 KFT_Q          1.238    0.425     2.916       0.004
```

KFT_Q BY KFT_Q1 KFT_Q3과 KFT_N BY KFT_N1 KFT_N3으로 나타난 부분에서 비표준화된 요인부하량 추정치(Estimate 칼럼), 표준오차(S.E.), 검증 통계치(Est./S.E.), 양측의 p값을 확인할 수 있다. 앞에서 설명했던 것처럼, 두 잠재요인의 각각의 행렬(metric)을 정의하기 위하여 첫 번째 요인부하량은 Mplus에 의해 1로 고정되었다. 이러한 이유로 관측변수인 KFT_Q1과 KFT_N1의 요인부하량은 표준오차를 가지지 않는다. Est./S.E. 칼럼과 Two-Tailed P-Value에서 나타난 999.000은 유의미도 검증이 고정된 모수들에 대해서 유효하지 않음을 의미한다.

남아 있는 두 개의 관측변수의 요인부하량은 0.903과 0.652로 추정되었고, 통계적으로 0과 유의미하게 달랐다(양측의 p값 $<.0001$). 잠재요인 KFT_Q를 설명하는 잠재요인 KFT_N의 비표준화된 회귀계수는 0.476이었고, 이 또한

통계적으로 0과 유의미하게 달랐다(z =8.467, p <.0001). 이를 통해 KFT_N이 KFT_Q의 유의미한 예측요인임을 알 수 있다.

이에 더해, Mplus는 관측변수의 비표준화된 절편과 잔차분산, 그리고 외생변수 KFT_N의 잠재분산과 내생변수 KFT_Q의 잔차분산을 출력한다. Mplus는 모든 잠재외생변수를 위해서는 모델의 모수로서 변수의 분산을 추정하고, 모든 잠재내생변수를 위해서는 **상응하는** 잔차분산을 추정한다.

STANDARDIZED MODEL RESULTS(STDYX Standardization)는 모델 추정치의 표준화된 값을 포함한다. 이 모델에서 완전하게 표준화된 요인부하량은 관측변수와 관측변수가 설명하는 잠재변수와의 상관관계로 해석될 수 있다(이는 한 잠재변수에 하나의 관측변수만 요인부하량이 부여되기 때문에 가능하다). 예를 들어, 0.631은 관측변수 KFT_Q1과 잠재변수 KFT_Q와의 상관계수이다.

KFT_Q ON KFT_N하에 잠재변수 KFT_Q를 설명하는 KFT_N의 표준화된 회귀계수는 0.85이다. 예시에서 이 값은 두 잠재요인 간의 상관계수로 해석할 수 있다. 왜냐하면 KFT_N은 잠재회귀에서 유일한 예측변수이기 때문이다. 여러 관련된 예측변수를 가지는 다중회귀분석에서는 상관계수로 해석할 수 없다. KFT_Q와 KFT_N의 잠재적 상관계수는 0.85이다. 이는 잠재적 수준에서 KFT로 측정된 수리 능력과 비언어 능력 사이가 매우 강한 관계임을 나타낸다.

```
STANDARDIZED MODEL RESULTS

STDYX Standardization

                                                Two-Tailed
                  Estimate    S.E.  Est./S.E.    P-Value

 KFT_Q     BY
  KFT_Q1           0.631     0.041    15.548      0.000
  KFT_Q3           0.733     0.040    18.247      0.000

 KFT_N     BY
  KFT_N1           0.693     0.038    18.019      0.000
  KFT_N3           0.717     0.038    18.717      0.000

 KFT_Q     ON
  KFT_N            0.850     0.049    17.245      0.000

 Intercepts
  KFT_Q1           3.698     0.131    28.177      0.000
  KFT_Q3           2.972     0.109    27.240      0.000
  KFT_N1           2.042     0.082    24.798      0.000
  KFT_N3           2.412     0.093    26.024      0.000
 Variances
  KFT_N            1.000     0.000   999.000    999.000

 Residual Variances
  KFT_Q1           0.602     0.051    11.781      0.000
  KFT_Q3           0.462     0.059     7.840      0.000
  KFT_N1           0.520     0.053     9.765      0.000
  KFT_N3           0.487     0.055     8.869      0.000
  KFT_Q            0.278     0.084     3.315      0.001
```

```
R-SQUARE

 Observed                                      Two-Tailed
 Variable    Estimate    S.E.  Est./S.E.    P-Value
 KFT_Q1        0.398    0.051    7.774       0.000
 KFT_Q3        0.538    0.059    9.124       0.000
 KFT_N1        0.480    0.053    9.010       0.000
 KFT_N3        0.513    0.055    9.359       0.000

  Latent                                       Two-Tailed
 Variable    Estimate    S.E.  Est./S.E.    P-Value

 KFT_Q         0.722    0.084    8.622       0.000
```

관측변수들의 표준화된 잔차분산들은 잠재요인에 의해 설명되지 **않는** 각각의 관측변수의 분산의 비율을 알려 준다. 마찬가지로 KFT_Q(0.278)의 잠재표준화된 잔차분산은 잠재변수 KFT_Q 점수(error-free)의 분산 중 27.8%가 KFT_N에 의해 설명되지 않는 부분임을 나타낸다.

반대로, R^2값은 모델에서 설명되는 각각의 내생변수의 분산의 비율을 나타낸다. 예시에서 잠재변수를 하나의 관측변수로만 설명하기 때문에 R^2값들은 각각의 관측변수의 표준화된 요인부하량의 제곱값과 같다. 관측변수를 위해 추정된 R^2값들은 이러한 관측변수의 추정된 신뢰구간의 하한값으로 볼 수 있다. 이 모델에서 관측변수 혹은 스케일별(scale-specific) 분산이 임의 측정 오차로부터 분리될 수 없기 때문에 이 값들은 하한값을 나타낸다. 이 값들은 관측변수들의 다소 낮은 신뢰도를 나타낸다. 다소 작은 R^2값에 대해서는 스케일이 다소 상이하다는 것으로도 해석이 가능하다. 이것은 실제 점수(즉, 신뢰할 수 있는)분산의 상대적으로 큰 부분이 스케일에 의해 결정되었다고 추측해 볼 수 있고, 모델에서 측정 오류에 의해 오염

되었다는 것을 의미할 수 있다. 결국 이는 신뢰도를 너무 낮게 추정하도록 한다(underestimation of the reliabilities).

R-SQUARE-Latent Variable을 통해 KFT_Q 요인의 분산 중 72.2%가 KFT_N 요인에 의해 설명될 수 있다는 것을 볼 수 있다. 두 개의 관측변수, KFT_Q1과 KFT_N1만 포함하고 측정 오류가 전혀 교정이 안 된 3장 '2. 관측변수들로 이뤄진 단순선형회귀분석'의 관측변수를 이용한 회귀분석과 비교했을 때 설명되는 분산은 잠재모델에서 훨씬 더 크다. 관측변수모델은 측정 오류를 설명하지 않았기 때문에 두 변수 관계의 실제 크기가 임의 측정 오류의 영향으로 인해 과소평가되었다고 부분적으로 설명할 수 있다. 더불어 잠재회귀모델은 여러 개의 관측변수를 사용해서 관측변수별 분산이 분리됨으로써 오류 분산의 부분이 되었다. 이는 관측모델과 잠재모델이 설명하는 분산의 양에서의 꽤 큰 차이의 원인일 수 있다.

4 확인적 요인분석

이 절에서는 Mplus에서의 확인적 요인분석(Confirmatory Factor Analysis: CFA)에 대해 설명한다. 구조방정식은 구조모델에서 잠재회귀와 같은 경로가 설정되지 않고 잠재변수의 공분산이나 상관관계로만 구성되었을 때 혹은 요인들이 서로 관계가 없다고 가정될 때 확인적 요인분석(CFA)이라고 부른다. 확인적 요인분석은 하나의 측정도구가 구체적으로 가정된 차원들(한 차원인지, 두 차원인지, 세 차원인지 등)을 가지고 있는지를 검증하기 위해 종종 사용된다.

1) 1차순 확인적 요인분석

가장 먼저 소개할 모델은 하나의 요인으로 구성된 모델로, **일반적**(general) 요인 혹은 g-요인모델이라고 부른다([그림 3-7] 참조). KFT 척도의 여섯 문항은 모두 하나의 요인을 설명한다. 이 모델은 KFT의 모든 여섯 문항이 하나의 능력을 측정하고, 하나의 임의 측정 오류와 각 지표에 대한 분산만 포함한다고 제안한다. 만약 g-요인모델이 데이터를 충분히 잘 설명한다면 KFT 척도를 언어 · 수리 · 비언어 능력으로 구분할 필요가 없거나 혹은 최소한 그러한 구분이 여기서 사용된 KFT 척도에는 불가능하다는 것을 가정해야 한다. 좀 더 기술적으로 설명하자면, 척도의 판별타당도(discriminant validity)가 부족함을 나타낸 것이라 볼 수 있다.

글상자 3.8. 확인적 요인분석(CFA)의 예시

한 예로, 다음과 같은 연구 질문을 가지고 KFT.dat 데이터의 여섯 개의 KFT 변수를 고려해 보자. KFT 척도의 여섯 문항, kft_v1, kft_v3, kft_q1, kft_q3, kft_n1, kft_n3이 세 개(언어, 수리 그리고 비언어적 능력)로 구별되는 차원을 측정하는가? 아니면 하나의 차원만 측정하는 관측요인인가? 예를 들어, 지능의 일반적 요인인가? 이 연구 질문에 답하기 위해 Mplus에서 두 가지의 다른 1차순 확인적 요인분석 모델을 활용한다. 더불어 2차순 확인적 요인분석 모델의 설정도 논의할 것이다.

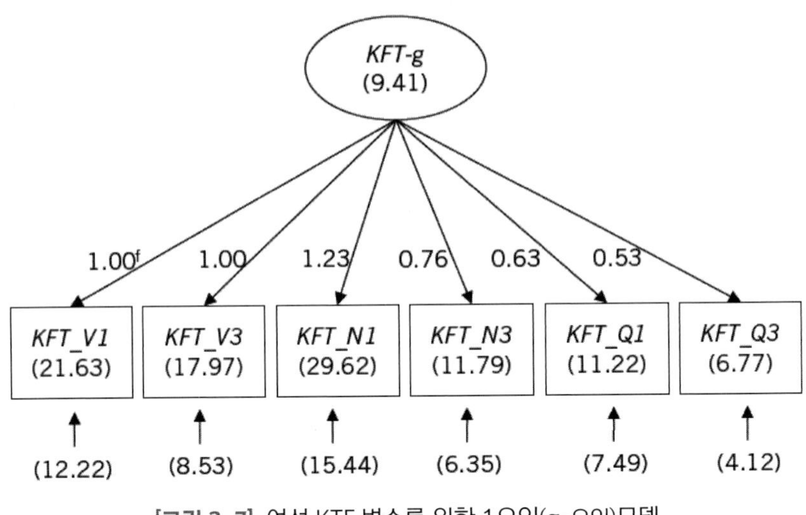

[그림 3-7] 여섯 KTF 변수를 위한 1요인(g-요인)모델

비표준화된 Mplus 모수추정치가 제시됨. 윗첨자 f는 첫 번째 관측요인(KFT_V1)의 요인부하량을 잠재변수의 메트릭을 정의하기 위하여 1로 고정하였음을 나타냄.

다음 모델([그림 3-8] 참조)은 여섯 KFT 측정도구가 세 가지의 구분된 정신적 능력의 차원을 측정한다고 제안하는 세 잠재요인을 포함하는 모델이다(kft_v1과 kft_v3은 언어 능력 요인의 측정요인, kft_q1과 kft_q3는 수리 능력 요인의 측정요인, kft_n1과 kft_n3은 비언어 능력 요인의 측정요인). 두 모델의 통계적 비교는 1요인모델과 3요인모델 중 어떤 모델이 KFT 측정도구로 조사된 것을 더 적절하게 반영하는지를 알 수 있게 해 준다.

1요인모델과 3요인모델을 위한 Mplus 입력 파일은 [그림 3-9]와 [그림 3-10]에서 볼 수 있다. 하나의 예외로, 데이터에 포함되어 있는 모든 변수(names= 하에 나열된 모든 변수)가 model 명령문에서 사용되었기 때문에 usevariables 명령어는 이 예시에서 필요하지 않다. 모든 다른 경우에는 usevariables 명령어가 포함될 필요가 있다(3장 '2. 관측변수들로 이뤄진 단순선형회귀분석'과 비교).

3요인모델에서 세 잠재변수 사이의 공분산이 Mplus 입력 파일에서 명확하게 설정될 필요가 없다는 것을 기억할 필요가 있다. Mplus에서는 외생요인 간의 모든 공분산은 자동적으로 추정되도록 초기설정이 되어 있다(세 요인 중 어떤 것도 모델에서 다른 변수에 의해 설명되지 않기 때문에 세 요인 모두 외생변수로 간주된다).

연구자는 종종 두 요인 간의 공분산이나 상관관계를 0으로 명확하게 고정하기를 원하는 경우가 있다(예를 들어, 4장 1. '3. 개별 데이터 불러오기와 분석하기' 참고). 이는 예를 들어 모델 명령어에 F1 with F2@0; 를 입력함으로써 가능하다. 연구자가 모집단에서 두 요인(예를 들어, F1과 F2)의 상관관계가 0일 것이라는 가정을 검증하기 원한다면 앞의 예시 명령어와 같이 입력하여 F1과 F2 사이의 상관관계를 0으로 고정할 수 있다(예시에서 모든 요인 간에 유의한 정적 상관관계가 예상되고, 결국 이 명령어를 예시를 위해 사용하지 않을 것이다).

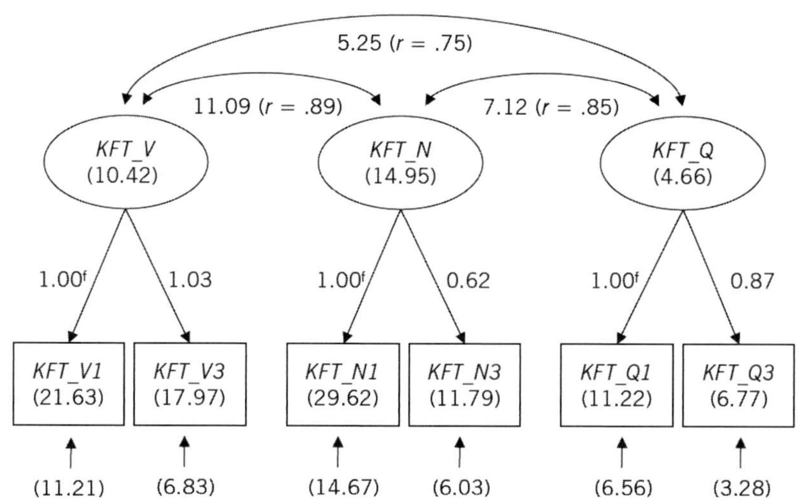

[그림 3-8] 여섯 개의 KFT 변수를 위한 3요인모델

비표준화된 Mplus 모수추정치들이 제시됨. 잠재 상관관계들은 괄호 안에 제시됨. 윗첨자 f는 잠재변수들의 메트릭을 정의하기 위해 요인부하량을 1로 고정한 것을 나타냄.

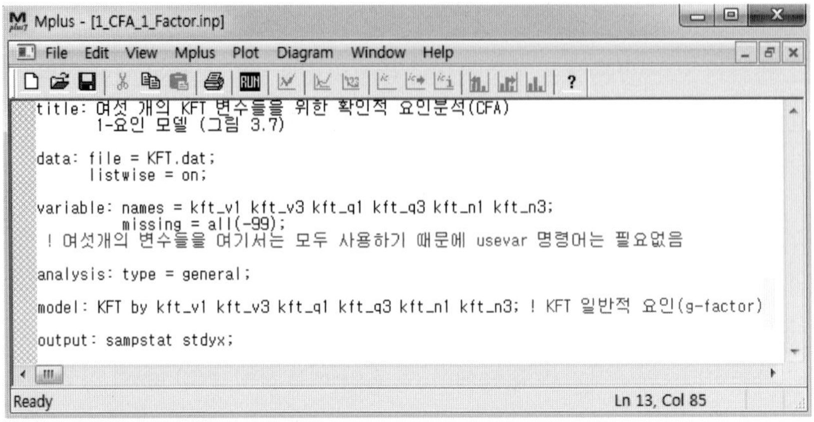
Mplus - [1_CFA_1_Factor.inp]
File Edit View Mplus Plot Diagram Window Help
title: 여섯 개의 KFT 변수들을 위한 확인적 요인분석(CFA)
1-요인 모델 (그림 3.7)
data: file = KFT.dat;
listwise = on;
variable: names = kft_v1 kft_v3 kft_q1 kft_q3 kft_n1 kft_n3;
missing = all(-99);
! 여섯개의 변수들을 여기서는 모두 사용하기 때문에 usevar 명령어는 필요없음
analysis: type = general;
model: KFT by kft_v1 kft_v3 kft_q1 kft_q3 kft_n1 kft_n3; ! KFT 일반적 요인(g-factor)
output: sampstat stdyx;
Ready
Ln 13, Col 85

[그림 3-9] 1요인모델을 위한 Mplus 입력 파일([그림 3-7]의 모델)

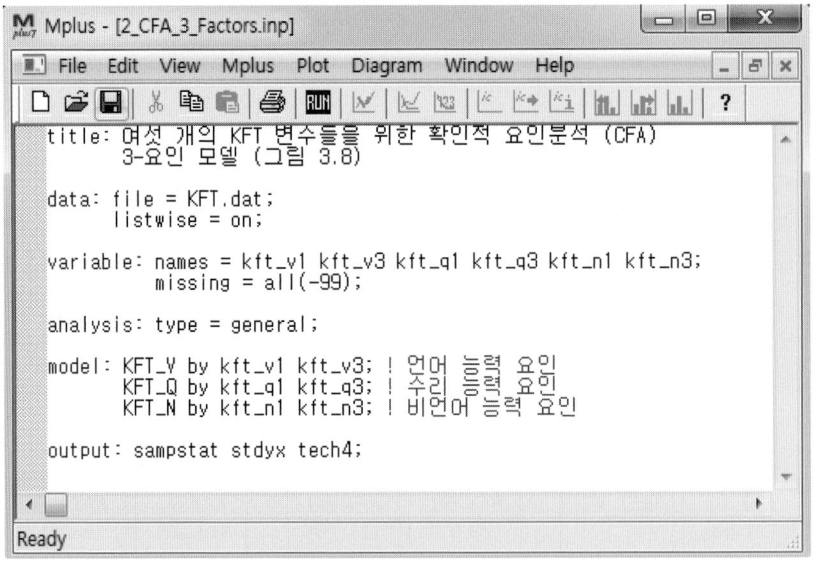
Mplus - [2_CFA_3_Factors.inp]
File Edit View Mplus Plot Diagram Window Help
title: 여섯 개의 KFT 변수들을 위한 확인적 요인분석 (CFA)
3-요인 모델 (그림 3.8)
data: file = KFT.dat;
listwise = on;
variable: names = kft_v1 kft_v3 kft_q1 kft_q3 kft_n1 kft_n3;
missing = all(-99);
analysis: type = general;
model: KFT_V by kft_v1 kft_v3; ! 언어 능력 요인
KFT_Q by kft_q1 kft_q3; ! 수리 능력 요인
KFT_N by kft_n1 kft_n3; ! 비언어 능력 요인
output: sampstat stdyx tech4;
Ready

[그림 3-10] 3요인모델을 위한 Mplus 입력 파일([그림 3-8]의 모델)

output 명령어에서 tech4를 추가하여 사용하면 행렬에서 잠재요인을 위해 추정된 공분산과 상관 행렬이 출력된다(Mplus 모델의 보통의 출력물에 더해서). 이러한 행렬값들을 추정하는 것은 잠재요인이 많은 경우에 유용

하고 좀 더 명확할 수 있다.

1요인모델과 3요인모델을 위해 추정된 적합도들을 〈표 3-1〉에서 볼 수 있다. 3요인모델의 카이제곱 값은 유의하지 않은 반면, 1요인모델의 카이제곱 값은 유의한 것으로 나타났다. 이 기준에 따른다면 1요인모델은 기각되어야 하고, 3요인모델은 데이터에 적합한 모델임을 알 수 있다. 덧붙여 1요인모델을 위한 RMSEA 값은 보통 추천되는 기준값인 0.05보다 더 크다. CFI, TLI, SRMR 값의 기준에 따르면 1요인모델과 3요인모델 둘 다 적합도가 받아들여질 만한 수준이었다. 1요인모델을 위한 AIC 값은 3요인모델을 위한 AIC 값보다 다소 높은 편이다. 이 기준에 의하면 3요인모델이 더 선호되는 모델임을 알 수 있다. 요약하면, 적합도는 3요인모델이 1요인모델보다 더 적합한 모델임을 나타낸다.

〈표 3-1〉 여섯 개의 KFT 변수에 대한 1요인모델과 3요인모델을 위한 적합도

	1요인모델	3요인모델
$\chi^2(df)$	33.939(9)	7.093(6)
$p(\chi^2)$	0.0001	0.3123
CFI/TLI	0.969/0.948	0.999/0.997
RMSEA(90% 신뢰구간)	0.078(0.051, 0.107)	0.020(0.000, 0.066)
p(RMSEA≤0.05)	0.043	0.820
SRMR	0.031	0.014
AIC	14343.362	14322.516

주: 적합도에 대한 자세한 설명은 〈글상자 3.7〉 참조

3요인모델을 위한 Mplus 모수추정치에 대한 설명은 다음과 같다. 비표준화된 값들을 제공하는 MODEL RESULTS 표를 살펴보자. 자유롭게 추정된 BY 하에 나열된 모든 부하량은 0과 유의하게 다르다고 판단할 수 있다 (첫 번째 관측변수의 첫 번째 부하량은 각 요인의 메트릭을 정의하기 위해 1로 세팅한 것이다). WITH 하에 나타난 세 추정된 요인 공분산은 또한 통계적으로

유의하다. 하지만 공분산은 관계의 비표준화된 측정값이기 때문에 세 요인 간의 관계의 크기는 공분산에 기반해서는 평가하기가 어렵다. 표준화된 공분산(상관관계 r)은 표준화된 범위 내($-1 \leq r \leq 1$)에서 존재하기 때문에 해석하기가 수월하다. 잠재요인의 상관관계는 표준화된 값들로 제공되고, 다음 단락에서 이에 대해 설명한다.

비표준화된 값들을 제공하는 MODEL RESULTS는 더욱이 관측변수의 비표준화된 절편을 포함한다. 이 경우, 모델에서 평균구조에 제한이 없기 때문에 절편은 관측변수의 관측된 평균값과 동일하다. 또한 관측변수의 추정된 요인 분산과 잔차 분산도 주어진다.

```
MODEL RESULTS

                                                Two-Tailed
               Estimate    S.E.  Est./S.E.    P-Value

 KFT_V     BY
  KFT_V1         1.000     0.000   999.000     999.000
  KFT_V3         1.034     0.083    12.434       0.000

 KFT_Q     BY
  KFT_Q1         1.000     0.000   999.000     999.000
  KFT_Q3         0.865     0.084    10.337       0.000

 KFT_N     BY
  KFT_N1         1.000     0.000   999.000     999.000
  KFT_N3         0.620     0.050    12.394       0.000

 KFT_Q     WITH
  KFT_V          5.247     0.697     7.533       0.000
```

```
KFT_N     WITH
 KFT_V       11.088    1.222     9.074     0.000
 KFT_Q        7.123    0.839     8.488     0.000

Intercepts
 KFT_V1      11.899    0.218    54.574     0.000
 KFT_V3       8.974    0.199    45.155     0.000
 KFT_Q1      12.387    0.157    78.888     0.000
 KFT_Q3       7.732    0.122    63.396     0.000
 KFT_N1      11.112    0.255    43.552     0.000
 KFT_N3       8.281    0.161    51.457     0.000

Variances
 KFT_V       10.424    1.401     7.442     0.000
 KFT_Q        4.659    0.720     6.471     0.000
 KFT_N       14.953    1.968     7.596     0.000

Residual Variances
 KFT_V1      11.205    1.004    11.156     0.000
 KFT_V3       6.830    0.853     8.011     0.000
 KFT_Q1       6.559    0.586    11.192     0.000
 KFT_Q3       3.283    0.366     8.980     0.000
 KFT_N1      14.667    1.382    10.615     0.000
 KFT_N3       6.033    0.550    10.967     0.000
```

STANDARDIZED MODEL RESULTS (STDYX Standardization)하에 Mplus는 완전 표준화된 값들을 제공한다. 표준화된 요인부하량들은 BY하에 나타나고, 잠재요인 상관계수들은 WITH하에 나타난다. KFT의 세 요인은 모두 강하게 긍정적으로 상관관계에 있음을 확인할 수 있고(.75 $\leq r \leq$ .89), 이는 KFT의 세 하위척도 간의 판별타당도(discriminant validity)가 다소 낮음을 보여 준다.

세 요인 간의 큰 상관관계에도 불구하고, 적합도는 하나 이상의 요인이 여섯 개의 KFT 척도의 관측된 분산과 공분산을 충분히 설명하기 위해 필요하다는 것과 g-요인모델(요인들이 완벽하게 상관관계에 있는 모델)이 분석 데이터와 관련하여 기각되어야 함을 보여 준다. 따라서 세 하위척도가 중대한 수준의 분산을 공유하더라도 세 요인 간의 상관계수가 1과 다른지에 대한 이유를 설명해 주는 그리고 고려될 필요가 있는 적지 않은 수준의 체계적인 영역별(언어, 수리, 비언어) 능력 분산이 있다는 결론을 내릴 수 있다.

```
STANDARDIZED MODEL RESULTS (STDYX Standardization)

                                                Two-Tailed
                  Estimate    S.E.  Est./S.E.    P-Value

 KFT_V       BY
  KFT_V1         0.694      0.033     20.963      0.000
  KFT_V3         0.787      0.031     25.290      0.000

 KFT_Q       BY
  KFT_Q1         0.644      0.039     16.698      0.000
  KFT_Q3         0.718      0.038     18.959      0.000

 KFT_N       BY
  KFT_N1         0.711      0.033     21.591      0.000
  KFT_N3         0.699      0.033     21.046      0.000

 KFT_Q       WITH
  KFT_V          0.753      0.051     14.764      0.000

 KFT_N       WITH
  KFT_V          0.888      0.041     21.589      0.000
  KFT_Q          0.853      0.049     17.458      0.000
```

```
Intercepts
 KFT_V1        2.558    0.097    26.401      0.000
 KFT_V3        2.117    0.084    25.083      0.000
 KFT_Q1        3.698    0.131    28.176      0.000
 KFT_Q3        2.972    0.109    27.239      0.000
 KFT_N1        2.042    0.082    24.798      0.000
 KFT_N3        2.412    0.093    26.024      0.000

Variances
 KFT_V         1.000    0.000   999.000    999.000
 KFT_Q         1.000    0.000   999.000    999.000
 KFT_N         1.000    0.000   999.000    999.000

Residual Variances
 KFT_V1        0.518    0.046    11.267      0.000
 KFT_V3        0.380    0.049     7.753      0.000
 KFT_Q1        0.585    0.050    11.753      0.000
 KFT_Q3        0.485    0.054     8.933      0.000
 KFT_N1        0.495    0.047    10.589      0.000
 KFT_N3        0.512    0.046    11.037      0.000

R-SQUARE

 Observed                                   Two-Tailed
 Variable     Estimate   S.E.  Est./S.E.    P-Value

 KFT_V1        0.482    0.046    10.482      0.000
 KFT_V3        0.620    0.049    12.645      0.000
 KFT_Q1        0.415    0.050     8.349      0.000
 KFT_Q3        0.515    0.054     9.479      0.000
 KFT_N1        0.505    0.047    10.796      0.000
 KFT_N3        0.488    0.046    10.523      0.000
```

2) 2차순 확인적 요인분석

3-요인 확인적 요인분석모델에서 세 KFT 요인 간의 높은 상관계수는 비록 불완전하더라도 세 가지 능력 모두에 존재하는 공통의 능력 요인(지능의 g-요인)이 있을지도 모른다는 추론을 하도록 한다. 높은 상관계수를 바탕으로 상당히 공유된 분산과 상대적으로 적은 양의 구체적 언어·수적·비언어 능력의 분산이 있을 듯하다. 영역별 분산을 여전히 허용하는 반면, g-요인의 아이디어와 같은 선상에 있는 모델은 [그림 3-11]에 나타난 2차순 요인모델(second-order factor model)이다. 이 모델에서 1차순 모델의 세 KFT 요인(KFT_V, KFT_Q, KFT_N)은 **2차순 요인**(KFT_g)이라고 불리는 하나의 요인을 설명한다.

[그림 3-11]에서 보여지는 2차순 확인적 요인분석 모델을 위한 Mplus 모델 설정은 [그림 3-12]에서 볼 수 있다. 2차순 요인모델(second-order factor model)이 비록 설정될 수 있지만 이 모델은 앞서 언급된 상관관계에 있는 3-요인모델(3-factor model)과 통계적으로 다를 바가 없다. 2차순 요인구조가 과다식별되고 상관된 1차순 요인모델보다 더욱 제약적이기 위해서는 최소한 네 개의 1차순 요인이 요청된다. 이는 모델적합도를 기반하여 봤을 때 2차순 요인모델이 상관관계에 있는 3요인모델과 통계적으로 구분될 수 없음을 의미한다. 과다식별된 구조모델이 나올 다른 가능성은 2차순 요인에 대한 1차순 요인의 부하량에 제한을 가하는 것이다(예를 들면, 같은 부하량 제한).

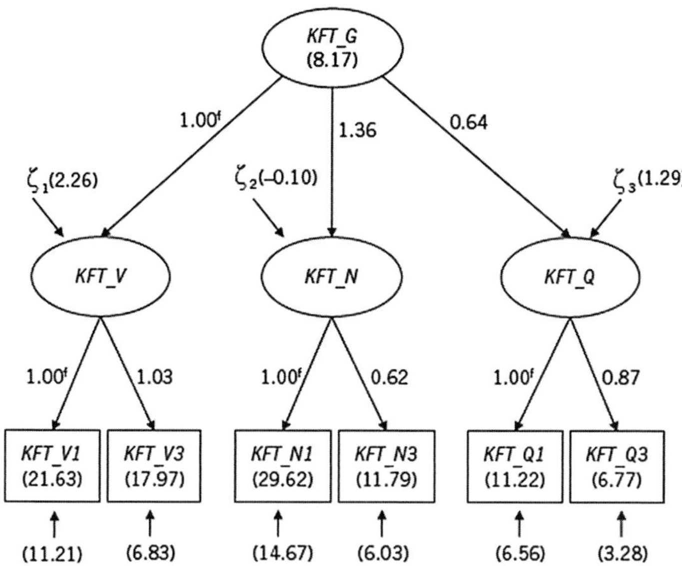

[그림 3-11] KFT의 여섯 변수를 위한 2차순 요인모델

비표준화된 Mplus 모수추정치가 제시됨. 1차순 KFT 세 요인, 즉 KFT_V, KFT_Q, KFT_N이 하나의 2차순 요인인 KFT_G를 설명함. 윗첨자 f는 잠재변수의 메트릭을 식별하기 위해 1로 고정된 요인부하량을 나타냄. 분산과 잔차분산은 괄호 안에 제시됨. 요인 KFT_N을 위해 음수로 추정된 잔차분산('Heywood case')을 주목(−0.10).

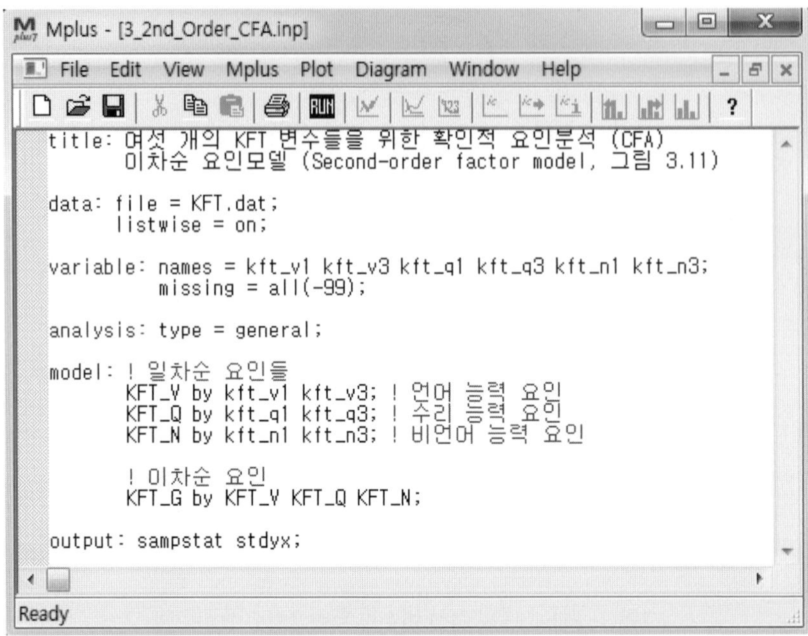

Mplus - [3_2nd_Order_CFA.inp]
File Edit View Mplus Plot Diagram Window Help
title: 여섯 개의 KFT 변수들을 위한 확인적 요인분석 (CFA)
이차순 요인모델 (Second-order factor model, 그림 3.11)
data: file = KFT.dat;
listwise = on;
variable: names = kft_v1 kft_v3 kft_q1 kft_q3 kft_n1 kft_n3;
missing = all(-99);
analysis: type = general;
model: ! 일차순 요인들
KFT_V by kft_v1 kft_v3; ! 언어 능력 요인
KFT_Q by kft_q1 kft_q3; ! 수리 능력 요인
KFT_N by kft_n1 kft_n3; ! 비언어 능력 요인
! 이차순 요인
KFT_G by KFT_V KFT_Q KFT_N;
output: sampstat stdyx;
Ready

[그림 3-12] 2차순 요인모델을 위한 Mplus 입력 파일([그림 3-11] 모델)

이 예시에서 비록 2차순 모델의 적합도가 상관관계에 있는 3요인모델의 적합도와 같더라도, 인정되지 않는 모수추정치('Heywood case'라고 불리는; Chen, Bollen, Paxton, Curran, & Kirby, 2001; 〈글상자 3.9〉 참조)가 결과에 포함되었기 때문에 여전히 2차순 모델이 사용되어야 할 것인가에 대해서는 다소 확신이 부족하다. 이 경우, 요인 KFT_N의 잔차분산은 음수값(-0.099)으로 추정되었다. 이는 개념상 분산이 음수일 수 없다는 점 때문에 인정되지 못하는 모수추정치라 볼 수 있다. Mplus는 다음과 같은 경고메시지를 내보낸다.

```
WARNING:  THE LATENT VARIABLE COVARIANCE MATRIX (PSI) IS
NOT POSITIVE DEFINITE. THIS COULD INDICATE A NEGATIVE
VARIANCE/ RESIDUAL VARIANCE FOR A LATENT VARIABLE, A
CORRELATION GREATER OR EQUAL TO ONE BETWEEN TWO LATENT
VARIABLES, OR A LINEAR DEPENDENCY AMONG MORE THAN TWO
LATENT VARIABLES. CHECK THE TECH4 OUTPUT FOR MORE
INFORMATION. PROBLEM INVOLVING VARIABLE KFT_N.
```

잔차분산의 음수값은 1차순 요인이 서로 다른 상관 패턴을 가진다는 것을 나타낼 수 있다. 이는 하나의 공통된 2차순 요인이 있을 것이라는 가정에 맞지 않다. 이러한 경우에 2차순 모델 대신에 그래도 덜 문제가 될 수 있는 상관관계에 있는 세 개의 1차순 요인들의 모델을 가지고 작업하고, 2차순 모델의 모수들은 매우 주의하여 해석하는 것이 최선이다.

다음으로, [그림 3-11] 모델의 Mplus 잔차분산 추정치들이 제시되어 있다(MODEL RESULTS-Residul Variances). 요인 KFT_N의 잔차분산이 음수값인 것에 주목하자(−0.099).

글상자 3.9. 구조방정식모델링에서 인정받을 수 없는 모수추정치 (Heywood Cases)

음수값으로 나온 (잔차)분산들 혹은 1보다 큰 상관계수 같은 인정되지 않는 모수추정치들을 포함하는 경우를 보통 Heywood case라고 일컫는다. 이런 인정되지 않는 추정치들은 여러 원인에 의해 발생하고, 서로 다른 추정치들의 조합에서 발생할 수도 있다. 가장 전형적인 원인은 다음과 같다.

- 모델의 잘못된 설정, 예를 들어 측정 모델에서 상이한 측정변수 혹은 너무 많거나 너무 적은 요인의 설정
- 너무 적은 표본 크기
- 요인마다 너무 적은 관측변수를 사용

• 표본 오차
• 이상치(outliers) 혹은 극단적 사례

저자의 경험상, Heywood cases의 가장 큰 원인은 모델의 잘못된 설정이다. 이러한 이유로 Heywood cases는 모수들을 고정하거나(예를 들면, 음수값인 분산을 0으로 설정) 혹은 다른 인위적 방법들을 통해 간단하게 해결되지 않는다. 대신에 문제의 원인을 주의 깊게 검토해야 할 것이다. 종종 모델은 잘못된 모수추정치를 내지 않는 좀 더 의미 있는 방향으로 다시 설정될 수 있다. Heywood cases에 관한 좀 더 자세한 논의를 살펴보기를 원한다면 Chen과 동료들(2001)의 논문을 참고하길 바란다.

```
MODEL RESULTS
Residual Variances
    KFT_V      11.206    1.004   11.156     0.000
    KFT_V3      6.829    0.853    8.010     0.000
    KFT_Q1      6.559    0.586   11.192     0.000
    KFT_Q3      3.283    0.366    8.979     0.000
    KFT_N1     14.667    1.382   10.614     0.000
    KFT_N3      6.033    0.550   10.967     0.000
    KFT_V       2.256    0.754    2.992     0.003
    KFT_Q       1.289    0.402    3.209     0.001
    KFT_N      -0.099    1.206   -0.082     0.935
```

음수값인 잔차분산
('Heywood case')!

5 경로모델과 매개요인분석

1) 관측경로분석

확인적 요인분석과 마찬가지로 경로분석도 구조방정식 틀에서 추정되는 모델 중 가장 빈번하게 쓰이는 방법이다. 일반적으로 경로분석은 다중회귀모델(multivariate regression model)로 볼 수 있다. 전통적인 회귀분석들은 하나의 종속변수를 포함하지만, 경로분석에서는 여러 독립변수뿐 아니라 여러 종속변수를 모델에 동시에 투입하여 분석이 가능하다(3장 '2. 관측변수들로 이뤄진 단순선형회귀분석' 참고). 경로분석에서 외생변수들은 초기설정에 의해 상관관계로 연결된다.

경로분석은 관측변수의 수준(그 예가 [그림 3-13]에 나와 있다)에서뿐 아니라 잠재변수의 수준(3장 '5. 잠재경로분석' 참조)에서도 분석이 가능하다. 이 장에서는 좀 더 단순한 관측경로분석을 먼저 살펴본다.

[그림 3-13]은 Whitelaw와 Liang(1991)이 세 관측변수를 사용하여 제안한 경로모델이다. 이 모델에서 외생변수인 신체적 건강(X; physical health, 지난 12개월간의 질병 개수; 변수 SICK)은 내생변수인 기능적 건강(Y_1; functional health, 기능적 건강을 측정하는 SF-36 설문의 총합; 변수 FH)을 예측하고, 기능적 건강은 내생변수이자 두 번째 외생변수로 주관적 건강(Y_2; subjective health, 주관적 건강에 대한 현재의 자기 보고; 변수 SHP)을 예측한다. 더불어 신체적 건강 또한 주관적 건강에 직접적 영향을 미친다고 가정하였다. β_1, β_2, β_3는 한 변수가 다른 변수에 미치는 영향의 크기를 나타내는 회귀 혹은 경로계수이다. 이 계수들은 선형회귀분석에서의 기울기 계수와 같다.

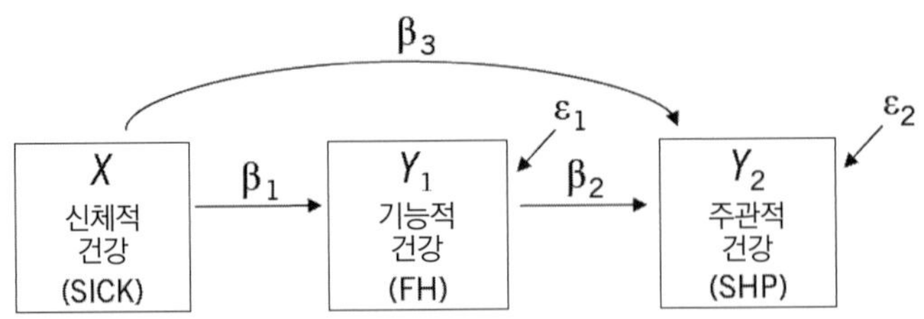

[그림 3-13] Whitelaw와 Liang(1991)의 신체적 건강(X), 기능적 건강(Y_1), 주관적 건강(Y_2) 간의 관계에 대한 관측변수를 사용한 경로모델

β_1, β_2, β_3는 회귀(경로) 계수임. ϵ_1, ϵ_2는 잔차 변수임. 모델은 $\beta_1 \cdot \beta_2$로 표현되는 하나의 간접효과를 포함함. Mplus분석에서는 괄호 안의 변수명들이 사용됨.

글상자 3.10. 경로분석 예시

한 예로, 건강심리학에서 사용된 Whitelaw와 Liang(1991)의 이론적 모델을 고려해 보자. 이 모델은 신체적 · 기능적 · 주관적 건강이라는 세 개념 간의 관계를 다룬다. **신체적 건강(physical health)**이란 실제 객관적인 신체적 건강 상태를 의미한다(예를 들면, 어려움 혹은 질병의 존재 여부). **기능적 건강**(functional health)은 매일 필요로 하는 활동과 움직임을 수행하는 능력을 의미한다(예를 들어, 걷기, 계단 오르기). **주관적 건강**(subjective health)은 자기 자신의 건강에 대한 개인적인 건강 전체에 대한 주관적 판단이다(이 세 개념에 대한 더욱 자세한 설명은 Pinquart, 2001 참조).

이 모델을 검증하기 위한 데이터는 독일의 노년연구소(Deutsches Zentrum für Altersfragen: DZA)*의 age survey의 표본으로부터 가지고 왔고, **health.dat** 파일에 위치해 있다. 이 데이터는 여섯 개의 변수를 위한 개인적인 데이터를 포함한다. 신체적 건강 관측변수로 질병 및 건강문제의 개수(변수 SICK)와 지난 12개월간 의사를 만난 횟수(변수 CONSULT)가 포함되었고, SF-36 Health Survey 질문지의 기능적 건강의 사정을 위한 하위척도(Ware & Sherbourne, 1992)가 포함되었다. 이 척도는 전체적인 총합점수(변수 FH)와 변수 FH1과 FH2로 나타나는 두 가지 척도 점수('item parcels'라고 불리는)로 사용된다. 마지막으로, 주관적 건강을 평가하기 위해 (1) 현재의 주관적 건강(변수 SHP), (2) 지난 6개월 동안의 주관적 건강의 변화(변수 SHC)가 포함된다.

*이 예시를 위해 데이터를 제공해 준 DZA의 Susanne Wurm과 부분적인 분석을 도와 준 Christopher Marx에게 감사의 말씀을 드린다.

사회과학에서 경로분석이 자주 쓰이는 이유는 사회과학의 많은 이론이 변수의 직접 · 간접 효과와 관련된 가설들을 포함하기 때문이다(예를 들어, MacKinnon, 2008 참조). **간접효과**(indirect effect)는 다른 변수들을 통해 매개되는 효과를 의미하는 것으로 **매개효과**(mediated effect)라고 부르기도 한다(Baron & Kenny, 1986). 매개효과는 종속변수이자 동시에 독립변수인 하나 이상의 변수가 경로모델에 포함될 때 존재한다. 이런 유형의 변수는 종종 **매개변수**라고 부른다(intermittent or mediator variables). 매개효과는 관측경로분석과 잠재경로분석을 통해 분석될 수 있다.

[그림 3-13]의 모델에서는 변수 Y_1(기능적 건강, FH)이 변수 X(신체적 건강, SICK)와 관련해서는 종속변수이지만 Y_2(주관적 건강, SHP)와 관련해서는 독립변수이기 때문에 매개변수이다. 다르게 설명하자면, Y_1은 X로부터 영향을 받고(path β_1) 동시에 Y_2에게 영향을 미친다(path β_2). 그렇기 때문에 Y_1은 X의 Y_2에 대한 영향을 부분적으로 매개한다. 이는 매개변수 용어를 설명한다. 공식적으로 X의 Y_2에 대한 간접(매개)효과는 β_1과 β_2의 곱으로 수치화할 수 있다(MacKinnon, 2008). 이 예시에서 β_3는 변수 X가 Y_2에 영향을 미치는 직접효과를 나타낸다.

이러한 것들을 실질적으로 풀어 설명하자면, 이 모델에서 한 사람의 객관적 건강 상태(신체적 건강)는 주관적 건강에 직접적인 영향을 미칠 뿐 아니라 기능적 건강을 통해 간접적으로도 영향을 미친다는 것이다. 매개효과는 객관적 건강 문제들이 종종 기능적 역량의 손실을 초래하고, 결국 주관적 건강의 악화로 나타난다는 사실에 의해 발생된다. 데이터에 적합한 모델로 신체적 건강이 정말로 주관적 건강에 직접효과와 간접효과 모두를 가지는지를 검증할 수 있고, 또한 신체적 건강이 주관적 건강에 미치는 영향도 기능적 건강을 통해 완전 매개되는지의 여부를 검증할 수 있다.

한 개 이상의 간접효과를 포함하는 경로모델들에서는 효과분해가 관심사이다. 이러한 분해에서 전체효과는 모든 간접효과와 직접효과의 합으로 나누어진다(직접효과가 가정되는 경우). 다르게 말하자면, 전체효과는 간접효과와 직접효과의 합과 같다. 예시에서 X의 Y_2에 대한 직접효과는 경로계수 β_3로 측정되고, 간접효과는 곱셈 $\beta_1 \cdot \beta_2$로 측정된다. 그러므로 전체효과는 $\beta_3+(\beta_1 \cdot \beta_2)$로 계산될 수 있다.

글상자 3.11. 매개효과 vs. 조절효과

매개효과와 조절효과를 혼동해서는 안 된다(Baron & Kenny, 1986 참조). 매개효과와 반대로 조절효과는 두 변수 간에 **상호작용**이 있을 때 존재한다. 한 변수(X)의 다른 변수(Y)로의 직접적인 영향의 크기가 제3의 변수(Z)의 값에 따라 달라질 때 제3의 변수를 **조절변수**라고 부른다. 예시에서 만약에 회귀계수 β_3([그림 3-13]에서 X의 Y_2에 대한 직접적 영향을 나타내는)가 Y_1의 수준에 따라 달라진다면(즉, 만약 X의 Y_2에 대한 직접적 영향이 Y_1에 의해 조절된다면) Y_1은 조절변수라고 볼 수 있다. 조절(상호작용)효과 분석은 이 책에서 논의되지 않는다. Aiken과 West (1991; Cohen et al., 2003, 7~9장)는 관측회귀모델(조절회귀라 불리는)에서 조절효과 분석을 자세하게 논의하였다. 잠재조절모델(latent moderator models: 상호작용 효과를 포함한 SEMs)의 예시는 Marsh, Wen과 Hau(2006)에서 살펴볼 수 있다.

글상자 3.12. 간접효과의 유의도 검증

연구에서 매개효과 검증을 하고자 할 때 간접효과의 통계적 유의도 검증은 주요 관심사이다. 매개효과의 통계적 추론을 할 때 곤란한 점은 간접효과가 두 개 이상의 회귀계수의 곱이라는 점이다($\beta_1 \cdot \beta_2$). 모집단에서 이 곱에 대한 정규분포 가정은 종종 위반된다. 이러한 이유 때문에 간접효과의 유의도 검증을 위한 전통적인 방법들은 편향된 결과를 초래하기도 한다(MacKinnon, Lockwood, & Williams, 2004). MacKinnon과 동료들은 간접효과를 검증하기 위한 다른 방법에 대해 연구해 왔다(MacKinnon, 20008; MacKinnon et al., 2004; MacKinnon, Lockwood, Hoffmam, West, & Sheets, 2002). 여러 방법 중에서 앞의 저자들은 부트스트래핑으로부터 추출된 비대칭(asymmetric) 신뢰구간을 이용한 매개효과 검증 방법을 추천하였다. 이 방법의 이론적 배경은 MacKinnon(2008)에서 자세하게 논의되어 있다. 이 방법에 따라 만약 간접효과에 대한 95%의 부트스트랩 신뢰구간에 0이 포함되지 않으면 간접효과는 .05 수준에서 유의하다고 본다. MacKinnon과 동료들(2004)은 신뢰구간을 이용한 매개분석에서 통계적 추론을 위한 방법으로 **편향성이 수정된 부트스트랩**(bias-corrected bootstrap)을 추천하였다. 신뢰구간과 부트스트랩 방법은 Mplus에서 쉽게 실행될 수 있다. 매개효과 검증을 위한 이러한 방법의 실행은 3장 5. '2) Mplus에서의 관측경로분석'에서 설명한다.

2) Mplus에서의 관측경로분석

[그림 3-14]는 [그림 3-13]의 관측경로분석의 설정을 위한 Mplus 입력 파일이다. 이 모델에서 변수 SICK은 신체적 건강(physical health)을 나타내고, 기능적 건강(functional health)은 SF-36의 기능적 건강을 측정하는 하위척도의 총합으로 구성되었다(변수 FH). 주관적 건강(subjective health)은 현재의 주관적 건강을 언급하는 문항으로 구성되었다(변수 SHP).

두 개의 선형회귀분석을 동시에 고려하기 때문에 3장 '2. 관측변수들로 이뤄진 단순선형회귀분석'에서 논의된 회귀분석과 다르게 model 명령문에 on 명령어를 하나 이상 사용한다. 예시 모델에서 종속변수(FH와 SHP)는 두 개이기 때문에 두 개의 on 명령문이 요구된다. 하나는 SHP가 FH와 SICK에 의해 설명되는 (다중)회귀분석을 위한 것이고, 다른 하나는 FH가 SICK에 의해 설명되는 (단순)회귀분석을 위한 것이다.

```
FH on SICK;
SHP on SICK FH;
```

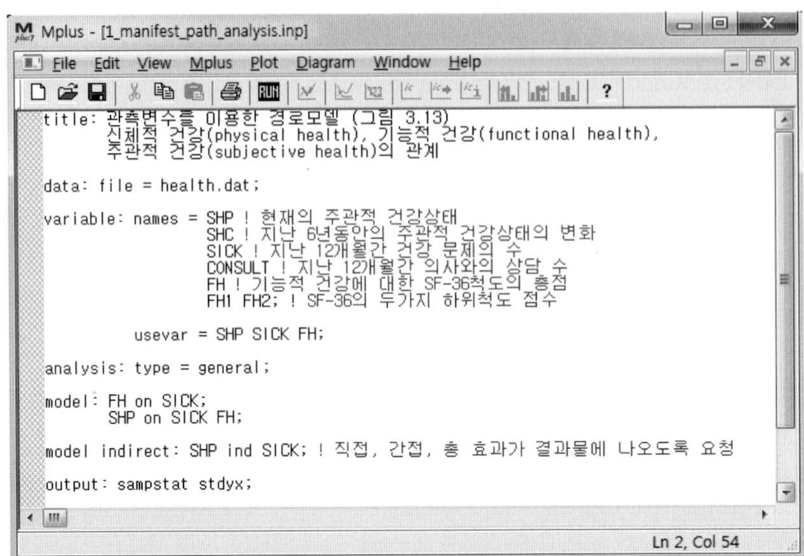

[그림 3-14] 관측경로분석([그림 3-13])을 위한 Mplus 입력 파일

부명령어인 model indirect를 추가적으로 사용함으로써 기본적인 출력물에 더해 종속변수인 SHP에 대한 모든 직접, 간접, 총효과의 구별된 섹션의 출력물을 볼 수 있도록 요청한다(부명령어 model indirect는 관측경로분석과 잠재경로분석에서 모두 사용될 수 있다).

```
model indirect: SHP ind SICK;
```

두 변수명 사이에 ind를 입력함으로써 SICK가 SHP에 가지는 모든 간접효과(이 경우에는 FH를 통한 하나의 간접효과만 있다)와 표준오차 및 유의도 검증 결과가 Mplus에서 산출된다. 부명령어는 model indirect 연구자가 특정한 간접효과의 유의도를 검증하고자 할 때 특히 유용하다(다음 참조).

Mplus 출력물에서 세 가지 관측변수의 평균, 공분산, 상관관계를 포함하는 표본에 대한 통계치들을 볼 수 있다(여기서는 상관관계 표만 나타남). 예상한 대로 주관적 건강(SHP)은 기능적 건강(FH)과 정적 상관관계를 보이고, 지난 12개월 간의 건강 문제의 개수(SICK)와는 부적 상관관계를 보인다. 더불어 건강 문제의 빈도(SICK)는 기능적 건강(FH)과 부적 상관관계이다.

```
Correlations
            SHP          FH          SICK
        ___________  ___________  ___________
 SHP     1.000
 FH      0.594        1.000
 SICK   -0.458       -0.447        1.000
```

MODEL FIT INFORMATION을 통해 예시로 사용된 관측경로모델의 자유도가 0인 것을 확인할 수 있다. 자유도가 0인 것은 모델의 모수들을 추정하기 위해 세 관측변수 평균, 분산, 공분산이 모델에서 모두 사용되었기 때문이다. 이러한 경우를 **포화**(saturated) 혹은 **적정식별**(just identified) 모델이라고 부른다(3장 '2. 관측변수들로 이뤄진 단순선형회귀분석'의 관측변수를 이용한 회귀모델에서도 같은 쟁점이 있음). 이는 모델이 관측변수의 평균 및 공분산 구조와 관련하여 어떤 검증할 만한 제한을 포함하지 않고 있다는 것이고, 따라서 완벽하게 적합하다는 것이다(자세한 내용은 Bollen, 1989 참조). 이는 카이제곱 모델 검증에서도 볼 수 있다.

```
MODEL FIT INFORMATION

Chi-Square Test of Model Fit

     Value                        0.000
     Degrees of Freedom               0
     P-Value                     0.0000
```

카이제곱 값과 자유도가 0이다. 이러한 경우에 모델적합도를 평가하기에는 검증이 유용하지 않다(Mplus에서 p값이 0으로 보고되지만, 사실 모델이 데이터에 완벽하게 적합하다면 p값은 1로 보고되어야 한다). 일반적으로 포화모델의 모델적합도에 대한 판단에 있어서는 Mplus 출력물의 전반적 적합도 통계보다는 추정된 모델 모수치(특히, 추정된 경로계수)와 내생변수에서 설명된 분산(R^2 값으로 측정한)에 더 많은 관심을 갖는다.

글상자 3.13. 포화(saturated) 경로모델과 비포화(nonsaturated) 경로모델

관측변수를 이용한 모든 경로모델이 반드시 포화되는 것은 아니다. 예를 들어, 현재 모델에서 SICK에서 SHP로 가는 직접적 경로를 지운다면(해당 경로계수인 β_3를 0으로 고정하는 것과 같음) 모델은 더 이상 포화되지 않을 것이다. 대신에 자유도는 1일 것이며, 하나의 검증할 만한 제한을 의미한다. 모델적합도의 검증과 지수를 사용하여 신체적 건강이 주관적 건강에 미치는 영향이 기능적 건강에 의해 완전 매개되었다는 가정이 검증될 수 있다. 다른 말로 하자면, 이 제한된 모델은 신체적 건강이 주관적 건강에 간접적으로만 영향을 미친다는 것을 나타낸다.

앞에서 기술한 것처럼, 비포화된 모델을 얻기 위해서는 Mplus 모델 설정을 다음과 같이 바꿔야 한다(이 모델을 위한 전체 입력 파일은 웹사이트에서 볼 수 있음).

```
FH on SICK;
SHP on FH;
```

SICK가 SHP에 미치는 직접적 영향이 제외된 제한된 모델은 1의 자유도와 유의한 카이제곱 값 122.11을 보인다($p<.001$). 적합도 지수들(특히, RMSEA 지표) 또한 이 모델이 다소 나쁜 적합도를 가지고 있음을 보여 준다(RMSEA =.27, CFI=.90, SRMR=.06). 그러므로 완전 매개에 대한 가설은 기각되어야 한다(신체적 건강은 주관적 건강에 유의한 직접적 효과가 있음).

Mplus의 MODEL RESULTS 표는 비표준화된 경로계수의 추정치를 보여준다(여기서는 SICK가 SHP에게 미치는 직접적 영향을 포함하는 포화경로모델의 추정치임). 완전 표준화된 경로계수들은 STANDARDIZED MODEL RESULTS (STDYX Standardization) 하에서 찾아볼 수 있다. 건강 어려움의 빈도가 주관적 건강에 유의하고 부적인 직접적 영향을 미친다는 것을 알 수 있다 (SICK−SHP, $\hat{\beta}_3=-0.094$, z=−11.258, p<.001, $\hat{\beta}_3^{\text{standardized}}=-0.24$). 기능적 건강을 통제한 후, 지난 12개월 동안의 건강 문제가 하나씩 많을수록 주관적 건강은 0.094만큼 더 나빴다. 기능적 건강은 주관적 건강과 정적 관계이다(직접 효과 $\hat{\beta}_2=0.885$, z=22.765, p<.001, $\hat{\beta}_2^{\text{standardized}}=0.486$). 지난 12개월 동안 보고된 건강 문제의 수를 통제한 후, SF−36 질문지로 측정된 기능적 건강이 한 단위 좋을수록 주관적 건강은 0.885 더 좋았다. 신체적 건강 문제와 기능적 건강은 유의한 부적 관계에 있다($\hat{\beta}_1=-0.096$, z=−20.273, p<.001, $\hat{\beta}_1^{\text{standardized}}=-0.447$). 지난 12개월 동안의 건강 문제가 하나씩 더 많을수록 기능적 건강은 0.096만큼 더 좋지 않았다. 신체적 건강이 주관적 건강에 미치는 간접 영향은 다음에서 자세히 논의된다.

두 개의 내생변수를 위해 추정된 R^2값들은 표준화된 모수추정치(standardized parameter esimates) 아래쪽에서 볼 수 있다. 예시 모델에서 주관적 건강의 분산 중 약 39.9%가 설명될 수 있고($\hat{R}^2=.399$), 기능적 건강의 분산 중 약 20% 가량이 모델을 통해 설명될 수 있다($\hat{R}^2=.20$).

```
MODEL RESULTS

                                             Two-Tailed
                 Estimate    S.E.  Est./S.E.    P-Value

 FH       ON
  SICK             -0.096   0.005   -20.273      0.000
```

```
SHP      ON
 SICK           -0.094    0.008   -11.258     0.000
 FH              0.885    0.039    22.765     0.000

Intercepts
 SHP             1.408    0.117    12.034     0.000
 FH              2.936    0.016   179.357     0.000

Residual Variances
 SHP             0.432    0.015    28.705     0.000
 FH              0.174    0.006    28.705     0.000


STANDARDIZED MODEL RESULTS

STDYX Standardization

                                              Two-Tailed
               Estimate    S.E.  Est./S.E.    P-Value

FH       ON
 SICK           -0.447    0.020   -22.661     0.000

SHP      ON
 SICK           -0.240    0.021   -11.441     0.000
 FH              0.486    0.019    25.057     0.000

Intercepts
 SHP             1.661    0.151    10.973     0.000
 FH              6.304    0.099    63.378     0.000
```

```
 Residual Variances
  SHP           0.601    0.019   32.153      0.000
  FH            0.800    0.018   45.431      0.000

R-SQUARE

  Observed                                Two-Tailed
  Variable    Estimate    S.E.  Est./S.E.   P-Value

  SHP           0.399    0.019   21.304      0.000
  FH            0.200    0.018   11.330      0.000
```

명령어 model indirect를 통해 요청한 출력물은 모델에서 추정된 신체적 건강이 주관적 건강에 미치는 간접적인 영향의 크기와 통계적 유의성에 대한 정보를 제공한다(공식적으로 간접효과는 경로계수들의 곱임. $\beta_1 \cdot \beta_2$). 추가적인 출력물의 첫 번째 부분에서(TOTAL, TOTAL INDIRECT, SPECIFIC INDIRECT, AND DIRECT EFFECTS로 분류한) 효과들은 표준오차 및 유의도 검사 결과와 함께 비표준화된 형태로 보고된다.

```
TOTAL, TOTAL INDIRECT, SPECIFIC INDIRECT, AND DIRECT EFFECTS

                                              Two-Tailed
              Estimate    S.E.  Est./S.E.    P-Value

Effects from SICK to SHP

  Total          -0.178    0.009   -20.892      0.000
  Total indirect -0.085    0.006   -15.140      0.000
```

```
Specific indirect

 SHP
 FH
 SICK          -0.085    0.006   -15.140     0.000

Direct
 SHP
 SICK          -0.094    0.008   -11.258     0.000
```

추정된 전체효과는 직접효과($\hat{\beta}_3$)와 간접효과($\hat{\beta}_1 \cdot \hat{\beta}_2$)의 합이다.

$$\hat{\beta}_3 + (\hat{\beta}_1 \cdot \hat{\beta}_2) = -0.094 + (-0.096 \cdot 0.885) = -0.178$$

전체 간접효과는 다음과 같다.

$$\hat{\beta}_1 \cdot \hat{\beta}_2 = -0.096 \cdot 0.885 = -0.085$$

이 예시에서는 신체적 건강이 기능적 건강을 통해 주관적 건강에 영향을 미치는 하나의 특정한 간접효과만 다루기 때문에 전체 간접효과와 특정한 간접효과(Specific indirect에 주어진)가 같다. Mplus의 기본 설정으로 간접효과의 유의성은 **Sobel 검증**이 사용된다(Sobel, 1982). Mplus에 의해 제공된 간접효과의 표준오차는 0.006($z=-15.14$)이다. 그러므로 간접효과는 이 검증에 의해 유의함을 알 수 있다($p<.001$).

Mplus는 추정된 직접효과($\hat{\beta}_3=-0.094$) 또한 출력한다. 표준화된 값을 보여 주는 부분에서는 직접효과의 완전 표준화된 값을 볼 수 있다.

```
STANDARDIZED TOTAL, TOTAL INDIRECT, SPECIFIC INDIRECT, AND
DIRECT EFFECTS (STDYX Standardization)

                                               Two-Tailed
            Estimate   S.E.  Est./S.E.  P-Value

Effects from SICK to SHP

 Total           -0.458   0.019  -23.496    0.000
 Total indirect-0.217    0.013  -16.600    0.000

 Specific indirect

  SHP
  FH
  SICK           -0.217   0.013  -16.600    0.000

 Direct
  SHP
  SICK           -0.240   0.021  -11.441    0.000
```

간접효과의 유의성 검증을 위한 전통적인 방법들은 둘 이상의 회귀계수의 곱을 검증을 위하여 사용하기 때문에 문제가 있다. 이 곱의 값은 정규분포되지 않는 경우가 많고, 이는 전통적인 유의성 검증을 신뢰하지 못하도록 한다(MacKinnon, 2008; 〈글상자 2.12〉 참조). MacKinnon과 동료들(MacKinnon, 2008; MacKinnon et al., 2004)은 간접효과의 유의성 검증을 위한 더 적절한 대안으로 부트스트랩 방법에 기초한 비대칭 신뢰구간의 사용을 추천하였다. Mplus에서 모델 모수추정치에 대한 신뢰구간은 일반적으로 다음의 명령어를 통해 얻을 수 있다(즉, 부트스트랩 방법과 같이 혹은 상관없이).

```
output: cinterval;
```

편향성이 수정된 부트스트랩(bias-corrected bootstrap) 방법에 기초한 신뢰구간을 추정하기 원하는 경우에는 analysis 명령문에서 추가적인 설정이 필요하다.

```
analysis: bootstrap = <number of bootstrap samples>;
output: cinterval (bcbootstrap);
```

부명령어 bootstrap = 는 부트스트랩 할 표본의 수를 입력하기 위한 것이다. 높은 정확도를 위해서는 큰 수를 선택해야 한다(예를 들어, 10,000). 어떤 부트스트랩 유형을 사용할지는 output 명령문 중 cinterval 뒤의 괄호 안의 명령어를 통해 선택된다. bcbootstrap은 MacKinnon과 동료들(2004)에 의해 추천된 편향성이 수정된 버전의 부트스트랩(bias-corrected version of bootstrap)을 의미한다. 전통적인 부트스트랩 신뢰구간은 명령어 output: cinterval(bootstrap);을 사용함으로써 얻을 수 있다.

편향성이 수정된 부트스트랩 신뢰구간을 제시하는 경로모델의 추정을 위한 완성된 입력 및 출력 파일은 웹사이트에서 찾을 수 있다. 다음에 제시된 Mplus 출력물은 비표준화된 모수추정치와 표준화된 모수추정치를 위해서 실행된 10,000번의 부트스트랩에 기초하여 편향성이 수정된 부트스트랩 신뢰구간을 포함한 부분만을 보여 준다. Lower .5%와 Upper .5% 아래쪽으로 각각의 모수추정치에 대한 99% 신뢰구간의 하한값 및 상한값을 볼 수 있다. Lower 2.5%와 Upper 2.5% 아래쪽으로는 95% 신뢰구간의 하한값 및 상한값을 볼 수 있다.

```
CONFIDENCE INTERVALS OF TOTAL, TOTAL INDIRECT, SPECIFIC
INDIRECT, AND DIRECT EFFECTS

                    Lower   Lower  Estimate   Upper    Upper
                     .5%     2.5%              2.5%     .5%

Effects from SICK to SHP
 Total             -0.203  -0.197  -0.178   -0.159   -0.153
 Total indirect    -0.102  -0.098  -0.085   -0.072   -0.068

 Specific indirect
  SHP
  FH
  SICK             -0.102  -0.098  -0.085   -0.072   -0.068
 Direct
  SHP
  SICK             -0.117  -0.111  -0.094   -0.076   -0.071
```

편향성이 수정된 부트스트랩 신뢰구간에 근거해서도 간접효과가 1% 수준에서 유의하다는 것을 알 수 있다. 간접효과에 대한 95%의 신뢰구간(−0.098, −0.072)과 99%의 신뢰구간(−0.102, −0.068)에 모두 0이 포함되지 않는다. 표준화된 간접효과에 대해서도 같은 결과를 볼 수 있다. 출력물에서 이에 해당하는 부분은 굵게 나타냈다. 이러한 결과는 신체적 건강이 주관적 건강에 유의한 직접효과를 지닐 뿐 아니라 간접효과 또한 지닌다는 것을 알려 준다.

```
CONFIDENCE INTERVALS OF STANDARDIZED TOTAL, TOTAL INDIRECT,
SPECIFIC INDIRECT, AND DIRECT EFFECTS (STDYX Standardization)

                    Lower   Lower  Estimate  Upper    Upper
                     .5%    2.5%             2.5%      .5%

Effects from SICK to SHP
 Total             -0.513  -0.500  -0.458   -0.415   -0.402
 Total indirect    -0.257  -0.247  -0.217   -0.187   -0.178

 Specific indirect
  SHP
  FH
  SICK             -0.257  -0.247  -0.217   -0.187   -0.178

 Direct
  SHP
  SICK             -0.299  -0.285  -0.240   -0.196   -0.182
```

3) 잠재경로분석

잠재경로분석(latent path analysis)은 확정적 요인분석(CFA)과 관측경로분석의 결합이라고 볼 수 있다. CFA에서처럼 각 개념을 위한 여러 관측변수로 구성된 측정모델이 모델에 더해진다. 각 개념은 잠재요인으로 나타내고, 잠재요인은 관측변수를 이용한 경로분석에서처럼 직접적인 회귀경로로 연결된다(이러한 점이 고차요인모델을 제외한 요인 간에 경로가 직접적으로 연결되지 않은 CFA와 구분되는 점이다; 3장 4. '2) 2차순 확인적 요인분석' 참조).

[그림 3-15]에서는 각각의 두 관측변수($Y_{11} - Y_{23}$)로 측정된 세 잠재변수(η_1, η_2, η_3)를 이용한 잠재경로분석의 경로도를 보여준다. 이 경로모델 역시 Whitelaw와 Liang(1991)의 이론적 모델을 기반으로 한 것이다. 그러나

이 모델에서는 매개모델이 잠재변수의 수준에서 설정되었다(즉, η 변수의 수준에서). 잠재경로분석은 관측경로분석에 비해 관측변수들이 가지는 임의 측정오류를 고려하여 개념들 사이의 직접, 간접, 총 효과들을 산출한다는 점에서 장점이 있다.

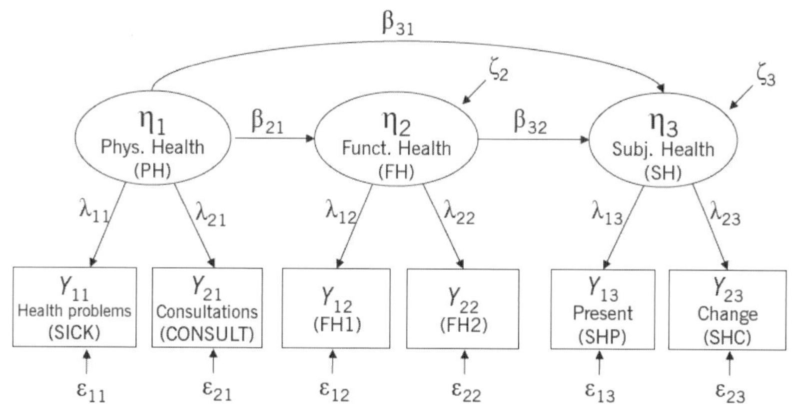

[그림 3-15] 세 잠재변수(η_1, η_2, η_3)로 구성된 잠재경로모델

각각의 잠재변수는 두 개의 관측변수(Y_{ij})로 측정됨. Mplus에서 사용된 변수명들은 괄호 안에 표시됨. λ_{ij}: 요인부하량, ϵ_{ij}: 측정 오류 변수, $\beta_{jj'}$: 잠재 회귀(경로) 계수, ζ_j: 잠재 잔차 변수, 잠재변수 수준에서의 간접효과: $\beta_{21} \cdot \beta_{32}$.

4) Mplus에서의 잠재경로분석

예시의 세 개념은 각각 두 개의 관측변수로 측정되었다. 신체적 건강은 질병의 수(SICK 변수)와 지난 12개월 간 의사와 상담한 수(CONSULT)로 측정되었고, 기능적 건강은 SF-36 질문지에 포함된 두 개의 하위척도에 의해 측정되었으며(FH1과 FH2 변수), 주관적 건강은 두 개의 단독 문항으로 측정이 되었는데, 하나는 현재의 주관적 건강에 대한 질문이고(SHP), 다른 하나는 지난 6년 동안의 주관적 건강의 변화에 대한 질문이다(SHC 변수).

세 개의 η변수는 신체적 건강, 기능적 건강, 주관적 건강의 세 개념에 대한 잠재적 값을 나타낸다. 이 값은 문항 및 척도의 영향과 함께 임의 측정 오류가 교정된 값이다. Whitelaw와 Liang(1991)의 이론적 모델은 지표별 영향과 측정 오류를 교정한 잠재변수 수준에서 검증될 수 있다. [그림 3-16]은 [그림 3-15]에 제시된 잠재경로분석의 모수추정치를 위한 Mplus 입력 파일이다.

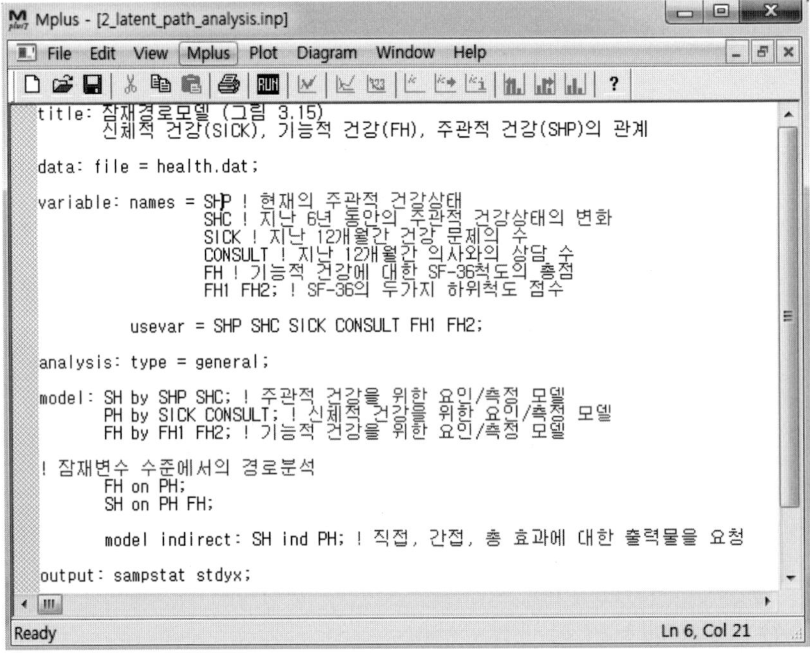

[그림 3-16] 잠재경로모델([그림 3-15])을 위한 Mplus 입력 파일

잠재경로모델에서는 CFA에서처럼 잠재요인을 위한 측정모델을 먼저 설정한다.

```
SH by SHP SHC;
PH by SICK CONSULT;
FH by FH1 FH2;
```

잠재요인 SH는 주관적 건강을 나타내고, PH요인은 신체적 건강, FH요인은 기능적 건강을 나타낸다. 측정모델을 설정한 후에는 구조모델(예시에서는 잠재적 수준에서의 경로분석인)을 설정한다.

```
FH on PH;
SH on PH FH;
```

SH, PH, FH는 잠재변수들로, 데이터 셋의 일부가 아니기 때문에 variable: names 하에 나열될 필요가 없다. 모든 직접, 간접, 총 효과의 요약 정보를 얻기 위한 부명령어는 잠재변수를 이용하는 것을 제외하고는 관측변수를 이용한 경로모델과 같다(그러나 이제는 잠재변수를 나열).

```
model indirect: SH ind PH;
```

출력물의 MODEL FIT INFORMATION 아래쪽에서 잠재경로모델은 관측경로모델과 달리 자유도 6을 가지고, 포화되지 않은 것을 볼 수 있다. 이 경우, 자유도 6은 모두 측정모델로부터 나왔다(각 개념을 위해 하나 이상의 관측변수를 사용했기 때문에). 구조모델(잠재경로분석)은 검증할 만한 제한들이 없는 포화상태이다. 모델 적합지수들은 잠재경로모델이 데이터와 적합함을 나타낸다.

```
MODEL FIT INFORMATION

Chi-Square Test of Model Fit

     Value                                  5.509
     Degrees of Freedom                         6
     P-Value                               0.4804

CFI/TLI
     CFI                                    1.000
     TLI                                    1.000

RMSEA (Root Mean Square Error Of Approximation)

     Estimate                               0.000
     90 Percent C.I.                        0.000  0.031
     Probability RMSEA <= .05               1.000

SRMR (Standardized Root Mean Square Residual)

     Value                                  0.007
```

모수추정치들을 살펴보면(MODEL RESUTLS 표 참조) 먼저 제한없이 추정된 요인부하량이 모두 유의하게 0과 다르다는 것을 확인할 수 있다(Mplus에서 기본 설정으로 잠재변수의 메트릭을 구성하기 위해 각각의 요인을 위한 첫 번째 비표준화된 부하량은 1로 고정됨). 더불어 모든 표준화된 부하량도 [STANDARDIZED MODEL RESUTLS (STDYX Standardization)] 중요하다(범위: 0.494~0.972). FH 요인(기능적 건강)의 관측변수들은 표준화된 부하량이 유난히 크다($\hat{\lambda}_{12}^{\text{standardized}}$ =0.972; $\hat{\lambda}_{22}^{\text{standardized}}$ =0.955). 이는 FH의 관측변수들이 매우 비슷하다는 것(두 검증이 기능적 건강의 매우 유사한 면들을 측정한 듯함)과 매우 신뢰할 만하다는 것을 나타낸다.

신체적 건강(PH)을 위한 요인은 표준화된 부하량이 가장 작다($\hat{\lambda}_{11}^{\text{standardized}}$ = 0.623, $\hat{\lambda}_{21}^{\text{standardized}}$ =0.494). 이는 비록 건강 문제의 수가 의사와 상담하는 수와 정적으로 상관관계가 있지만, 이 상관관계가 현재의 데이터에서는 중간(moderate) 정도의 크기이기 때문에 나타난 결과라고 설명할 수 있다(r= .308, p<.001: 웹사이트 전체 출력물 참조). 그러므로 신체적 건강에 대한 두 개의 관측변수는 여러 다른 종류로 이뤄졌다고 볼 수 있다(두 개의 관측변수가 신체적 건강 개념의 다른 면들을 측정함). 변수 SICK은 잠재변수에 대해 의사와의 상담 수(CONSULT)보다 어느 정도 더 큰 표준화된 부하량을 보이고, 이는 변수 SICK가 잠재변수에 대한 주요 변수(marker variables)일 수 있음을 보여 준다(**주요 변수**는 잠재변수에 대해 큰 요인부하량을 보이고, 잠재변수를 해석하는 데 있어서 가장 타당한 요인이라고 볼 수 있음).

구조모델과 관련하여 세 개념 사이의 관계는 한 방향으로 향한다. 신체적 건강 문제는 기능적 건강($\hat{\beta}_{21}$ =−0.246, z =−13.189, p <.001, $\hat{\beta}_{21}^{\text{standardized}}$ = −0.722)과 주관적 건강($\hat{\beta}_{31}$ =−0.379, z =−6.944, p <.001, $\hat{\beta}_{31}^{\text{standardized}}$ = −0.709)에 모두 부적인 영향을 미친다. 반면에 기능적 건강은 주관적 건강과 정적으로 관계가 있다($\hat{\beta}_{32}$ =0.314, z =2.631, p =.009, $\hat{\beta}_{32}^{\text{standardized}}$ =−0.200).

```
MODEL RESULTS

                                              Two-Tailed
                 Estimate    S.E.  Est./S.E.    P-Value
 SH      BY
   SHP              1.000    0.000    999.000    999.000
   SHC              0.710    0.031     23.145      0.000
```

```
PH      BY
  SICK          1.000     0.000   999.000     999.000
  CONSULT       5.547     0.363    15.265       0.000

FH      BY
  FH1           1.000     0.000   999.000     999.000
  FH2           0.981     0.014    68.107       0.000

FH      ON
  PH           -0.246     0.019   -13.190       0.000

SH ON
  PH           -0.379     0.055    -6.945     0.000
  FH            0.314     0.119     2.632     0.008

Intercepts
  SHP           3.525     0.021   168.751     0.000
  SHC           2.521     0.020   128.763     0.000
  SICK          2.706     0.054    50.435     0.000
  CONSULT      13.082     0.375    34.892     0.000
  FH1           2.646     0.012   226.225     0.000
  FH2           2.709     0.012   232.059     0.000

Variances
  PH            1.839     0.179    10.277     0.000

Residual Variances
  SHP           0.194     0.019    10.359     0.000
  SHC           0.367     0.016    23.627     0.000
  SICK          2.906     0.159    18.304     0.000
  CONSULT     175.061     7.166    24.429     0.000
  FH1           0.012     0.002     5.135     0.000
  FH2           0.020     0.002     8.231     0.000
  SH            0.132     0.026     5.115     0.000
  FH            0.102     0.009    11.015     0.000
```

```
STANDARDIZED MODEL RESULTS (STDYX Standardization)

                                                Two-Tailed
                    Estimate    S.E.  Est./S.E.    P-Value
 SH       BY
    SHP                0.854    0.016     54.333      0.000
    SHC                0.647    0.018     36.103      0.000

 PH       BY
    SICK               0.623    0.026     24.309      0.000
    CONSULT            0.494    0.025     19.907      0.000

 FH       BY
    FH1                0.972    0.006    173.398      0.000
    FH2                0.955    0.006    165.700      0.000

 FH       ON
    PH                -0.722    0.030    -24.379      0.000

 SH       ON
    PH                -0.709    0.080     -8.836      0.000
    FH                 0.200    0.076      2.631      0.009

 Intercepts
    SHP                4.157    0.076     54.352      0.000
    SHC                3.172    0.060     52.435      0.000
    SICK               1.242    0.033     37.891      0.000
    CONSULT            0.860    0.029     29.817      0.000
    FH1                5.573    0.100     55.647      0.000
    FH2                5.716    0.103     55.731      0.000

 Variances
    PH                 1.000    0.000    999.000    999.000
```

```
  Residual Variances
    SHP            0.270     0.027    10.062       0.000
    SHC            0.581     0.023    25.043       0.000
    SICK           0.612     0.032    19.203       0.000
    CONSULT        0.756     0.025    30.786       0.000
    FH1            0.055     0.011     5.063       0.000
    FH2            0.088     0.011     7.966       0.000
    SH             0.251     0.045     5.549       0.000
    FH             0.479     0.043    11.219       0.000

R-SQUARE

    Observed                                    Two-Tailed
    Variable   Estimate    S.E.  Est./S.E.    P-Value

    SHP            0.730     0.027    27.166       0.000
    SHC            0.419     0.023    18.052       0.000
    SICK           0.388     0.032    12.155       0.000
    CONSULT        0.244     0.025     9.953       0.000
    FH1            0.945     0.011    86.699       0.000
    FH2            0.912     0.011    82.850       0.000

    Latent                                      Two-Tailed
    Variable   Estimate    S.E.  Est./S.E.    P-Value

    SH             0.749     0.045    16.517       0.000
    FH             0.521     0.043    12.189       0.000
```

잠재모델에서 잠재변수 간의 관계가 관측변수 간의 관계보다 훨씬 더 강하다는 것에 주목해 보자. 특히, 이러한 점은 잠재변수의 R^2 값에서 드러난다. 이 값에 따르면 잠재모델은 주관적 건강의 분산 중 약 74.9%를 설명하고, 기능적 건강의 분산 중 약 52.1%를 설명한다. 관측모델에서는 주관적 건강의 분산은 39.9%, 기능적 건강의 분산은 20%만 설명되었다. 이러한 큰 차이에 대해서는 두 가지 설명이 가능하다. 먼저 잠재분석은 측정 오류를 설명하지만 관측모델에서는 그렇지 않다는 차이이다. 측정 오류를 교정하는 것은 잠재적 수준에서 관계의 명확성을 드러나게 할 수 있다. 다음으로, 관측변수의 특정한 분산(관측변수의 이질성으로 인한)은 또한 관측모델과 잠재모델에서의 다른 추정치를 야기할 수 있다. 앞에서 보았듯이, 신체적 건강의 측정변수들은 중간 정도의 상관관계이고, 이는 측정변수들이 다소 이질적이라는 것을 보여 준다. 더불어 주관적 건강의 관측변수로 사용된 문항들은 중간 정도의 상관관계만 있었다(r=.553). 이러한 관측변수들은 상대적으로 큰 특정 분산을 보여 주는데, 이는 잠재모델에서 오류변수들의 부분으로 다뤄진다.

관측경로모델에서는 주관적 건강의 관측변수로 SHC를 사용하지 않았고, 신체적 건강의 관측변수로 CONSULT도 사용하지 않았다. 그래서 주관적 건강과 신체적 건강의 개념은 잠재모델에서보다 관측모델에서 더 좁게 정의 내려졌다고 볼 수 있으며, 잠재모델에서 사용된 다른 관측변수들과 공유되지 않은 특정 분산들은 이러한 관측변수와 공유하는 분산으로부터 구분될 수 없다. FH1과 FH2가 같은 척도로부터 뻗어 나온 것이고, 둘 사이의 강한 상관관계(r=.928)는 각각이 가지는 특정 분산이 적음을 나타내고 있기 때문에 이러한 쟁점은 기능적 건강의 관측변수들과는 관련이 없다.

요약하면, 예시의 주관적 건강과 신체적 건강의 관측변수와 관련하여 관측변수만의 상당한 특수함이 있다는 것이다. 관측변수 특정 분산은 일반 분산으로부터 구분되고, 오류의 부분으로 다뤄지기 때문에 특정 분산이 없어지는 것은 부분적으로 관측모델과 비교하여 잠재모델에서 보이는 강한 관계 때문이라고 할 수 있다. 이는 상당한 특정 분산이 개념 간의 관계를 부풀렸을지도 모르기 때문에 결과를 해석하는 데 있어서 주의를 기울여야 한다는 것을 의미한다. 더불어 주관적 건강과 신체적 건강의 잠재변수의 조작화가 적절한지에 대해서도 주의 깊게 생각을 해야 한다. 이것은 통계적인 문제라기보다는 실질적인 고려를 기반으로 해결되어야 할 이론적인 문제라고 볼 수 있다.

명령어 model indirect를 통해 얻은 출력물은 여기서 자세하게 제시하지는 않았지만, 웹사이트에서 볼 수 있다. 출력물은 모델에서의 간접효과의 크기와 통계적 유의도에 대한 자세한 정보를 포함한다. 더불어 관측모델과 유사하게 간접효과를 검증하기 위한 부트스트랩 신뢰구간을 요청할 수 있다. 관측경로모델과 원리는 같기 때문에 여기서 더 자세하게 설명은 하지 않겠다. 해당하는 입력 파일과 출력물 파일은 웹사이트에서 찾아볼 수 있다.

제4장 변량과 변화를 측정하기 위한 구조방정식모델들

많은 변수 간의 복잡한 관계를 처리하는 데 있어서 유연성과 측정오류를 명확히 반영할 수 있는 장점을 가진 선형구조방정식모델들은 반복측정설계로부터 얻은 데이터를 포함한 종단적 데이터를 분석하는 데 있어 매우 유용하다. 이 장에서는 Mplus에서 다섯 가지의 상이한 유형의 종단적 구조방정식모델의 설정(specification)과 분석에 대해 논의할 것이다. 변량(variability)을 분석하기 위한 모델들(변량모델들)과 변화(change)를 분석하기 위한 모델들(변화모델들; Eid, Courvoisier, & Lischetzke, 2011)을 구분하여 살펴볼 것이다. **변량모델**들은 안정적인 설정값 혹은 특정값 주변의 점수에서 구체적인 변이를 분석하기 위하여 사용된다. 반면에 **변화모델**들은 시간의 경과에 따라 보다 오래 지속되고 잠재적으로 불가역적인 심리학적 개념의 변화를 측정하기 위한 목적일 때 종종 사용된다.

변량모델들에 관해서는 이 장의 '잠재상태(Latent State: LS)분석', 그리고 '잠재상태-속성(Latent State-Trait: LST)분석'(Steyer et al., 1992, 1999)에서 살펴볼 것이다. '잠재상태분석'에서는 구조방정식모델들을 활용한 종단적 데이터 분석에 관련된 일반적인 쟁점도 살펴볼 것이다. 가령, 다중지표모델에서 지표의 구체적인 효과들을 모델화하거나 시간의 흐름에 따른 측정불변성 검증에 관한 쟁점을 살펴볼 것이다. 이어서 문헌에서 보편적으로 사용되는 세 가지 유형의 변화모델을 살펴볼 것이다. (1) 관측 그리고 잠재 자기회귀모델들(Hertzog & Nesselroade, 1987; Jöreskog, 1979a, 1979b; 4장 '3. 자기회귀모델들' 참조), (2) 잠재변화(LC)모델들(McArdle, 1988; Raykov, 1993; Steyer et al., 1997; Steyer, Partchev, & Shanahan, 2000; 4장 '4. 잠재변화모델들' 참조), 그리고 (3) 잠재성장곡선모델들(LGCMs; Bollen & Curran, 2006; Duncan et al., 2006; 4장 '5. 잠재성장곡선모델들' 참조)이 그것이다.

변량모델분석의 주요 목적은 상황(situation) 혹은 측정시점(occasion-specific) 효과와 고정적인 사람 속성(person-specific)에 따른 구체적인 효과에 있어서 개인의 차이 정도를 결정하는 것이다. Steyer과 동료들(Steyer et al., 1992, 1999)의 주장에 따르면, 속성 요소(고정적인 사람 속성에 기반한 효과에 관한 요소), 상태 잔여 요소(상황의 효과 그리고/혹은 사람과 상황의 상호작용 효과에 관한 요소), 그리고 임의적 측정오류 요소로 구별할 수 있다. 따라서 우리는 LST모델들을 언급하였다(Steyer et al., 1992, 1999; 4장 '2. 잠재상태-속성분석' 참조). 가령, 측정도구들(예를 들어, 설문지 혹은 검사 점수)이 특정 상황 혹은 측정의 경우(예를 들어, 특정 상황에서의 불안) 대 고정적인 인격 성향(속성들; 예를 들어, 불안감=상황과 상관없이 가지는 사람들의 일반적인 불안감)의 경우에서의 차이, 그리고 임의적 측정오류를 어느 정도 측정할 수 있는지가 관심사이다. 이러한 질문들은 개별적 차이의 측정에 있어서의 임시적인 안전성, 신뢰도, 그리고 타당도에 관한 것이다. LST모델들은 분산 요소들의 계산을 통하여 상황에 기반한 특수성의 정도, 일관성, 그리고 신뢰도의 정도를 결정하는 데 도움을 준다(Steyer et al., 1992, 1999).

1 잠재상태(LS)분석

종단적 구조방정식모델에 대한 소개에 있어서 좀 덜 복잡한 LS모델들의 상이한 종류들에 대해서 먼저 살펴보자([그림 4-1]과 Steyer et al., 1992 참조). LS모델들은 LST모델들의 '기초'로서 종단적 데이터 분석을 위한 보편적인 확인적 요인분석모델들이다(횡단데이터에 대한 확인적 요인분석모델들은 3장 '4. 확인적 요인분석'에서 논의되었다). LS모델에서는 측정시점 분산 요소로부터 안정적인 속성 요소를 분리해 내는 것이 불가능하다. 그럼에도 불구하고 LS모델들은 상대적으로 단순하고 비제약적이기 때문에 종단적 데이터를 분석하는 데 실제적으로 많이 사용된다.

LS모델의 분석은 관심개념(예를 들어, 우울)을 측정하기 위하여 매 측정시점에서 다양한 지표(가급적 동일한)를 필요로 한다. LS모델에서는 각각의 관측변수 Y_{ik}(i=지표, k=측정시점)는 절편(α_{ik}), 측정시점에서의 잠재상태변수(상태 k), 그리고 측정시점에서의 측정오차(잔차) 변수 ϵ_{ik}로 구성된다. λ_{ik}는 요인부하량을 가리킨다.

$$Y_{ik} = \alpha_{ik} + \lambda_{ik} \cdot (\text{상태 k}) + \epsilon_{ik}$$

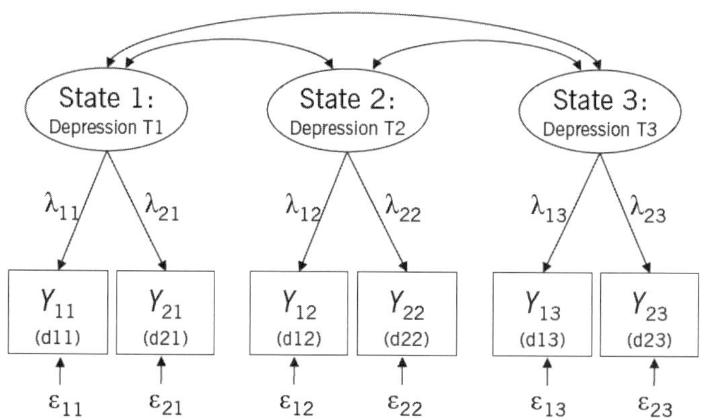

[그림 4-1] 세 번의 다른 시점(T1~T3)에서 측정된 우울에 관한 잠재상태(LS)모델

$Y_{ik} = k$ 시점에 측정된 관측변수 i; ϵ_{ik} =측정오차 변수; λ_{ik} =요인부하량. Mplus에 사용된 지표의 변수명은 괄호 안에 표시됨.

글상자 4.1. LS분석 예

Proyecto : LaFamilia(가족 프로젝트; Roosa et al., 2008)의 데이터를 활용하였는데, 이는 멕시칸계 미국 어린이들과 그들의 부모의 건강과 적응을 어린이들이 5학년이 되는 시점에 시작하여 매 2년마다 조사한 데이터이다.* 이 장에서는 사례로서 아버지들(323 사례)의 우울 증상을 세 차례(three waves)에 걸쳐 20개 문항의 역학연구센터 우울척도(Center for Epidemiological Studies Depression Scale: CES−D; Radloff, 1977)로 측정하여 종단적 구조방정식모델을 적용하였다. 문항들은 "당신은 우울하다고 느낀다." "당신이 한 모든 것은 노력이라고 느낀다."와 같이 구성되었고, '거의 혹은 절대로 없음'에서 '대부분 혹은 항상'까지의 4점 척도로 응답되었다. 현재 예시의 설명을 위해서 20개의 문항은 두 가지의 하위척도로 구분하여 각각 통합되었고, 이로 인해 매 측정마다 우울은 두 가지 지표가 존재한다. depression.dat은 세 번의 측정시점에 두 가지로 분류된 우울지표에 관한 요약 데이터(평균, 표준편차, 그리고 상관계수들)를 포함한다(변수 d11, d21, d12, d22, d13, d23).

* 분석을 위해 데이터를 제공해 준 Mark Roosa에 감사의 말씀을 드린다.

[그림 4−1]은 세 번의 측정시점에서 두 개의 변수 Y_{1k}와 Y_{2k}에 의해 측정된 우울에 관한 잠재상태모델을 보여 준다(k=1, 2, 3).

[그림 4−1]은 모든 잠재상태 변수가 서로 관계될 수 있다는 것을 보여 준다. 이러한 상관관계는 시간의 경과에 따른 개별적 차이에 대한 '실제'적인 안정성을 반영한다(즉, 측정오차를 교정한 안정성). 잠재상태 변수들 사이의 상관관계는 우리가 생각하는 개념이 일시적으로 안정적인 상태('특성')로 묘사되는 것이 나을지 혹은 측정시점에 따라 변동성을 가지는 경향성(상태와 유사한 개념)으로 묘사되는 것이 나을지를 검증해 볼 수 있게 한다. 상태요인 간의 상관관계가 1에 근접한다는 것은 개별적 차이의 높은 안정성을 의미하고, 따라서 개념이 마치 하나의 속성으로 고정되어 인식된다(예를

들면, 지식). 반대로 잠재상태요인 사이의 중간 혹은 낮은 수준의 상관관계는 개념이라는 것이 상황에 매우 밀접히 의존한다는 것을 의미하거나(즉, 보다 상태와 유사한, 예를 들어 분노, 감정 상태, 코르티솔 수준) 혹은 특정 개인이 다른 사람들에 비해 시간의 변화에 따라 보다 많은 변화를 경험한다는 것을 의미한다.

더불어 잠재상태요인 간의 상관관계는 자기회귀적 과정이 데이터에 존재하는지 여부를 판단하는 데 도움을 준다. 만약 이 상태요인들의 상관관계가 측정시점 사이에서 간극이 점점 길어질수록 감소하는 경우가 이에 해당한다. 잠재상태모델의 특수한 경우인 잠재 자기회귀모델들은 4장 '3. 자기회귀모델들'에서 논의될 것이다.

잠재상태분석은 일반적으로 상태요인 간의 상관관계 구조와 관련하여 어떤 특정한 가정(여기에 대한 경우는 다음의 잠재상태특성 그리고 잠재 자기회귀모델들에 나타남)을 포함하지 않는다. 이는 잠재상태 변수 사이의 모든 가능한 상관관계가 자유롭고, 비제약적인 모수로서 측정된다는 것을 의미한다. 이는 잠재상태모델들에서의 구조모델이 일반적으로 포화상태, 즉 어떤 검증할 만한 제약들이 구조모델로부터 나올 수 없고 그래서 자유도가 구해질 수 없는 모델임을 시사한다. 이러한 특징은 잠재상태모델들을 상대적으로 비제약적으로 만들고, 종종 종단적 데이터 분석의 시작점으로 사용되는 이유를 잘 보여 준다. 보다 복잡한 종단적 구조방정식모델에서 발생하는 잠재적 부적합의 원인이 잠재상태모델에서 잘 확인되는데, 이는 잠재상태모델에서의 부적합은 오직 잘못 구조화된 측정모델로 인해서만 발생하기 때문이다(구조모델은 포화되어 있고, 따라서 전반적인 모델의 부적합의 이유가 되지 않는다).

1) 잠재상태(LS) 대 잠재상태-속성(LST) 모델들

LS모델들-4장 '2. 잠재상태-속성분석'에서 논의될 LST모델들-과 달리 오직 잠재상태와 측정오차 변수들만이 모델화된다. LS모델들에서 잠재상태 변수들은 LST모델과는 달리 속성(trait)과 상태(state) 잔차 요소로 더 세밀하게 구분되지 않는다(Steyer et al., 1992). 따라서 LS모델들은 고정분산과 측정시점에 따라 변하는 변동분산을 구분하지 못한다.

이러한 한계에도 불구하고 LS모델들은 종단적 데이터 분석에 유용하다. 이 모델들은 LST분석뿐만 아니라 다른 유형의 종단분석에서 좋은 기초모델 역할을 수행한다. 그 이유는 많은 다른 유형의 종단모델이 LS모델들을 재구조화(예를 들어, LC모델들; 4장 '잠재변화모델들' 참조)한 것이거나 혹은 LS모델들의 특별한 케이스들(예를 들어, 잠재 자기회귀모델들과 이차 LGCM 모델들; 4. '3. 자기회귀모델들'과 4. '5. 잠재성장곡선모델들' 참조)이기 때문이고, 이 중 몇몇 모델은 LS모델보다 더욱 많은 제약을 가진다(예를 들어, 자기회귀모델들과 LGCMs).

LS모델들은 LS 요인들에 관한 추가적인 제약조건이 가해지기 전(예를 들어, 상태-속성, 자기회귀적, 혹은 구체적인 성장구조에 관한 조건)에 종단 측정모델들의 기본적인 부분을 검증할 수 있다(예를 들어, 어떤 개념을 측정하는 데 사용된 지표들이 동일한지, 요인 구조가 시간의 흐름에 따라 불변하는지, 그리고 시간의 경과에 따라 측정불변성이 유지되는지에 관한 질문). 지표의 특수한 효과(지표들이 완전히 동일하지 않은 상황들)를 모델화하기 위한 상이한 옵션들은 4장 1. '3) 지표의 특수한 효과들에 대한 모델화'에서 논의된다. 시간의 흐름에 대한 측정불변성의 검증에 대한 쟁점은 4장 1. '4) 시간에 따른 측정불변성의 검증'에서 논의된다. 4장 '2. 잠재상태-속성분석'에서는 LS모델의 확장 형태인 LST모델에 대해 논의한다.

2) Mplus에서 LS모델의 분석

잠재상태분석의 첫 번째 단계에서는 상대적으로 비제약적인 모델, 가령 시불변 요인부하량(time-invariant factor loadings)에 관한 특별한 전제가 필요 없다 등으로 시작하는 것이 좋다. 시작단계에서 중요한 질문은 기본적으로 가정한 요인 구조가 시간의 경과에 따라 유지되는지와 지표들이 동일한지에 대한 것이다[혹은 소위 **지표의 특수한 효과들**(indicator-specific effects)이 존재하는가이다].

지표 특수성(indicator specificity)은 동일한 지표들이 반복적으로 측정되기 때문에 종단적 분석에서 드러나는 지표의 방법효과(method effects)를 의미한다(Raffalovich & Bohrnstedt, 1987). 시간의 흐름에 따라 특별한 분산(즉, 다른 지표들과 공유되지 않는 분산)을 자기 스스로 공유하는 지표는 표준적인 잠재상태모델에서 잔차 변수 사이의 비상관성에 대한 전제를 위반한다. 이는 지표의 특수한 효과들이 존재하기 때문에 지표는 다른 지표들보다 스스로와 자기상관관계가 상대적으로 높게 나타난다. 이는 비상관적 잔차 변수들을 가지는 LS모델에서 지표의 동질성에 대한 가정을 위반하는 것이다. 다시 말해, 비상관적 잔차 변수들을 가지는 표준화된 LS모델의 경우에는 너무 제약적이기 때문에 연구자는 지표의 특수한 효과들을 적절히 설명하기 위해서 여러 가지 가능성을 생각해 봐야 한다.

우선, Mplus에서 지표의 특수한 효과들을 설명하지 못하는 단순 LS모델을 살펴볼 것이다. 이 모델은 지표의 특수한 효과들로 인해 현재로서는 다소 불만족스러운 적합도를 보여 준다. 이어서 단순 LS모델이 어떻게 지표의 특수한 효과들을 설명하는 모델로 확대되는지를 살펴볼 것이다. [그림 4-2]는 반복적으로 측정된 2개의 우울 검증 변수에 기반한 [그림 4-1]의 지표의 특수한 효과들이 없는 단순 LS모델의 추정에 관한 입력 파일을 보여 준다. 부명령어를 다음과 같이 사용함으로써 지표들은 적절한 잠재상태요인들에 배정되었다. 이 명령어는 일반적인 횡단(cross-sectional)의 확인적 요인분석모델(CFA)에서 사용되는 by 명령문과 동일하다(3장 '4. 확인적 요인분석' 참조).

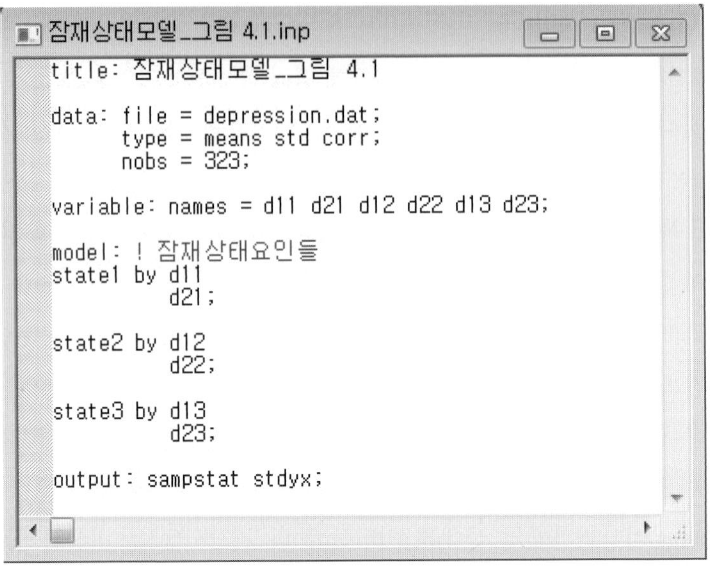

```
잠재상태모델_그림 4.1.inp
title: 잠재상태모델_그림 4.1

data: file = depression.dat;
      type = means std corr;
      nobs = 323;

variable: names = d11 d21 d12 d22 d13 d23;

model: ! 잠재상태요인들
state1 by d11
          d21;

state2 by d12
          d22;

state3 by d13
          d23;

output: sampstat stdyx;
```

[그림 4-2] 3번의 측정에서 측정불변성에 대한 전제 없이 단순 LS모델을 설명하기 위한 Mplus 입력 파일

```
state1 by d11
          d21;
state2 by d12
          d22;
state3 by d13
          d23;
```

다음은 Mplus 출력파일에 보고된 단순 LS모델의 모델적합도 기준이다.

```
MODEL FIT INFORMATION

Chi-Square Test of Model Fit

     Value                                  18.474
     Degrees of Freedom                          6
     P-Value                                0.0052
```

글상자 4.2. 평균 구조를 위한 Mplus 초기설정

기본 LS모델에서는 상태요인들에 관한 잠재평균을 포함하지 않고 대신에 모든 잠재변수 평균은 0으로 설정된다. 그리고 모든 관측변수의 절편(α_{ik})은 자유로이 추정되는 Mplus 초기설정을 이용한다. 관측변수들의 절편에 어떠한 제약도 없다면 절편은 관측변수의 평균[기대값 $E(Y_{ik})$]과 동일해질 것이다. 이는 LS모델에서 관측변수 평균들을 분해하는 것을 따르는데, 잠재상태 평균은 Mplus 초기설정에서 0으로 지정되고, 잔차변수들은 정의상 0의 평균을 가지기 때문이다(Steyer et al., 1992 참조).

$$E(Y_{ik}) = E(\alpha_{ik}) + E(\lambda_{ik} \cdot \text{상태 k}) + E(\epsilon_{ik})$$
$$= \alpha_{ik}$$

4장 1. '4) 시간에 따른 측정불변성의 검증'은 Mplus에서 잠재상태 변수들의 평균(종종 종단분석에 있어서 주요 관심사임)이 어떻게 식별되고 추정될 수 있는지를 살펴볼 수 있다.

```
Information Criteria

     Number of Free Parameters                   21
     Akaike (AIC)                          1088.313
     Bayesian (BIC)                        1167.643
     Sample-Size Adjusted BIC              1101.034
        (n* = (n + 2) / 24)

RMSEA (Root Mean Square Error Of Approximation)

     Estimate                                 0.080
     90 Percent C.I.                          0.040    0.123
     Probability RMSEA <= .05                 0.098

CFI/TLI

     CFI                                      0.990
     TLI                                      0.976

SRMR (Standardized Root Mean Square Residual)

     Value                                    0.012
```

이 모델은 통계적으로 유의한 카이제곱 값(χ_2 =18.474, df =6, p =.0052)과 높은 RMSEA 값(.08)으로 다소 불만족스러운 적합도를 보이나, *CFI*(0.99)와 *SRMR*(0.012) 값은 수용할 만한 수준의 값임을 보여 준다(〈글상자 3.7〉 참조). 종단적 구조방정식모델에서 낮은 모델적합도는 단순 LS모델에서 충분히 설명되지 못하는 지표의 특수한 효과들의 존재 유무로 종종 설명된다.

3) 지표의 특수한 효과들에 대한 모델화

지표의 특수한 효과들을 모델화하기 위한 하나의 가능성은 시간의 경과에 따라 동일 지표를 가지는 측정오차(잔차) 변수들의 상관관계를 허용하는 것이다(예를 들어, Sörbom, 1975; [그림 4-3] 참조). 이는 종종 **자기상관오차 변수들을 가지는 LS모델**(LS model with autocorrelated error variables)로 불린다[혹은 다중특성-다중방법 모델(multitrait-multimethod analysis), 맥락에서 **상관된 고유모델**; Cole & Maxwell, 2003; Lance, Noble, & Scullen, 2002].

오차의 상관관계의 추정이 상대적으로 복잡하지 않다는 것을 고려해 볼 때, 시간의 경과에 따른 지표의 특수한 효과들을 설명하기 위한 이러한 방법은 종단분석 연구자들에게 인기가 높다. 하지만 이러한 방법의 단점은 지표의 특수한 효과들이 임의적 오차들과 혼재될 가능성이다.

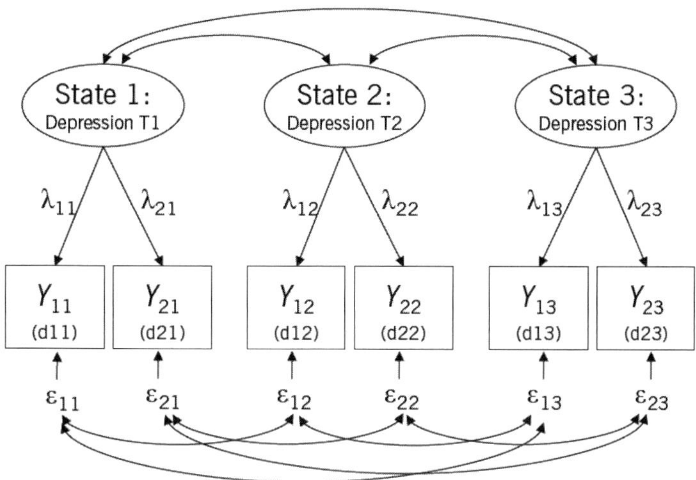

[그림 4-3] 지표의 특수한 효과들을 모델화하기 위한 자기상관 오차변수들을 포함한 LS모델

이 모델은 매 측정시점마다 오직 2개의 지표만을 가지기 때문에 현재로서는 과소추정됨.

따라서 개인 간의 차이를 설명하기 위한 신뢰할 만한 자료로서 지표의 특수한 효과들은 임의 오차분산들과 혼재된다. 결과적으로 지표들의 신뢰도는 자기상관 잔차들을 가진 모델에서는 과소추정된다(예를 들어, Geiser & Lockhart, 2012). 지표의 특수한 효과들을 설명하기 위한 대안적 방법은 상관관계를 보이는 잔차 변수들 대신에 추가적인 잠재 변수들[즉, **지표의 특수한**(혹은 방법) 요인들이라고 불리는]을 포함하는 것이다. 우선 Mplus에서 잔차들의 상관관계를 구조화하는 것을 보여 주고, 다음으로 지표의 특수한 요인을 사용한 대안모델을 제시할 것이다.

잠재상태요인당 2개의 지표와 3번의 측정을 하는 경우에서 잔차들 사이의 모든 가능한 자기상관관계를 허용한 LS모델은 식별이 가능하지 않고(정보의 부족으로), 따라서 추정이 불가능하다(구조방정식모델의 모델 식별에 관한 좀 더 상세한 논의는 Bollen, 1989 참조). 잔차 변수들 사이의 모든 가능한 자기상관관계를 모델에서 추정하려면 시점마다 좀 더 많은 지표가 필요하거나 혹은 3시점 이상의 측정이 필요하다.

Mplus에서 잔차 변수들의 상관관계를 구조화하는 방법을 보여 주기 위하여 인접한 측정시점 사이의 오차들의 상관관계만이 포함된 약간은 제약적인 LS모델을 선택하기로 한다([그림 4-4] 참조). 이 모델은 현재 데이터에서 식별이 가능하고, 모델의 모수들도 추정이 가능하다. 이 모델을 설정하기 위한 Mplus 신택스는 [그림 4-5]에 제시되어 있다.

이 모델의 적합도 통계 $\chi^2 = 8.536$, $df = 2$, $p = .014$; $RMSEA = .101$, $CFI = 0.995$, $SRMR = 0.008$은 잔차들 사이의 상관관계가 없는 LS모델보다는 높은 RMSEA 값을 제외하고 약간 개선되었다. 그럼에도 불구하고, 인접한 시점 사이의 자기상관된 잔차를 가진 모델은 유의미한 카이제곱 값을 보여 주는데, 이는 모델과 데이터 사이의 유의한 차이가 있다는 것을 의미한다. 더불어 RMSEA 값은 원 모델보다도 높게 나타났다(아마도 4개의 추가적인 모수를 추정하는 과정에서 자유도의 손실이 있었기 때문이다). 이러한 결과는 지표의 특수한 효과들은 인접한 시점 사이의 관계를 넘어서 존재하고, 따라서 현재의 모델은(오직 인접한 시점 사이의 잔차들 간의 상관관계를 허용한) 이러한 효과들을 충분히 설명하지 못한다.

Eid, Schneider, 그리고 Schwenkmezger(1999; Eid, 2000 참조)는 잔차변수들 사이의 상관관계의 추정을 필요로 하지 않음으로써 지표들의 신뢰도의 과소 추정문제를 피할 수 있고, 지표의 특수한 효과들을 모델화할 수 있는 방법을 제안하였다. 이 접근방법에서 하나의 지표는 비교기준(즉, 준거지표)으로 사용된다. 가령, 준거지표는 개념을 이론적 혹은 실증적으로 가장 잘 대변할 수 있는 대표변수가 될 수 있다. 여기서는 간명성을 위하여 첫 번째 지표(Y_{1K})를 준거지표로 설정한다. 하지만 원칙적으로 어떠한 다른 지표도 준거지표로서의 역할을 할 수 있다.

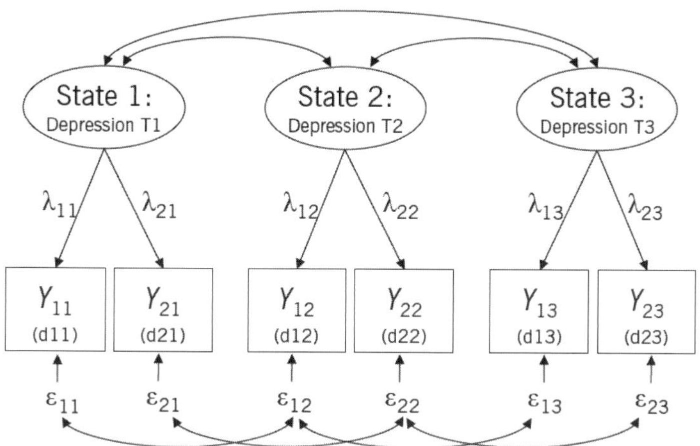

[그림 4-4] 지표의 구체적 효과들을 모델화할 수 있는 자기상관 오차변수들을 가진 LS모델

[그림 4-3]의 모델과는 달리, 오차 상관관계들은 오직 인접한 측정시점들 사이에서만 허용된다. 이 모델은 식별이 가능하다.

```
model: ! 잠재상태요인들
state1 by d11
          d21;

state2 by d12
          d22;

state3 by d13
          d23;

! 인접한 측정시점들 사이의 잔차 변수들의 상관관계 설정
d11 with d12;
d12 with d13;
d21 with d22;
d22 with d23;
```

[그림 4-5] [그림 4-4]에 제시된 인접한 측정시점들 사이의 자기상관 오차변수들을 포함한 LS모델의 구조화를 위한 Mplus 모델 명령어

준거지표인 Y_{1K}는 오직 잠재상태요인들에만 연결될 수 있으나, 나머지 (비준거) 지표인 Y_{iK}, i≠1은 상태요인과 소위 지표의 특수한 요인에 연결될 수 있다(IS_2; [그림 4-6] 참조). **지표의 특수한** 요인은 준거지표 Y_{1K}와 비교하여 비준거지표 Y_{iK}, i≠1의 특수성을 잘 대변해 준다. 현재의 사례에서는 오직 **하나의** 지표의 특수한 요인을 필요로 한다(즉, 두 번째 지표 Y_{2K}). 일반적으로 I가 총 지표의 수를 가리킨다면 $I-1$개의 지표의 특수한 요인이 LS모델에서 지표의 특수한 효과들을 설명하기 위해 필요하다.

지표의 특수한 요인들은 준거 지표와 관련한 상태 변수들에 관한 잔차 요인들로 정의된다(Eid, 2000; Eid et al., 1999; Geiser, 2009). 따라서 지표의 특수한 요인들은 준거지표들과 공유되지 않는 비준거지표들의 신뢰할 수 있는 분산을 대변해 준다. 각각의 지표의 특수한 요인들의 평균은 0이고, 그 평균들은 같은 개념을 포함하는 모든 잠재요인과 상관관계를 갖지 않는다는 것을 의미한다. 후자의 접근은 특별히 Mplus에서 설정하는 데 적절하다. 왜냐하면 Mplus에서는 요인들이 서로 상관관계를 가질 수 **없다는** 것을 명백하게 나타내기 때문이다[Mplus(〈글상자 4.2〉 참조)의 초기값에서 모든 요

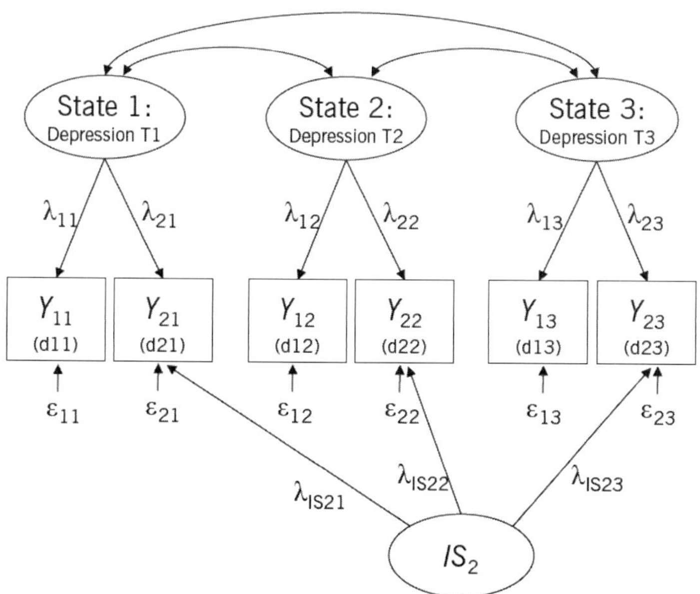

[그림 4-6] 두 번째 지표를 위한 지표의 특수한 (방법) 요인(IS_2)을 가지고 있는 LS모델

모수 λ_{IS2K}는 지표의 특수한 요인에 대한 요인적재량을 가리킴. 지표의 특수한 요인은 LS 요인들에 대한 잔차 요인으로 정의되고, 정의상 같은 개념을 포함하고 있는 모든 상태요인들과 상관관계를 갖지 않음.

인의 평균이 0으로 설정되기 때문에 지표의 특수한 요인의 평균이 0이라는 것은 Mplus에서 특별한 쟁점이 아니다].

[그림 4-6]의 잠재상태요인들의 의미는 이제 준거지표(Y_{1k})의 의미에 의하여 결정된다. 가령, 상태 1의 의미는 d11 지표의 의미에 의존하게 된다. 이러한 이유로 연구자들은 개념을 가장 잘 대변할 수 있는 준거변수(소위 **대표변수**)를 선택하여야 한다. 이 단계는 연구자가 개념의 상이한 측면을 나타내는 상당히 이질적인 지표들을 다뤄야 할 때 특히 중요하다. 여기에 대해서는 모델 결과물을 논의할 때 좀 더 자세히 다루기로 한다. [그림 4-7]은 두 번째 지표를 위한 지표의 특수한 요인을 가진 LS모델을 구조화하기 위한 Mplus 신택스를 보여 준다.

지표의 특수한 요인(is2로 명명된)은 by 명령문을 사용하여 상태요인들에 유사한 형태로 소개되었다. 중요한 것은 요인 is2와 상태요인들 state1에서 state3과의 상관관계는 is2가 다른 세 상태요인에 대해 잔차 요인으로 정의되기 때문에 0으로 명백하게 설정되었다(Mplus 초기설정). 다음의 명령어는 이상의 상관관계들을 0으로 설정하기 위하여 사용된다.

```
is2 with state1@0 state2@0 state3@0;
```

출력물에서 지표의 특수한 요인을 가진 LS모델은 단순 LS모델 혹은 인접한 측정시점 사이에 자기상관 잔차 변수들을 가진 LS모델보다 좋은 적합도를 보여 준다. 지표의 특수한 요인들을 가진 LS모델의 카이제곱 값이 좀 더 작게 나타나고, 통계적으로도 비유의적으로 나타났다(χ^2 =3.569, df =3, p =.3119). 뿐만 아니라, RMSEA(.024)와 SRMR(0.008) 역시 보다 향상된 적합도를 보여 준다. 더불어, 지표의 특수한 요인을 포함한 LS모델의 AIC 값(1079.408)이 단순 LS모델(1088.313)과 인접한 측정시점 사이의 자기상관 잔차 변수를 가진 LS모델(1086.375)보다는 낮게 나타났다. 따라서 여기서는 좀 더 적합도가 좋은 두 번째 지표를 위한 지표의 특수한 요인모델의 결과들만 제시한다. 이전 LS모델들의 결과들은 웹사이트에서 확인할 수 있다.

보통 Mplus는 비표준화된 모델 모수추정치를 결과물로 제시한다. 두 번째 지표의 비표준화된 요인부하량은 첫 번째 지표의 요인부하량보다는 약간 낮게 나타난다(첫 번째 지표의 비표준화 요인부하량은 초기설정상 식별 목적으로 1로 고정되어 나타난다). 이것은 첫 번째 지표뿐만 아니라 두 번째 지표도 잠재상태에 대한 점수가 낮은 사람과 높은 사람 사이를 구별하지 않는다는 것을 의미한다. 다시 말해, 각각의 잠재상태요인에 대한 한 단위의 변화가 첫 번째 지표에 대한 점수보다는 두 번째 지표에 대한 점수에서 약간의 더 적은 점수 변화와 관련이 있다.

```
model: ! 잠재상태요인들
state1 by d11
          d21;

state2 by d12
          d22;

state3 by d13
          d23;

! 두 번째 지표를 위한 지표의 특수한 (잔차) 요인
is2 by d21 d22 d23;

! 지표의 특수한 요인은 잠재요인들과 상관관계가 허용되지 않음
is2 with state1@0 state2@0 state3@0;
```

[그림 4-7] [그림 4-6]에 제시된 두 번째 지표를 위한 하나의 지표의 특수한 요인(is2)을 가진 LS모델을 구조화하기 위한 Mplus 모델 명령어

더불어, 두 번째 지표의 상태요인부하량이 매 측정시점마다 매우 유사하게 추정된다. 이는 시간불변적 요인부하량에 대한 가정이 유지된다는 것을 나타낸다(이 가정에 대한 공식적인 검증은 4장 1. '4) 시간에 따른 측정불변성의 검증'에서 논의된다). 게다가, 지표의 특수한 효과 is2에 대해 자유로이 추정되는 두 개의 요인부하량값이 0과 통계적으로 유의미하게 다르지 않다. 이는 지표들이 상당히 동질적이고 지표의 특수한 효과들이 매우 약하다는 것을 나타낸다. 하지만 표준화 요인부하량은 0과 유의미하게 다르고, .157과 .278 사이에 존재한다[STANDARDIZED MODEL RESULTS(STDYX Standardization) 출력물 참조].

실제로 지표들 사이의 이질성의 정도를 검증하는 것은 매우 중요하다(즉, 지표의 특수한 효과들의 강도). 만약 지표의 특수한 효과들에 대한 표준화 요인부하량이 크다면(가령, .5 혹은 2 이상), 그 결과는 25% 혹은 그 이상의 관측된 개별적 차이들이 지표의 특수성 때문이라는 것을 나타낸다(즉, 표준화 요인부하량의 제곱값은 관측변수들의 분산에서 적절한 요인에 의해 설명되는 비율을 나타낸다). 이것은 지표들이 상당히 이질적이고 개념에 대해서 다소 상이한 측면을 가진다는 것을 의미한다.

이러한 경우들에 있어 우리는 어떠한 지표가 준거지표가 될 수 있는지를 주의 깊게 살펴봐야 한다. 왜냐하면 잠재상태요인들의 실질적인 의미와 해석이 $I-1$ 지표의 특수한 요인들을 가진 모델에서 준거지표를 무엇으로 선택했는지에 달려 있기 때문이다. 가령, 만약 지표들이 상당히 이질적이라면 외부변수들과 상태요인들 사이의 상관관계가 상이한 준거지표들에 대해서 매우 다양하게 나타난다. 더불어, 상이한 지표들은 시간의 흐름에 따라 상이한 평균들을 보여 줄 수 있다.

만약 지표의 특수한 효과들이 강하게 존재한다면 우선적으로 어떤 지표가 주요 개념을 잘 대변하는지, 그리고 이에 상응하는 지표가 준거지표로 선택되어 상태요인들이 의도된 개념을 잘 대변할 수 있다는 것을 보장하기 위한 이론적/실질적 기준이 사용되어야 한다(이 쟁점에 대한 보다 상세한 논의는 Geiser, Eid, & Nussbeck, 2008 참조). 더불어, 연구자들은 상이한 준거지표들의 선정방식이 구조모델에서 구해진 결과에 영향을 미치는지 혹은 미치지 않는지를 민감도 분석을 통해 주의 깊게 살펴봐야 한다(가령, 상태요인들 간의 상호관계, 상태요인과 외부변수 사이의 관계, 잠재상태요인 평균들과 분산들).

우리가 살펴본 예에서는 is2 요인에 대한 표준화 요인부하량이 .157에서 .278로 낮게 나타나 지표의 특수한 효과는 미미하다. 따라서 기껏해야 관측된 분산의 $.278^2 = 7.7\%$ 정도가 지표의 특수한 효과들에 기인하고, 이는 큰 문제가 되지 않는다. 실질적 관점에서 이는 지표들이 상당히 동질적이고(즉, 크게는 동일한 진짜 점수를 측정), 오직 작은 지표의 특수한 분산요소들을 가진다는 것을 의미한다.

더불어, 지표의 특수한 효과와 3개의 상태요인 사이의 모든 공분산은 0으로 설정되어 있다. 따라서 is2 요인은 잔차 요인으로 해석될 수 있다. 반대로, 상태요인들 사이의 공분산은 자유로이 추정되었다. 모든 상태 상관관계들은 0과 유의미한 차이를 보였다($8.354 \leq z \leq 7.586$). 결과적으로, 우울과 관련된 개인 차이에 대한 유의한 비율은 시간의 경과에 따라 고정적으로 유지된다. 하지만 어느 정도 안정적인지를 정확히 파악하려면 공분산에 기초해서 사정하는 것으로는 한계가 있다. 왜냐하면 공분산은 관계에 대한 비표준화된 측정이기 때문이다. 이러한 이유로 연구자들은 일반적으로 안정성에 대한 척도로 상태요인들 사이의 **상관관계**를 보고한다. 왜냐하면 상관관계는 관계에 대한 표준화된 척도로 변수의 측정단위에 의존하지 않고 해석시에도 용이하기 때문이다(다음 참고).

비표준화해에서 절편, 요인 분산, 그리고 잔차 분산의 추정값을 구할 수 있다. 여기서 비표준화된 절편은 관측변수의 평균들과 동일한데, 그 이유는 현재의 모델이 변수들의 평균 구조에 어떠한 제약도 가하지 않은 상태이기 때문이다(〈글상자 4.2〉와 비교).

```
MODEL RESULTS

                                                Two-Tailed
                  Estimate      S.E.  Est./S.E.    P-Value

 STATE1     BY
    D11              1.000     0.000    999.000    999.000
    D21              0.700     0.049     14.221      0.000

 STATE2     BY
    D12              1.000     0.000    999.000    999.000
    D22              0.749     0.043     17.342      0.000

 STATE3     BY
    D13              1.000     0.000    999.000    999.000
    D23              0.755     0.047     16.192      0.000

 IS2    BY
    D21              1.000     0.000    999.000    999.000
    D22              0.623     0.378      1.650      0.099
    D23              0.793     0.507      1.564      0.118
```

```
IS2    WITH
 STATE1        0.000     0.000   999.000     999.000
 STATE2        0.000     0.000   999.000     999.000
 STATE3        0.000     0.000   999.000     999.000

STATE2    WITH
 STATE1        0.120     0.015     7.917       0.000

STATE3 WITH
 STATE1        0.110     0.014     7.586       0.000
 STATE2        0.128     0.015     8.354       0.000

Intercepts
 D11           1.584     0.027    58.307       0.000
 D21           1.354     0.021    65.148       0.000
 D12           1.642     0.028    58.527       0.000
 D22           1.389     0.023    60.772       0.000
 D13           1.631     0.027    60.284       0.000
 D23           1.402     0.023    62.159       0.000

Variances
 STATE1        0.205     0.022     9.287       0.000
 STATE2        0.230     0.023    10.185       0.000
 STATE3        0.214     0.021    10.012       0.000
 IS2           0.011     0.008     1.402       0.161

Residual Variances
 D11           0.033     0.012     2.717       0.007
 D21           0.028     0.009     3.134       0.002
 D12           0.025     0.011     2.284       0.022
 D22           0.036     0.007     5.326       0.000
 D13           0.022     0.011     2.028       0.043
 D23           0.035     0.008     4.692       0.000
```

모든 관측변수와 잠재변수는 표준화된 완전표준화해(STANDARDIZED MODEL RESULTS[STDYX Standardization])에서 관측변수들은 상태요인들에는 상당히 높은 요인부하량(≥.849)을 가지나 지표의 특수한 요인에 대해서는 낮은 요인부하량(가장 큰 값=.278; 앞에서 논의됨)을 가진다. 표준화된 요인부하량은 각각의 지표와 이에 대응하는 잠재변수 사이의 추정된 상관관계로 해석될 수 있다. 왜냐하면 상태요인들은 지표의 특수한 요인과는 상관관계를 가지지 않기 때문이다. 지표의 상태요인들에 대한 높은 요인부하량과 is2 요인에 대한 낮은 요인부하량을 토대로 지표들은 매우 신뢰할 수 있고 상당히 동질적이라고 결론지을 수 있다.

표준화해 역시 상태요인들 사이의 추정된 잠재적 상관관계를 보인다. 여기서 상태요인들은 시간의 흐름과 상관없이 적당하게 높은 상관관계(.523≤r≤.578)를 보이는데, 이는 개인 차이가 시간의 경과에 따라 적당한 수준으로 안정적으로 유지된다는 것을 의미한다. 인접한 상태요인들(상태 1과 상태 2, 그리고 상태 2와 상태 3)은 시간적으로 좀 더 떨어진 상태요인들 상태 1과 상태 3보다는 약간은 더 높은 상관관계를 보인다. 이 결과는 낮은 자기상관효과가 존재함을 의미한다(4장 '3. 자기회귀모델들'과 비교).

또 다른 관심사는 표준화해의 마지막에 보고된 관측변수들에 대한 추정된 R^2값이다. 이 값들은 지표들의 신뢰도의 추정치로 사용될 수 있다. 높은 표준화 요인부하량 값에서 이미 살펴봤듯이, 여섯 가지 변수 모두 .785에서 .907 사이의 높은 신뢰도(*Rel*)를 보여 준다. 이는 우울의 여섯 가지 지표(여기서는 질문지 척도)가 높은 정확성을 가지고 측정됨을 보여 준다(적은 오차).

```
STANDARDIZED MODEL RESULTS (STDYX Standardization)

                                                Two-Tailed
                  Estimate    S.E.  Est./S.E.    P-Value

 STATE1   BY
    D11              0.928    0.028    32.992      0.000
    D21              0.849    0.029    28.934      0.000

 STATE2   BY
    D12              0.950    0.023    42.147      0.000
    D22              0.874    0.024    36.260      0.000

 STATE3   BY
    D13              0.952    0.024    39.012      0.000
    D23              0.862    0.026    33.195      0.000

 IS2   BY
    D21              0.278    0.099     2.810      0.005
    D22              0.157    0.062     2.551      0.011
    D23              0.203    0.076     2.687      0.007

 IS2   WITH
    STATE1           0.000    0.000   999.000    999.000
    STATE2           0.000    0.000   999.000    999.000
    STATE3           0.000    0.000   999.000    999.000

 STATE2   WITH
    STATE1           0.552    0.045    12.293      0.000

 STATE3   WITH
    STATE1           0.523    0.047    11.194      0.000
    STATE2           0.578    0.043    13.524      0.000
```

```
 Intercepts
    D11           3.244     0.139     23.299       0.000
    D21           3.625     0.153     23.727       0.000
    D12           3.257     0.140     23.313       0.000
    D22           3.381     0.144     23.463       0.000
    D13           3.354     0.143     23.420       0.000
    D23           3.459     0.147     23.556       0.000

 Variances
    STATE1        1.000     0.000    999.000     999.000
    STATE2        1.000     0.000    999.000     999.000
    STATE3        1.000     0.000    999.000     999.000
    IS2           1.000     0.000    999.000     999.000

 Residual Variances
    D11           0.139     0.052      2.673       0.008
    D21           0.202     0.066      3.063       0.002
    D12           0.097     0.043      2.255       0.024
    D22           0.212     0.042      5.063       0.000
    D13           0.093     0.046      2.007       0.045
    D23           0.215     0.048      4.501       0.000

R-SQUARE

    Observed                                  Two-Tailed
    Variable Estimate    S.E.  Est./S.E.    P-Value
    D11           0.861     0.052     16.496       0.000
    D21           0.798     0.066     12.080       0.000
    D12           0.903     0.043     21.073       0.000
    D22           0.788     0.042     18.865       0.000
    D13           0.907     0.046     19.506       0.000
    D23           0.785     0.048     16.401       0.000
```

두 번째 지표에 대한 지표의 특수한 요인을 가진 LS모델은 높은 데이터 적합도를 보여 주었고, 지표의 특수한 효과들을 설명하지 못한 모델과 인접한 측정시점의 상관된 잔차변수를 가진 모델에 비하여 좋은 적합도를 보여 주었다. 따라서 지표의 특수한 요인을 가진 모델을 시간에 따른 측정불변성(다음 장 참고) 검증과 다른 심화된 종단분석을 위한 기초선 모델로 활용하는 것은 적절하다. 만약 어떠한 지표의 특수한 효과들이 없다면 지표의 특수한 요인이 포함되지 않은 좀 더 단순한 모델을 선호하고, 이를 향후 분석의 기본으로 활용할 수 있다.

4) 시간에 따른 측정불변성의 검증

대부분의 종단적 조사에서 시간에 따른 측정불변성(measurement invariance) 혹은 **측정동일성**(measurement equivalence)에 대한 질문은 중요한 문제이다. 보통 연구자들은 연구가 진행되는 동안에 그들이 사용하는 지표들(가령, 문항들, 척도점수들)과 잠재변수와의 관계가 크게 변하지 않는다고 확신한다. 그 이유는 가령 동일한 지표의 요인부하량들의 변화가 상이한 측정시점에서 잠재상태요인의 해석에 다른 결과를 만들 수 있기 때문이다. 이러한 것을 일반적으로 바라지 않는데, 왜냐하면 이것이 시간의 경과에 따른 잠재변수 점수들을 비교하는 것을 어렵게 만들기 때문이다. 특별히, 우울에 관한 잠재상태 측정모델의 주요 모수들이 시간의 변화에 따라 변하지 않는다는 것을 확실히 하여야만 잠재상태들을 시간의 흐름에 따라 비교할 수 있다. 만약 충분한 수준의 측정불변성이 담보되지 않는다면, 가령 시간의 경과에 따른 잠재상태요인 평균들을 해석할 수 없다. 이 경우에 잠재상태 변수들은 같은 개념을 대변할 수 없거나 혹은 개념들이 상이한 원류 혹은 측정단위를 가진 다른 척도들로 측정되어서 시간의 흐름에 따라 그것들을 비교하는 것이 어려워진다.

각 시점마다 동일한 다중지표들에 바탕을 두고 있는 종단적 데이터를 분석하기 위한 구조방정식모델(가령, LS모델)은 일반적으로 모델 검증 및 적합도 지표들을 통해 시간의 흐름에 따른 측정불변성이 어느 정도 잘 유지되는지를 검증하게 해 준다. 특별히, 측정불변성은 시간에 따른 측정모델 모수들, 즉 요인부하량들, 절편들, 그리고 잔차분산들의 불변성을 의미한다. 현재 데이터에서 측정불변성의 수준은 앞의 모수들에 대해 등가제약들을 어느 정도 지정했는지, 그리고 이러한 추가적인 제약들이 모델적합도를 유의미하게 감소시켰는지에 따라 결정된다. **등가제약**(equality constraint)은 모수가 다른 모수와 동일하게 추정되는 것을 의미하고, 이는 Mplus에서 쉽게 실행할 수 있다.

최소 수준의 측정불변성은 일반적으로 종단적 연구들에서 요구되는데, 왜냐하면 특정 시점별 비교(가령, 잠재평균차이들의 검증)가 특정 수준의 측정불변성에 의존하기 때문이다. 측정불변성의 부재는 이러한 비교들을 불가능하게 하거나 혹은 적어도 해석하기 어렵게 만든다.

글상자 **4.3.** 상이한 수준의 측정불변성_Widaman & Reise(1997)

Widaman과 Reise(1997; Meredith, 1993; Meredith & Horn, 2001 참조)는 다음과 같이 측정불변성의 수준들을 분류하였다.

- **형태불변성**(configural invariance)은 가장 약한 형태의 측정불변성이다. 형태불변성은 오직 요인 구조(요인들의 수와 부하량 패턴)만 시간에 따라 동일하게 유지되는 것을 요구한다. 이 기준에서는 시간에 따라 특정한 **모수**들이 동일하게 설정될 필요는 없다.
- 다음으로 높은 수준인 **약한 요인불변성**(factorial invariance)은 모든 지표에 대해서 요인부하량들, λ_{ik}가 시간에 따라 동일하게 설정되는 것을 요구한다.
- **강한 요인불변성**의 조건은 요인부하량뿐만 아니라 지표들의 절편들, α_{ik} 역시 시간불변적일 때 만족된다.
- **엄격한 요인불변성**은 요인부하량과 절편뿐만 아니라 지표의 잔차분산들, $Var(\epsilon_{ik})$도 시간에 따라 동일하게 유지됨을 의미한다.

추가적으로 혹은 좀 더 엄격하게 잠재상태요인 분산들과/혹은 공분산을 시간에 따라 동일하게 설정하는 모수불변성의 형태도 검증될 수 있다. 잠재분산/공분산 구조의 안정성과 더불어 종단연구에서의 관심사인 잠재평균 안정성도 검증될 수 있다. 시간에 따른 잠재평균 변화의 의미 있는 해석을 위한 전제는 측정모델에서 최소한 강한 요인불변성이 만족될 수 있어야 한다는 것이다. 시간에 따른 모수들의 불변성에 대한 전제는 때때로 지표들의 일부에서만 이루어지고 다른 지표들은 가변적 모수들로 나타난다. 이러한 경우를 **부분적 측정불변성** (partial measurement invariance)이라고 부른다. Byrne, Shavelson과 Muthén (1989)은 부분적 측정불변성에 대해 보다 구체적으로 논의하였다.

가까이에서 쓸 수 있는 데이터에서 전제되는 측정불변성의 정도(〈글상자 4.3〉 참조)는 종종 통계적 모델 비교들을 통해서 결정된다. 이러한 비교들에서 상이한 수준의 측정불변성을 가진 모델들이 다소 제약적인 모델들과의 비교를 통해 구해진 상대적 적합도가 추정되고 평가된다. 예를 들어, 형태불변성 모델(등가제약이 없는 모델)은 시간의 경과에 따른 요인부하량들이 동일하게 설정된 모델(약한 요인불변성 모델)과 혹은 동일 요인부하량과 동일 절편 모델(강한 요인불변성 모델)과의 비교를 통해 검증될 수 있다. 만족할 만한 적합도를 보여 주는 가장 제약적인 모델이 선택되는데, 이는 데이터를 적절히 대변해 주는 가장 간명한 모델이기 때문이다.

측정불변성을 결정하는 하나의 전략은 모델적합도 기준(가령, 모델의 카이제곱 적합도)이 가장 마지막으로 사용된 제약들을 더 이상 데이터에 부합하지 않음을 나타낼 때까지 LS모델의 보다 더 제약적인 모델을 설정하는 것이다. 가장 포괄적인 제약들을 가지지만 여전히 수용할 만한 적합도를 보여 주는 LS모델이 선택된다. 가장 제약적인 모델이 선택되는 이유는 우선 그것이 일반적으로 보다 쉬운 해석과 특정 모수들의 비교를 가능하게 하고, 그것이 덜 제약적인 모델들보다 간명(보다 적은 모수들을 사용)하기 때문이다.

4장 1. '3) 지표의 특수한 효과들에 대한 모델화'의 적용에서 보았듯이, 우리는 이미 LS모델의 형태불변성을 추정하였다. 따라서 측정불변성의 분석을 다음 단계로 높은 측정불변성, 즉 약한 요인불변성을 토대로 시작할 수 있다. 이 모델에서는 절편과 잔차분산이 아닌 오직 요인부하량만이 시간의 경과에 따라 동일하도록 설정된다.

일반적으로 Mplus 입력 줄에서 동일하게 설정되어야 하는 모수들은 다음의 괄호 안에 동일한 숫자 혹은 모수 표시를 넣어서 모수들을 동일하게 설정한다. 이때 어떤 숫자(혹은 표시)를 선택하는 것은 임의적이다. 사용자는 단지 **동일한** 숫자에 특정 모수들이 동일하게 설정되도록 선택해야 하고, **다른** 숫자들은 동일하게 설정되어야 하는 또 다른 모수들의 집단을 위해 각각 선택해야 한다(이 부분은 우리가 시간불변적인 요인부하량들과 절편들이 있는 모델을 다음과 같이 설정할 때 명확하게 확인할 수 있다). 약한 요인불변성 모델을 위하여 오직 두 번째 지표의 요인부하량들만 동일하게 설정되었는데, 이는 첫 번째 지표의 요인부하량이 잠재상태요인들의 척도를 설정하기 위해 각 시점마다 1로 고정되어 있고, 따라서 이미 시간의 경과에 따라 암묵적으로 동일하게 설정되어 있는 것이다.

여기서는 숫자(1)을 두 번째 지표의 상태요인부하량들을 시간에 따라 동일하게 설정하기 위해 선택했다.

```
state1 by d11
          d21 (1);
state2 by d12
          d22 (1);
state3 by d13
          d23 (1);
```

여기서 중요한 것은 (1)로 설정하는 것이 모수의 값이 1과 동일(혹은 근사한) 값이라는 것을 의미하지는 않는다는 것이다. 숫자 (1)은 단순히 Mplus가 각각의 λ_{21}, λ_{22}, 그리고 λ_{23} 부하량에 대해 **동일한** 값을 추정하기 위하여 사용될 뿐이다. 이는 Mplus에서 **어떤** 특정값에 대해 설정하는 것이 **아니다**. ML 기준 측면에서 최적의 값은 모델의 모수들이 추정될 때 Mplus에 의해서 결정된다(모수들을 특정값으로 고정하기 위해서는 Mplus의 @명령어를 사용한다).

지표의 특수한 요인(is2)을 위해 시점에 상관없이 동일 부하량을 설정할 수 있다. 비록 지표의 특수한 요인부하량들의 등가성이 대부분의 경우에 반드시 필요하지는 않지만, 이 제약은 종종 타당하고 의미가 있다(왜냐하면 지표가 동일하게 유지되기 때문이다). 더불어 이것은 모델의 간명성에도 기여한다. 이 요인에 대한 등가성 제약들은 약간은 다른데, 그 이유는 여기서 등가제약에 사용되는 모수들이 시점이 구체화되지 않은 요인에 대한 부하량들이기 때문이다. Mplus의 초기설정상 이 요인의 첫 번째 요인부하량이 1로 고정된다면(즉, $\lambda_{IS21}=1$) 남은 두 개의 지표의 특수한 요인부하량(λ_{IS22}와 λ_{IS23})을 이 요인에 대한 동일한 부하량을 부여하기 위하여 1로 고정해야 한다(이것은 두 번째 지표의 세 가지 상태요인부하량이 반드시 필요한 사항은 아닌데, 그 이유는 어떠한 요인부하량들도 초기설정상 특정값으로 고정되어 있지 않기 때문이다). 따라서 요인부하량 λ_{IS22}와 λ_{IS23}은 모델 명령어 @를 사용하여 1로 고정된다.

```
is2 by d21 d22@1 d23@1;
```

약한 요인불변성 모델을 위한 Mplus 명령어 전체는 [그림 4-8]에 제시되어 있다. Mplus에서 보고된 적합도 지표들은 형태불변성 모델과 유사하게(4장 1. '3) 지표의 특수한 효과들에 대한 모델화' 참조) 약한 요인불변성 모델 또한 데이터에 대한 좋은 적합도를 지니고 있음을 알 수 있다. $\chi^2=5.094$, $df=7$, $p=.6484$, $RMSEA=.00$, $p(RMSEA\leq.05)=.925$, $SRMR=.012$,

$CFI=1.00$. 약한 요인불변성을 가진 제약적인 모델이 두 번째 지표의 요인부하량에 대해 아무런 제약이 없는 형태불변성 모델에 비하여 데이터에 대한 적합도가 유의미하게 나쁜지를 검증하기 위해서 카이제곱 차이 검증이 사용될 수 있는데, 이는 모델들이 위계적으로 내포되기 때문이다(〈글상자 3.7〉과 비교). **내포**(nested)된다는 것은 불변한 요인부하량을 가진 모델이 비제약적인 부하량을 가진 기초모델의 특별한 경우로 보일 수 있다는 것을 의미한다. 요인불변적 모델은 특정 모수들을 제약하는 형태불변적 모델을 직접적으로 따르게 된다.

```
model: ! 잠재상태요인들
state1 by d11
          d21 (1);

state2 by d12
          d22 (1);

state3 by d13
          d23 (1);

! 두 번째 지표를 위한 지표의 특수한 (잔차) 요인
is2 by d21 d22@1 d23@1;

! 지표의 특수한 요인은 상태요인들과 상관관계가 허용되지 않음
is2 with state1@0 state2@0 state3@0;
```

[그림 4-8] 두 번째 지표에 대한 하나의 지표의 특수한 요인(is2)과 시간불변적 요인부하량을 가지고 있는 LS모델을 설정하기 위한 Mplus 모델 명령어(약한 요인불변성 모델)

카이제곱 차이 검증들은 손으로 혹은 특화된 소프트웨어를 사용하여 쉽게 계산된다. 〈글상자 4.4〉에서 카이제곱 차이 검증이 어떻게 자동적으로 실행되는지를 Crayen(2010)의 **카이제곱 차이 검증 계산기**(CDC)를 이용한 Mplus 결과물을 토대로 묘사하였다. CDC 프로그램(버전 3)과 매뉴얼은 웹사이트에서 살펴볼 수 있다.

약한 요인불변성 모델과 형태불변성 모델의 카이제곱 차이값은

$\chi^2_\triangle = 5.094 - 3.569 = 1.525$로 나타났다. 자유도 차이값 $4(df_\triangle = 7-3)$의 카이제곱 값 1.525는 유의 수준 5%에서 유의하지 않다($p=.82$; 〈글상자 4.4〉 참조). 이것은 시점에 상관없이 동일한 부하량을 가진 보다 제약적인 모델이 그렇지 않은 형태불변적 모델에 비하여 적합도가 유의미하게 나쁘지는 않다는 것을 의미한다. 따라서 약한 요인불변성에 대한 전제는 이 데이터들에서는 기각되지 않는다. *AIC* 값에서의 차이 역시 크지는 않지만 좀 더 제약적인 모델(*AIC*=1072.933)이 형태불변적 모델(*AIC*=1079.408)에 비해 더 선호된다는 것을 보여 준다.

비표준화 모수추정치를 살펴보면(다음의 MODEL RESULT 참조)요인부하량에 대한 불변성 제약이 Mplus에 의해 정확하게 실행되었다는 것을 알 수 있다.

글상자 4.4. Crayen(2010) CDC 소프트웨어를 사용한 자동 카이제곱 차이 검증

카이제곱 차이 검증 계산기(CDC) 프로그램은 Mplus 출력물 파일에 기초하여 두 개의 내포된 모델 사이의 모델적합도를 자동으로 비교해 준다. 첫 번째 단계에서 두 개의 내포된 모델이 Mplus에서 추정된다. 이어서 CDC.exe 파일(회사 웹사이트 참조)이 실행된다.

그 다음 (1) 보다 제약적인(H0) 모델과 (2) 덜 제약적인 (H1) 모델에 대한 출력 파일의 위치를 지정해야 한다. 어떠한 대응되는 경로들도 적절한 칸에 직접 입력될 수 있고, 혹은 Select H0/H1 File 버튼을 사용하여 이 파일들에 대한 경로를 컴퓨터에서 지정할 수 있다. Calculate을 클릭하면 프로그램은 보다 제약적인 모델이 데이터에 더 적합하다는 영가설을 전제로 카이제곱 값의 차이, 자유도에서의 차이, 그리고 카이제곱 차이에 대한 p 값을 결정한다. 더불어 이 프로그램은 AIC, BIC, 그리고 표본 크기에 따라 조정된 BIC (〈글상자 3.7〉 참조)를 토대로 선호되는 모델을 보고한다. 이번 예에서는 동일한 요인부하량을 가진 좀 더 제약적인 모델이 모든 기준을 토대로 더 선호된다(다음 단락의 논의 참조).

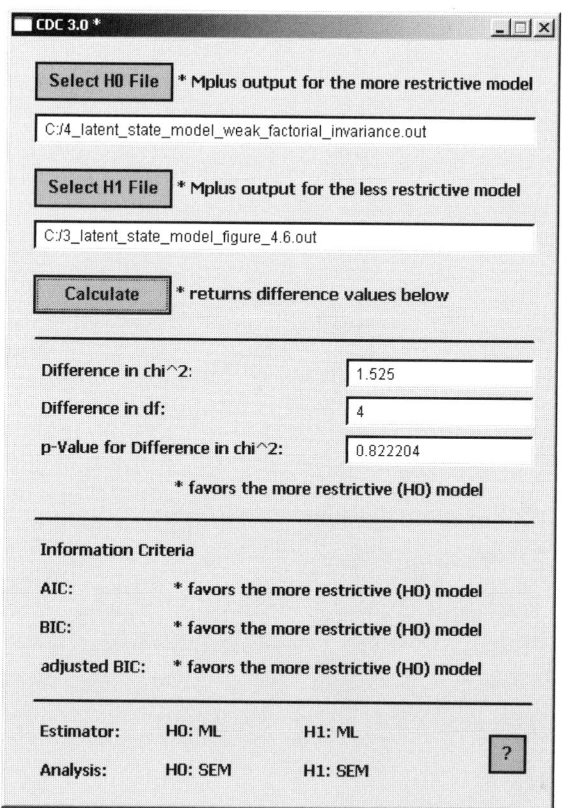

CDC 프로그램은 적절한 카이제곱 검증을 위한 전제가 만족되는지 아닌지를 검증하는 것이 아님을 명심해야 한다(〈글상자 3.7〉 참조). 구체적으로 이 프로그램은 사용자에 의해서 지정된 두 개의 모델이 실제적으로 내포되었는지를 검증하지 않는다. 이것은 분석에 앞서 사용자에 의해 미리 설정되어야 한다. 특정한 비내포적 모델들을 위해서 AIC, BIC, 그리고/혹은 표본 크기에 따라 조정된 BIC를 통해서 통계적 비교를 하는 것이 여전히 의미는 있을 수 있지만 카이제곱 차이 검증은 이러한 모델들에는 적절하지 않다.

두 번째 지표의 비표준화된 상태요인부하량들은 모두 같은 값($\hat{\lambda}_{21} = \hat{\lambda}_{22} = \hat{\lambda}_{23}$ =0.737 계획했던 대로)으로 추정되었다. 더불어 세 가지 부하량

모두 동일한 표준오차(SE=0.03), 검증 통계치(z=24.857), 그리고 p 값(p <.001)을 보여 준다. 지표의 특수한 요인 is2에 대한 모든 요인부하량은 1로 고정되었다. is2 요인부하량에 대한 어떠한 표준오차(그리고 결과적으로 검증 통계치)도 추정되지 않았다는 사실은 이 모든 것이 이 모델에서 고정된 모수들로 의도적으로 사용되었다는 것을 보여 준다.

글상자 4.5. 제약조건의 올바른 실행

특정한 등가 혹은 다른 제약들을 포함하는 모든 모델에 대한 Mplus 출력물은 원하는 제약의 정확한 실행을 위하여 주의 깊게 관찰되어야 한다. 그 이유는 특히 복잡한 모델들에서 오류가 입력 설정시 쉽게 발생될 수 있기 때문이다. 따라서 의도한 모수들이 동질적(혹은 비동질적)으로 설정되었는지를 항상 주의 깊게 검증하여야 한다. 때때로 믿기 어려울 정도로 나쁜 모델적합도는 하나 혹은 그 이상의 모수제약들이 부정확하게 설정되었다는 신호가 될 수 있다. 예를 들어, 같은 숫자가 **다른** 모수집단들을 동질하게 설정하기 위하여 두 번 사용된 경우에 오류가 발생한다. 이것은 과도하게 제약적이고/혹은 의미 없는 모델제약들의 실행으로 이어질 수 있다(가령, 절편에 대한 부하량들이 동일하게 설정되는 제약). 이러한 오류들은 모델의 부적합과 부정확한 결론을 유도할 수 있다. 따라서 모든 제약에 대한 정확한 실행을 위한 주의 깊은 조사는 항상 통계모델들의 비교시 그리고 주요 모델 결과를 해석하기에 앞서 실행되어야 한다.

```
MODEL RESULTS

                                          Two-Tailed
                  Estimate     S.E.  Est./S.E.    P-Value
 STATE1   BY
    D11              1.000    0.000   999.000    999.000
    D21              0.737    0.030    24.857      0.000
```

```
STATE2   BY
   D12          1.000     0.000   999.000    999.000
   D22          0.737     0.030    24.857      0.000

STATE3   BY
   D13          1.000     0.000   999.000    999.000
   D23          0.737     0.030    24.857      0.000

IS2   BY
   D21          1.000     0.000   999.000    999.000
   D22          1.000     0.000   999.000    999.000
   D23          1.000     0.000   999.000    999.000

IS2   WITH
   STATE1       0.000     0.000   999.000    999.000
   STATE2       0.000     0.000   999.000    999.000
   STATE3       0.000     0.000   999.000    999.000

STATE2   WITH
   STATE1       0.118     0.015     7.963      0.000

STATE3   WITH
   STATE1       0.108     0.014     7.622      0.000
   STATE2       0.129     0.015     8.419      0.000

Intercepts
   D11          1.584     0.027    58.666      0.000
   D21          1.354     0.021    64.730      0.000
   D12          1.642     0.028    58.461      0.000
   D22          1.389     0.023    60.797      0.000
   D13          1.631     0.027    60.172      0.000
   D23          1.402     0.022    62.502      0.000
```

```
Variances
    STATE1      0.195     0.019     10.505       0.000
    STATE2      0.233     0.021     11.021       0.000
    STATE3      0.218     0.020     10.982       0.000
    IS2         0.007     0.002      3.456       0.001

Residual Variances
    D11         0.040     0.009      4.462       0.000
    D21         0.028     0.005      5.422       0.000
    D12         0.022     0.009      2.434       0.015
    D22         0.035     0.006      6.288       0.000
    D13         0.019     0.009      2.173       0.030
    D23         0.037     0.006      6.592       0.000
```

이 모델에서 **표준화된** 요인부하량들(다음에 제시된)은 불변적이지 **않고**, 시간의 흐름에 따라 변할 수 있다. 그 이유는 약한 요인불변성 모델이 잠재요인 분산들과 잔차분산들에 대한 불변성 제약까지는 포함하지 않기 때문이다. 표준화된 부하량들은 잠재요인 분산들과 잔차분산들이 시점에 상관없이 동일하게 설정될 때에만 시간에 따라 동일할 수 있다.

```
STANDARDIZED MODEL RESULTS (STDYX Standardization)

                                               Two-Tailed
                Estimate    S.E.  Est./S.E.    P-Value

 STATE1    BY
    D11         0.911     0.021     43.928       0.000
    D21         0.867     0.022     39.796       0.000
```

```
STATE2   BY
   D12         0.957    0.018    52.262      0.000
   D22         0.867    0.020    43.413      0.000

STATE3   BY
   D13         0.959    0.019    49.979      0.000
   D23         0.855    0.021    41.265      0.000

IS2   BY
   D21         0.221    0.033     6.773      0.000
   D22         0.202    0.030     6.761      0.000
   D23         0.206    0.030     6.774      0.000

IS2   WITH
   STATE1      0.000    0.000   999.000    999.000
   STATE2      0.000    0.000   999.000    999.000
   STATE3      0.000    0.000   999.000    999.000

STATE2   WITH
   STATE1      0.552    0.045    12.346      0.000

STATE3   WITH
   STATE1      0.521    0.047    11.179      0.000
   STATE2      0.574    0.043    13.455      0.000

Intercepts
   D11         3.264    0.138    23.632      0.000
   D21         3.602    0.149    24.153      0.000
   D12         3.253    0.139    23.399      0.000
   D22         3.383    0.141    23.959      0.000
   D13         3.348    0.143    23.490      0.000
   D23         3.478    0.144    24.194      0.000
```

```
 Variances
    STATE1       1.000      0.000   999.000      999.000
    STATE2       1.000      0.000   999.000      999.000
    STATE3       1.000      0.000   999.000      999.000
    IS2          1.000      0.000   999.000      999.000

 Residual Variances
    D11          0.171      0.038     4.517        0.000
    D21          0.200      0.036     5.529        0.000
    D12          0.085      0.035     2.429        0.015
    D22          0.207      0.033     6.316        0.000
    D13          0.080      0.037     2.172        0.030
    D23          0.227      0.034     6.744        0.000

R-SQUARE

    Observed                                   Two-Tailed
    Variable Estimate     S.E.  Est./S.E.    P-Value

    D11          0.829      0.038    21.964        0.000
    D21          0.800      0.036    22.122        0.000
    D12          0.915      0.035    26.131        0.000
    D22          0.793      0.033    24.138        0.000
    D13          0.920      0.037    24.989        0.000
    D23          0.773      0.034    22.926        0.000
```

다음 단계로, 강한 요인불변성 모델을 검증한다. 이 모델에서는 요인부하량들과 더불어 모든 지표의 절편이 시점에 상관없이 동일하게 설정된다. 시간에 따른 잠재상태 변수의 평균들에서 차이를 허용하기를 원한다면 모든 잠재변수가 평균으로 0을 갖는다는 Mplus 초기설정을 바꿔야 한다(〈글상자 4.2〉와 비교). 만약 그렇지 않다면 0의 잠재평균과 더불어 동일 절편들에 대한 설정은 매우 제약적이 될 것이다. 왜냐하면 그것이 시간에 따른 0의 평균 변화를 전제하기 때문이다(약한 요인불변성 모델에서는 이것이 쟁점이 되지 않는다. 왜냐하면 모든 절편은 자유로이 추정되고, 따라서 관측 혹은 잠재평균 구조에 대한 어떠한 제약도 없기 때문이다).

우선 어떻게 잠재상태요인의 평균을 확인할 수 있는지를 파악하여야 한다. 이를 위하여 우리는 관측변수들의 평균을 분해해서 다시 생각해 봐야 한다. 잠재상태모델에서 $E(Y_{ik})$(〈글상자 4.2〉와 비교)는 다음과 같다.

$$\begin{aligned} E(Y_{ik}) &= E(\alpha_{ik}) + E(\lambda_{ik} \cdot \text{State k}) + E(\epsilon_{ik}) \\ &= \alpha_{ik} + \lambda_{ik} \cdot E(\text{State k}) \end{aligned}$$

이 공식은 잠재상태 변수들의 평균, $E(\text{State k})$는 절편들, α_{1k}와 준거지표(marker indicators)들을 0으로 설정하는 방식을 통해서 상당히 직관적인 방법으로 식별될 수 있다는 것을 보여 준다. 만약 모든 시점(k)에서 절편($\alpha_{1k}=0$)을 0으로 설정한다면 모든 잠재상태요인 평균은 준거지표들의 평균들을 통하여 식별된다.

$$\begin{aligned} E(Y_{1k}) &= \alpha_{1k} + \lambda_{1k} \cdot E(\text{State k}) \\ &= 0 + 1 \cdot E(\text{State k}) \\ &= E(\text{State k}) \end{aligned}$$

이 방법에서 잠재변수 평균들은 (1) 식별 및 추정되고, (2) 각 시점마다 잠재적으로 다른 값들을 가지며, 이는 시간에 따른 잠재평균 변화를 보여 준다. 게다가 이러한 설정은 준거지표들의 절편들이 시간불변적(각각이 0이라는 동일값을 가짐)이며, 이러한 지표들에 대한 시간에 따른 측정불변성을 반영해 준다. 남아 있는(비준거) 지표들의 절편은 약한 요인불변성 모델의 요인부하량에 대한 설정과 동일한 원리로 시간에 따라 동일하게 설정된다.

강한 요인불변성 모델에 대한 완전한 Mplus 모델 설정은 [그림 4-9]에서 볼 수 있다. 평균구조(관측과 잠재변수 평균, 그리고 절편 모수들)는 괄호[ ] 안에 변수명을 포함한다. 변수가 모델에서 외생 혹은 내생적인지에 따라(모델 설정을 토대로 Mplus에서 자동으로 결정됨) 괄호 안의 변수명은 그 변수의 평균(외생적 변수들에 대한) 혹은 절편(내생적 변수들)를 가리킨다.

[그림 4-9]는 준거지표들(d11, d12, 그리고 d13)이 잠재요인 평균들을 식별하기 위하여 0으로 설정되었다는 것을 보여 준다.

```
[d11@0 d12@0 d13@0];
```

더불어 잠재상태요인 평균들의 추정은 [state1 state2 state3]; 명령어를 사용하여 직접적으로 요청된다. 그렇지 않으면 잠재상태요인 평균들은 0으로 계속 고정되는데, 이는 더 이상 적절하지 않다.

```
model: ! 잠재상태요인들
state1 by d11
          d21 (1);

state2 by d12
          d22 (1);

state3 by d13
          d23 (1);

! 두 번째 지표를 위한 지표의 특수한 (잔차) 요인
is2 by d21 d22@1 d23@1;

! 지표의 특수한 요인은 상태요인들과 상관관계가 허용되지 않음
is2 with state1@0 state2@0 state3@0;

! 첫 번째 지표의 상수들을 0으로 고정
[d11@0 d12@0 d13@0];

! 잠재상태요인들의 평균들을 추정
[state1 state2 state3];

! 두 번째 지표의 상수들을 시간에 따라 동일하게 설정
[d21 d22 d23] (2);
```

[그림 4-9] 두 번째 지표에 대한 하나의 지표의 특수한 요인(is2), 시간불변적 부하량들, 그리고 시간불변적 절편(강한 요인불변적 모델)을 가진 잠재상태 모델의 설정을 위한 Mplus 모델 명령어

마지막으로, d21, d22, 그리고 d23 지표들의 절편들은 시점에 상관없이 동일하게 설정된다. 우리는 이 모수들을 동일하게 설정하기 위하여 숫자 (2)를 사용하였는데, 이는 기존의 부하량들을 동일하게 하기 위하여 사용된 것과 다른 숫자이다[숫자 (1)은 d21, d22, 그리고 d23을 시간에 따라 동일하게 설정하는 데 여전히 사용된다]. 지표의 특수한 요인의 평균은 초기설정상 0으로 설정되기 때문에 구체화할 필요는 없다(이 모델에서 원하는 방향).

Mplus 출력물의 결과는 강한 요인불변성 모델 역시 데이터와 잘 일치한다는 것을 보여 준다. $\chi^2=6.656$, $df=9$, $p=.6729$, $RMSEA=.00$, $p(RMSEA)\leq.05=.95$, $SRMR=.014$, $CFI=1.00$. 더불어 약한 요인불변성 모델의 카이제곱 검증 결과는 유의하지 않은 것으로 나타났는데, $\chi^2_{\triangle}=1.562$, $df_{\triangle}=2$, $p=.46$이다. 이는 보다 제약적인 강한 요인불변성 모델이 더 선호된다는 것을 의미한다. AIC 값의 비교 역시 보다 제약적인 모델이 선택되어야 함을 보여 준다(강한 요인불변성 모델: $AIC=1070.494$; 약한 요인불변성 모델: $AIC=1072.933$). 이 예에서 강한 요인불변성에 대한 전제는 기각되지 않는다고 결론지을 수 있다.

비표준화 모수추정치들(다음의 MODEL RESULT)을 토대로 우리가 설정한 등가제약들은 Mplus에 의해 정확하게 실행되었음을 알 수 있다($\hat{\lambda}_{21}=\hat{\lambda}_{22}=\hat{\lambda}_{23}=0.738$; $\hat{\alpha}_{21}=\hat{\alpha}_{22}=\hat{\alpha}_{23}=0.187$). Mplus는 첫 번째 지표를 0으로 설정하여 절편들 역시 고정하였고(즉, $\alpha_{11}=\alpha_{12}=\alpha_{13}=0$), 이 절편들에 대한 표준오차들은 더 이상 추정되지 않는다. 또한 출력물 결과에서 잠재상태 변수들의 평균값의 추정치를 구할 수 있다(Means 아래에 제시). 잠재우울평균들은 시점1부터 시점2($M_1=1.583$ 대 $M_2=1.639$) 사이에 약간 증가한 반면에, 시점2에서 시점3($M_3=1.634$) 사이에는 변화가 거의 없다. 등가평균에 대한 공식적인 검증은 〈글상자 4.6〉에 제시되어 있다.

```
MODEL RESULTS

                                                    Two-Tailed
                  Estimate     S.E.   Est./S.E.    P-Value

 STATE1    BY
    D11          1.000      0.000   999.000      999.000
    D21          0.738      0.030    24.997        0.000

 STATE2    BY
    D12          1.000      0.000   999.000      999.000
    D22          0.738      0.030    24.997        0.000

 STATE3    BY
    D13          1.000      0.000   999.000      999.000
    D23          0.738      0.030    24.997        0.000

 IS2    BY
    D21          1.000      0.000   999.000      999.000
    D22          1.000      0.000   999.000      999.000
    D23          1.000      0.000   999.000      999.000

 IS2   WITH
    STATE1       0.000      0.000   999.000      999.000
    STATE2       0.000      0.000   999.000      999.000
    STATE3       0.000      0.000   999.000      999.000

 STATE2    WITH
    STATE1       0.118      0.015     7.964        0.000

 STATE3    WITH
    STATE1       0.108      0.014     7.623        0.000
    STATE2       0.129      0.015     8.419        0.000
```

```
Means
    STATE1      1.583     0.026     60.157       0.000
    STATE2      1.639     0.028     58.762       0.000
    STATE3      1.634     0.027     60.652       0.000

Intercepts
    D11         0.000     0.000    999.000     999.000
    D21         0.187     0.049      3.861       0.000
    D12         0.000     0.000    999.000     999.000
    D22         0.187     0.049      3.861       0.000
    D13         0.000     0.000    999.000     999.000
    D23         0.187     0.049      3.861       0.000

Variances
    STATE1      0.195     0.019     10.510       0.000
    STATE2      0.233     0.021     11.023       0.000
    STATE3      0.218     0.020     10.983       0.000
    IS2         0.007     0.002      3.433       0.001

Residual Variances
    D11         0.040     0.009      4.477       0.000
    D21         0.028     0.005      5.425       0.000
    D12         0.022     0.009      2.453       0.014
    D22         0.035     0.006      6.299       0.000
    D13         0.019     0.009      2.192       0.028
    D23         0.037     0.006      6.608       0.000

STANDARDIZED MODEL RESULTS (STDYX Standardization)

                                                Two-Tailed
                Estimate     S.E.  Est./S.E.    P-Value
STATE1    BY
    D11         0.911     0.021     43.988       0.000
    D21         0.867     0.022     39.895       0.000
```

```
STATE2   BY
   D12          0.956     0.018     52.311      0.000
   D22          0.867     0.020     43.500      0.000

STATE3   BY
   D13          0.959     0.019     50.014      0.000
   D23          0.854     0.021     41.331      0.000

IS2   BY
   D21          0.220     0.033      6.732      0.000
   D22          0.202     0.030      6.721      0.000
   D23          0.205     0.031      6.733      0.000

IS2   WITH
   STATE1       0.000     0.000    999.000    999.000
   STATE2       0.000     0.000    999.000    999.000
   STATE3       0.000     0.000    999.000    999.000

STATE2   WITH
   STATE1       0.553     0.045     12.350      0.000

STATE3   WITH
   STATE1       0.521     0.047     11.184      0.000
   STATE2       0.574     0.043     13.463      0.000

Means
   STATE1       3.583     0.181     19.792      0.000
   STATE2       3.395     0.164     20.655      0.000
   STATE3       3.499     0.169     20.664      0.000
```

```
Intercepts
   D11          0.000     0.000   999.000    999.000
   D21          0.498     0.134     3.707      0.000
   D12          0.000     0.000   999.000    999.000
   D22          0.456     0.124     3.677      0.000
   D13          0.000     0.000   999.000    999.000
   D23          0.465     0.126     3.686      0.000

Variances
   STATE1       1.000     0.000   999.000    999.000
   STATE2       1.000     0.000   999.000    999.000
   STATE3       1.000     0.000   999.000    999.000
   IS2          1.000     0.000   999.000    999.000

Residual Variances
   D11          0.171     0.038     4.532      0.000
   D21          0.200     0.036     5.535      0.000
   D12          0.086     0.035     2.448      0.014
   D22          0.208     0.033     6.332      0.000
   D13          0.081     0.037     2.191      0.028
   D23          0.228     0.034     6.767      0.000

R-SQUARE

   Observed                                  Two-Tailed
   Variable Estimate    S.E.  Est./S.E.    P-Value

   D11          0.829     0.038    21.994      0.000
   D21          0.800     0.036    22.155      0.000
   D12          0.914     0.035    26.155      0.000
   D22          0.792     0.033    24.165      0.000
   D13          0.919     0.037    25.007      0.000
   D23          0.772     0.034    22.941      0.000
```

마지막으로, 엄격한 요인불변성 모델을 검증한다. 이 모델에서는 지표들의 잔차분산들[$Var(\epsilon_{ik})$] 역시 시점에 상관없이 동일하게 설정한다(여기서는 비동일 잠재평균모델을 기초모델로 사용한다). 우리는 숫자(3)을 첫 번째 지표의 오차분산들을 시간에 따라 동일하게 설정하기 위하여 사용한다. 숫자(4)는 두 번째 지표의 오차분산들을 시간에 따라 동일하게 설정하기 위하여 사용한다. 엄격한 요인불변성을 설정하기 위한 모델 명령어는 [그림 4-10]에 제시되어 있다.

엄격한 요인불변성과 비동일 평균들 모델 역시 좋은 모델적합도를 보여준다. $\chi^2 = 11.61$, $df = 13$, $p = .5599$, $RMSEA = .00$, $p(RMSEA) \leq .05 = .95$, $SRMR = .024$, $CFI = 1.00$(이 모델에 대한 완전한 결과는 웹사이트에서 확인할 수 있다). 비동일 평균들을 포함한 강한 요인불변성 모델과의 카이제곱 검증 결과는 유의하지 않은 것으로 나타났는데, $\chi^2_{\triangle} = 4.954$, $df_{\triangle} = 4$, $p = .29$이다. 이는 엄격한 요인불변성 모델이 더 선호된다는 것을 의미한다. AIC 값의 비교 역시 같은 결론을 보여 준다(엄격한 요인불변성 모델: $AIC = 1067.448$; 강한 요인불변성 모델: $AIC = 1070.494$). 이 예에서 엄격한 요인불변성에 대한 전제는 기각되지 않는다고 결론지을 수 있다. 따라서 동일한 잔차분산들을 가진 보다 간명한 모델이 선택되어야 한다.

글상자 4.6. 시간에 따른 잠재평균들의 동질성 검증

실질적으로 관심을 가질 수 있는 질문은 세 가지의 우울상태요인 평균들이 각각 유의미하게 다른가 하는 것이다(이것은 최소한 두 번의 측정 사이에서 유의미한 평균 변화를 가리킨다). 공식적으로 평균들의 동질성에 대한 전제는 세 가지의 잠재상태 평균들이 시간의 경과에 따라 동일하도록 설정된 데이터에 부합하는 추가적인 모델을 통해서 검증될 수 있다. 만약 이 모델의 적합도가 잠재평균들에 대한 제약이 없는 강한 요인불변성 모델들보다 유의미하게 나빠진다면 최소한 두 시점 이상에서 평균의 변화가 있었다고 결론지을 수 있다. 다음의 명령어는 Mplus에서 시간에 따른 잠재상태요인 평균들을 동일하게 설정하는 데 사용될 수 있다(이 모델에 대한 완전한 Mplus 입력은 웹사이트에서 볼 수 있다).

```
[state1 state2 state3] (mean);
```

여기서 (mean)이라는 표시는 시점에 상관없이 상태평균들을 동일하게 설정하기 위하여 사용한다(숫자를 다시 사용해도 동일하게 잘 설정할 수 있다). 우리의 예에서 카이제곱 차이 검증 $\chi^2_{\triangle}=5.181$, $df_{\triangle}=2$, $p=.07$에 따르면 동일한 평균들을 가진 모델이 비동일 평균들을 가진 강한 요인불변성 모델보다 적합도가 유의미하게 나빠지지 않았기 때문에 관측된 평균 차이들이 5% 유의수준에서 통계적으로 유의미하지 **않음**을 알 수 있다. 반면에 *AIC* 지수에 따르면 비록 *AIC* 값들의 차이가 상당히 적지만, 덜 제약적인 모델이 선호된다(동일한 평균들을 가진 강한 요인불변성 모델: *AIC*=1071.675; 비동일 평균들을 가진 강한 요인불변성 모델: *AIC*=1070.494). 실제에서 연구자는 동일 혹은 비동일 평균 모델 중 무엇을 선호할지 결정하기 전에 평균들의 차이를 포함하여 실질적인 고민을 해야 한다.

```
model: ! 잠재상태요인들
state1 by d11
        d21 (1);

state2 by d12
        d22 (1);

state3 by d13
        d23 (1);

! 두 번째 지표를 위한 지표의 특수한 (잔차) 요인
is2 by d21 d22@1 d23@1;

! 지표의 특수한 요인은 상태요인들과 상관관계가 허용되지 않음
is2 with state1@0 state2@0 state3@0;

! 첫 번째 지표의 상수들을 0으로 고정
[d11@0 d12@0 d13@0];

! 잠재상태 요인들의 평균 추정
[state1 state2 state3];

! 두 번째 지표의 상수들을 시간에 따라 동일하게 설정
[d21 d22 d23] (2);

! 첫 번째 지표의 잔차분산들을 시간에 따라 동일하게 설정
d11 d12 d13 (3);

! 두 번째 지표의 잔차분산들을 시간에 따라 동일하게 설정
d21 d22 d23 (4);
```

[그림 4-10] 두 번째 지표에 대한 하나의 지표의 특수한 요인(is2), 시간불변적 부하량들, 그리고 시간불변적 절편, 그리고 시간불변적 잔차분산들(엄격한 요인불변적 모델)을 가진 잠재상태 모델의 설정을 위한 Mplus 모델 명령어

우리는 이제 불변성 검증의 시리즈를 종료하고자 한다. 연구 질문에 따라 이후의 불변성 검증들은 가령, 잠재상태요인 분산들과 공분산들에 관한 질문과 같은 내용이 관심의 대상이 될 수 있다. 이상의 내용을 요약하면 잠재상태 모델의 분석은 다음과 같은 많은 유익한 결과를 제시해 준다.

- 우울을 측정하기 위해 사용된 지표들은 상대적으로 높은 신뢰도와 낮은 지표 특수성을 보여 주었다.
- 측정모델의 모수들은 시간의 흐름에 따라 유의미하게 변하지 않았다. 이는 엄격한 요인불변성이 이 데이터에 전제될 수 있다는 것을 의미한다.
- 우울에 있어서 실제적인 개인 차이는 잠재상태요인들 사이의 중간 크

기의 상관관계들에서 제시되었듯이, 시간의 흐름에 따라 온건하게 유지되었다. 다시 말해, 좀 더 신뢰할 만한 측정시점에서의 분산의 정도는 LST 분석들을 사용한 분석에서 좀 더 자세히 검증될 수 있다(다음 장 참조).

- 잠재상태요인들의 상관관계 구조는 시간의 흐름에 따른 약간의 자기상관적 효과를 나타낸다.
- 시간에 따른 잠재평균 차이들의 전체 검증은 5% 유의수준에서 통계적으로 유의미하게 나타나지 않았는데, 이는 우울은 시간의 흐름에 따라 유의미한 평균의 변화가 없었다는 것을 나타낸다.

앞에서 언급했듯이, 잠재상태모델은 좀 더 복잡한 종단적 구종방정식모델들의 분석을 위한 유용한 기초선 모델이다. 다음 내용에서 우리는 같은 데이터를 예로 들어 논의를 LST모델로까지 확장하고자 한다.

2 잠재상태 - 속성(LST)분석

잠재상태모델의 한 가지 한계점은 측정들이 특정시점 효과들(occasion-specific effects)에 의해 영향을 받는지, 아니면 안정된 개인의 특수한 효과들(person-specific effects)에 의해 영향을 받는지를 상태요인들 사이의 상관관계를 통해서만 간접적으로 수량화할 수 있다는 점이다. 그러나 이 모델에서는 관측된 분산을 안정요소, 특정시점요소, 그리고 오류요소들로 분해하는 것이 불가능하다(예를 들어, Steyer et al., 1992). LS모델을 LST모델로 확장함으로써 관측 그리고 잠재 변수의 상태(state) 대 속성(trait)에 관련된 분산의 정도에 관한 좀 더 자세한 정보를 얻을 수 있다.

LST모델에서 관측변수 Y_{ik}(i=지표, k=측정시점)는 절편 α_{ik}, 특정시점의 잠재상태 변수(State k), 그리고 특정시점의 측정오류(잔차) 변수 ϵ_{ik}로 분리될 수 있다.

$$Y_{ik} = \alpha_{ik} + \lambda_{ik} \cdot (\text{State k}) + \epsilon_{ik}$$

여기서 λ_{ik}.는 잠재상태요인에 대한 Y_{ik}의 요인부하량을 나타낸다.

LS모델과는 달리, LST모델은 잠재상태요인들을 잠재속성요인(고정된 개인 차이들 혹은 속성효과들에 의한 잠재상태요인들의 일부)과 잠재속성점수로부터 떨어져 있는 특정시점에서의 분산 정도를 나타내는 잠재상태 잔차 변수 ζ_k로 구분된다(Steyer et al., 1992, 1999와 비교).

$$\text{State k} = \gamma_{0k} + \gamma_k \cdot \text{Trait} + \zeta_k$$

여기서 γ_{0k}는 상시적 잠재절편을 나타내고, γ_k는 Trait 요인에 대한 State k의 이차요인부하량을 나타낸다.

4장 1. '3) 지표의 특수한 효과들에 대한 모델화'의 잠재상태모델 분석에서 상태요인들 사이의 공분산들(혹은 완전표준화해, 상관관계들)은 시간의 흐름에 따른 개인 간 차이의 안정성의 정도를 나타내는 지표였다. LST모델에서는 잠재상태요인들의 공분산 구조는 근본적인 하나의 잠재(속성) 요인에 의해서 설명된다. 하나의 잠재속성요인은 시간에 따라 안정적인 상태요인들의 분산의 일부를 대변한다(즉, 안정적 상태요인들의 공분산).

[그림 4-11]은 세 번의 측정시점(k=1, 2, 3)에서 측정된 두 개의 관측변수 Y_{1k}와 Y_{2K}를 보여 준다. LST모델은 이차요인모델을 포함한다(3장 4. '2) 2차순 확인적 요인분석'과 비교).

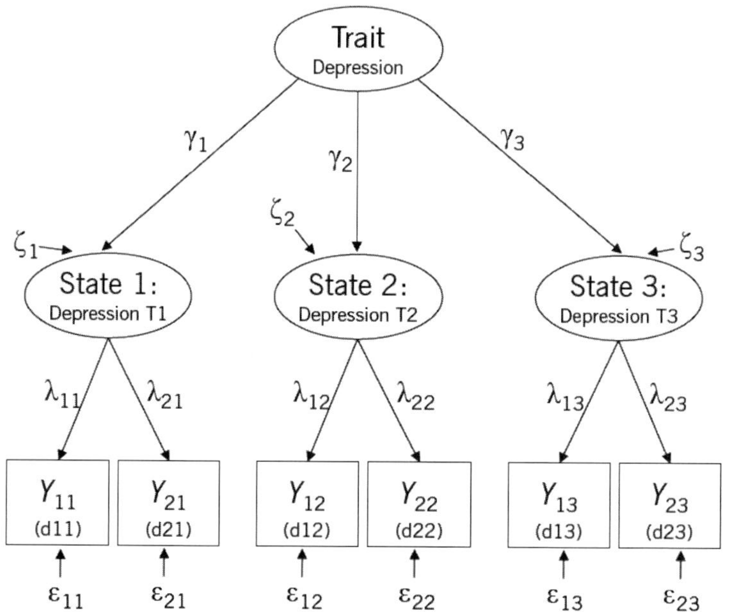

[그림 4-11] 세 번의 측정시점(T1~T3)에서 측정된 잠재상태-속성 (LST) 모델

Y_{ik} =k 시점에서 측정된 관측변수 i; ϵ_{ik} =측정오류 변수; λ_{ik} =일차 요인부하량; γ_k =이차 요인부하량; ζ_k =LS 잔차변수. Mplus에서 사용된 지표들의 변수명들은 괄호 안에 나타남.

예에서는 4장 '1. 잠재상태분석'에서 잠재상태 모델에 기반한 상이한 분석들을 설명하는데 사용한 분석 데이터(depression.dat)에 대한 LST모델이 설정되었다. 시작하는 단계에서 우리는 지표의 특수한 요인을 가지고 불변성 제약이 없는, 그리고 좋은 적합도를 보여 주는 LS모델을 사용하고자 한다(4장 1. '3) 지표의 특수한 효과들에 대한 모델화'와 비교). 이 모델을 LST모델로 확장한 것을 [그림 4-12]에서 볼 수 있다. 두 번째 지표에 대한 지표의 특수한 요인이 있는 유사 LST모델에 대한 논의는 Eid와 동료들(1999)에 좀 더 자세히 논의되어 있다.

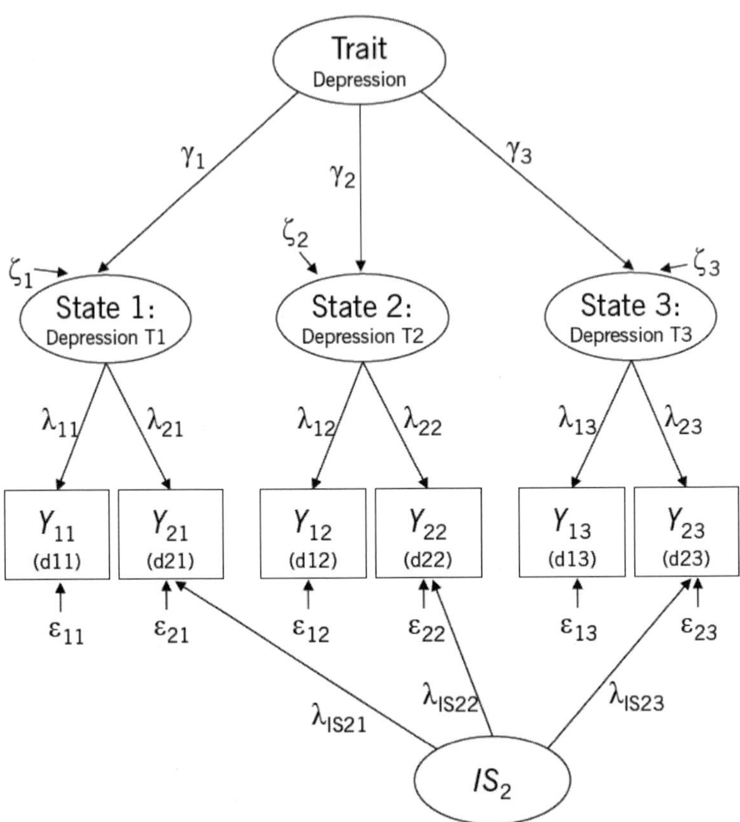

[그림 4-12] 세 번의 측정시점(T1~T3)에서 측정된 잠재상태-속성 (LST) 모델

Y_{ik} =k 시점에서 측정된 관측변수 i; ϵ_{ik} =측정오류 변수; λ_{ik} =일차 요인부하량; γ_k =이차 요인부하량; ζ_k =LS 잔차 변수. 이 모델은 추가적으로 두 번째 지표에 대한 지표의 특수한 요인(IS_2)를 포함함. 모수 λ_{IS2K}는 지표의 특수한 요인에 대한 요인부하량들을 나타낸다. Mplus에서 사용된 지표들의 변수명들은 괄호 안에 나타남.

```
model: ! 잠재상태요인들
state1 by depdad11
          depdad21;

state2 by depdad12
          depdad22;

state3 by depdad13
          depdad23;

trait by state1 state2 state3; ! 2차요인으로서 잠재속성요인

! 두 번째 지표를 위한 지표의 특수한 (잔차) 요인
is2 by depdad21 depdad22 depdad23;

! 지표의 특수한 요인은 상태요인들과 상관관계가 허용되지 않음
is2 with state1@0 state2@0 state3@0 trait@0;

! 잠재변수들의 평균구조의 식별
[depdad11@0 depdad12@0 depdad13@0]; ! 준거지표의 상수항들을 0으로 설정
[state1@0]; ! 첫 번째 상태요인의 상수를 0으로 설정
[trait]; ! 속성요인의 평균을 추정
[state2 state3]; ! 나머지 상태요인들의 상수항들을 추정
```

[그림 4-13] [그림 4-12]에 제시된 두 번째 지표에 대한 하나의 지표의 특수한 요인(is2)을 가지고 있는 LST모델의 설정을 위한 Mplus 모델 명령어

[그림 4-12]의 LST모델을 추정하기 위한 Mplus 모델 명령어는 [그림 4-13]에 제시되었다. 잠재변수 평균 구조의 식별은 LST모델이 LS모델보다 약간은 더 복잡하다. 이것은 최소한 잠재속성 요인의 평균을 추정하는데 관심을 가질 때 해당되는 경우이다(LST 분석에서 잠재평균 구조를 포함하기 위한 상이한 옵션에 대한 자세한 논의는 〈글상자 4.7〉에 제시되었다).

잠재절편 모수들 γ_{0K}와 더불어 잠재속성요인 평균을 식별하기 위한 하나의 방법은 준거지표들을 포함하는 절편 모수들을 0으로 고정하는 것이다. 다시 말해, $\alpha_{11} = \alpha_{12} = \alpha_{13} = 0$이다.

다음 단계로 잠재상태를 포함하는 절편이 잠재속성의 준거지표로서 0으로 선택된다. 우리의 사례에서 State 1에 대한 절편(즉, $\gamma_{01} = 0$)이 그것이다. 이 상태요인은 간명성을 위해 선택되었다. 왜냐하면 Mplus는 자동적으로 속성요인에 대한 이 상태요인의 부하량을 1로 설정하기 때문이다(즉, $\gamma_1 = 1$). 이는 Mplus 초기설정상 by 명령문 다음에 첫 번째 위치한 변수를 준거변수로 간주하고 그것의 요인부하량을 1로 설정하기 때문이다.

글상자 4.7. LST모델에서 잠재평균 구조들

LST 분석에서 잠재변수 평균 구조가 관심의 대상이 될지 아닐지는 구체적인 연구 질문에 달려 있다. 많은 LST 분석은 변수들의 공분산 구조에 배타적으로 초점을 맞추고 평균 구조는 완전히 무시한다. 하지만 어떤 상황들에서 연구자들은 평균 구조를 연구하는 데 관심을 가질 수 있다. 예를 들어, 시간에 따른 평균의 차이에 관심을 가지거나 이론적으로 기대될 때이다. 교재에서는 잠재속성요인의 평균을 추정하기 위해 LST모델에서 잠재평균 구조를 식별하는 방법을 설명하였다. 교재에서 논의된 모델 버전과 더불어 LST모델에서 평균 구조를 설정하기 위한 다른 형태의 통계적으로 동일한 옵션들이 있다. 만약 잠재속성요인의 평균을 추정하는 데 관심이 없다면 속성요인평균이 0으로 고정되고 세 가지의 잠재절편 모수치 γ_{01}, γ_{02}와 γ_{03}을 추정하는 단순 Mplus 초기설정을 따르면 된다. 완전한 모델 설정식은 다음과 같이 단순화된다.

```
state1 by d11 d21;
state2 by d12 d22;
state3 by d13 d23;
trait by state1-state3;
is2 by d21 d22 d23;
is2 with state1-state3@0 trait@0;
[d11@0 d12@0 d13@0];
[state1 state2 state3];
```

이 대안적 동일모수화는 세 가지 상태요인의 절편들이 잠재상태요인 평균과 동일하게 된다는 점에서 이점을 가진다(이것은 교재에서 논의된 모수화와는 다르다). 잠재평균비교는 절편들을 비교함으로써 실행될 수 있다. 하지만 이러한 비교는 최소한 측정모델의 강한 요인불변성을 필요로 한다는 것을 명심하여야 한다(4장 1. '4) 시간에 따른 측정불변성의 검증' 참조).

또 다른(동일한) 가능성은 잠재변수 평균 구조를 완전히 무시하고 모든 잠재평균과 잠재절편을 0으로 고정하는 것이다(Mplus의 초기설정과 같이). 이 경우에 오직 관측변수들에 관련된 절편들(α_{ik})만이 추정될 것이다. 이 모수화는 다음의 모델 설정을 통해서 얻어질 수 있다.

```
state1 by d11 d21;
state2 by d12 d22;
state3 by d13 d23;
trait by state1-state3;
is2 by d21 d22 d23;
is2 with state1-state3@0 trait@0;
```

추가적인 대안평균구조들도 가능하다. 게다가 4장 1. '4) 시간에 따른 측정불변성의 검증'에서 보았듯이, 구체적인 전체들을 검증하기 위하여 평균 구조에 제약을 가하기 위해서 실제로 유용하게 사용될 수 있다. LST 분석에서 평균 구조의 유형은 실제적인 연구 질문들에 의존한다. 예를 들어, 연구된 과정이 순수한 분산 과정을 가설로 세우고 있다면(시간에 따른 속성의 변화없이) 시간에 따라 잠재상태 평균들에서 어떠한 변화도 있어서는 안 된다. 따라서 이러한 모델에서 강한 요인불변성이 Y_{ik} 변수들에 대해서 유지되고, 모든 속성요인 γ_k는 1로 기대되고, 모든 잠재상태 절편모수 γ_{0k}는 0으로 기대된다. 이러한 제약적인 모델은 연구에서 과정이 단순한 변수만 가지고 속성의 변화들은 없는지를 밝혀내기 위하여 자유모수들을 가진 모델과의 비교를 통해서 검증될 수 있다.

결과적으로 잠재속성요인의 평균은 준거변수인 Y_{11}의 평균을 통하여 직접적으로 식별된다. 마지막으로 남겨진 상태요인들의 절편들(우리 사례에서 γ_{02}와 γ_{03})은 자유로이 추정된다. is2 요인의 평균은 이 요인인 잔차요인이기 때문에 0(Mplus 초기설정에 따라)으로 고정된다.

LST모델의 적합도 통계(다음 참조)는 이러한 특별한 경우에 4장 1. '3) 지표의 특수한 효과들에 대한 모델화'에 나오는 형태불변성 LS모델과 같다는 것을 보여 준다. 이 결과는 데이터가 오직 세 시점으로부터 분석되었다는 사실에 의해 설명이 가능하다. 세 시점에서는 LS 요인의 고차원적 공분산 구조가 LST모델에서는 포화되는데, 이는 속성요인에 대한 State2와 State3의 부하량들에 대한 어떠한 과대식별 제약들(overidentifying restrictions)이 포함되지 않기 때문이다.

평균구조 역시 포화되는데, 이는 잠재속성 평균 혹은 절편 모수들에 대한 어떠한 과대식별 제약들이 설정되지 않기 때문이다. 따라서 포화모델은 어떠한 추가적인 자유도를 제공하지 못하고, 이로 인해 모델의 적합도는 비제약적인 LS모델의 적합도와 동일하게 된다. 이것은 우리가 세 시점 이상의 데이터를 분석하는 경우에는 달라질 수 있다. 네 번 혹은 그 이상의 시점들을 사용한다면 LST모델은 잠재상태요인들의 공분산 구조를 위한 검증 가능한 제약들을 포함하게 되고, 그 결과 구조모델은 더 이상은 포화되지 않는다.

```
Chi-Square Test of Model Fit

     Value                              3.541
     Degrees of Freedom                     3
     P-Value                           0.3155

RMSEA (Root Mean Square Error Of Approximation)

     Estimate                           0.024
     90 Percent C.I.                    0.000    0.100
     Probability RMSEA <= .05           0.615

CFI/TLI

     CFI                                1.000
     TLI                                0.998
```

```
SRMR (Standardized Root Mean Square Residual)

     Value                          0.008
Information Criteria
     Akaike (AIC)                1085.741
     Bayesian (BIC)              1176.404
     Sample-Size Adjusted BIC    1100.279
        (n* = (n + 2) / 24)
```

Mplus 모수추정치들(MODEL RESULTS)은 상태요인들이 속성요인에 대해 상당히 크고 통계적으로 유의한 부하량들을 가지는 것으로 나타났다(Trait by 아래 참조). State2와 State3에 대해 추정된 비표준화 요인부하량은 $\hat{\gamma}_2$와 $\hat{\gamma}_3$이다(각각 z=8.731과 8.805; State1의 부하량은 식별을 위하여 1로 고정되었다). 표준화 요인부하량들은 $\hat{\gamma}_1^{standardized}=.707$, $\hat{\gamma}_2^{standardized}=.782$, $\hat{\gamma}_3^{standardized}=.739$이다. 표준화 요인부하량들의 크기는 상당한 정도의 순순한 개인적 차이(상태요인들에 대한 개별적 차이들)가 고정적인 영향들(속성효과들)에 의해 설명된다는 것을 보여 준다. 이 결과는 잠재상태모델에서 잠재상태 변수들 간의 상당한 상관관계를 반영한다. 속성요인에 의해 설명되는 상태요인변수의 분산은 출력물의 R-SQUARE-Latent Variable 아래에 제시되어 있다(표준화 모델 결과들에 제시된). 잠재변수들(여기서는 LS 요인들)의 R^2값은 속성요인에 대한 표준화 요인부하량의 제곱값과 동일하다. $R_1^2=.707^2=.500$; $R_2^2=.787^2=.611$; $R_3^2=.739^2=.546$. 따라서 우울상태에 대한 순수한 개인적 차이의 50~61.1% 정도는 안정된(고정된) 개별적 성향에 의해 설명되고, 나머지 38.9~50% 정도는 특정시점의 영향에 의하여 설명된다.

```
MODEL RESULTS

                                                  Two-Tailed
                    Estimate    S.E.  Est./S.E.    P-Value

 STATE1    BY
    DEPDAD11     1.000      0.000   999.000     999.000
    DEPDAD21     0.700      0.049    14.248       0.000

 STATE2    BY
    DEPDAD12     1.000      0.000   999.000     999.000
    DEPDAD22     0.751      0.043    17.260       0.000

 STATE3    BY
    DEPDAD13     1.000      0.000   999.000     999.000
    DEPDAD23     0.755      0.047    16.087       0.000

 IS2    BY
    DEPDAD21     1.000      0.000   999.000     999.000
    DEPDAD22     0.612      0.375     1.629       0.103
    DEPDAD23     0.799      0.518     1.542       0.123

 TRAIT    BY
    STATE1       1.000      0.000   999.000     999.000
    STATE2       1.168      0.134     8.731       0.000
    STATE3       1.067      0.121     8.805       0.000

 IS2    WITH
    STATE1       0.000      0.000   999.000     999.000
    STATE2       0.000      0.000   999.000     999.000
    STATE3       0.000      0.000   999.000     999.000
    TRAIT        0.000      0.000   999.000     999.000

 Means
    TRAIT        1.584      0.027    58.184       0.000
```

```
 Intercepts
    DEPDAD11       0.000      0.000    999.000    999.000
    DEPDAD21       0.246      0.079      3.112      0.002
    DEPDAD12       0.000      0.000    999.000    999.000
    DEPDAD22       0.156      0.073      2.147      0.032
    DEPDAD13       0.000      0.000    999.000    999.000
    DEPDAD23       0.171      0.078      2.197      0.028
    STATE1         0.000      0.000    999.000    999.000
    STATE2        -0.209      0.214     -0.975      0.330
    STATE3        -0.060      0.194     -0.311      0.756

 Variances
    TRAIT          0.103      0.019      5.553      0.000
    IS2            0.011      0.008      1.390      0.164

 Residual Variances
    DEPDAD11       0.033      0.012      2.711      0.007
    DEPDAD21       0.028      0.009      3.091      0.002
    DEPDAD12       0.025      0.011      2.297      0.022
    DEPDAD22       0.036      0.007      5.351      0.000
    DEPDAD13       0.022      0.011      1.986      0.047
    DEPDAD23       0.035      0.008      4.592      0.000
    STATE1         0.103      0.016      6.308      0.000
    STATE2         0.089      0.017      5.146      0.000
    STATE3         0.098      0.017      5.901      0.000

STANDARDIZED MODEL RESULTS (STDYX Standardization)

                                                Two-Tailed
                    Estimate       S.E.  Est./S.E.    P-Value

 STATE1   BY
    DEPDAD11       0.928      0.028     32.979      0.000
    DEPDAD21       0.849      0.029     29.046      0.000
```

```
STATE2   BY
   DEPDAD12    0.950    0.023    41.661      0.000
   DEPDAD22    0.874    0.024    36.051      0.000

STATE3   BY
   DEPDAD13    0.953    0.025    38.686      0.000
   DEPDAD23    0.862    0.026    32.966      0.000

IS2   BY
   DEPDAD21    0.278    0.100     2.785      0.005
   DEPDAD22    0.155    0.062     2.502      0.012
   DEPDAD23    0.205    0.077     2.659      0.008

TRAIT   BY
   STATE1      0.707    0.046    15.245      0.000
   STATE2      0.782    0.045    17.409      0.000
   STATE3      0.739    0.046    16.188      0.000

IS2   WITH
   STATE1      0.000    0.000   999.000    999.000
   STATE2      0.000    0.000   999.000    999.000
   STATE3      0.000    0.000   999.000    999.000
   TRAIT       0.000    0.000   999.000    999.000

Means
   TRAIT       4.937    0.453    10.909      0.000

Intercepts
   DEPDAD11    0.000    0.000   999.000    999.000
   DEPDAD21    0.656    0.220     2.980      0.003
   DEPDAD12    0.000    0.000   999.000    999.000
   DEPDAD22    0.378    0.182     2.085      0.037
   DEPDAD13    0.000    0.000   999.000    999.000
   DEPDAD23    0.420    0.197     2.131      0.033
```

```
    STATE1        0.000     0.000   999.000    999.000
    STATE2       -0.435     0.440    -0.989      0.323
    STATE3       -0.130     0.416    -0.313      0.755

 Variances
    TRAIT         1.000     0.000   999.000    999.000
    IS2           1.000     0.000   999.000    999.000

 Residual Variances
    DEPDAD11      0.139     0.052     2.668      0.008
    DEPDAD21      0.201     0.067     3.026      0.002
    DEPDAD12      0.098     0.043     2.267      0.023
    DEPDAD22      0.212     0.042     5.081      0.000
    DEPDAD13      0.092     0.047     1.966      0.049
    DEPDAD23      0.215     0.049     4.417      0.000
    STATE1        0.500     0.066     7.634      0.000
    STATE2        0.389     0.070     5.534      0.000
    STATE3        0.454     0.067     6.741      0.000

R-SQUARE

    Observed                                        Two-Tailed
    Variable  Estimate   S.E.  Est./S.E.    P-Value

    DEPDAD11    0.861     0.052    16.490      0.000
    DEPDAD21    0.799     0.067    11.993      0.000
    DEPDAD12    0.902     0.043    20.830      0.000
    DEPDAD22    0.788     0.042    18.925      0.000
    DEPDAD13    0.908     0.047    19.343      0.000
    DEPDAD23    0.785     0.049    16.155      0.000
```

```
  Latent                                    Two-Tailed
 Variable Estimate    S.E.  Est./S.E.    P-Value

 STATE1      0.500    0.066      7.622      0.000
 STATE2      0.611    0.070      8.705      0.000
 STATE3      0.546    0.067      8.094      0.000
```

잠재평균 구조 역시 출력물에서 볼 수 있다. 이 모델에서 비표준화 잠재 속성평균은 1.584로 추정된다. State 2와 State 3의 절편들은 $\hat{\gamma}_{02} = -0.209$와 $\hat{\gamma}_{03} = -0.060$으로 추정된다. 이 값들은 첫 번째 상태요인에 비해 약간의 평균 차이를 보인다. 그러나 이러한 평균 차이들은 통계적으로 유의하지 않다($p \geq .33$).

LST 분석의 다음 단계는 보다 간결하고 실제적으로 의미 있는 모델을 얻기 위한 측정불변성에 대한 검증을 포함한다. 4장 1. '4) 시간에 따른 측정불변성의 검증'에서 LS모델을 위한 측정불변성 검증에 대해 기본적인 원리를 논의하였기 때문에 여기서는 더 이상 자세히 언급하지 않는다. LS모델에서 제시된 과정은 아주 쉽게 LST모델로 전환되고 적용될 수 있다.

LST모델들은 원론적으로는 일정한 속성값 주변으로 체계적이고 특정시점에 따른 변화를 반영하기 위한 변량모델(variability model)로서 발달되었다. 앞서 살펴봤듯이, 이 모델들은 잠재상태에 대한 특정시점의 영향으로부터 고정된 영향을 분리하기 위한 분산요소를 추정하는 데 사용된다. 다음 장들에서는 특정시점 효과 대 안정요소에 대해 상대적으로 덜 신경쓰고, 반대로 시간의 흐름에 따른 실제적인 변화에 초점을 두는 종단적 모델들을 다룰 것이다. 그러한 변화모델들은 특별히 속성이 실제적으로 변화된다는 것을 전제로 사용된다(고정된 설정 지점을 중심으로 단순히 변동성을 보여 주는 것이 아닌). 우리는 우선 경로분석과 구조방정식의 기본틀에서 변화를 측정하기 위한 '전통적' 모델들로 보이는 자기상관모델들을 설명한다.

3 자기회귀모델들

오랜 시간 동안 자기회귀모델들(autoregressive models; 예를 들어, Jöreskog, 1979a, 1979b)은 종단적 데이터를 분석하기 위한 방법의 중요한 기준으로 인식되었다. 잠재성장곡선모델들(LGCMs; 4장 '5. 잠재성장곡선모델들' 참조)의 발달로 자기회귀모델들은 다소 덜 유명해졌다(자기회귀모델들에 대한 비판, Hertzog & Nesselroade, 1987 참조). 그럼에도 불구하고, 자기회귀모델들은 종단연구들에서 다양한 주요 연구 질문에 대해 답을 하기 위하여 유용하다.

자기회귀모델들은 이전의 행동이 현재 행동의 최고의 예측인자라는 (상당히 타당한) 생각에 기초한다. 이러한 이유로 반복적으로 측정된 관측 혹은 잠재 변수들은 자기회귀모델에서 소위 **자기회귀성**을 통해서 연결된다([그림 4-14]에서 볼 수 있듯이, 관측변수의 자기회귀모델에서 경로계수 $\beta_1 - \beta_4$에 반영됨). 자기회귀(혹은 자기예측) 효과들의 강도와 시간에 따른 개인적 차이의 안정성은 자기회귀계수와 잔차분산의 정도를 살펴봄으로써 검증할 수 있다([그림 4-14]에서 잔차변수의 분산 ϵ_{jk}). 총분산 대비 잔차분산의 비율이 클 때 이것은 자기예측의 정도가 상당히 약하다는 것을 의미한다. 시간의 흐름에 따른 변화에 있어서 개인 간 차이를 나타낸다(측정오류를 반영하지 않는 관측 자기회귀모델들에서 그러한 오차는 큰 잔차분산에 대한 추가적 혹은 대안적 설명이 될 수 있다).

그러나 자기회귀모델 분석의 목적은 보통 하나의 개념이 시간의 흐름에 따라 안정적인(혹은 변화는) 정도를 결정짓기 위한 것만은 아니다. 종종 추가적인 목적은 모델에 포함된 외부요인들을 통하여 자기회귀 효과(들)에 의해 설명되지 않는 개인별 차이들을 예측하기 위함이다. 그러한 추가적인 변수들의 영향은 소위 **상호지연효과**(cross-lagged effect)에 의해 설명될 수 있다([그림 4-14]의 $\beta_5 - \beta_8$ 경로계수 참조). 상호지연효과들은 자기회귀효과들과 더불어 모델 내에 포함된 추가적 그리고 임시적으로 선행하는 변수들의 효과이다. 이를 살펴보는 목적은 자기회귀효과(들)로 설명되지 않고 '남겨진' 최소한의 부분을 설명하기 위함이다. 다시 말해, 변화의 원인이 될 수 있는 외부적 요인들에 의한 개인적 차이의 '불안정한' 부분들을 설명하기 위한 시도이다.

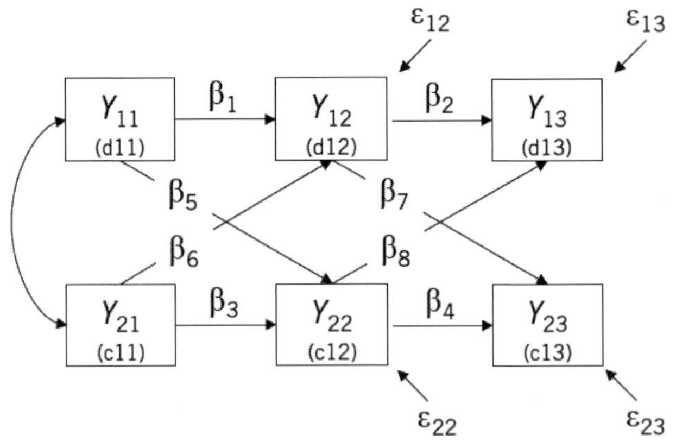

[그림 4-14] 세 측정시점(k=1, 2, 3)에서 두 개의 개념(j=1, 2; 우울과 자신감)을 측정하는 두 개의 관측변수 Y_{jk}(j=개념, k=시점)을 가진 관측 자기회귀모델

$\beta_1 \sim \beta_4$=자기회귀효과를 나타내는 경로계수; $\beta_5 \sim \beta_8$=상호지연효과를 나타내는 경로계수; ϵ_{jk} =잔차 변수들. Mplus에서 사용된 변수명들은 괄호 안에 나타남.

1) 관측자기회귀모델들

원래 자기회귀 그리고/혹은 상호지연 모델들은 관측변수들의 수준에서 배타적으로 설정되고([그림 4-14]에서 볼 수 있듯이, 때때로 **단일지표 모델**로 불림), 관측변수들을 사용한 분석들이 보편적이다. 이러한 모델들은 잠재변수가 없는 단순한 경로분석을 가리킨다(횡단데이터에 대한 관측경로모델들은 3장 5. '2) Mplus에서 관측경로 분석'에서 묘사되었다). 다음으로 Mplus에서 관측자기회귀모델들의 분석을 묘사하고, 4장 3. '2) 잠재자기회귀모델들'에서 측정오류를 명확하게 반영하는 잠재자기회귀모델들을 논의할 것이다.

글상자 4.8. 관측 자기회귀모델들의 예

여기서 우리는 두 개의 개념에 대한 종단데이터를 세 시점에 걸쳐 분석할 것이다(자기보고식 우울 및 자신감, N=586 아이들). 각 시점마다 6개월의 간격이 있다. depression-competence.dat 데이터는 여섯 개의 관측변수에 대한 요약데이터(평균, 표준편차, 그리고 상관관계)를 포함한다. 처음의 세 개의 변수는 반복적으로 실행된 우울척도를 포함한다(아동우울척도; Kovacs, 1985). 마지막 세 개의 변수는 다양한 자신감의 요약점수를 나타낸다[이 연구에 대한 자세한 사항은 Cole, Martin 그리고 Powers(1997)와 Cole, Martin, Powers 그리고 Truglio(1996)를 참조]. 우리의 목표는 여섯 개의 관측변수에 대한 관측 자기회귀모델을 추정하는 것이다. 이 모델에서 잠재적인 상호지연효과들뿐만 아니라 두 개념의 안정성을 검증하고자 한다.

* 이 예시를 위해 데이터를 제공해 준 David A. Cole에게 감사의 말씀을 드린다.

[그림 4-15]는 [그림 4-14]에 제시된 상호지연효과들을 포함한 관측 자기회귀모델에 대한 Mplus 입력 파일을 보여 준다. 모델에서 자기회귀와 상호지연효과들은 부분 회귀계수들로 나타난다(**경로계수들**로도 불림; 3장 '5. 경로모델과 매개요인분석'과 비교). 따라서 이러한 효과들을 설정하기 위하여 Mplus 명령어 가운데 on 명령문이 사용된다. 앞에서 언급하였듯이, 이 모델은 관측경로분석의 특별한 경우로 종단적 데이터를 위한 모델이다.

모델 설정에서 중요한 부분은 [그림 4-14]에서 볼 수 있는 잔차 변수들이 서로 관련되지 않는다고 전제되는 것이다.

```
model: d12 on d11   ! 우울 T2로 가는 자기회귀 경로
              c11;  ! 우울 T2로 가는 상호지연 경로
       d13 on d12   ! 우울 T3로 가는 자기회귀 경로
              c12;  ! 우울 T3로 가는 상호지연 경로;

       c12 on c11   ! 자신감 T2로 가는 자기회귀 경로
              d11;  ! 자신감 T2로 가는 상호지연 경로
       c13 on c12   ! 자신감 T3로 가는 자기회귀 경로
              d12;  ! 자신감 T3로 가는 상호지연 경로

     d13 with c13@0;  ! T3 잔차 상관관계를 0으로 고정
```

[그림 4-15] [그림 4-14]에 제시된 세 측정시점에서의 단순관측자기회귀모델을 설정하기 위한 Mplus 입력 파일

이는 세 번째 시점에서 잔차들을 위해 명확하게 설정되었는데, 그 이유는 Mplus에서 초기설정으로 이 잔차 변수들 사이의 잔차 상관관계를 추정하기 때문이다. 이러한 이유로 모델 설정에서 다음과 같은 명령어를 추가한다.

```
d13 with c13@0;
```

이 명령어는 Mplus 초기설정을 덮어쓰고 최종 결과변수들에 대한 잔차 상관관계를 0으로 고정한다. 다른 모든 잔차 상관관계는 Mplus에서 자동적으로 0으로 설정된다(간단히 살펴보면, 비상관 잔차들을 포함한 원 모델이 데이터와 잘 적합하지 않기 때문에 이 제약은 다음 단계의 분석에서 완화될 것이다).

Mplus에서 보고된 모델적합도 지수들은 이 모델이 자료에 대한 적합도가 매우 나쁘게 나타났다는 것을 보여 준다. $\chi^2 = 201.90$, $df = 6$, $p < .001$, $CFI = 0.86$, $RMSEA = 0.24$, $SRMR = .009$(전체 출력물은 웹사이트에서 확인 가능). 이 경우에서 적합도의 부족은 이 모델이 같은 시간대의 잔차들 사이의 상관관계를 허용하지 않았기 때문으로 설명된다. 이 예에서 추가적인 모수들의 추정이 필요한 이유는 LST 이론에 기반해서 보면 동시간대의 우울과 자신감 사이에는 공유된 특수한 효과들이 존재하기 때문이다.

다시 말해, 스스로를 우울하다고 평가한 아이들은 동시에 자신감이 낮다고 보고할 가능성이 높다는 것이다. 이러한 특수한 상황(시점)에 기반한 효과들은 [그림 4-14]에서 볼 수 있는 비상관 잔차변수들을 가진 표준화 자기회귀모델에서는 충분히 설명되지 않는다. 이것은 동시간대의 잔차 변수들 간의 상관관계를 허용함으로써 수정할 수 있다([그림 4-16] 참조).

특수한 상황 효과들과 더불어 현재의 예는 수용할 만한 적합도를 이루기 위하여 이차 자기회귀효과들 역시 포함할 필요가 있다. 이차 자기회귀효과들은 인접하지 않은 시점들 사이의 자기회귀효과들이다([그림 4-16]에서 경로계수 β_9와 β_{10}으로 표현됨). 확장된 모델에 대한 Mplus 모델 명령문은 [그림 4-17]에 제시되어 있다. 이 모델은 데이터와 잘 부합한다. $\chi^2=2.74$, $df=2$, $p=.25$, $CFI=0.999$, $RMSEA=0.03$, $SRMR=.001$. 더불어 잔차 변수들의 상관관계와 이차 자기회귀효과들이 없는 원 모델보다는 유의미하게 적합도가 좋다. $\triangle\chi^2=199.16$, $\triangle df=4$, $p<.001$. AIC 값 역시 [그림 4-16]의 덜 제약적인 모델(AIC=2493.08)이 더 선호된다는 것을 나타낸다([그림 4-14]의 모델에 대한 AIC 값은 2690.01이다). 다음으로 확장된 모델에 대한 모델추정치들이 제시된다.

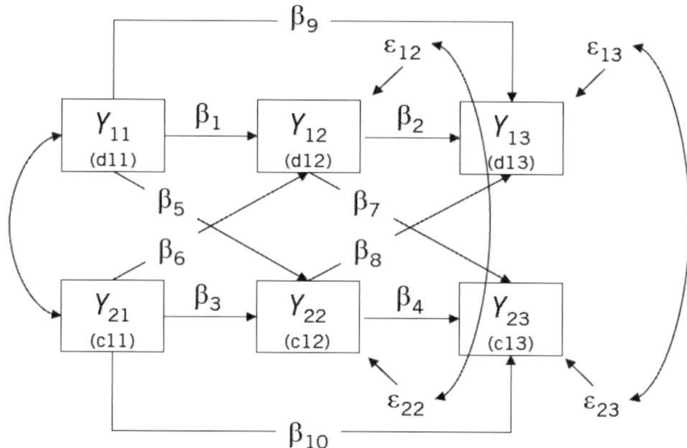

[그림 4-16] 세 측정시점(k=1, 2, 3)에서 두 개의 개념(j=1, 2; 우울과 자신감)을 측정하는 두 개의 관측변수 Y_{jk}(j=개념, k=시점)로 구성된 관측 자기회귀모델

$\beta_1 \sim \beta_4$ =일차 자기회귀효과들을 나타내는 경로계수; β_9과 β_{10} =이차 자기회귀효과들을 나타내는 잠재경로계수; $\beta_5 \sim \beta_8$ =상호지연효과들을 나타내는 경로계수; ϵ_{jk} =잔차 변수. [그림 4-14]에서 볼 수 있는 모델과 달리, 이 모델은 동일 측정시점에서 잔차 변수들 사이의 상관관계뿐만 아니라 이차 자기회귀효과들도 허용함. Mplus에서 사용된 변수명은 괄호 안에 나타남.

```
model: d12 on d11  ! 우울 T2로 가는 자기회귀 경로
              c11; ! 우울 T2로 가는 상호지연 경로
       d13 on d12 d11  ! 우울 T3로 가는 자기회귀 경로
              c12; ! 우울 T3로 가는 상호지연 경로;

       c12 on c11  ! 자신감 T2로 가는 자기회귀 경로
              d11; ! 자신감 T2로 가는 상호지연 경로
       c13 on c12 c11  ! 자신감 T3로 가는 자기회귀 경로
              d12; ! 자신감 T3로 가는 상호지연 경로

  d12 with c12; ! T2 잔차 상관관계
  d13 with c13; ! T3 잔차 상관관계
```

[그림 4-17] [그림 4-16]에 제시된 이차 자기회귀효과들과 상관된 잔차 변수들을 가지는 확장된 자기회귀모델 설정을 위한 Mplus 모델 명령어

```
MODEL RESULTS

                                                Two-Tailed
                  Estimate     S.E.  Est./S.E.    P-Value
 D12      ON
    D11              0.526    0.037     14.225      0.000
    C11             -0.085    0.020     -4.184      0.000

 D13      ON
    D12              0.510    0.040     12.782      0.000
    D11              0.156    0.035      4.411      0.000
    C12             -0.056    0.020     -2.749      0.006

 C12      ON
    C11              0.422    0.037     11.352      0.000
    D11             -0.392    0.068     -5.786      0.000
```

```
C13      ON
   C12          0.386    0.044     8.797      0.000
   C11          0.192    0.037     5.181      0.000
   D12         -0.436    0.072    -6.066      0.000

D12      WITH
   C12         -0.040    0.005    -8.067      0.000

D13      WITH
   C13         -0.035    0.005    -7.868      0.000

Intercepts
   D12          0.288    0.050     5.789      0.000
   D13          0.210    0.050     4.198      0.000
   C12          1.335    0.091    14.640      0.000
   C13          0.995    0.107     9.322      0.000

Residual Variances
   D12          0.061    0.004    17.117      0.000
   D13          0.051    0.003    17.117      0.000
   C12          0.206    0.012    17.117      0.000
   C13          0.207    0.012    17.117      0.000

STANDARDIZED MODEL RESULTS (STDYX Standardization)

                                              Two-Tailed
                Estimate    S.E.  Est./S.E.    P-Value

D12      ON
   D11          0.531    0.033    15.947      0.000
   C11         -0.156    0.037    -4.209      0.000
```

```
D13    ON
   D12            0.517     0.037    13.820       0.000
   D11            0.160     0.036     4.426       0.000
   C12           -0.100     0.036    -2.754       0.006

C12    ON
   C11            0.440     0.036    12.214       0.000
   D11           -0.224     0.038    -5.872       0.000

C13    ON
   C12            0.361     0.040     9.128       0.000
   C11            0.187     0.036     5.214       0.000
   D12           -0.231     0.038    -6.150       0.000

D12    WITH
   C12           -0.353     0.036    -9.778       0.000

D13    WITH
   C13           -0.344     0.036    -9.434       0.000

Intercepts
   D12            0.909     0.159     5.718       0.000
   D13            0.674     0.163     4.146       0.000
   C12            2.386     0.197    12.142       0.000
   C13            1.663     0.200     8.315       0.000

Residual Variances
   D12            0.610     0.031    19.374       0.000
   D13            0.526     0.030    17.590       0.000
   C12            0.657     0.032    20.657       0.000
   C13            0.579     0.031    18.679       0.000
```

```
R-SQUARE

    Observed                                 Two-Tailed
    Variable Estimate   S.E.  Est./S.E.   P-Value

    D12          0.390    0.031   12.403      0.000
    D13          0.474    0.030   15.875      0.000
    C12          0.343    0.032   10.800      0.000
    C13          0.421    0.031   13.602      0.000
```

모든 자기회귀효과(일차와 이차효과 포함)는 통계적으로 유의하다(D12 ON D11, D13 ON D12 D11, C12 ON C11, 그리고 C13 ON C12 C11 아래의 추정된 경로계수들과 p값을 참조). 이것은 우울과 자신감에 있어서 상당한 비율의 개인별 차이가 시간의 흐름에 따라 안정적으로 유지된다는 것을 나타낸다. 그럼에도 불구하고, 개인별 차이는 시간의 경과에 따라 완벽하게 고정되지는 않는다. 우울과 자신감에서 '불안정성'의 일부는 상호지연효과에서 보여지듯이 서로 다른 개념의 선행점수들 사이에서 임시적인 관계에 기인한다. 유의미한 상호지연효과는 사전에 우울 정도를 통제했을 때 덜 자신감을 가진 개인들이 이후 시점에서 높은 우울 점수를 보이는 것으로 해석될 수 있다. 반대로 높은 우울을 보고한 아이들은 사전에 자신감의 정도가 통제될 때에도 낮은 수준의 자신감을 이후 시점에서 보일 수 있다.

이러한 점에서 특별히 재미있는 부분은 우울에서 자신감으로 연결되는 상호지연효과(표준화된 회귀계수들 $\hat{\beta}^{\text{standardized}} = -0.224$와 -0.231)의 추정치가 자신감에서 우울로 가는 상호지연효과들(표준화된 회귀계수들 $\hat{\beta}^{\text{standardized}} = -0.156$과 -0.100)보다 더 크다는 것이다. 전반적으로 상호지연효과들은 자기회귀경로계수들에 비하면 상대적으로 적은데, 이는 상호지연효과들이 모델에서 개인별 차이에 대한 적은 범주만(유의하다 하더라도)을 설명하기 때문이다.

잔차변수들 사이의 상관관계는 통계적으로 유의미하고 중간 크기(rs=−.35와 −.34, ps<.001)로, 동시에 측정된 우울과 자신감 점수 사이에서 자기회귀와 상호지연효과들을 제외하고도 적은 정도의 공유된 분산이 있다는 것을 나타낸다. 이러한 상관관계들은 두 개념 모두에 동시에 영향을 주는 공유된 특수한 상황 효과들에 기인한다.

R^2 값은 자기회귀와 상호지연효과들에 의해 설명되는 내생변수들(T2와 T3)의 분산의 정도를 나타낸다. 전체적으로 우울에서의 39%의 개인별 차이와 자신감에서 47.4%의 개인별 차이가 T2에서 설명된다. T3에서 설명되는 분산의 정도는 우울은 34.3%, 자신감은 42.1%이다. 남아 있는 퍼센트는 모델에서 반영되지 않는 다른 영향들, 공유된 특수한 상황효과들, 그리고 임의 측정오류들에 의한 것이다. 모든 이러한 영향은 잔차 변수들 ϵ_{jk}에 의해 대변된다. 신뢰할 만한 개인별 차이에서 임의 측정오류를 분리시키는 잠재 자기회귀모델들은 다음 장에서 논의될 것이다.

2) 잠재자기회귀모델들

이전 장에서 논의된 모델들은 관측변수들에 기반한다. 결과적으로, 이러한 모델들은 다른 관측회귀 혹은 경로모델들에서와 같은 문제들을 가지는데(3장 '2. 관측변수들로 이뤄진 단순선형회귀분석'과 3장 5. '2) Mplus에서 관측경로분석' 참조), 즉 측정오류가 명백하게 설명되지 못하고 그로 인해 경로계수들과 그들의 표준오차들이 편향될 수 있다. 자기회귀모델의 맥락에서 이는 안정성, 변화, 그리고/혹은 상호지연효과들의 추정과 통계적 유의도 검증에 있어서 편향을 초래할 수 있다.

잠재변수들을 가진 자기회귀모델들(잠재 자기회귀모델들, LAMs)은 각 시점에서 다중지표들을 사용하여 임의 측정오류를 명백히 설명한다. LAMs는 측정모델의 검증, 지표의 특수한 효과들의 모델링, 그리고 시간의 흐름에 따른 측정불변성의 정도를 검증할 수 있다는 추가적인 장점들을 가진다(4장 1. '4) 시간에 따른 측정불변성의 검증'과 비교). 이 모델들은 Jöreskog(1979a, 1979b)와 Hertzog와 Nesselroade(1987)에서 자세히 논의되었다.

LAMs는 4장 1. '2) Mplus에서 LS모델의 분석'에서 묘사된 잠재상태 모델에 기반한다. LAMs는 잠재상태들의 공분산들을 자기회귀 구조를 적용함으로써 제약한다. 상호지연모델들은 기본적인 잠재상태 모델의 다중개념 버전에 기반하고, 추가적으로 잠재상태 변수들 사이의 상호지연효과들을 포함한다. [그림 4-18]은 두 개의 개념에 대한 모델을 보여 주는데, 각각은 세 시점에서 두 개의 관측변수 Y_{ijk}로 측정된다(i=지표, j=개념, k=시점). 구조모델(잠재상태 변수들 사이의 경로를 포함)은 [그림 4-14]에 있는 비상관 잔차 변수들을 가지는 관측 일차자기회귀모델과 동일하다.

잠재 자기회귀분석에 대한 좋은 시작점은 4장 '1. 잠재상태분석'에 논의된 기본적인 잠재상태 모델이다. 이 모델은 기술적인 쟁점들, 가령 (1) 기본적인 측정모델이 각각의 개념에 적합한지, (2) 지표의 특수한 요인들이 지표의 이질성으로 인해 포함되어야 하는지, 그리고 (3) 시간의 흐름에 따라 어떠한 수준의 측정불변성이 각각의 개념에 대해 전제될 수 있는지를 명확히 하는 데 사용될 수 있다. 최적의 LS모델은 상호지연효과들을 포함 혹은 포함하지 않는 LAMs를 설정하기 위한 기초가 될 수 있다.

글상자 4.9. LAMs의 예

다음에서 우리는 우울과 자신감 데이터를 위해 다중지표 LAM이 어떻게 설정될 수 있는지를 보여줄 것이다. 이 예에서 우리는 [그림 4-18]에서처럼 매 시점에서 각각의 잠재상태를 위한 두 가지 지표를 사용할 것이다. 두 개의 지표를 얻기 위하여 우울과 자신감 척도들은 매 시점마다 문항들을 하나가 아닌 두 개의 분리된 총합 점수로 배정함으로써 두 개의 부분('parcels')으로 분할된다. 569명의 아동에 대한 요약 데이터는 웹사이트에 depression-competence-latent.dat 파일 안에 제공된다. 또 다른 장점들 중 LAM은 (1) 관측 자기회귀모델에서 효과들이 임의 측정오류에 의해 부분적으로 편향되었는지를 명확히 할 수 있고, (2) 좀 더 적절히 자기효과와 상호지연 계수들을 추정할 수 있고, (3) 각각의 척도에서 신뢰할 수 있는 혹은 없는 정도를 수량화할 수 있다.

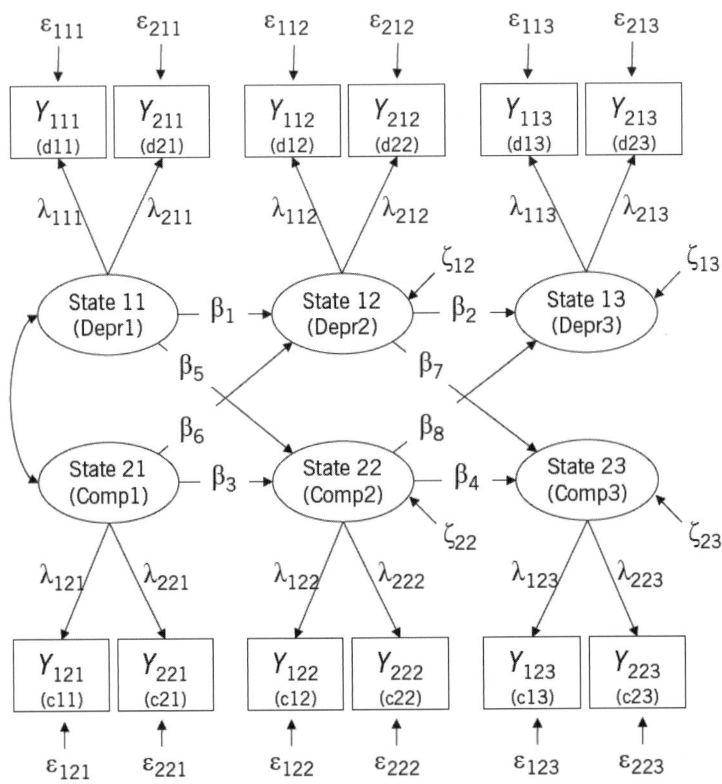

[그림 4-18] 세 측정시점(k=1, 2, 3)에서 두 개념(j=1, 2; 우울과 자신감)을 측정하는 12가지의 관측지표 Y_{ijk}(i=지표, j=개념, k=시점)의 잠재 자기회귀모델

λ_{ijk} =상태요인부하량; $\beta_1 \sim \beta_4$ =자기회귀효과들을 나타내는 잠재경로계수; $\beta_5 \sim \beta_8$ =상호지연효과들을 나타내는 잠재경로계수; ϵ_{ijk} =측정오차 변수들; ζ_{jk} =잠재상태 잔차 변수. Mplus에서 사용된 변수명들은 괄호 안에 표시됨.

[그림 4-19]는 [그림 4-18]로부터 나온 LAM의 추정치를 위한 입력 파일들을 보여 준다. 간단하게, 지표의 특수한 요인들이 포함되지 않은 단순 모델을 먼저 보여 준다. 그 다음으로 지표의 특수한 효과들을 설명하는 보다 복잡한 모델을 논의할 것이다.

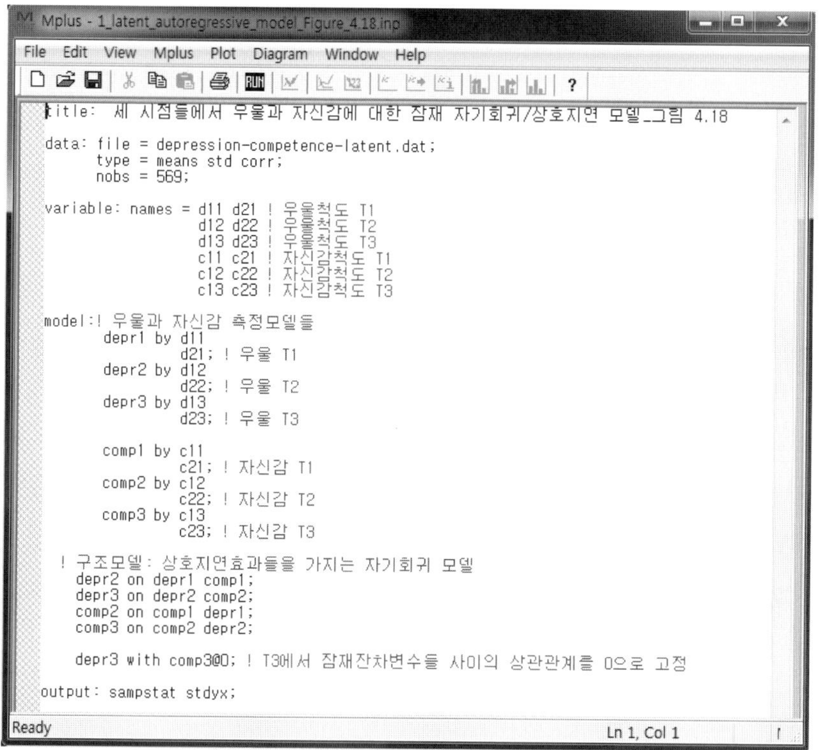

Mplus - 1_latent_autoregressive_model_Figure_4.18.inp

File Edit View Mplus Plot Diagram Window Help

```
title:  세 시점들에서 우울과 자신감에 대한 잠재 자기회귀/상호지연 모델_그림 4.18

data: file = depression-competence-latent.dat;
      type = means std corr;
      nobs = 569;

variable: names = d11 d21 ! 우울척도 T1
                  d12 d22 ! 우울척도 T2
                  d13 d23 ! 우울척도 T3
                  c11 c21 ! 자신감척도 T1
                  c12 c22 ! 자신감척도 T2
                  c13 c23 ! 자신감척도 T3

model:! 우울과 자신감 측정모델들
       depr1 by d11
                d21; ! 우울 T1
       depr2 by d12
                d22; ! 우울 T2
       depr3 by d13
                d23; ! 우울 T3

       comp1 by c11
                c21; ! 자신감 T1
       comp2 by c12
                c22; ! 자신감 T2
       comp3 by c13
                c23; ! 자신감 T3

  ! 구조모델: 상호지연효과들을 가지는 자기회귀 모델
    depr2 on depr1 comp1;
    depr3 on depr2 comp2;
    comp2 on comp1 depr1;
    comp3 on comp2 depr2;

    depr3 with comp3@0; ! T3에서 잠재잔차변수들 사이의 상관관계를 0으로 고정

output: sampstat stdyx;
```

Ready Ln 1, Col 1

[그림 4-19] [그림 4-18]에 제시된 세 측정시점에서의 단순 잠재자기회귀모델의 설정을 위한 Mplus 입력 파일

입력 파일은 기본적인 측정모델의 설정이 잠재상태 모델과 동일하다는 것을 보여 준다. 하나 차이가 있다면 두 개념을 동시에 고려한다는 것이다. 구조모델에서 자기회귀와 상호지연효과들은 on 명령문을 사용하여 포함한다. 명령어 depr3 with comp3@0;는 세 번째 시점에서 잔차의 상관관계

가 초기에 0으로 설정된다는 것을 의미한다(그렇지 않으면 Mplus는 이 상관관계를 관측모델에서와 같이 추정한다).

모델적합도의 분석은 이 모델이 데이터와 잘 적합하지 **않다는** 것을 보여 준다. $\chi^2 = 408.42$, $df = 45$, $p < .001$, $CFI = 0.93$, $RMSEA = 0.12$, $SRMR = 0.05$. 이는 특별히 매우 큰 카이제곱 값과 $RMSEA$ 값을 보여 준다. 이러한 이유로 이 모델에 대한 모수추정치들에 대해서는 여기서 논의하지 않는다(전체적인 출력물은 웹사이트에서 확인 가능). 나쁜 모델적합도는 여러 가지 요인으로 설명될 수 있다. 우선, 관측 자기회귀모델의 분석에서 잔차의 상관관계들과 이차 자기회귀효과들을 포함하는 것이 필요하다는 것을 이미 살펴보았다. 이러한 효과들은 LAM에서도 여전히 필요로 할 가능성이 높다. 게다가 다중지표 LAM에서는 시간의 흐름에 따라 같은 지표를 사용함으로 인해 생기는 지표의 특수한 효과들이 있을 수 있다(4장 1. '3) 지표의 특수한 효과들에 대한 모델화'과 비교).

LAM은 관측모델에서와 비슷한 방식으로 확장될 수 있다. 더불어 4장 1. '3) 지표의 특수한 효과들에 대한 모델화'의 잠재상태모델에서 논의했듯이, 지표의 특수한 요인들을 포함할 수도 있다. 이 확장된 모델은 [그림 4-20]에서 살펴볼 수 있다. [그림 4-21]은 그에 상응하는 Mplus 모델 명령어를 보여 준다.

확장된 모델이 여전히 유의미한 카이제곱 값을 보여 주지만 모델의 적합도는 [그림 4-18]의 모델과 비교해서는 매우 향상되었다. $\chi^2 = 46.72$, $df = 28$, $p = .02$, $CFI = 0.996$, $RMSEA = 0.03$, $SRMR = 0.02$. AIC 값의 비교 역시 보다 복잡한 모델($AIC = 2601.53$)이 초기 모델($AIC = 2929.24$)에 비해 더 선호된다는 것을 보여 준다. 다음으로, 보다 복잡한 모델에 대한 모델추정치들이 제시된다.

```
MODEL RESULTS

                                              Two-Tailed
                  Estimate    S.E.  Est./S.E.    P-Value
 DEPR1    BY
    D11              1.000    0.000   999.000    999.000
    D21              0.957    0.032    29.972      0.000

 DEPR2    BY
    D12              1.000    0.000   999.000    999.000
    D22              0.909    0.030    30.500      0.000

 DEPR3    BY
    D13              1.000    0.000   999.000    999.000
    D23              0.924    0.028    32.900      0.000

 ISD    BY
    D21              1.000    0.000   999.000    999.000
    D22              1.093    0.277     3.941      0.000
    D23              1.385    0.425     3.256      0.001

 COMP1    BY
    C11              1.000    0.000   999.000    999.000
    C21              1.031    0.059    17.501      0.000

 COMP2    BY
    C12              1.000    0.000   999.000    999.000
    C22              0.913    0.054    16.840      0.000

 COMP3    BY
    C13              1.000    0.000   999.000    999.000
    C23              0.857    0.049    17.346      0.000
```

```
ISC    BY
   C21          1.000    0.000  999.000   999.000
   C22          1.167    0.165    7.084     0.000
   C23          1.151    0.172    6.685     0.000

DEPR2    ON
   DEPR1        0.720    0.055   13.141     0.000
   COMP1       -0.030    0.034   -0.878     0.380

DEPR3    ON
   DEPR2        0.590    0.063    9.406     0.000
   DEPR1        0.153    0.051    3.033     0.002
   COMP2       -0.049    0.033   -1.471     0.141

COMP2    ON
   COMP1        0.693    0.071    9.715     0.000
   DEPR1       -0.208    0.100   -2.080     0.037

COMP3    ON
   COMP2        0.597    0.101    5.930     0.000
   COMP1        0.195    0.073    2.679     0.007
   DEPR2       -0.243    0.104   -2.338     0.019

ISD    WITH
   DEPR1        0.000    0.000  999.000   999.000
   DEPR2        0.000    0.000  999.000   999.000
   DEPR3        0.000    0.000  999.000   999.000
   COMP1        0.000    0.002    0.151     0.880
   COMP2       -0.002    0.002   -1.089     0.276
   COMP3        0.000    0.002   -0.242     0.809
```

```
ISC   WITH
   COMP1        0.000     0.000   999.000    999.000
   COMP2        0.000     0.000   999.000    999.000
   COMP3        0.000     0.000   999.000    999.000
   DEPR1       -0.011     0.004    -2.823      0.005
   DEPR2       -0.007     0.003    -2.601      0.009
   DEPR3       -0.008     0.003    -3.122      0.002
   ISD         -0.002     0.001    -1.622      0.105

DEPR2   WITH
   COMP2       -0.035     0.004    -8.310      0.000

DEPR3  WITH
   COMP3       -0.036     0.004    -8.584      0.000

COMP1  WITH
   DEPR1       -0.093     0.008   -11.127      0.000

Intercepts
   D11          0.306     0.013    22.757      0.000
   D21          0.274     0.013    21.672      0.000
   D12          0.274     0.013    20.497      0.000
   D22          0.253     0.013    20.079      0.000
   D13          0.283     0.013    21.352      0.000
   D23          0.256     0.013    20.152      0.000
   C11          2.074     0.024    85.370      0.000
   C21          2.121     0.026    82.201      0.000
   C12          2.091     0.024    88.301      0.000
   C22          2.115     0.025    83.180      0.000
   C13          2.082     0.025    82.382      0.000
   C23          2.184     0.025    85.819      0.000
```

```
 Variances
    DEPR1          0.085     0.006     13.491       0.000
    ISD            0.003     0.001      2.508       0.012
    COMP1          0.225     0.021     10.628       0.000
    ISC            0.054     0.012      4.578       0.000

 Residual Variances
    D11            0.018     0.002      8.220       0.000
    D21            0.010     0.002      5.108       0.000
    D12            0.014     0.002      6.928       0.000
    D22            0.014     0.002      7.801       0.000
    D13            0.010     0.002      5.251       0.000
    D23            0.008     0.002      3.802       0.000
    C11            0.111     0.012      9.473       0.000
    C21            0.086     0.011      7.648       0.000
    C12            0.084     0.011      7.546       0.000
    C22            0.094     0.012      8.178       0.000
    C13            0.087     0.013      6.982       0.000
    C23            0.085     0.011      7.693       0.000
    DEPR2          0.039     0.003     11.783       0.000
    DEPR3          0.038     0.003     12.569       0.000
    COMP2          0.096     0.013      7.650       0.000
    COMP3          0.102     0.013      7.901       0.000

STANDARDIZED MODEL RESULTS (STDYX Standardization)

                                                Two-Tailed
                Estimate    S.E.  Est./S.E.    P-Value

 DEPR1    BY
    D11            0.909     0.013     72.457       0.000
    D21            0.925     0.012     75.929       0.000
```

```
DEPR2    BY
   D12          0.929    0.011    82.978       0.000
   D22          0.896    0.013    71.363       0.000

DEPR3    BY
   D13          0.948    0.011    90.229       0.000
   D23          0.914    0.012    76.546       0.000

ISD    BY
   D21          0.193    0.038     5.013       0.000
   D22          0.211    0.041     5.215       0.000
   D23          0.266    0.046     5.721       0.000

COMP1    BY
   C11          0.818    0.022    36.435       0.000
   C21          0.794    0.023    34.255       0.000

COMP2    BY
   C12          0.858    0.021    40.148       0.000
   C22          0.729    0.026    28.125       0.000

COMP3    BY
   C13          0.871    0.021    42.281       0.000
   C23          0.741    0.026    28.907       0.000

ISC    BY
   C21          0.377    0.040     9.400       0.000
   C22          0.446    0.043    10.403       0.000
   C23          0.439    0.043    10.224       0.000

DEPR2    ON
   DEPR1        0.708    0.046    15.362       0.000
   COMP1       -0.048    0.055    -0.880       0.379
```

```
DEPR3    ON
   DEPR2         0.583    0.057    10.175       0.000
   DEPR1         0.149    0.049     3.048       0.002
   COMP2        -0.078    0.053    -1.475       0.140

COMP2    ON
   COMP1         0.678    0.057    11.966       0.000
   DEPR1        -0.125    0.060    -2.080       0.038

COMP3    ON
   COMP2         0.551    0.084     6.591       0.000
   COMP1         0.176    0.065     2.699       0.007
   DEPR2        -0.137    0.059    -2.330       0.020

ISD    WITH
   DEPR1         0.000    0.000   999.000     999.000
   DEPR2         0.000    0.000   999.000     999.000
   DEPR3         0.000    0.000   999.000     999.000
   COMP1         0.010    0.064     0.150       0.880
   COMP2        -0.091    0.082    -1.111       0.267
   COMP3        -0.020    0.083    -0.241       0.809

ISC    WITH
   COMP1         0.000    0.000   999.000     999.000
   COMP2         0.000    0.000   999.000     999.000
   COMP3         0.000    0.000   999.000     999.000
   DEPR1        -0.169    0.051    -3.295       0.001
   DEPR2        -0.157    0.059    -2.691       0.007
   DEPR3        -0.185    0.056    -3.307       0.001
   ISD          -0.152    0.087    -1.741       0.082

DEPR2    WITH
   COMP2        -0.570    0.051   -11.108       0.000
```

```
DEPR3    WITH
   COMP3        -0.570     0.049   -11.625       0.000

COMP1   WITH
   DEPR1        -0.675     0.032   -21.093       0.000

Intercepts
   D11           0.954     0.051    18.870       0.000
   D21           0.909     0.050    18.254       0.000
   D12           0.859     0.049    17.521       0.000
   D22           0.842     0.049    17.264       0.000
   D13           0.895     0.050    18.049       0.000
   D23           0.845     0.049    17.323       0.000
   C11           3.579     0.114    31.374       0.000
   C21           3.446     0.110    31.414       0.000
   C12           3.702     0.117    31.514       0.000
   C22           3.487     0.111    31.443       0.000
   C13           3.454     0.111    31.226       0.000
   C23           3.598     0.114    31.647       0.000

Variances
   DEPR1         1.000     0.000   999.000     999.000
   ISD           1.000     0.000   999.000     999.000
   COMP1         1.000     0.000   999.000     999.000
   ISC           1.000     0.000   999.000     999.000

Residual Variances
   D11           0.174     0.023     7.652       0.000
   D21           0.107     0.022     4.907       0.000
   D12           0.136     0.021     6.538       0.000
   D22           0.152     0.021     7.249       0.000
   D13           0.101     0.020     5.060       0.000
   D23           0.091     0.025     3.703       0.000
   C11           0.331     0.037     9.004       0.000
```

```
    C21          0.227    0.032      7.146        0.000
    C12          0.265    0.037      7.219        0.000
    C22          0.256    0.033      7.652        0.000
    C13          0.241    0.036      6.702        0.000
    C23          0.230    0.032      7.209        0.000
    DEPR2        0.450    0.034     13.290        0.000
    DEPR3        0.425    0.031     13.604        0.000
    COMP2        0.410    0.043      9.547        0.000
    COMP3        0.369    0.038      9.642        0.000

R-SQUARE

    Observed Two-Tailed
    Variable Estimate S.E. Est./S.E. P-Value

    D11          0.826    0.023     36.229        0.000
    D21          0.893    0.022     41.054        0.000
    D12          0.864    0.021     41.489        0.000
    D22          0.848    0.021     40.347        0.000
    D13          0.899    0.020     45.115        0.000
    D23          0.909    0.025     36.837        0.000
    C11          0.669    0.037     18.218        0.000
    C21          0.773    0.032     24.327        0.000
    C12          0.735    0.037     20.074        0.000
    C22          0.744    0.033     22.263        0.000
    C13          0.759    0.036     21.141        0.000
    C23          0.770    0.032     24.147        0.000

     Latent Two-Tailed
    Variable Estimate S.E. Est./S.E. P-Value

    DEPR2        0.550    0.034     16.267        0.000
    DEPR3        0.575    0.031     18.403        0.000
    COMP2        0.590    0.043     13.765        0.000
    COMP3        0.631    0.038     16.494        0.000
```

구조모델을 포함한 모수추정치들은 관측 자기회귀모델과 비교했을 때 몇 가지 흥미로운 차이점을 보인다. 전체적으로 구조모델에 대한 추정된 R^2값(R-SQUARE-Latent Variable)이 관측모델에서의 값(.39≤R^2≤.47)보다 LAM(.55≤R^2≤.63)에서 보다 크게 나타나는 것을 볼 수 있다. 다시 말해, LAM이 T2와 T3 시점에서 우울과 자신감 개념의 분산을 관측모델보다 더 많이 설명할 수 있다는 것이다.

또 다른 측면에서 관측 경로모델에서 유의미한 것으로 나타났던 자신감에서 우울로 가는 상호지연효과들은 LAM에서는 유의하지 않은 것으로 나타났다(반면에 우울에서 자신감으로 가는 상호지연효과들은 여전히 유의하다). LAM에서 보다 큰 R^2값은 일차적으로 일차 자기회귀효과들이 이 모델에서 더 크게 추정된다는 사실에 의해 설명될 수 있다[표준화된 일차 잠재자기회귀 경로계수들: $0.55 \leq \hat{\beta}^{\text{standardized}} \leq 0.71$; STANDARDIZED MODEL RESULTS(STDYX Standardization)에서 보고된 결과들 참조]. 관측모델의 경우는 $0.36 \leq \hat{\beta}^{\text{standardized}} \leq 0.53$이다. 이러한 결과는 관측모델에서 측정오류가 명확히 반영되지 못함으로 인하여 개인적 차이의 실제적인 안정성이 과소 추정된다는 것을 나타낸다.

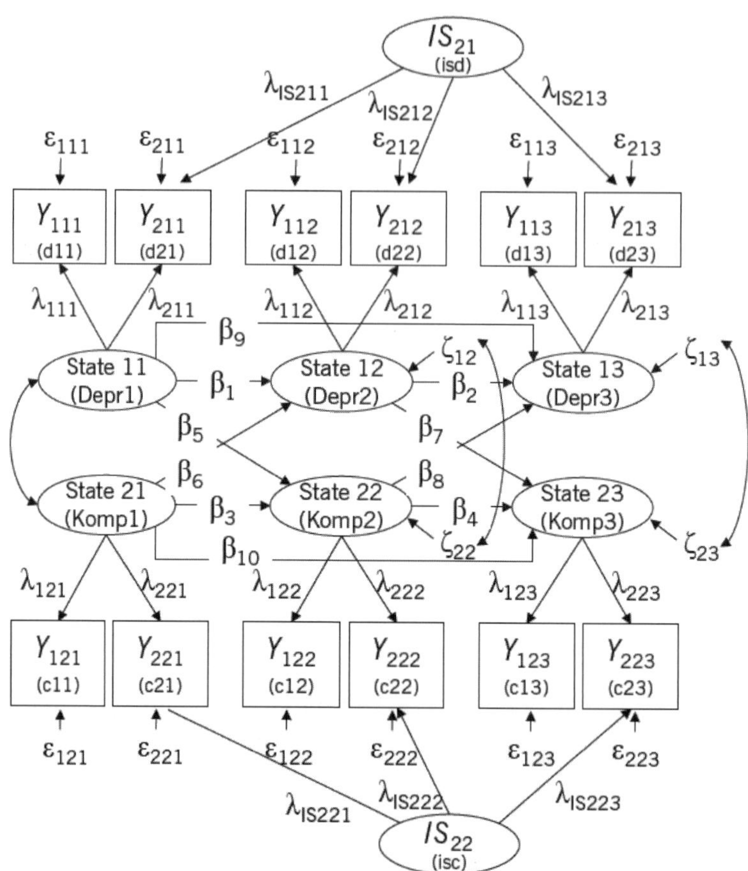

[그림 4-20] 세 측정시점(k=1, 2, 3)에서 두 개념(j=1, 2; 우울과 자신감)을 측정하는 12가지의 관측지표 Y_{ijk}(i=지표, j=개념, k=시점)의 잠재 자기회귀모델

λ_{ijk} =상태요인부하량; λ_{IS2jk} =지표의 특수한 요인들에 대한 부하량 IS_{2j}; $\beta_1 \sim \beta_4$ =일차 자기회귀효과들을 나타내는 잠재경로계수; β_9과 β_{10} =이차 자기회귀효과들을 나타내는 잠재경로계수; $\beta_5 \sim \beta_8$ =상호지연효과들을 나타내는 잠재경로계수; ϵ_{jk} =측정오차 변수; ζ_{jk} =잠재상태 잔차 변수. [그림 4-18]의 모델과 달리, 이 모델은 이차 자기회귀효과들, 동일 측정시점에서 잔차 변수들의 상관관계, 그리고 두 번째 지표에 대한 지표의 특수한 요인들 IS_{2j}를 허용한다. 복잡함을 피하기 위하여 변수들의 모든 상관관계를 그림 안에 제시하지는 않았다. Mplus에서 사용된 변수명들은 괄호 안에 표시됨.

```
model:! 우울과 자신감 측정모델들
       depr1 by d11
                d21; ! 우울 T1
       depr2 by d12
                d22; ! 우울 T2
       depr3 by d13
                d23; ! 우울 T3

     isd by d21 d22 d23; ! 지표의 특수한 요인_우울
     isd with depr1-depr3@0; ! 우울상태/잔차 요인들과 상관관계를 갖지않음
     isd with comp1 comp2 comp3; ! 나머지 요인들/잔차들과는 상관관계를 가질 수 있음

       comp1 by c11
                c21; ! 자신감 T1
       comp2 by c12
                c22; ! 자신감 T2
       comp3 by c13
                c23; ! 자신감 T3

    isc by c21 c22 c23; ! 지표의 특수한 요인_자신감
    isc with comp1-comp3@0; ! 자신감상태/잔차 요인들과 상관관계를 갖지않음
    isc with depr1 depr2 depr3; ! 나머지 요인들/잔차들과는 상관관계를 가질 수 있음

  ! 구조모델: 상호지연효과들을 가지는 자기회귀 모델
  ! 이차 자기회귀 효과들을 포함
    depr2 on depr1 comp1;
    depr3 on depr2 depr1 comp2;
    comp2 on comp1 depr1;
    comp3 on comp2 comp1 depr2;

    depr2 with comp2; ! T2 시점에서 잠재 잔차변수들 사이의 상관관계를 허용
    depr3 with comp3; ! T3 시점에서 잠재 잔차변수들 사이의 상관관계를 허용
```

[그림 4-21] [그림 4-20]에 제시된 이차 자기회귀효과들, 상관된 잠재 잔차변수들, 그리고 지표의 특수한 요인들을 가진 확장된 잠재자기회귀모델을 설정하기 위한 Mplus 모델 명령어

요약하면, 이상의 분석들은 종단적 데이터를 분석하는 데 잠재변수모델들을 사용하는 것의 장점을 소개하였다. 이러한 모델들은 측정오류를 교정하고 따라서 변수들의 복잡한 관계에 대한 보다 정확한 분석을 가능하게 한다. 현재의 예에서 특별히 자신감을 측정하는 척도들은 상대적으로 낮은 신뢰도를 보여 준다(.67≤R^2≤.77; R-SQUARE-Observed Variable, 변수 C11-C23 아래에 보고된 값들을 참조). 우울의 지표들은 완벽하지는 않지만 높은 신뢰도를 보여 준다(.83≤R^2≤.91; R-SQUARE-Observed Variable, 변수들 D11-D23 아래에 보고된 값들을 참조).

불완전한 신뢰도는 관측과 잠재 회귀모델 사이의 결과에서 차이가 나타나는 하나의 이유가 된다. 추가적인 이유는 상대적으로 큰 특수한 시점(occasion-specific effects) 효과들로 나타나는 자신감 척도(자신감 척도는 상당히 이질적인 항목들로 구성됨)의 상당히 큰 정도의 특정 분산에 기인할

수 있다(지표의 특수한 요인에 대한 표준화 요인부하량 ISC: .377≤ $\hat{\lambda}^{\text{standardized}}$ ≤.446).

잠재상태분석에서처럼 시간의 경과에 따라 측정모델 모수들의 불변성의 정도는 LAM을 위하여 연속적인 분석단계로 검증되어야 한다(측정불변성에 대한 검증 가능성은 관측모델을 넘어선 LAM의 또 다른 장점이다). 여기서는 불변성 검증의 원칙이 4장 1. '4) 시간에 따른 측정불변성의 검증'에서 LS모델을 위한 자세한 설명으로 이미 다루어졌다는 것을 전제로 논의하지 않는다. 잠재상태모델에서 보았던 단계들이 LAM에서도 그대로 적용될 수 있다. 웹사이트는 시간의 흐름에 따라 강한 요인불변성을 가정하는 LAM 버전의 입력 파일 표본을 제공한다.

4 잠재변화모델들

잠재변화모델들(latent change models; McArdle & Hamagmi, 2001; Raykov, 1993; Steyer et al., 1997, 2000)에서 변화는 자기회귀(자기회귀모델들에서처럼)에서 잔차 변수들을 통하여 '간접적으로' 측정되지는 않지만, 소위 **잠재차이 변수들(latent difference variables)**로 불리는 것을 통해서 직접적으로 측정된다. 잠재차이변수들은 시간의 흐름에 따른 순수한 개인 내부(Intraindividual) 변화에서 개인 간(interindividual) 차이를 나타낸다. 즉, **임의** 측정오류를 교정한 변화점수들이다. 이러한 이유로 이러한 유형의 모델들은 **순수변화모델들**로 불리기도 한다(Steyer et al., 1997). 잠재차이변수들은 이 접근에서 매우 중요하기 때문에 잠재변화모델들은 때때로 **잠재차이모델들(latent difference models)**로 불린다.

잠재차이변수들은 LS모델들(4장 '1. 잠재상태 분석' 참조)을 재구조화하는 상대적으로 단순한 방법을 통하여 구조방정식모델에 포함될 수 있다. [그림 4-22]에서는 두 시점에서 두 개의 지표로 측정된 하나의 개념에 대해서 LS모델(A)에서 LC모델(B)로 재모수화되는 것을 묘사하고 있다. LC모델의 기본적인 아이디어는 시점 2에서 잠재상태변수(State 2)는 초기 잠재상태변수(State 1)에 (1배) 변화(잠재차이변수 State 2−State 1 측면에서)를 더하는 함수식이다.

$$\text{State 2} = 1\ \text{State 1} + 1\ (\text{State 2} - \text{State 1})$$

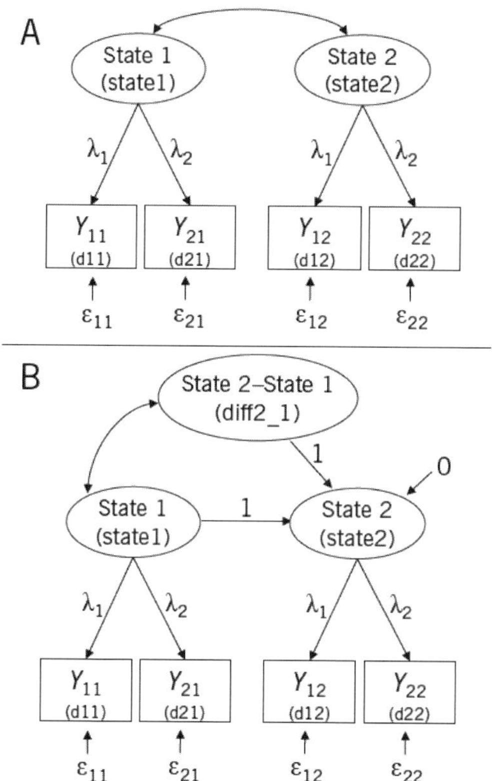

[그림 4-22] 두 측정시점에서 두 개의 지표 Y_{ik}(i=지표, k=시점)로 측정된 우울의 잠재상태 모델과 그에 상응하는 잠재변화(LC) 모델

λ_i =시간불변적 상태요인부하량; ϵ_{ik} =측정오류 변수. A: LS모델. B: LC모델. Mplus에서 사용된 변수명은 괄호 안에 표시됨.

이러한 분해는 전혀 제약적이지 않다. 우리는 하나의 변수(요인 State 1)를 다른 변수에 추가하고(여기서는 요인 State 2), 이 변수를 동시에 뺐다. 초기 상태에서 변화를 더하는 형태로의 분해는 잠재상태모델에서 [그림 4-22]의 B에서와 같이 추가적인 잠재변수, 잠재차이변수(State 2-State 1)를 포함시킴으로써 달성할 수 있다. 이것은 잠재차이가 추가적인 잠재변수의 형태로 명백하게 모델의 일부가 된다는 것을 의미하고, 이는 잠재(오류로부터 자유로운) 수준에서 개인 내부의 변화로 개인 간 차이를 연구하는 것을 가능하게 한다.

잠재차이변수는 구조방정식에서 다른 잠재변수처럼 사용될 수 있다. 예를 들어, 잠재차이변수는 다른 변수들과 상관관계를 맺거나 혹은 확장된 구조방정식모델에서 외생(예측) 혹은 내생(기준) 변수로 역할을 할 수 있다. 연구자들은 종종 시간의 흐름에 따른 변화에서 개인 간 차이를 설명하는 데 관심을 가진다(즉, 왜 몇몇 사람은 다른 사람들보다 더 변화하는가?). 이러한 경우에 잠재차이모델은 다른 변수들로부터 예측되는(혹은 '설명되는') 내생변수로 사용될 수 있다. 더불어 잠재차이변수의 평균은 추정될 수 있고, 시간의 흐름에 따른 평균 차이를 측정 방법으로 사용할 수 있다(가령, 유의미한 평균 변화가 일어났는가?).

앞의 질문에서 변수 State 2는 잠재차이변수(State 2-State 1)뿐만 아니라 State 1에 '회귀되는' 것으로 보일 수 있다. 기술적으로 이것은 '완벽한'(혹은 결정론적인) 회귀분석으로 보일 수 있다. 왜냐하면 방정식에서 잔차변수는 없기 때문이다. 이는 [그림 4-22]의 B에서 경로도는 내생변수 State 2에 대한 0의 잔차를 명백히 포함한다는 사실에 의해서도 그렇게 보일 수 있다. 이 점은 매우 중요한데, 그 이유는 Mplus 모델 설정에서 각각의 내생변수의 잔차분산은 자동으로 추정되기 때문에 이 경우에는 사용자에 의해 0으로 설정하여야만 제대로 설정이 이루어진다.

LC모델들을 사용할 때 중요하게 고려하여야 할 또 다른 쟁점은 이 모델들이 측정모델에 관한 한 최소한 강한 요인불변성을 필요로 한다는 것이다

(4장 1. '4) 시간에 따른 측정불변성의 검증'과 비교). 강한 요인불변성은 잠재차이점수를 의미 있게 해석하기 위한 사전조건인데, 이는 State 1과 State 2 모두가 같은 측량(동일한 부하량들)과 같은 측정의 원점(동일한 절편들)을 가지는 것을 보장해 주기 때문이다. 따라서 강한 측정불변성은 오렌지로부터 사과를 추출하는 것이 아니라는 것을 보장해 준다.

글상자 4.10. LC모델들의 예

실제적인 예로, 4장 '1. 잠재상태분석'의 우울에 관한 잠재상태 모델을 다시 한 번 살펴보자. 우리는 두 번째 시점에서 우울에 대한 잠재상태요인(Depression T2)을 초기 상태(요인 Depression T1)와 변화(Depression T2−Depression T1)로 분해하는 것에 관심을 가질 수 있다.

$$\text{Depression T2} = \text{Depression T1} + (\text{Depression T2} - \text{Depression T1})$$

이러한 분해는 우울에 관한 시간에 따른 변화에서 개인 간 차이의 정도를 검증하는 것을 가능하게 해 준다(잠재차이요인의 분산을 통하여). 또한 변화에서 개인 간 차이를 외부변수들과 연결시키는 것을 가능하게 해 준다. 가령, 왜 몇몇 사람의 우울 점수는 다른 사람들보다 더 많이 변하는가를 설명하기 위해서이다.

시간불변(time-invariant) 부하량들의 전제는 (강한 요인불변성의 필수적 측면) 부하량 모수 λ_i이 측정시점이 아닌 변수에 대한 척도의 기능만을 나타낸다는 사실이 [그림 4−22]에 반영되었다(따라서 그것은 시점에 의존적이지 않고 각 측정시점에서 동일하다). 시간불변적 절편들은 그림에서 볼 수는 없다. 강한 요인불변성의 전제를 실행하는 것은 Mplus에서 모델 설정시 중요하다. 4장 1. '4) 시간에 따른 측정불변성의 검증'에서 자세히 논의한 것처럼, 등가제약들은 시간불변적 부하량들과 절편들을 구하기 위하여 설정되어야 한다.

두 시점 이상인 경우에 Steyer와 동료들(1997, 2000)은 LC모델의 기초선(baseline)과 근린(neighbor) 변화 버전을 구분하였다. 기초선 변화 버전에서 변화는 구체적인 기초선 상황 혹은 시점(종종 최초 시점) 측면에서 사정된다. 이 모델에서 가령 첫 번째에서 두 번째, 첫 번째에서 세 번째, 첫 번째에서 네 번째 시점에서의 변화 등등이 검토된다.

반대로, 근린변화모델들은 항상 인접한 시점들 사이에서의 변화를 고려한다. 예를 들어, 첫 번째에서 두 번째, 두 번째에서 세 번째, 그리고 세 번째에서 네 번째 시점들 사이의 변화이다. [그림 4-23]은 세 시점에 대한 기초선 (A)와 근린 (B) 변화 LC모델을 보여 준다.

이 경우에 기초선과 근린 변화 버전 사이의 차이는 기초선 변화모델에서는 세 번째 잠재상태변수(State 3)가 초기 상태(State 1)와 시점1과 시점3 사이의 변화(State 3−State 1)로 구성된다는 것이다.

글상자 4.11. Mplus에서 LC모델들의 데이터 예

우리는 Mplus에서 LC모델의 분석을 묘사하기 위한 기초로 4장 1. '4) 시간에 따른 측정불변성의 검증'(데이터 depression.dat)에 제시된 우울에 대한 LS모델을 사용한다. 시작점에서 두 번째 지표에 대한 지표의 특수한 요인과 강한 요인불변성을 가지는 LS모델 버전을 사용한다(요인부하량들과 절편들은 시간의 흐름에 따라 동일하다고 전제됨). 우리가 4장 1. '4) 시간에 따른 측정불변성의 검증'에서 강한 요인불변성에 대한 전제를 이미 검증하였다는 것을 토대로 (그리고 그것을 기각할 필요가 없다는 것을 발견하였음) LC모델들에 대한 분석을 직접적으로 시작할 수 있다. 일반적으로 강한 요인불변성의 전제는 LC 분석에 앞서서 검증되어야 한다. LS모델은 기초선과 근린변화모델 모두에서 동일하다. 즉, 세 가지 모델 모두 같은 평균과 공분산 구조를 가진다. 그 이유는 LC모델들이 LS모델을 단순히 재모수화한 것이기 때문이다. 따라서 세 가지 모델의 적합도 역시 동일하다.

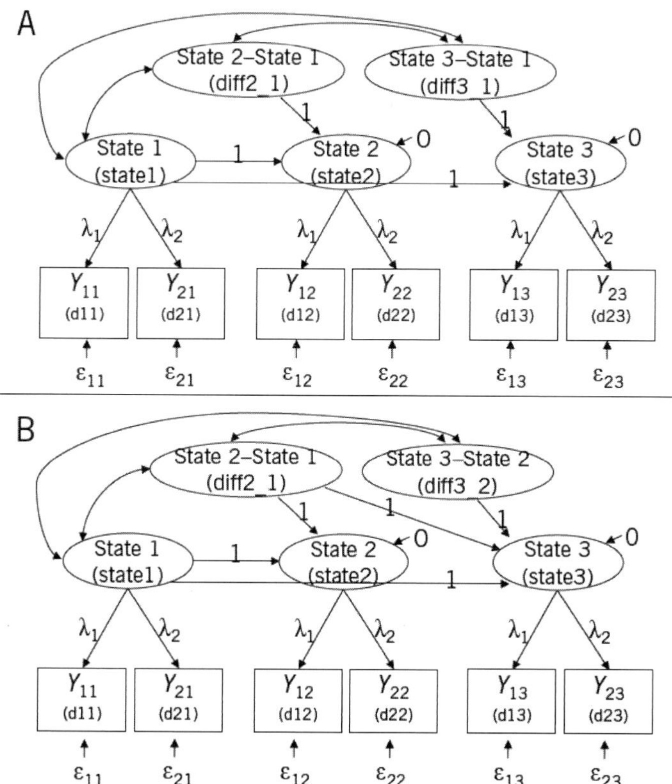

[그림 4-23] 두 개의 지표 Y_{ik}(i=지표, k=시점)와 세 시점에서의 LC모델

λ_i =시간불변적 상태요인부하량; ϵ_{ik} =측정오류 변수. A: 기초선 변화모델. B: 근린변화모델. 모델들은 동질적이고 불변적 모수들을 가진 LS모델과 동질적이다(종종 필수적). 두 번째 지표에 대한 지표의 특수한 요인은 공간 제약상 여기서 제시하지는 않았다. Mplus에 사용된 지표의 변수명은 괄호 안에 표시됨.

$$\text{State 3} = 1 \cdot \text{State 1} + 1 \cdot (\text{State 3} - \text{State 1})$$

반면에, 근린변화모델에서는 State 3이 초기 상태와 두 개의 분리된 변화 요소로 분해된다.

$$\text{State 3} = 1 \cdot \text{State 1} + 1 \cdot (\text{State 2} - \text{State 1}) + 1 \cdot (\text{State 3} - \text{State 2})$$

[그림 4-24]는 기초선 변화모델의 설정을 위한 Mplus 모델 명령어를 보여 준다(근린변화모델의 설정은 [그림 4-25]에 제시됨). 나머지 입력들은 LS모델에서의 입력과 차이가 없다([그림 4-9]와 비교).

세 개의 잠재상태요인을 위한 측정모델들은 시간불변적 부하량들을 가진 LS모델과 유사하게 형성되어 있다. [그림 4-23]의 모수화에 따르면 잠재차이변수들은 관측변수들과 직접적으로 연결되어 있지는 않다. Steyer와 동료들(1997, 2000)은 잠재차이변수들이 관측지표들과 직접적으로 연결되어 있는 LC모델들의 대안적 등가 모수를 논의하였는데 여기서는 제시하지 않았다.

```
model: ! 잠재상태요인들
state1 by d11
          d21 (1);

state2 by d12
          d22 (1);

state3 by d13
          d23 (1);

! 잠재차이 요인들의 이름을 설정
diff2_1 by d11@0;
diff3_1 by d11@0;

! 결정론적 회귀모델로서 잠재차이 모델을 설정
state2 on state1@1 diff2_1@1;
state3 on state1@1 diff3_1@1;

state2@0;
state3@0;

state2 with state3@0 diff3_1@0;
state3 with diff2_1@0;

! 두 번째 지표에 대한 지표의 특수한(잔차) 요인
is2 by d21 d22@1 d23@1;

! 지표의 특수한 요인은 상태요인들과 상관관계가 허용되지 않음
is2 with state1@0 state2@0 state3@0 diff2_1@0 diff3_1@0;

! 첫 번째 지표의 상수들을 0으로 고정
[d11@0 d12@0 d13@0];

! 잠재상태 요인들과 잠재차이 요인들의 평균들을 추정
[state1 diff2_1 diff3_1];

! 두 번째 지표의 상수항들을 시간에 따라 동일한 것으로 설정
[d21 d22 d23] (2);
```

[그림 4-24] [그림 4-23]의 A에 제시한 기초선 변화모델의 설정을 위한 모델 명령어

두 번째 지표에 대한 추가적인 지표의 특수한 요인이 이 모델에 포함됨(이 요인은 [그림 4-23]에는 제시되지 않았다).

그러나 두 가지 유형의 모수는 웹사이트에서 분리된 입력 파일들로 살펴볼 수 있다.

여기서 선택된 모수화에서 잠재차이변수 diff2_1과 diff3_1은 관측변수와 직접적으로 연결되지 않는다는 점에서 그것들을 모델에 포함시키기 위하여 속임수를 사용하여야 한다. 그 이유는 Mplus에서는 모든 잠재변수가 by 명령문에 의해 정의되는 것을 필수로 하기 때문이다. 잠재차이변수들을 정의하기 위하여 usevariables(예를 들어, d11) 아래에 제시된 임시적인 관측변수를 단순하게 선택한다. 그리고 이 변수가 각각의 잠재차이변수에 0의 요인부하량을 가지는 것으로 설정한다.

```
diff2_1 by d11@0;
diff3_1 by d11@0;
```

이 명령어들은 단순히 잠재변수 diff2_1과 diff3_1의 이름을 소개하는 역할을 한다. 그것들은 잠재차이변수들의 이름을 정의 내려서 모델에서 사용될 수 있게 하는 것 이외에는 다른 깊은 의미를 가지지 않는다. 이 변수들에 대한 차이 점수들로 의미를 부여하기 위한 적절한 명령어들은 다음에 볼 수 있다. T2와 T3에서의 잠재변수들을 설정하기 위한 on 명령어는 초기 잠재상태 변수(state1)에 잠재차이를 각각 더한 것의 함수이다.

```
state2 on state1@1 diff2_1@1;
state3 on state1@1 diff3_1@1;
```

이 회귀식들의 '회귀계수들'은 명령어@1을 사용하여 1로 고정되는데, 이는 LC모델의 내부적인 설정이, 가령 state2는 1 곱하기 초기 잠재상태변수(state1) 더하기 1 곱하기 잠재차이 diff2_1과 동일하기 때문이다.

게다가 우리는 이 회귀식들의 잔차들을 0으로 고정해야 하는데, 그 이유는 그렇지 않을 경우에 Mplus가 자동적으로 잔차항을 각각의 회귀식에 추가하기 때문이다(이것은 state2와 state3이 이 모델에서 초기 상태와 변화에 의해 **완전히** 결정된다는 것을 전제로 하면 정확하지 않기 때문이다).

```
state2@0;
state3@0;
```

잠재차이변수 diff2_1과 diff3_1은 앞의 설정들을 통해서 잠재차이변수들로서 의미를 가지게 된다.

이 모델에서 내생변수 state2와 state3은 초기 상태와 변화에 의해 완전히 결정된다고 전제하면 그것들의 잔차변수들은 0으로 고정된다. 결과적으로, 잔차항들은 다른 변수들과 상관관계를 가지지 않는다. 이러한 상관관계들은 Mplus에서 제한되는데, 그 이유는 그렇지 않을 경우에 이 모델이 잘못 설정될 수 있고, 모수를 생산하는 데 문제들을 유발할 가능성이 높기 때문이다.

```
state2 with state3@0 diff3_1@0;
state3 with diff2_1@0;
```

다음의 명령어들은 잠재상태모델(4장 1. '3) 지표의 특수한 효과들에 대한 모델화'와 비교)에서처럼 두 번째 지표에 대한 지표의 특수한 요인(is2)을 설정하기 위하여 사용된다. 이 요인에 대한 모든 요인부하량은 시간의 흐름에 따라 불변하기 위해서 1로 고정된다. with 명령어는 is2 요인과 다른 모든 잠재변수 사이의 상관관계를 0으로 설정하기 위하여 사용된다.

```
is2 by d21 d22@1 d23@1;
is2 with state1@0 state2@0 state3@0 diff2_1@0 diff3_1@0;
```

남아 있는 모든 명령어는 모델의 평균 구조에 관한 것이다. 먼저 잠재평균들을 식별하기 위하여 준거지표들의 절편들을 0으로 설정한다(4장 1. '4) 시간에 따른 측정불변성의 검증'과 비교).

```
[d11@0 d12@0 d13@0];
```

다음으로 두 개의 잠재차이변수 diff2_1과 diff3_1 뿐만 아니라 state1에 대한 잠재 평균들의 추정을 설정한다(그렇지 않으면 Mplus는 초기설정상 이 평균들을 0으로 고정한다).

```
[state1 diff2_1 diff3_1];
```

마지막으로, 남아 있는(비준거) 지표들의 절편들을 강한 요인불변성이 설립되기 위해 시간의 흐름에 따라 동일하도록 설정한다.

```
[d21 d22 d23] (2);
```

예상대로 기초선 변화모델의 적합도는 강한 요인불변성의 잠재상태모델의 적합도와 동일하였다. $\chi^2 = 6.656$, $df = 9$, $p = .6729$, $RMSEA = .00$, $p(RMSEA) \leq .05 = .95$, $SRMR = .014$, $CFI = 1.00$ (4장 1. '4) 시간에 따른 측정불변성의 검증'과 비교; 전체 출력물은 웹사이트에서 볼 수 있음).

다음의 MODEL RESULTS에서 측정모델의 모수들 역시 강한 요인불변성의 잠재상태모델과 동일하다는 것을 살펴볼 수 있다. 출력물들은 추가적으로 초기 잠재상태요인(state1)과 잠재차이변수 diff2_1과 diff3_1, 그리고 두 개의 잠재차이변수 사이의 공분산들(다음의 모델결과들)과 상관관계[다음의 밑의 표준화된 모델결과들 (STDYX Standardization)]를 포함한다.

```
MODEL RESULTS (Baseline Change Model)

                                              Two-Tailed
               Estimate    S.E.  Est./S.E.    P-Value
 STATE1    BY
    D11          1.000    0.000   999.000    999.000
    D21          0.738    0.030    24.997      0.000

 STATE2    BY
    D12          1.000    0.000   999.000    999.000
    D22          0.738    0.030    24.997      0.000

 STATE3    BY
    D13          1.000    0.000   999.000    999.000
    D23          0.738    0.030    24.997      0.000

 DIFF2_1    BY
    D11          0.000    0.000   999.000    999.000

 DIFF3_1    BY
    D11          0.000    0.000   999.000    999.000

 IS2    BY
    D21          1.000    0.000   999.000    999.000
    D22          1.000    0.000   999.000    999.000
    D23          1.000    0.000   999.000    999.000

 STATE2    ON
    STATE1       1.000    0.000   999.000    999.000
    DIFF2_1      1.000    0.000   999.000    999.000

 STATE3    ON
    STATE1       1.000    0.000   999.000    999.000
    DIFF3_1      1.000    0.000   999.000    999.000
```

```
STATE2   WITH
   STATE3        0.000      0.000    999.000      999.000
   DIFF3_1       0.000      0.000    999.000      999.000

STATE3   WITH
   DIFF2_1       0.000      0.000    999.000      999.000

IS2   WITH
   STATE1        0.000      0.000    999.000      999.000
   STATE2        0.000      0.000    999.000      999.000
   STATE3        0.000      0.000    999.000      999.000
   DIFF2_1       0.000      0.000    999.000      999.000
   DIFF3_1       0.000      0.000    999.000      999.000

DIFF2_1   WITH
   STATE1       -0.077      0.015     -5.324        0.000

DIFF3_1   WITH
   STATE1       -0.088      0.015     -5.856        0.000
   DIFF2_1       0.099      0.015      6.451        0.000

Means
   STATE1        1.583      0.026     60.157        0.000
   DIFF2_1       0.056      0.027      2.078        0.038
   DIFF3_1       0.052      0.027      1.900        0.057

Intercepts
   D11           0.000      0.000    999.000      999.000
   D21           0.187      0.049      3.861        0.000
   D12           0.000      0.000    999.000      999.000
   D22           0.187      0.049      3.861        0.000
   D13           0.000      0.000    999.000      999.000
   D23           0.187      0.049      3.861        0.000
```

```
Variances
   STATE1        0.195     0.019    10.510       0.000
   DIFF2_1       0.193     0.021     9.385       0.000
   DIFF3_1       0.198     0.021     9.453       0.000
   IS2           0.007     0.002     3.433       0.001

Residual Variances
   D11           0.040     0.009     4.477       0.000
   D21           0.028     0.005     5.425       0.000
   D12           0.022     0.009     2.453       0.014
   D22           0.035     0.006     6.299       0.000
   D13           0.019     0.009     2.192       0.028
   D23           0.037     0.006     6.608       0.000
   STATE2        0.000     0.000   999.000     999.000
   STATE3        0.000     0.000   999.000     999.000

STANDARDIZED MODEL RESULTS (STDYX Standardization)

                                                Two-Tailed
                  Estimate     S.E.  Est./S.E.    P-Value

 STATE1    BY
   D11           0.911     0.021    43.988       0.000
   D21           0.867     0.022    39.895       0.000

 STATE2    BY
   D12           0.956     0.018    52.311       0.000
   D22           0.867     0.020    43.500       0.000

 STATE3    BY
   D13           0.959     0.019    50.014       0.000
   D23           0.854     0.021    41.331       0.000
```

```
DIFF2_1    BY
   D11          0.000    0.000  999.000    999.000

DIFF3_1    BY
   D11          0.000    0.000  999.000    999.000

IS2    BY
   D21          0.220    0.033    6.732      0.000
   D22          0.202    0.030    6.720      0.000
   D23          0.205    0.031    6.733      0.000

STATE2    ON
   STATE1       0.915    0.049   18.583      0.000
   DIFF2_1      0.909    0.049   18.466      0.000

STATE3    ON
   STATE1       0.946    0.052   18.195      0.000
   DIFF3_1      0.953    0.052   18.430      0.000

STATE2    WITH
   STATE3     999.000  999.000  999.000    999.000
   DIFF3_1    999.000  999.000  999.000    999.000

STATE3    WITH
   DIFF2_1    999.000  999.000  999.000    999.000

IS2    WITH
   STATE1       0.000    0.000  999.000    999.000
   STATE2     999.000  999.000  999.000    999.000
   STATE3     999.000  999.000  999.000    999.000
   DIFF2_1      0.000    0.000  999.000    999.000
   DIFF3_1      0.000    0.000  999.000    999.000
```

```
DIFF2_1    WITH
   STATE1      -0.399      0.054   -7.345       0.000

DIFF3_1    WITH
   STATE1      -0.446      0.052   -8.646       0.000
   DIFF2_1      0.508      0.050   10.167       0.000

Means
   STATE1       3.583      0.181   19.792       0.000
   DIFF2_1      0.127      0.061    2.069       0.039
   DIFF3_1      0.116      0.061    1.892       0.058

Intercepts
   D11          0.000      0.000  999.000     999.000
   D21          0.498      0.134    3.706       0.000
   D12          0.000      0.000  999.000     999.000
   D22          0.456      0.124    3.677       0.000
   D13          0.000      0.000  999.000     999.000
   D23          0.465      0.126    3.686       0.000

Variances
   STATE1       1.000      0.000 999.000     999.000
   DIFF2_1      1.000      0.000 999.000     999.000
   DIFF3_1      1.000      0.000 999.000     999.000
   IS2          1.000      0.000 999.000     999.000

Residual Variances
   D11         0.171       0.038    4.532       0.000
   D21         0.200       0.036    5.535       0.000
   D12         0.086       0.035    2.448       0.014
   D22         0.208       0.033    6.332       0.000
   D13         0.081       0.037    2.191       0.028
   D23         0.228       0.034    6.767       0.000
   STATE2       0.000    999.000 999.000     999.000
   STATE3       0.000    999.000 999.000     999.000
```

```
R-SQUARE

    Observed                                Two-Tailed
    Variable Estimate    S.E.  Est./S.E.    P-Value

    D11          0.829    0.038   21.994       0.000
    D21          0.800    0.036   22.155       0.000
    D12          0.914    0.035   26.155       0.000
    D22          0.792    0.033   24.165       0.000
    D13          0.919    0.037   25.007       0.000
    D23          0.772    0.034   22.941       0.000

     Latent                                 Two-Tailed
    Variable Estimate    S.E.  Est./S.E.    P-Value

    STATE2       1.000  999.000  999.000     999.000
    STATE3       1.000  999.000  999.000     999.000
```

더불어 우리는 state1, diff2_1, 그리고 diff3_1의 잠재평균들을 구했다. 우리가 이 값들을 강한 요인불변성의 잠재상태모델에서의 잠재상태요인 평균들과 비교해 보면(M_1 =1.583, M_2 =1.639, M_3 =1.634) (1) state1의 평균은 예상대로 동일하고, (2) diff2_1 (0.056)의 평균은 정확히 state2와 state1 사이의 평균 차이와 동일하다는 것을 알 수 있다.

$$1.639 - 1.583 = 0.056$$

마찬가지로, diff3_1 (0.052)의 평균은 state3과 state1 사이의 평균 차이와 반올림된 오차 안에서 동일하였다.

$$1.634 - 1.583 = 0.051$$

잠재차이요인 평균들의 정적인 신호들은 잠재 우울 점수들이 시점1과 시점2 사이, 그리고 시점1과 시점3 사이에 (약간씩) **증가하고** 있다는 것을 나타낸다.

잠재차이요인 평균들에 대한 추정된 p값들은 T1과 T2 사이에 평균의 차이가 양측 검증을 위한 5% 유의수준에서 0과 유의미하게 다르다는 것을 나타낸다. $z=2.078$, $p=.038$. 이는 시점1에서 시점2 사이의 우울에서의 증가가 통계적으로 유의미하였다는 것을 나타낸다. T1과 T3 사이의 평균 차이는 (최소한 양측 검증에서) 5% 유의수준에 통계적으로 유의미하지 않았다. $z=1.900$, $p=0.057$.

state1 (0.195), diff2_1 (0.193), 그리고 diff3_1 (0.198)의 추정된 분산들은 0과 유의미하게 다르고(모든 p값$<.001$), 이는 잠재 변화 점수들뿐만 아니라 초기 잠재 우울 상태에 개인 간 차이가 있다는 것을 보여 준다. state2 와 state3에 대한 R^2값이 1로 동일한데, 이는 이 상태요인들이 모델에서 정의상 초기 상태와 변화를 더한 값에 의해 결정되다는 것을 반영해 준다.

[그림 4-25]는 같은 데이터 예시에 대한 근린변화모델의 설정을 위한 모델 명령문을 보여 준다. 잠재차이변수 diff2_1의 설정은 기초선 변화모델에서 설정하는 것과 동일하다. 이 변수는 여전히 시점1과 시점2 사이의 변화를 나타낸다. 이 모델에서 두 번째 잠재차이변수는 근린변화버전을 명확히 하기 위하여 diff3_2로 표시되고, 우리는 이를 인접한 시점2와 시점3 사이의 변화로 고려한다(시점1과 3 사이가 아닌). [그림 4-23]의 B의 경로도에 따르면 잠재상태변수 state3은 세 가지 요소로 구성된다. (1) 초기 상태요인(state1), (2) 시점1과 시점2 사이의 잠재차이(diff2_1), 그리고 (3) 시점2와 시점3 사이의 잠재차이(diff3_2) 등이다. 따라서 state3에 대한 on 명령문은 세 가지 요소를 모두 나열하고, 이 모든 요소에 대한 경로들은 1로 고정된다(@1 명령어를 사용). 남아 있는 명령어들은 기초선 변화모델과 동일하다.

근린변화모델의 모델적합도는 강한 요인불변성의 잠재상태모델과 기초선 변화모델과도 동일하다(자세한 사항은 웹사이트의 Mplus 출력물 참조). 측정모델의 모수추정치들(요인부하량들, 절편들, 그리고 잔차변수들) 역시 잠재상태와 기초선 변화모델의 해당 부하량과 동일하다. 구조모델에서 초기상태요인 state1과 잠재차이변수 diff2_1(기초선 변화모델과 마찬가지)과 diff3_2 사이의 공분산들과 상관관계를 얻었다. 게다가 state1, diff2_1, 그리고 diff3_2의 평균이 추정되듯이, diff2_1과 diff3_2 사이의 공분산/상관관계가 추정된다. state1과 diff2_1의 평균들은 기초선 변화모델에서의 평균들과 동일하다(M_1 =1.583, M_{2-1} =0.056). 잠재차이변수 diff3_2의 평균은 $M_{3-2}=-0.004$로 추정된다. 반올림된 오차 안에서 이것은 강한 요인불변성의 잠재상태모델에서의 state2와 state3 사이의 평균의 차이와 동일하다. 이 평균 차이 −0.004는 통계적으로 유의미하지 않다. $z=-0.163$, $p=.871$. 이를 토대로 우울감의 평균은 T2와 T3 사이에 유의미하게 변하지 않았다고 결론지을 수 있다.

```
model: ! 잠재상태요인들
state1 by d11
          d21 (1);

state2 by d12
          d22 (1);

state3 by d13
          d23 (1);

! 잠재차이 요인들의 이름을 설정
diff2_1 by d11@0;
diff3_2 by d11@0;

! 결정론적 회귀모델로서 잠재차이 모델을 설정
state2 on state1@1 diff2_1@1;
state3 on state1@1 diff2_1@1 diff3_2@1;

state2@0;
state3@0;

state2 with state3@0 diff3_2@0;

! 두 번째 지표에 대한 지표의 특수한(잔차) 요인
is2 by d21 d22@1 d23@1;

! 지표의 특수한 요인은 상태요인들과 상관관계가 허용되지 않음
is2 with state1@0 state2@0 state3@0 diff2_1@0 diff3_2@0;

! 첫 번째 지표의 상수들을 0으로 고정
[d11@0 d12@0 d13@0];

! 잠재상태 요인들과 잠재차이 요인들의 평균들을 추정
[state1 diff2_1 diff3_2];

! 두 번째 지표의 절편들을 시간에 따라 동일한 것으로 설정
[d21 d22 d23] (2);
```

[그림 4-25] [그림 4-23]의 B에 제시된 근린변화모델의 설정을 위한 Mplus 모델 명령어
두 번째 지표에 대한 추가적인 지표의 특수한 요인도 이 모델에 포함되었다(이 요인은 [그림 4-23]에는 제시되지 않았다).

더불어 state1 (0.195), diff2_1 (0.193), 그리고 diff3_2 (0.192)의 분산들에 대한 추정치를 구할 수 있다. 이 분산들은 초기의 잠재 우울 점수들과 그것들의 잠재상태 변화 점수들에서 개인 간에 어느 정도 차이가 있는지를 나타낸다. 추가적인 분석단계들에서 초기 상태와 변화에서 개인 간 차이를 부분적 혹은 완전히 설명하기 위하여 외부변수들(공변량들)을 추가할 수 있다(실질적인 예는 Steyer et al., 2000 참조).

```
MODEL RESULTS

                                                    Two-Tailed
                  Estimate       S.E.  Est./S.E.    P-Value

 STATE1    BY
    D11              1.000      0.000    999.000    999.000
    D21              0.738      0.030     24.997      0.000

 STATE2    BY
    D12              1.000      0.000    999.000    999.000
    D22              0.738      0.030     24.997      0.000

 STATE3    BY
    D13              1.000      0.000    999.000    999.000
    D23              0.738      0.030     24.997      0.000

 DIFF2_1    BY
    D11              0.000      0.000    999.000    999.000

 DIFF3_2    BY
    D11              0.000      0.000    999.000    999.000

 IS2    BY
    D21              1.000      0.000    999.000    999.000
    D22              1.000      0.000    999.000    999.000
    D23              1.000      0.000    999.000    999.000

 STATE2    ON
    STATE1           1.000      0.000    999.000    999.000
    DIFF2_1          1.000      0.000    999.000    999.000
```

```
STATE3    ON
   STATE1       1.000     0.000   999.000    999.000
   DIFF2_1      1.000     0.000   999.000    999.000
   DIFF3_2      1.000     0.000   999.000    999.000

STATE2    WITH
   STATE3       0.000     0.000   999.000    999.000
   DIFF3_2      0.000     0.000   999.000    999.000

IS2    WITH
   STATE1       0.000     0.000   999.000    999.000
   STATE2       0.000     0.000   999.000    999.000
   STATE3       0.000     0.000   999.000    999.000
   DIFF2_1      0.000     0.000   999.000    999.000
   DIFF3_2      0.000     0.000   999.000    999.000

DIFF2_1    WITH
   STATE1      -0.077     0.015    -5.324      0.000

DIFF3_2    WITH
   STATE1      -0.010     0.012    -0.832      0.405
   DIFF2_1     -0.093     0.015    -6.142      0.000

Means
   STATE1       1.583    0.026 6    0.157      0.000
   DIFF2_1      0.056     0.027     2.078      0.038
   DIFF3_2     -0.004     0.026    -0.163      0.871

Intercepts
   D11          0.000     0.000   999.000    999.000
   D21          0.187     0.049     3.861      0.000
   D12          0.000     0.000   999.000    999.000
   D22          0.187     0.049     3.861      0.000
   D13          0.000     0.000   999.000    999.000
   D23          0.187     0.049     3.861      0.000
```

```
 Variances
    STATE1       0.195    0.019    10.510       0.000
    DIFF2_1      0.193    0.021     9.385       0.000
    DIFF3_2      0.192    0.021     9.341       0.000
    IS2          0.007    0.002     3.433       0.001

 Residual Variances
    D11          0.040    0.009     4.477       0.000
    D21          0.028    0.005     5.425       0.000
    D12          0.022    0.009     2.453       0.014
    D22          0.035    0.006     6.299       0.000
    D13          0.019    0.009     2.192       0.028
    D23          0.037    0.006     6.608       0.000
    STATE2       0.000    0.000   999.000     999.000
    STATE3       0.000    0.000   999.000     999.000

STANDARDIZED MODEL RESULTS(STDYX standardization)

                                                Two-Tailed
                    Estimate    S.E.  Est./S.E.   P-Value

 STATE1    BY
    D11          0.911    0.021    43.988       0.000
    D21          0.867    0.022    39.895       0.000

 STATE2    BY
    D12          0.956    0.018    52.311       0.000
    D22          0.867    0.020    43.501       0.000

 STATE3    BY
    D13          0.959    0.019    50.014       0.000
    D23          0.854    0.021    41.331       0.000
```

```
DIFF2_1    BY
   D11          0.000     0.000   999.000    999.000

DIFF3_2    BY
   D11          0.000     0.000   999.000    999.000

IS2    BY
   D21          0.220     0.033     6.732      0.000
   D22          0.202     0.030     6.720      0.000
   D23          0.205     0.031     6.733      0.000

STATE2    ON
   STATE1       0.915     0.049    18.583      0.000
   DIFF2_1      0.909     0.049    18.466      0.000

STATE3    ON
   STATE1       0.946     0.052    18.195      0.000
   DIFF2_1      0.939     0.061    15.318      0.000
   DIFF3_2      0.939     0.054    17.503      0.000

STATE2    WITH
   STATE3     999.000   999.000   999.000    999.000
   DIFF3_2    999.000   999.000   999.000    999.000

IS2    WITH
   STATE1       0.000     0.000   999.000    999.000
   STATE2     999.000   999.000   999.000    999.000
   STATE3     999.000   999.000   999.000    999.000
   DIFF2_1      0.000     0.000   999.000    999.000
   DIFF3_2      0.000     0.000   999.000    999.000

DIFF2_1    WITH
   STATE1      -0.399     0.054    -7.345      0.000
```

```
DIFF3_2   WITH
   STATE1      -0.053     0.064   -0.835      0.403
   DIFF2_1     -0.485     0.052   -9.383      0.000

Means
   STATE1       3.583     0.181   19.792      0.000
   DIFF2_1      0.127     0.061    2.069      0.039
   DIFF3_2     -0.010     0.060   -0.163      0.871

Intercepts
   D11          0.000     0.000  999.000    999.000
   D21          0.498     0.134    3.706      0.000
   D12          0.000     0.000  999.000    999.000
   D22          0.456     0.124    3.677      0.000
   D13          0.000     0.000  999.000    999.000
   D23          0.465     0.126    3.686      0.000

Variances
   STATE1       1.000     0.000  999.000    999.000
   DIFF2_1      1.000     0.000  999.000    999.000
   DIFF3_2      1.000     0.000  999.000    999.000
   IS2          1.000     0.000  999.000    999.000

Residual Variances
   D11          0.171     0.038    4.532      0.000
   D21          0.200     0.036    5.535      0.000
   D12          0.086     0.035    2.448      0.014
   D22          0.208     0.033    6.332      0.000
   D13          0.081     0.037    2.191      0.028
   D23          0.228     0.034    6.767      0.000
   STATE2       0.000   999.000  999.000    999.000
   STATE3       0.000   999.000  999.000    999.000
```

```
R-SQUARE

    Observed                                  Two-Tailed
    Variable Estimate    S.E.  Est./S.E.    P-Value

    D11          0.829    0.038   21.994      0.000
    D21          0.800    0.036   22.155      0.000
    D12          0.914    0.035   26.155      0.000
    D22          0.792    0.033   24.165      0.000
    D13          0.919    0.037   25.007      0.000
    D23          0.772    0.034   22.941      0.000

     Latent                                   Two-Tailed
    Variable Estimate    S.E.  Est./S.E.    P-Value

    STATE2       1.000  999.000 999.000    999.000
    STATE3       1.000  999.000 999.000    999.000
```

잠재변화모델들의 구체적인 장점은 이 모델들이 시간의 흐름에 따른 '순수한' 변화를 분석할 수 있게 해 주고(즉, 측정오류를 교정한 변화 점수들), 잠재변화변수들을 다른 변수들에 연결시켜 살펴볼 수 있다는 것이다. 예를 들어, 우리는 우울 점수가 왜 몇몇 개인에게서 다른 사람들보다 더 많이 변화하는지를 설명할 수 있다. 더불어 잠재차이변수들은 독립 혹은 매개 변수로서 역할을 할 수 있다.

기술적인 관점에서 그러한 확장된 분석들은 추가적인 변수들을 모델에 추가하고, 추가적인 on 명령문으로 잠재차이변수들을 외부변수들에 회귀시키거나 혹은 잠재차이변수들 그 자체를 다른 변수들의 예측인자로 사용하기 위하여 포함시키는 방법을 통해서 Mplus에서 쉽게 실행될 수 있다. 예를 들어, 연령이 데이터에서 다른 변수라고 한다면(여기서의 사례는 아님) 시점1과 시점2 사이의 잠재 변화에 있어서 개인 간 차이가 연령 차이에 의해 설명될 수도 있다. 여기서 age가 데이터 집합의 추가적인 변수인 경우에 설정은 다음과 같다.

```
diff2_1 on age;
```

다중 개념을 가진 잠재차이분석의 실질적인 예는 Reuter와 동료들(2010)에서 살펴볼 수 있다.

5 잠재성장곡선모델들

잠재성장곡선모델들[Latent Growth Curve Models: LGCMs;(Bollen & Curran, 2006; Duncan et al., 2006; Meredith & Tisak, 1984, 1990)]은 사회과학에서 종단데이터를 분석하기 위하여 많이 사용되었다. 이전 절에서 논의됐던 잠재상태모델들과는 달리 잠재성장곡선모델들은 시간의 흐름에 따른 변화의 **형태**를 모델화하는 데 명백하게 초점을 맞추고 있다. 성장곡선모델에서 한 가지 주요한 질문은 어떠한 수학적 함수가 시간의 흐름에 따른 개인의 잠재성장궤적을 적절하게 묘사하는가 하는 것이다(가령, 선형 혹은 이차 성장). 잠재성장곡선모델에 의해서 대답될 수 있는 중요한 연구 질문들은 다음과 같다.

- 초기 측정시점에서 속성에 대한 잠재평균은 얼마나 큰가(평균 초기값)?
- 순수한 초기 값에 개인 간 차이가 존재하는가? ('절편') 만약 그렇다면 그것들은 얼마나 큰가?
- 속성이 시간에 따라 변하는가, 만약 그렇다면 이러한 변화의 형태와 강도는 어떠한가? 평균적으로 속성에 있어서 증가 혹은 감소가 있는

가? 예를 들어, 변화가 선형 혹은 곡선(이차식)인가?

- 평균기울기는 얼마나 큰가(성장 혹은 감소율)?
- 변화율에 있어서 개인 간 차이가 있는가(가령, 몇몇 사람은 다른 사람들 보다 가파른 기울기를 보이는가?), 만약 그렇다면 이러한 차이는 얼마나 큰가?
- 초기값과 기울기가 상관관계를 갖는가? 만약 그렇다면 이 관계에서의 방향과 강도는 어떠한가?
- 초기값과 기울기에 있어서 개인 간 차이를 예측하는 다른 변수들(공변량들)이 있는가?

분명히 잠재성장곡선모델들에서 다루는 연구 질문들은 잠재상태모델들에서 다루는 연구 질문들과 유사(혹은 심지어 동일)하다(4장 '4. 잠재변화모델들' 참조). 예를 들어, 잠재상태모델들 역시 (1) 시간에 따른 평균 변화들, (2) 초기값과 변화 점수에 있어서 개인 간 차이, 그리고 (3) 초기값과 변화, 그리고 외부변수들 사이의 관계를 검증하는 데 전형적으로 관심을 가진다.

잠재상태모델들과 잠재성장곡선모델들과의 주요한 차이는 잠재성장곡선모델들은 전형적으로 잠재상태모델들에서는 해당되지 않는 경우인 시간의 흐름에 따른 **변화의 형태**에 대한 명백한 가설을 포함한다는 것이다(선형, 이차식 등). 이러한 점에서 잠재상태모델은 덜 제약적이라 할 수 있는데, 이는 이 모델에서는 시간에 따른 변화가 특정한 기능적 형태를 따라야 할 필요가 없기 때문이다. 우선 1차 잠재성장곡선모델들의 배경과 적용에 대해서 살펴보고, 2차 잠재성장곡선모델들을 살펴볼 것이다.

1) 1차 잠재성장곡선모델들

1차 잠재성장곡선모델들(First-Order LGCMs)은 개념에 대한 하나의 반복적으로 측정된 지표를 기반으로 한다(가령, 반복적으로 측정된 불안척도의 통합 점수). 이 지표는 하나의 혹은 그 이상의 잠재성장요인들을 직접적으로 측정하기 위하여 사용된다. 반대로, 2차 잠재성장곡선모델들은 각 시점에서 다중지표들(가령, 다중문항들, 평형 검증들, 혹은 문항 꾸러미)이 이용 가능할 때 사용될 수(그리고 되어야) 있다. 4장 5. '2) 2차 잠재성장곡선모델들'에 논의되어 있듯이, 2차 잠재성장곡선모델들은 1차 잠재성장곡선모델들에 비해 몇 가지 중요한 이점을 가진다.

(1) 1차 선형 잠재성장곡선모델들의 분석

간명함을 위해서 우선 선형 LGCMs를 살펴보자. 4장 5. 1) '(3) 1차 비선형 잠재성장곡선모델들'에서 2차 LGCM으로의 확장을 보여 준다. [그림 4-26]에서는 네 번의 측정시점에서 동일한 관측변수 Y_k에 의해 측정된 하나의 개념에 대한 1차 LGCM에 대한 경로도를 보여 준다. 여기서 k는 측정시점을 나타낸다.

글상자 4.12. 1차 LGCM의 예

1차 LGCMs를 사용한 종단데이터 분석을 설명하기 위하여 네 번의 시점(등간) T1에서 T4까지 측정한 어린이들(N=485)의 자가 보고식 불안 데이터를 사용한다.* 측정시점들 사이에는 대략 6개월의 간극이 있다. [그림 4-26]에서 볼 수 있듯이, 모델에서 변수 $Y_1 - Y_4$는 반복적으로 측정된 통합 불안점수들을 나타낸다.

데이터는 anxiety.dat 파일에서 제공된다. 이 데이터는 네 개의 관측변수 a1에서 a4까지의 어린이들의 개인 점수를 포함한다. a1~a4 변수는 T1~T4까지의 불안 총합 점수를 각각 나타낸다. 데이터는 결측치를 포함하고 있지 않다.

* 이 예시를 위해 데이터를 제공해 준 David A. Cole에게 감사의 말씀을 드린다.

[그림 4-26]에서 선형 LGCM을 보면 두 개의 잠재 요인(절편요인과 선형 기울기 요인)은 관측변수 Y_1에서 Y_4까지 직접적인 효과를 가진다. 더불어 이 모델은 모든 측정이 변수 $\epsilon_1 \sim \epsilon_4$로 대변되는 임의 측정오류에 의해 영향을 받는다고 전제한다.

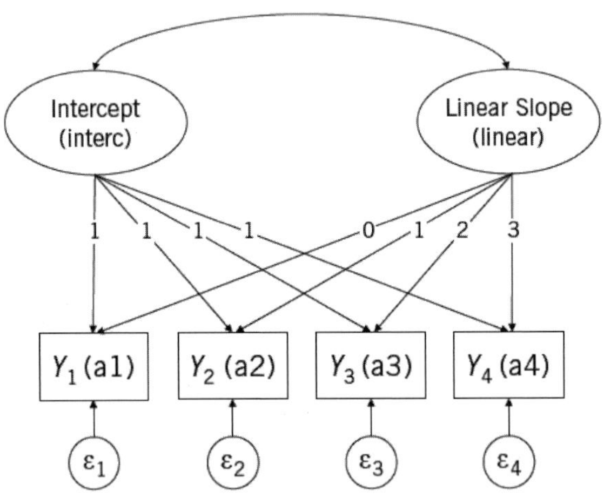

[그림 4-26] 네 번의 측정시점에서 측정된 하나의 관측변수 Y_k(k=시점)에 대한 1차 LGCM(k=1, 2, 3, 4)

ϵ_k =오류변수. 이 모델은 시점들 사이에 선형적 성장과 등간을 전제한다. Mplus에서 사용된 변수명은 괄호 안에 표시됨.

[그림 4-26]에서 볼 수 있듯이, 모델에서 모든 요인부하량은 구체적인 값으로 설정된다(즉, 요인부하량들은 자율모수로서 추정되지 않고 사전에 고정된다). 이렇게 됨으로써 요인들은 절편 (혹은 '초기 상태') 요인과 선형 기울기 요인으로 해석될 수 있다.

구체적으로 모든 Y_k 변수들은 절편요인에 대한 단위부하량들과 0의 절편을 가진다(모든 안정된 절편 모수 α_k는 0으로 설정된다. 이는 그림에서 명확히 보이지는 않는다). 게다가 Y_1은 오직 절편요인에만 적재된다(기울기 요인에는 아님). 따라서 절편요인은 고전적 검증이론의 측면에서 Y_1을 포함하는 절대

점수변수(τ_1)로 해석될 수 있다. $Y_1 = \tau_1 + \epsilon_1 =$ 절편$+ \epsilon_1$. 다시 말해, 절편요인은 고유한(오류 없는) 초기(T1) 불안점수들에서 개인 간 차이를 설명한다.

선형 기울기 요인은 Y_2를 포함한 고유점수(true score) 변수와 Y_1을 포함한 고유점수 변수 사이의 고유한 점수 차이 변수로 해석될 수 있다.

$$\text{선형 기울기} = \tau_2 - \tau_1$$

이는 Y_2가 절편와 선형 기울기 요인 **모두에** 단위부하량들을 가지기 때문이다[고유점수 이론에 기반하여 LGCMs에서 요인을 정의 내리는 방법에 대해 자세히 알고 싶다면 Geiser, Keller & Lockhart(출판 중)를 참조]. $Y_2 = \tau_1 + (\tau_2 - \tau_1) + \epsilon_2 =$ 절편$+$선형 기울기 요인$+ \epsilon_2$. 이 정의는 잠재상태모델들(4장 '4. 잠재변화모델들' 참조)에서 잠재차이 요인들의 정의와 유사하다. 이전 장에서 살펴봤던 잠재상태요인들과는 달리 LGCM에서 선형 기울기 요인은 시간에 따른 **선형** 변화에서 고유한 개인 간 차이를 나타낸다. 왜냐하면 (등간의) 측정의 요인부하량들이 0, 1, 2, 그리고 3으로 각각 설정되어 있기 때문이다.

우리의 예에서 기울기 요인에서 보다 높은 정적인 점수를 가진 어린이들은 낮은 기울기 요인 점수를 가진 어린이들에 비해 불안 점수에서 보다 큰 선형 증가를 보여 주었다. 부적 기울기 요인을 가진 어린이들은 시간의 흐름에 따라 불안값이 감소하는 추세를 보였다. 절편와 기울기 요인들 사이에 상호화살표는 절편와 기울기가 상관관계를 맺을 수 있다는 것을 나타낸다(이러한 상관관계는 Mplus에서 분리된 모델 모수로 추정될 수 있다). 예를 들어, 큰 초기 불안 점수를 가진 개인은 초기에 낮은 불안 점수를 가진 사람들과는 다른 궤적을 보일 수 있다.

선형 LGCMs에 대해 앞에서 논의한 내용을 토대로 연구 질문들에 대해서 어떻게 답을 할 수 있을까? 절편요인에 대한 추정된 평균은 T1에서 평균 고유 불안 수준이 어떤가에 대한 답을 제공해 준다. 큰 절편요인 평균은 T1

에서 높은 수준의 불안을 나타낸다. 절편요인의 분산은 T1에서 잠재 우울 점수에서 개인 간 차이의 정도를 나타낸다. 큰 절편요인 분산은 T1에서 잠재 불안점수에서 편차의 정도가 크다는 것을 나타낸다.

기울기 요인의 평균은 표본에서의 평균 궤적에 관한 내용을 알려 준다. 정적인 값들은 평균적으로 시간의 흐름에 따라 잠재 불안 점수들이 증가한다는 것을 의미하고, 반면에 부적인 값들은 감소하는 것을 나타낸다. 0의 값은 평균적으로 변화가 없다는 것을 나타낸다. 기울기 요인의 분산은 기울기들에 있어서 개인의 성장궤적이 어느 정도 다른지를 보여 준다. 큰 기울기 요인의 분산은 기울기의 가파름에 있어서 개인의 성장궤적이 차이가 많음을 나타낸다.

초기상태와 변화 사이의 관계에 관한 질문은 절편과 기울기 사이의 상관관계를 추정하여 답을 구할 수 있다. 정적인 상관관계는 초기의 높은 불안점수를 가진 어린이들이 초기의 낮은 불안점수를 가진 어린이들에 비해 더 큰 기울기 값을 가지는 경향이 있다는 것을 보여 준다. 부적인 상관관계는 초기의 큰 값을 가진 어린이들이 적은 초기값을 가진 어린이들보다 더 적은 기울기 요인값을 가지는 경향이 있다는 것을 보여 준다.

변화에 영향을 미치는 외부적 요인들(가령, 나이, 성별, 성격, 사회경제적 지위)에 관한 질문은 외부변수들(공변량들)을 모델에 추가하여 다룰 수 있다. 가령, 절편과 기울기 요인을 공변량들에 회귀시켜서 살펴볼 수 있다. 이는 잠재상태모델들(4장 '4. 잠재변화모델들' 참고)에서 이루어진 것과 유사하다. 더불어 성장요인들은 다른 변수들을 예측하는 데 독립변수로서 역할을 할 수 있다. 예를 들어, 불안에서의 변화가 다른 개념, 가령 우울의 변화를 예측할 수 있는지에 대해서 연구해 보는 것도 흥미로울 수 있다.

[그림 4-27]은 변수 a1, a2, a3, 그리고 a4로 대변되는 네 번의 불안 측정에 대한 [그림 4-26]의 선형 일차 잠재성장곡선모델을 설정하기 위한 Mplus 입력 파일을 보여 준다. 모델 명령어에서 Mplus는 이러한 유형의 모델 설정을 단순화시키는 성장모델에 관한 특별한 신택스를 사용한다는 것을 보여 준

다. 이 특별한 신택스에서는 오직 한 줄의 신택스만이 전체적인 모델을 설정하는 데 필요하다.

```
model: interc linear | a1@0 a2@1 a3@2 a4@3;
```

이 명령어에서 잠재변수들인 interc와 linear는 절편과 선형 기울기 요인을 각각 나타낸다. 수직선(|)는 Mplus가 다수준 모델들에서 **임의** 기울기를 나타내는 데 사용하는 표시이다(5장 참조).

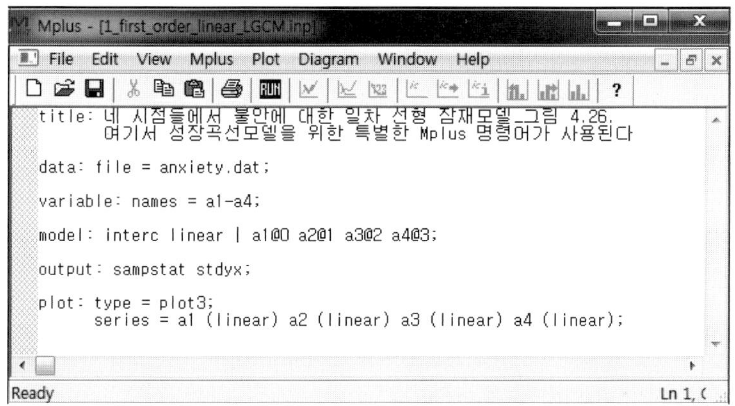

```
title: 네 시점들에서 불안에 대한 일차 선형 잠재모델_그림 4.26.
       여기서 성장곡선모델을 위한 특별한 Mplus 명령어가 사용된다

data: file = anxiety.dat;

variable: names = a1-a4;

model: interc linear | a1@0 a2@1 a3@2 a4@3;

output: sampstat stdyx;

plot: type = plot3;
      series = a1 (linear) a2 (linear) a3 (linear) a4 (linear);
```

[그림 4-27] [그림 4-26]에 제시된 네 번의 측정시점에서 하나의 지표로 측정된 불안에 대한 선형 1차 잠재성장곡선모델의 설정을 위한 Mplus 입력 파일

잠재성장곡선모델들의 맥락에서 **임의 기울기**는 성장곡선의 기울기가 개인에 따라서 변할 수 있는 임의 효과라는 것을 의미한다(즉, 기울기는 고정된 절편가 아니라 변수; 개인들은 시간에 따라 얼마나 변화는지에 차이가 있다). 절편요인도 마찬가지로 임의 효과를 나타낸다. 다시 말해, 개인들은 그들의 초기의 고유한 불안 점수들에서 차이가 있다(**임의** 대 고정효과의 구분은 다수준 모델들을 논하는 5장을 다시 참조).

| 표시 뒤에는 반복적으로 측정된 관측 불안 변수들이 나열되고, 이것이

성장요인의 지표로서 역할을 한다. @ 표시는 기울기 요인에 대한 지표들의 요인부하량들을 고정하기 위하여 사용되고, 따라서 기울기 요인은 성장 궤적의 형태를 적절히 나타내게 된다. 시간의 흐름에 따른 선형 성장에 대한 전제를 위해서 요인부하량들은 기울기 요인에 대해서 0, 1, 2, 그리고 3으로 고정된다([그림 4-26]과 비교).

앞에서 살펴본 특수한 신택스를 통한 성장곡선 모델들의 초기설정에서 Mplus는 절편요인에 대한 모든 부하량은 1로, 그리고 모든 고정된 절편 (α_k)는 0으로 자동적으로 고정한다. 더불어 Mplus는 절편와 기울기 요인들의 평균들을 자동적으로 추정한다. 이러한 초기설정을 이해하는 것은 중요한데, 그 이유는 성장모델들이 표준적인 확인적 요인분석을 위한 전형적인 Mplus 신택스를 사용하여 설정될 수도 있기 때문이다. 만약 전형적인 CFA 신택스가 사용된다면 절편 모수들 α_k는 사용자에 의하여 명확하게 0으로 설정되어야 하고, 잠재성장요인 평균들도 명확하게 요청되어야 한다(〈글상자 4.13〉 참조).

글상자 4.13. CFA 모델들을 위한 전형적인 Mplus 신택스를 사용하여 잠재성장곡선모델들을 설정하기

LGCMs는 확인적 요인분석 모델들을 위한 표준적인 Mplus 신택스를 사용하여서도 설정될 수 있다. 이 대안적 설정 방식은 LGCMs를 위한 특수한 Mplus 신택스를 사용하는 것보다는 약간 더 복잡하다. 왜냐하면 절편와 기울기 요인에 대한 적재 방식이 명확하게 설정되어야 하고, 절편 α_k도 0으로 명확히 설정되어야 하며, 잠재성장요인 평균들도 사용자에 의해 명확하게 요구되어야 하기 때문이다. 반면에 이 방법은 LGCMs의 설정을 보다 명확하게 만들고, 이 모델들이 확인적 요인분석 모델들의 특수한 경우라는 것을 보여 준다. 다음은 전형적인 Mplus 신택스를 사용하여 불안에 관한 동일한 일차 LGCM의 대안적 설정 방식을 보여 준다.

```
model: interc by a1@1 a2@1 a3@1 a4@1; ! 절편요인
```

```
linear by a1@0 a2@1 a3@2 a4@3; ! 기울기 요인
[a1-a4@0]; ! 고정된 절편들을 0으로 설정
[interc linear]; ! 성장요인 평균들을 추정
```

두 유형의 설정에 대한 전체적인 입력 파일은 웹사이트에서 제공된다.

Mplus 도표(plot) 옵션은 LGCMs의 분석에서 매우 유용한데, 그 이유는 그것이 개별적으로 관측된 그리고 모델에 의해 추정된 성장궤적들을 분석하는 데 사용될 수 있기 때문이다. 도표 옵션은 평균적인 관측 궤적과 모델에 의해 산정된 궤적들을 시각화해서 보여 준다. 이러한 곡선들은 가령 모델의 적합도를 검증하는 데 유용할 수 있다. 예를 들어 만약 많은 개인이 선형 궤적으로부터 떨어져 있다면 이것은 선형적인 성장모델이 그 데이터에서 적합하지 않을 수 있다는 표시가 될 수 있다. 도표 옵션은 데이터 분석 입력에서 개별 데이터(요약 데이터가 아닌)가 사용될 때에만 사용할 수 있다(개별과 요약 데이터의 차이는 2장에서 설명되었다).

성장곡선들의 도표를 얻기 위해서는 Mplus 도표 유형3(type=plot3;)을 요청해야 한다. series 옵션을 사용하여 변수 a1~a4의 값들을 시간에 대한 함수의 분포로서 표시할 수 있다(여기서 **선형**의 의미는 모델 명령문에서 선형 기울기 요인을 위해 선택된 이름을 가리킨다).

```
plot: type = plot3;
  series = a1 (linear) a2 (linear) a3 (linear) a4 (linear);
```

4장 5. 1) '(2) 성장곡선들의 시각적 분석'에서 자세히 묘사된 것처럼, Mplus 출력에서 menu option에서 Graph → View Graphs를 선택하면 그래프들을 얻을 수 있다. 그래프들을 보기 전에 Mplus에서 제공하는 출력

물을 검증해 보자. 모델적합도는 선형 LGCMs가 불안데이터에 대해 상당히 좋지 않다는 것을 보여준다. 이것은 특별히 큰 카이제곱과 RMSEA 값에서 볼 수 있다. $\chi^2=27.288$, $df=5$, $p<.001$, $CFI=0.98$, $RMSEA=0.096$, $SRMR=0.061$.

비교를 위해서 기울기 요인이 아닌 절편만으로 구성된 소위 **절편-단독(intercept-only) 모델**을 추정할 수 있다. 이 모델은 시간의 흐름에 따라 잠재 불안점수들에서 고유한 변화는 없다고 가정한다(절편-단독 모델에 따르면 시간에 따라 관측 점수들에서 보이는 변화는 측정오류 때문으로 간주한다). 선형 LGCM과 절편-단독 모델의 비교를 통해서 우리는 LGCM 모델이 적어도 무-변화(no-change)모델보다는 나은 적합도를 보이는 것을 알 수 있다. [그림 4-28]은 절편-단독 모델의 설정을 위한 Mplus 입력 파일을 보여 준다.

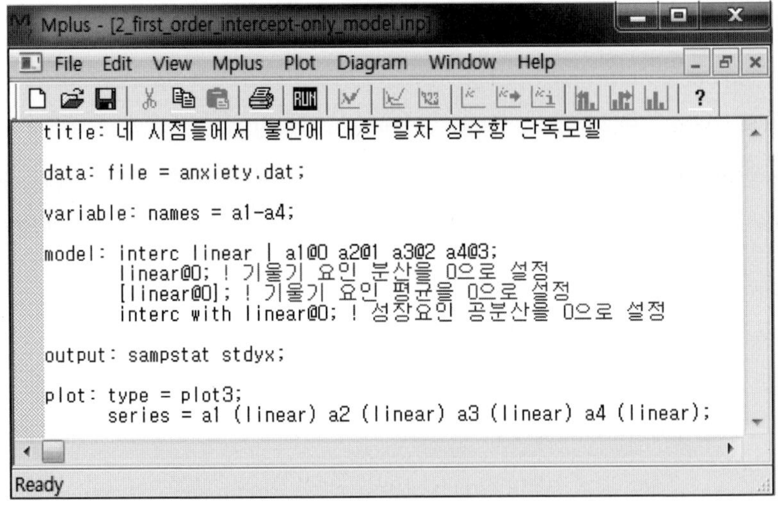

[그림 4-28] LGCMs를 위한 단순화된 신택스를 사용한 불안데이터에 대한 일차 절편-단독 모델의 설정을 위한 Mplus 입력 파일

LGCMs를 위한 기본적인 모델 설정은 절편-단독 모델의 설정을 위해서도 유지될 수 있다. 세 가지 추가적인 명령어는 선형 기울기 요인의 평균,

분산, 그리고 공분산을 0으로 설정하기 위하여 포함되는데, 이러한 모수들은 절편-단독 모델에서는 추정되지 않는다는 것을 전제로 한다. 이 설정에 따르면 오직 절편요인만 모델에서 유지된다.

도표 옵션은 변하지 않기 때문에 절편-단독 모델에서 모델에 의해 예측된 잠재성장곡선들과 그것을 선형 LGCM에서 모델에 의해 예측된 성장곡선들과 비교해 볼 수 있다. 절편-단독 모델을 위한 모델적합도는 (예상대로) 데이터에 대해서 매우 나쁜 적합도를 보인다. $\chi^2 = 176.355$, $df = 8$, $p < .001$, $CFI = 0.857$, $RMSEA = 0.208$, $SRMR = 0.141$. (절편-단독 모델에 대한 전체 출력물은 웹사이트에서 볼 수 있음) *AIC* 값들의 비교는 절편-단독 모델의 적합도(AIC=1296.065)가 선형 LGCM(AIC=1152.997)보다 더 나쁜 것으로 나타났다. 따라서 선형 변화에 대한 전제는 적어도 변화가 없다는 전제보다는 더 선호된다(그럼에도 불구하고, 선형모델의 적합도는 최선은 아닌데, 이는 모든 개인에 대한 선형 변화에 대한 전제가 지나치게 제약적일 수 있다는 것을 나타낸다).

다음으로, 적당한 수준의 적합도에도 불구하고 일차 선형 LGCM에서 가장 중요한 모수들에 관해 논의하고자 한다. 모델 결과에서 절편와 기울기 요인 모두 평균과 분산이 0과 유의미하게 다르다는 것을 보여 준다(유의수준 5%라고 전제). 이 결과는 평균 초기 잠재불안 수준이 0과 유의미하게 다르다는 것을 의미한다($M_{\text{INTERCEPT}} = 0.698$, $z = 34.866$, $p < .001$). 초기 잠재불안 점수에서의 분산 역시 유의미한 것으로 나타났다($Var_{\text{INTERCEPT}} = 0.151$, $z = 11.996$, $p < .001$).

기울기 요인에서는 평균적으로 시간에 따라 잠재불안 점수들에서 유의미한 선형적 감소를 볼 수 있는데, 이는 추정된 기울기 요인 평균이 부적인 신호를 가지기 때문이다($M_{\text{LINEAR}} = -0.062$, $z = -10.405$, $p < 0.001$). 이것은 평균적인 모델에 의해 추정된 선형 성장곡선이 부적인 기울기를 가진다는 것을 의미한다. 더불어 유의미한 기울기 요인 분산에서 보듯이, 평균 성장곡선 주변의 기울기 값들에서 유의미한 정도의 개인 간 차이가 존재한다는

것을 살펴볼 수 있다($Var_{\text{LINEAR}}=0.007$, $z=4.667$, $p<.001$). 이것은 어린이들이 그들의 초기 잠재불안 점수들에서뿐만 아니라 시간에 따른 그것들의 궤적에 있어서도 차이가 난다는 것을 의미한다. 몇몇 어린이는 불안점수에 있어 다른 아이들보다 더 강한 증가(혹은 감소)를 보여 주었다(이 결과는 요청된 도표를 통해 개별적 성장궤적을 살펴보면 바로 명확해진다).

```
MODEL RESULTS

                                                   Two-Tailed
                  Estimate     S.E.  Est./S.E.    P-Value

 INTERC    |
    A1               1.000    0.000   999.000     999.000
    A2               1.000    0.000   999.000     999.000
    A3               1.000    0.000   999.000     999.000
    A4               1.000    0.000   999.000     999.000

 LINEAR    |
    A1               0.000    0.000   999.000     999.000
    A2               1.000    0.000   999.000     999.000
    A3               2.000    0.000   999.000     999.000
    A4               3.000    0.000   999.000     999.000

 L NEAR   WITH
    INTERC          -0.011    0.003    -3.485       0.000

 Means
    INTERC           0.698    0.020    34.866       0.000
    LINEAR          -0.062    0.006   -10.405       0.000

 Intercepts
    A1               0.000    0.000   999.000     999.000
```

```
    A2          0.000    0.000   999.000    999.000
    A3          0.000    0.000   999.000    999.000
    A4          0.000    0.000   999.000    999.000

 Variances
    INTERC      0.151    0.013    11.996      0.000
    LINEAR      0.007    0.001     4.667      0.000

 Residual Variances
    A1          0.067    0.008     8.675      0.000
    A2          0.048    0.004    10.965      0.000
    A3          0.048    0.004    11.180      0.000
    A4          0.040    0.006     6.545      0.000
```

표준화된 모델 결과들[STANDARDIZED MODEL RESULTS(STDYX Standardization)]은 절편와 기울기 요인 사이에 표준화된 공분산(즉, 상관관계)을 제공한다. 우리의 예에서 절편와 기울기 요인은 유의미한 부적 상관관계를 가진다($r = -.349$, $z = -5.001$, $p < .001$). 게다가, R-SQUARE-Observed Variable에서 보고된 값들은 관측된 개인 차이의 69.4%에서 78.5%가 잠재성장요인들에 의해 설명된다는 것을 보여 준다. 나머지 분산들은 이 모델에서의 측정오류와 체계적인 측정시점에서의 특수한 분산 때문이다[4장 5. '2) 2차 잠재성장곡선모델들'에서 논의될 이차 LGCMs는 측정시점에 특수한 분산에서 분리된 오차 분산을 보여 준다; 일차와 이차 LGCMs에 대한 보다 자세한 비교는 Geiser et al.(출판 중) 참조].

```
STANDARDIZED MODEL RESULTS (STDYX Standardization)

                                                  Two-Tailed
                    Estimate    S.E.  Est./S.E.    P-Value
```

```
INTERC   |
   A1          0.833    0.019    43.608      0.000
   A2          0.906    0.023    40.204      0.000
   A3          0.911    0.030    29.912      0.000
   A4          0.903    0.040    22.597      0.000

LINEAR   |
   A1          0.000    0.000   999.000    999.000
   A2          0.193    0.021     9.160      0.000
   A3          0.389    0.042     9.259      0.000
   A4          0.578    0.065     8.861      0.000

LINEAR   WITH
   INTERC     -0.349    0.070    -5.001      0.000

Means
   INTERC      1.796    0.091    19.789      0.000
   LINEAR     -0.753    0.108    -6.965      0.000

Intercepts
   A1          0.000    0.000   999.000    999.000
   A2          0.000    0.000   999.000    999.000
   A3          0.000    0.000   999.000    999.000
   A4          0.000    0.000   999.000    999.000

Variances
   INTERC      1.000    0.000   999.000    999.000
   LINEAR      1.000    0.000   999.000    999.000

Residual Variances
   A1          0.306    0.032     9.622      0.000
   A2          0.264    0.024    11.037      0.000
   A3          0.265    0.023    11.747      0.000
   A4          0.215    0.031     6.812      0.000
```

```
R-SQUARE

    Observed Two-Tailed
    Variable Estimate S.E. Est./S.E. P-Value

    A1          0.694    0.032    21.804       0.000
    A2          0.736    0.024    30.789       0.000
    A3          0.735    0.023    32.541       0.000
    A4          0.785    0.031    24.941       0.000
```

이 모델은 절편와 기울기 요인에 대한 예측요인으로서 외부변수들을 추가하여 확장할 수 있는데, 이를 통해 초기 불안점수와 그들의 변화에 있어서 아이들이 왜 차이가 나는지를 설명할 수도 있다. 예를 들어, 부모의 지지 혹은 다른 변수들에서의 변화, 가령 개인적인 자신감 등이 불안에서의 변화와 관련될 수 있다. 초기 상태와/혹은 성장을 예측하는 독립변수들의 추가는 성장에 대한 설정과 더불어 하나 혹은 그 이상을 on 명령문들로 연결하여 설정함으로써 이루어진다. 예를 들면 다음과 같다.

interc linear on x y z;

이 명령어를 사용하여 절편와 기울기 요인은 세 가지 독립변수인 x, y, 그리고 z에 회귀된다. 성장요인들은 그들 스스로 독립 변수로서 역할도 할 수 있다. 이 경우에 이들은 on 명령문의 오른쪽 측면에 나타나게 된다.

(2) 성장곡선들의 시각적 분석

이 절에서는 도표 옵션을 통해서 그래프를 가져오는 데 사용되는 Mplus 옵션에 관해 다룰 것이다. 이러한 그래프들은 개인과 평균 성장곡선을 시각화하기 위하여 사용된다. 그래프들은 Graph → View Graphs([그림 4-29] 참조)를 클릭하거나 혹은 Mplus 메뉴에 있는 다음의 기호를 클릭하면 출력창에 불러진다.

[그림 4-30]은 그래프를 보는 데 이용 가능한 다양한 옵션을 보여 준다. 표본평균들(Sample means) 옵션은 시간의 경과에 따라 관측된 불안평균들의 도표를 제공해 준다. 추정된 평균들(Estimated means) 옵션은 모델에 의해서 예측된 성장곡선의 평균적 도표를 보여 준다. 표본과 추정된 평균들(Sample and estimated means)을 선택하면 평균 표본과 평균 모델예측평균들 모두를 하나의 그래프로 보여 준다. 관측된 개인값(Observed individual values)들은 표본에서 모든 개인에 대한 관측된 개별성장곡선들을 제공해 준다. 이 옵션은 [그림 4-32]의 그래프를 제공하는 데 선택된다.

Observed individual values(관측된 개인값들)을 클릭하면 개별곡선들을 보기 위한 속성들 창이 나타난다([그림 4-31] 참조). 여기서 사용자는 개별 성장궤적을 보기 위한 상이한 옵션들을 선택할 수 있다.

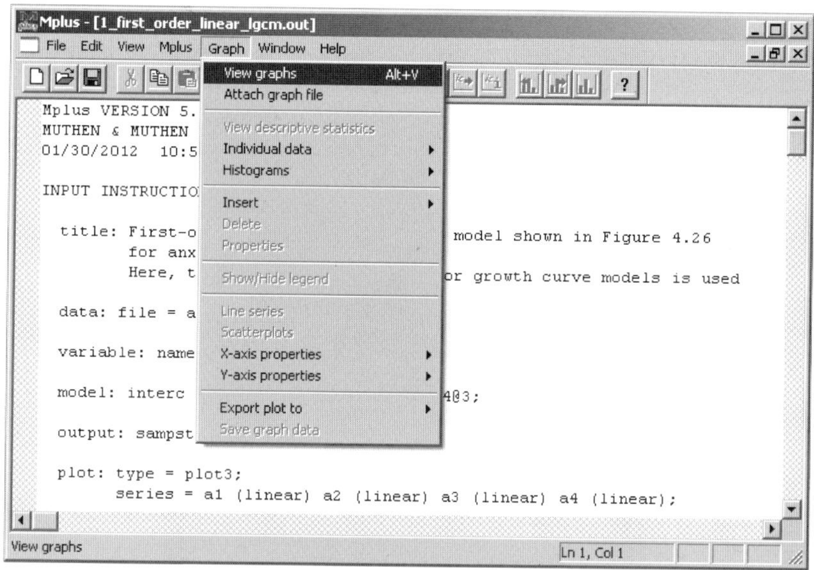

[그림 4-29] Mplus 출력창에서 요청된 그래프들을 열기

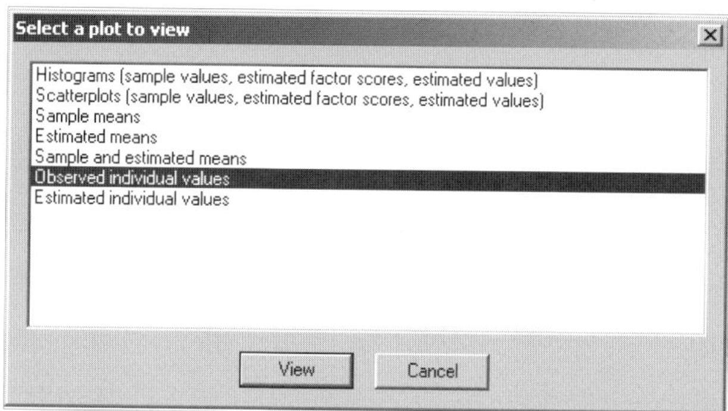

[그림 4-30] Mplus에서 구체적인 그래프 선택하기

앞의 경우는 관측된 개별성장곡선들을 보는 경우임

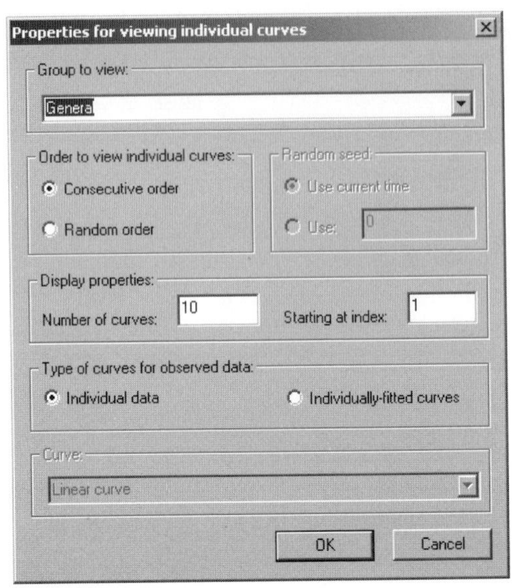

[그림 4-31] 표시될 개별적 성장곡선들의 유형, 수, 그리고 순서 선택하기

여기서는 관측된 데이터(Individual data)에 기반한 곡선들, 그래프당 10개의 곡선들(Number of curves: 10), 그리고 데이터 파일에서 첫 번째 개인으로 시작하는 연속적 순서(Consecutive order/Starting at index: 1)

초기설정은 개별 데이터 파일로부터 추출된 성장곡선들의 군집화를 피하기 위해서 한 번에 10개의 곡선들만(Number of curves: 10) 연속적 순서로 제공된다(Order to view individual curves → Consecutive order). 더불어 초기설정상 관측된('원') 데이터는 구체적인 곡선적합과정(curve-fitting procedure) 없이 제공된다(Type of curves for observed data → Individual data). 구체적인 곡선적합과정들은 Type of curves for observed data → Individually-fitted curves(가령, 선형 혹은 2차 적합) 옵션을 선택하여 결정될 수 있다.

[그림 4-31]의 초기옵션을 유지하면 anxiety.dat 데이터에 있는 첫 10명의 개인의 관측된 궤적들을 포함한 그래프를 [그림 4-32]에서 볼 수 있다. 특정한 데이터 지점을 클릭하면 해당하는 개인의 곡선이 굵게 강조되고 개인 번호와 네 시점에서의 개인의 실질적 관측점수들에 관한 정보를 보여

준다. [그림 4-32]의 데이터에서 두 번째 개인의 곡선이 강조되고, 이 개인의 관측된 불안점수를 볼 수 있다(T1에서 1.643, T2에서 1.643, T3에서 1.214, 그리고 T4에서 1.929). 예를 들어, 이 기능은 극단사례들 혹은 남아 있는 개인들의 표본에 비해 일탈적인 성장궤적들을 가진 사례들을 식별하는 데 유용하다.

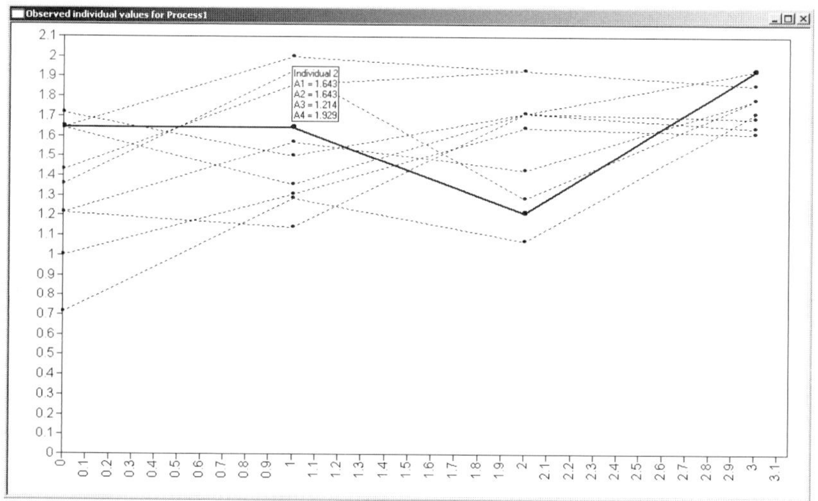

[그림 4-32] anxiety.dat 데이터에 있는 첫 10명의 개인에 대한 개별 성장곡선들
구체적인 데이터에 커서를 옮기면 개인번호와 모든 시점에서의 수량화된 점수들을 보여줌.

표본에서 남아 있는 개인들에 대한 성장곡선들은 다음의 기호를 클릭하면

10개의 곡선들을 보여 준다. 다음의 기호를 클릭하면

설정을 바꾸기 위한 Properties for viewing individual curves 옵션 창으로 돌아갈 수 있도록 해 준다. 다음의 기호를 클릭하면

다른 유형의 도표를 선택할 수 있다. 예를 들어, 모델에 의해 예측된 개인 혹은 평균 성장곡선들이 그것이다. [그림 4-34]와 [그림 4-35]의 그래프들은 Sample and estimated means 옵션을 선택하여 나타낼 수 있다([그림 4-33] 참조).

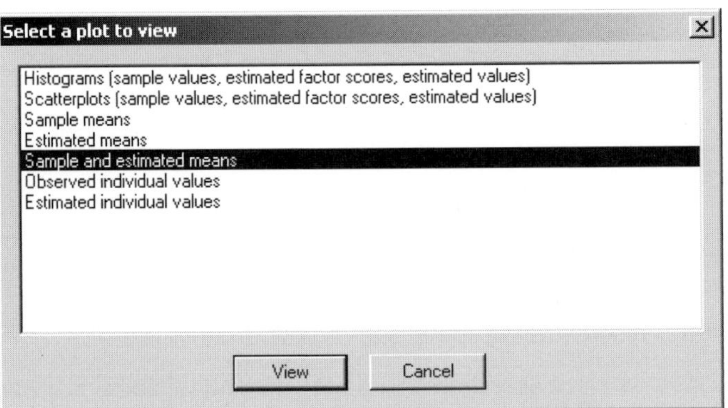

[그림 4-33] Mplus에서 구체적인 그래프 선택하기

이 경우에 관측된 그리고 추정된 평균 성장곡선들을 볼 수 있음.

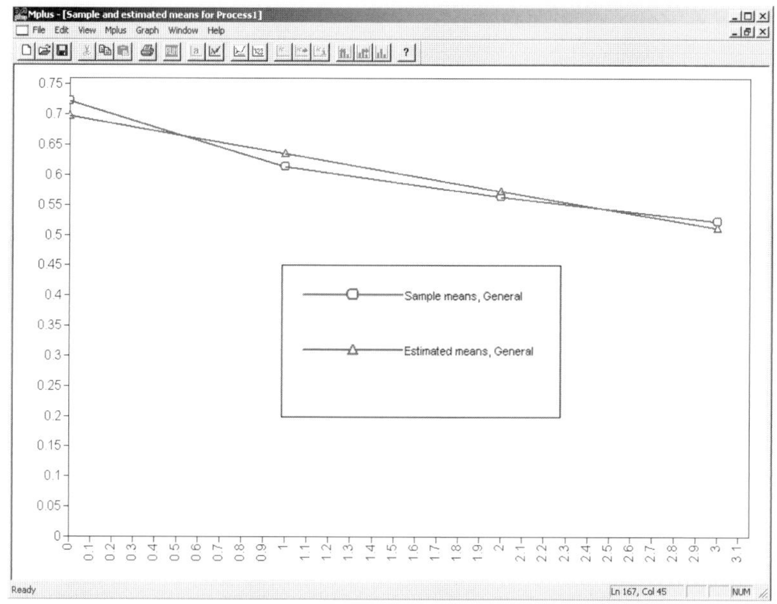

[그림 4-34] Anxiety data의 1차 LGCM에서 관측된 평균(표본) 그리고 모델예측평균(추정된) 성장곡선들

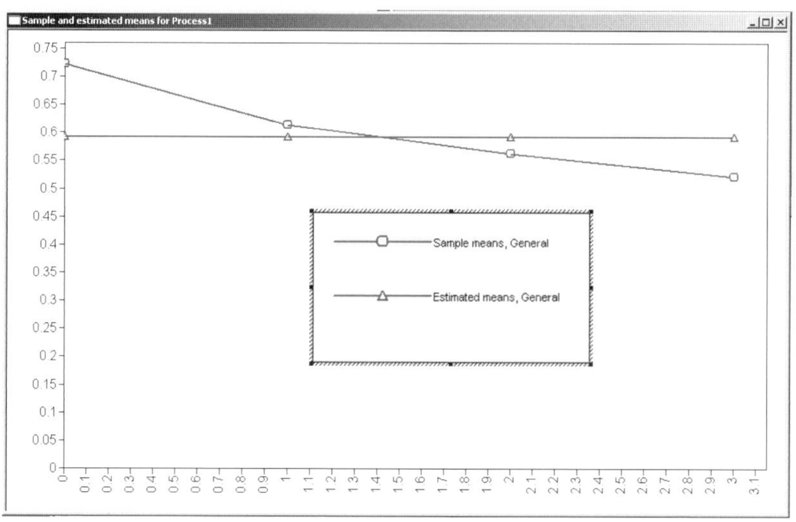

[그림 4-35] Anxiety data에 대한 1차 절편-단독 모델에서 관측된 평균(표본)과 모델-예측 평균(추정된) 성장곡선들

[그림 4-34]는 선형 LGCM에 대한 관측된 평균과 모델-예측 평균 성장 곡선들을 보여 준다. [그림 4-35]는 시간의 흐름에 따라 변화가 없다고 가정하는 절편-단독 모델에 대한 같은 곡선들을 보여 준다. 절편-단독 모델에서 모델에 의해 예측된 곡선은 x축과 정확하게 평행을 이루고, 관측된 평균들과 잘 대응되지 않는다(시간의 흐름에 따른 감소를 명확히 보여 주는). Mplus 그래프들은 *.DIB, *.EMF, 혹은 *.JPEG 형태의 그림파일로 저장할 수 있다. 이것은 [그림 4-36]에서 볼 수 있듯이, Graph → Export 메뉴 옵션을 선택하여 실행할 수 있다.

(3) 1차 비선형 잠재성장곡선모델들(First-Order Quadratic LGCMs)의 분석

지금까지 논의한 잠재성장곡선 분석은 모든 개인에 대한 변화가 선형으로 제한하는 선형 기울기 요인만을 포함하였다. 다른 비선형 유형의 성장을 모델화하기 위해서는 모델에 추가적인 성장요인들을 포함하여 확대시킬 수 있다. 예를 들어, 만약 성장이 곡선 형태라고 가정한다면 추가적인 요인이 모델에 포함되어 곡선의 성장을 대변할 수 있다([그림 4-37] 참조).

비선형 성장요인 역시 고정 요인부하량들의 특수한 패턴으로 정의된다. 이차성장을 위해서 요인부하량들은 [그림 4-37]에서 볼 수 있듯이, 0, 1, 4, 9로 각각 설정된다. 만약 곡선형 변화를 전제하기 위한 이론적 논거가 있고, 비선형 성장모델이 선형 성장모델에 비해 보다 나은 적합도를 보인다면 비선형모델이 더 선호될 수 있다. 변화의 또 다른 형태들도 검증될 수 있다. LGCMs는 일반적으로는 상당히 유연하고 다양한 특수 형태로 확장될 수 있다[가령, 비균형적 시점들 혹은 구체적인 성장 요소들을 포함한 경우; 예를 들어, Mayer, Steyer, & Mueller(출판 중) 참조]. 구체적인 모델들의 자세한 논의는 Bollen과 Curran(2006), Duncan 등(2006)에서 살펴볼 수 있다.

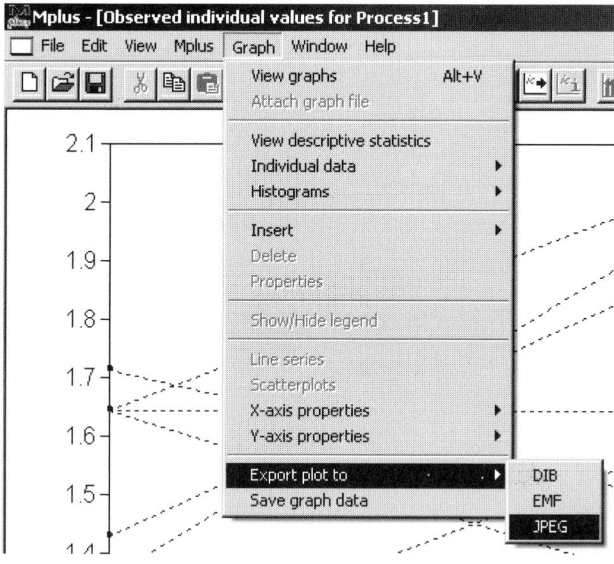

[그림 4-36] Mplus 그래프 탐색하기(여기서는 *.JPEG 파일로)

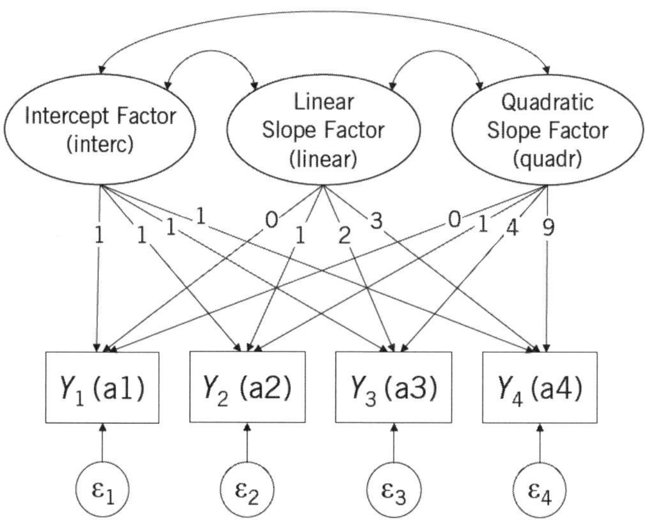

[그림 4-37] 네 번의 측정시점(k=1, 2, 3, 4)에서 측정된 하나의 관측변수 Y_k(k=시점)를 위한 일차 LGCM

ϵ_k =오류 변수. 이 모델은 곡선(이차) 성장과 시점들 사이의 등간을 전제함. Mplus 입력문에 사용된 변수명은 괄호 안에 표시됨.

[그림 4-38]은 anxiety data(불안 데이터)에 대한 일차 비선형 LGCM의 Mplus 설정을 보여 준다. 선형 LGCM과 비교해서 모델 설정시 유일한 차이는 추가적인 성장요인(quadr)이 | 표시 뒤에 소개된다는 것이다.

```
model: interc linear quadr | a1@0 a2@1 a3@2 a4@3;
```

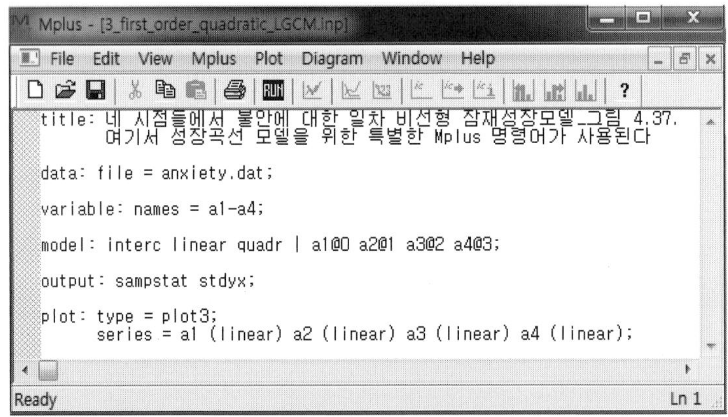

[그림 4-38] [그림 4-37]에 보았듯이, 불안에 관한 하나의 지표를 네 번의 측정시점을 걸쳐 측정한 1차 비선형 LGCMs의 설정을 위한 Mplus 입력 파일

이 입력 파일에서 LGCM을 위한 단순화된 신택스가 사용됨.

Mplus는 자동으로 세 번째 요인 quadr을 비선형 성장요인으로 취급한다. 불안 데이터에 대한 이차성장모델의 모수들의 추정에서 추정 문제는 Mplus 출력물에서 다음의 경고메시지를 통해서 나타난다.

```
WARNING: THE LATENT VARIABLE COVARIANCE MATRIX (PSI) IS NOT
POSITIVE DEFINITE. THIS COULD INDICATE A NEGATIVE
VARIANCE/RESIDUAL VARIANCE FOR A LATENT VARIABLE, A CORRELATION
GREATER OR EQUAL TO ONE BETWEEN TWO LATENT VARIABLES, OR A LINEAR
DEPENDENCY AMONG MORE THAN TWO LATENT VARIABLES. CHECK THE TECH4
OUTPUT FOR MORE INFORMATION. PROBLEM INVOLVING VARIABLE QUADR.
```

이 경고메시지는 잠재성장요인들의 공분산 행렬이 적절한 공분산 행렬이 아니라는 것을 나타낸다. 이것은 종종 하나 혹은 그 이상의 요인분산들이 0 혹은 부적(−)으로 추정되거나, 절대값이 1보다 큰 상관관계가 추정되거나 혹은 잠재변수들 사이의 선형 의존이 발생했다는 표시를 의미한다. 앞의 경우에는 문제가 이차성장요인인 quadr과 관련된다. 모수추정표는 이 변수의 분산이 매우 작고 통계적으로 유의하지 않은 것으로 나타났다 ($Var_{QUADR}=0.001$, $z=0.673$, $p=.501$). 더불어 선형과 비선형 성장요인 사이의 상관관계는 1.205(표준화된 모델 결과들 참고)로 추정되었는데, 이는 상관관계 계수에서 허용될 수 없는 값이다. 이것이 Mplus에 의한 출력물에서의 경고메시지이다. 비록 비선형모델이 선형모델보다 더 나은 적합도 ($\chi^2=1.148$, $df=1$, $p=.284$, $CFI=1.00$, $RMSEA=0.017$, $SRMR=0.006$)를 보여 준다 할지라도, 이 결과는 비선형 성장의 전제가 이 데이터에는 합리적이지 않을 수 있다는 것을 보여 준다.

```
MODEL RESULTS

                                         Two-Tailed
                 Estimate    S.E.  Est./S.E.    P-Value

 INTERC   |
    A1          1.000      0.000   999.000    999.000
    A2          1.000      0.000   999.000    999.000
    A3          1.000      0.000   999.000    999.000
    A4          1.000      0.000   999.000    999.000

 LINEAR   |
    A1          0.000      0.000   999.000    999.000
    A2          1.000      0.000   999.000    999.000
    A3          2.000      0.000   999.000    999.000
    A4          3.000      0.000   999.000    999.000
```

```
QUADR   |
   A1          0.000     0.000   999.000    999.000
   A2          1.000     0.000   999.000    999.000
   A3          4.000     0.000   999.000    999.000
   A4          9.000     0.000   999.000    999.000

LINEAR   WITH
   INTERC     -0.026     0.021    -1.201      0.230

QUADR    WITH
   INTERC      0.002     0.005     0.374      0.709
   LINEAR     -0.008     0.005    -1.565      0.117

Means
   INTERC      0.720     0.020    35.617      0.000
   LINEAR     -0.114     0.018    -6.452      0.000
   QUADR       0.016     0.005     3.113      0.002

Intercepts
   A1          0.000     0.000   999.000    999.000
   A2          0.000     0.000   999.000    999.000
   A3          0.000     0.000   999.000    999.000
   A4          0.000     0.000   999.000    999.000

Variances
   INTERC      0.163     0.022     7.441      0.000
   LINEAR      0.048     0.023     2.110      0.035
   QUADR       0.001     0.001     0.673      0.501

Residual Variances
   A1          0.036     0.019     1.870      0.061
   A2          0.053     0.007     7.720      0.000
   A3          0.035     0.006     5.498      0.000
   A4          0.072     0.019     3.890      0.000
```

```
STANDARDIZED MODEL RESULTS (STDYX Standardization)

                                        Two-Tailed
              Estimate    S.E.  Est./S.E.    P-Value

...
LINEAR   WITH
    INTERC    -0.290    0.166   -1.746      0.081

QUADR  WITH
    INTERC     0.154    0.370    0.415      0.678
    LINEAR    -1.205    0.471   -2.558      0.011

Means
    INTERC     1.784    0.128   13.928      0.000
    LINEAR    -0.518    0.146   -3.552      0.000
    QUADR      0.514    0.415    1.237      0.216
```

2) 2차 잠재성장곡선모델들

LGCMs의 적용에 있어서 중요한 전제는 시간에 따른 변수들의 측정불변성이다(4장 1. '4) 시간에 따른 측정불변성의 검증'과 비교). **측정불변성**은 측정모델의 속성들(즉, 요인부하량들, 절편들, 그리고/혹은 잔차 분산들)이 시간의 흐름에 따라 변하지 않는다는 것을 의미한다(Meredith, 1993; Meredith & Horn, 2001; Millsap & Meredith, 2007). 잠재상태모델들에서처럼 성장모수들의 의미 있는 해석을 위해서는 최소한 강한 측정불변성이 요구된다. 그렇지 않으면 시간에 따른 변화들이 측정도구의 속성의 잠재적 변화들과 혼재될 수 있다.

이전 절의 일차 LGCMs 논의에서는 강한 측정불변성에 대한 전제가 내재되어 있었지만 검증될 수 없었는데, 그 이유는 각 시점마다 하나의 지표만이 존재하기 때문이다. **이차 LGCMs(곡선의 요인모델들**; Geiser et al., 출판중; Hancock, Kuo, & Lawrence, 2001; McArdle, 1988; Sayer & Cumsille, 2001)의 장점 중의 하나는 이 모델들이 각각의 시점에서 다중지표들을 사용하고, 그로 인해 측정불변성의 전제에 대한 검증이 LS와 LC모델들에서 같은 방식으로 가능하다는 것이다.

[그림 4-39]에서는 두 개의 지표(가령, 두 개의 다른 척도들 혹은 평행 검증 부분)를 사용하여 네 번의 시점에서 측정된 불안에 관한 이차 LGCM을 보여 준다. 이차 모델은 각 시점마다 하나 이상의 관측변수를 가지는 것을 기본으로 한다. 더불어 일차 LGCMs와는 달리 이차 LGCMs에서 지표들은 성장요인들을 직접적으로 측정하지 않고 간접적으로 잠재상태요인들을 통해서 절편와 기울기 요인들을 측정한다. 잠재상태요인들은 이 모델에서 일차 요인들을 나타내고, 반면에 성장요인들은 LST모델들에서 잠재상태요인과 유사하게 이차 잠재변수들로 설정된다. 실제로 Geiser와 동료들(출간예정)은 이차 LGCMs가 LST이론의 기초적인 개념에 기반하여 형성될 수 있다는 것을 보여 준다.

시점마다 다중지표들의 사용은 4장 1. '4) 시간에 따른 측정불변성의 검증'의 잠재상태모델에서 보여 주었듯이, 요인부하량들, 절편들, 그리고 잔차 변수들을 시간에 따라 동일하게 설정하여 측정불변성의 가정을 실증적으로 검증해 볼 수 있게 한다. 최소한의 강한 요인불변성(시간의 흐름에 따라 동일한 요인부하량들과 절편들)은 성장 모수들이 해석될 수 있게 유지되어야 한다.

이차 LGCMs의 또 다른 장점은 다중지표들의 사용이 구체적인 시점에서의 특수한 분산과 성장요인들 및 측정오류에 의한 분산을 분리하는 것을 가능하게 한다는 점이다. 이차 LGCMs에서 시점에서의 특수한 효과들은 잠재상태 잔차 변수들로 명확히 대변되는 반면에([그림 4-39]에서 $\zeta_1-\zeta_4$로 표시됨), 일차 LGCMs에서는 오류변수 ϵ_k와 혼재되어 나타난다. 따라서 일차 모델에서는 지표들의 신뢰도가 과소 추정되는 경향성이 있다(Geiser et al., 출판 중). [그림 4−39]의 모델에서 지표의 특수한 잔차 요인(IS_2)은 첫 번째 지표와 공유되지 않는 두 번째 지표의 특수한 분산을 나타내기 위하여 포함된다(4장 1. '3) 지표의 특수한 효과들에 대한 모델화' 비교).

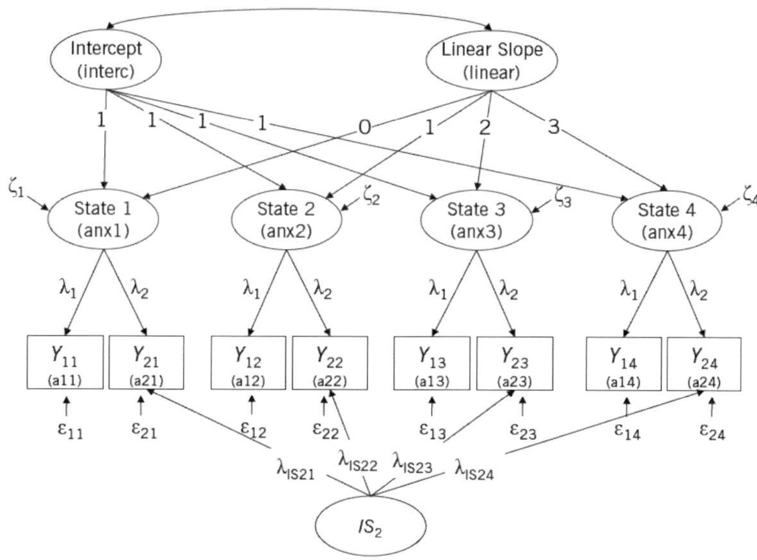

[그림 4−39] 네 번의 측정시점에서 측정된 두 개의 관측변수 Y_{ik} (i=지표, k=시점)에 대한 이차 LGCM

ϵ_{ik} =측정오류 변수; λ_i =시간불변적 일차 상태요인부하량; ζ_k =잠재상태 잔차 변수. 모델은 두 번째 지표에 대한 지표의 특수한 (방법) 요인(IS2)을 포함함. 모수, λ_{IS2K}는 지표의 특수한 요인에 대한 요인부하량들을 나타냄. 모델은 선형 성장과 시점들 사이의 동일한 간격을 전제함. 변화 과정은 이차의 절편와 기울기 요인들을 통한 잠재상태변수들의 수준에서 모델화됨. Mplus 입력문에 사용된 변수명은 괄호 안에 표시됨.

글상자 4.14. 2차 LGCMs의 예

우리는 Mplus에서 1차 LGCMs를 분석하기 위해 사용했던 불안 데이터를 토대로 2차 LGCMs를 설명하고자 한다. 각 시점에서 하나의 관측변수만을 사용하는 대신에 같은 척도로부터 둘로 나뉘는 측정문항들('군집')을 사용한다. 이 두 개의 측정문항은 불안 질문지의 절반을 하나의 부분에 배정하고, 또 다른 절반을 두 번째 부분에 배정하여 구성하였다. 484명의 아이들의 데이터는 회사 사이트 anxiety_parcels.dat 파일에 있다. 이 데이터는 2 × 4 = 8 변수들을 포함한다(a11−a24).

[그림 4−40]은 불안에 대한 두 개의 측정항목에 대한 이차 선형 LGCM의 설정을 위한 Mplus 입력을 보여 준다. 변수명들은 [그림 4−39]의 괄호 안의 이름들과 일치한다. 첫 번째 숫자는 측정항목(i=1, 2)을 보여 주고, 나머지는 시점을 나타낸다(k=1, 2, 3, 4).

실제 잠재상태 변수들에 대한 제약적인 성장구조를 부여하기에 앞서 우선적으로 단순한 잠재상태모델을 사용한 지표들의 측정불변성의 정도를 연구하는 것이 유용하다(4장 '1. 잠재상태분석' 논의와 비교). LS모델에서 측정불변성을 검증하는 단계들은 자세히 논의되었다는 것을 전제로 여기서는 지표들 사이의 강한 측정불변성을 가정하는 LGCMs의 분석을 직접적으로 다루고자 한다.

모델 설정의 첫 번째 부분은 동일한 요인부하량을 가진 LS모델과 동일하다.

```
anx1 by a11
        a21 (1);
anx2 by a12
        a22 (1);
anx3 by a13
        a23 (1);
anx4 by a14
        a24 (1);
```

다음 단계는 잠재상태요인들의 평균을 식별하기 위하여 첫 번째 지표에 대한 절편들을 0으로 고정한다.

```
[a11@0 a12@0 a13@0 a14@0];
```

두 번째 지표에 대한 절편들은 시간의 흐름에 따라 동일하게 설정된다—잠재상태요인부하량들에 대해 가해진 제약들과 더불어—그로 인해 강한 요인불변성이 유지된다.

```
[a21 a22 a23 a24] (2);
```

성장요인들 interc와 linear을 포함한 이차적 요인구조는 일차 LGCMs와 동일한 신택스를 사용하여 설정할 수 있다. 유일한 차이점은 성장요인들의 지표들이 이제는 관측변수들이 아닌 잠재상태요인들이라는 것이다.

```
interc linear | anx1@0 anx2@1 anx3@2 anx4@3;
```

다음 단계에서 절편와 기울기 요인 평균들의 추정을 요청할 수 있다.

```
[interc linear];
```

지표의 특수한 요인은 지표의 특수한 분산을 설명하기 위하여 두 번째 측정문항들에 포함된다.

```
is2 by a21 a22@1 a23@1 a24@1;
```

잔차 요인으로 정의되는 이 요인은 모델에서 남아 있는 어떤 잠재변수와도 상관관계가 허용되지 않는다. 따라서 이러한 상관관계는 0으로 설정되어야 한다.

```
is2 with anx1-anx4@0 interc@0 linear@0;
```

비록 카이제곱 검증이 유의미하더라도, 이차 선형 LGCM은 수용할 만한 적합도를 보여 준다. $\chi^2 = 55.372$, $df = 24$, $p = 0.003$, $CFI = 0.993$, $RMSEA = 0.052$, $SRMR = 0.050$. 흥미롭게도 이는 불안점수에서 시점에 따른 특수한 변동성을 고려하지 않는 일차 선형 LGCM보다 나은 적합도로 나타났다.

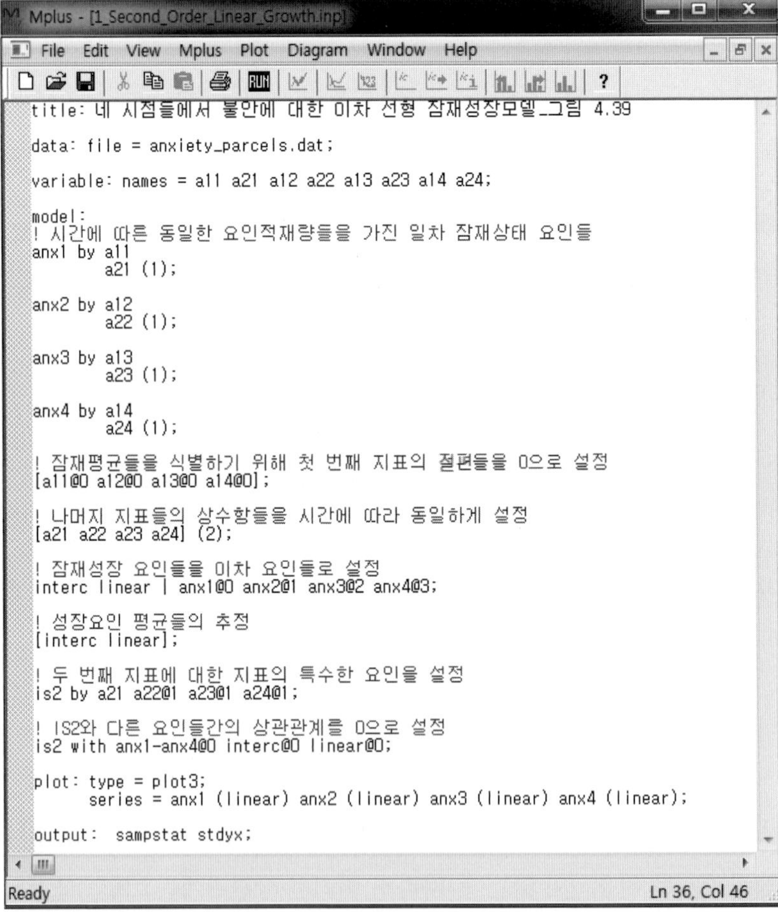

[그림 4-40] [그림 4-39]에 제시된 네 번의 측정시점에서 두 가지 지표에 의해 측정된 불안에 관한 선형 2차 LGCM의 설정을 위한 Mplus 입력 파일

이 입력 파일에서 LGCMs을 위한 단순화된 신택스가 사용된다.

모수추정치들은 성장 과정에 관해서는 일차 LGCM에서 유사한 결과들을 보인다. 평균 잠재불안값은 0과 유의미하게 다르다. $M_{\text{INTERC}}=0.693$, $z=35.827$, $p<.001$. 초기 잠재점수들에서도 유의미한 변량이 존재한다($Var_{\text{INTERC}}=0.141$, $z=11.993$, $p<.001$). 일차 LGCM에서처럼, 잠재 기울기 요인은 부적이고 0과 유의하게 다르다($M_{\text{LINEAR}}=-0.059$, $z=10.593$, $p<.001$). 이것은 불안점수가 시간의 흐름에 따라 감소하는 경향이 있음을 나타낸다. 기울기 요인 분산 역시 유의미한데, $Var_{\text{LINEAR}}=0.007$, $z=5.408$, $p<.001$이다. 이는 개인의 성장곡선들의 기울기에서 유의미한 변량이 있음을 나타낸다(즉, 불안은 모든 어린이에게 똑같은 정도로 감소되지는 않는다).

```
MODEL RESULTS

                                                   Two-Tailed
                Estimate    S.E.   Est./S.E.    P-Value

 INTERC    |
    ANX1          1.000    0.000    999.000     999.000
    ANX2          1.000    0.000    999.000     999.000
    ANX3          1.000    0.000    999.000     999.000
    ANX4          1.000    0.000    999.000     999.000

 LINEAR    |
    ANX1          0.000    0.000    999.000     999.000
    ANX2          1.000    0.000    999.000     999.000
    ANX3          2.000    0.000    999.000     999.000
    ANX4          3.000    0.000    999.000     999.000

 ANX1    BY
    A11           1.000    0.000    999.000     999.000
    A21           0.987    0.018     55.720       0.000
```

```
ANX2    BY
   A12          1.000    0.000   999.000    999.000
   A22          0.987    0.018    55.720      0.000

ANX3    BY
   A13          1.000    0.000   999.000    999.000
   A23          0.987    0.018    55.720      0.000

ANX4    BY
   A14          1.000    0.000   999.000    999.000
   A24          0.987    0.018    55.720      0.000

IS2    BY
   A21          1.000    0.000   999.000    999.000
   A22          1.000    0.000   999.000    999.000
   A23          1.000    0.000   999.000    999.000
   A24          1.000    0.000   999.000    999.000

IS2  WITH
   ANX1         0.000    0.000   999.000    999.000
   ANX2         0.000    0.000   999.000    999.000
   ANX3         0.000    0.000   999.000    999.000
   ANX4         0.000    0.000   999.000    999.000
   INTERC       0.000    0.000   999.000    999.000
   LINEAR       0.000    0.000   999.000    999.000

LINEAR  WITH
   INTERC      -0.008    0.003    -2.875      0.004

Means
   INTERC       0.693    0.019    35.827      0.000
   LINEAR      -0.059    0.006   -10.593      0.000
```

```
Intercepts
    A11           0.000      0.000    999.000    999.000
    A21           0.028      0.012      2.263      0.024
    A12           0.000      0.000    999.000    999.000
    A22           0.028      0.012      2.263      0.024
    A13           0.000      0.000    999.000    999.000
    A23           0.028      0.012      2.263      0.024
    A14           0.000      0.000    999.000    999.000
    A24           0.028      0.012      2.263      0.024
    ANX1          0.000      0.000    999.000    999.000
    ANX2          0.000      0.000    999.000    999.000
    ANX3          0.000      0.000    999.000    999.000
    ANX4          0.000      0.000    999.000    999.000

Variances
    IS2           0.009      0.001      7.336      0.000
    INTERC        0.141      0.012     11.993      0.000
    LINEAR        0.007      0.001      5.408      0.000

Residual Variances
    A11           0.021      0.004      5.561      0.000
    A21           0.025      0.004      6.720      0.000
    A12           0.019      0.003      6.491      0.000
    A22           0.023      0.003      7.844      0.000
    A13           0.019      0.003      7.209      0.000
    A23           0.017      0.003      6.718      0.000
    A14           0.020      0.003      7.352      0.000
    A24           0.016      0.003      6.003      0.000
    ANX1          0.048      0.007      7.063      0.000
    ANX2          0.031      0.004      7.922      0.000
    ANX3          0.030      0.004      8.199      0.000
    ANX4          0.017      0.005      3.339      0.001
```

STANDARDIZED MODEL RESULTS(STDYX Standardization)에 표준화된 모수들은 절편와 기울기 요인 사이의 상관관계가 −.259로 추정되었는데, 이는 일차 LGCM에서의 추정치보다는 다소 낮다.

전체적으로 이차 성장요인들은 잠재상태요인 anx1−anx4로 대변되는 잠재불안상태에서 분산의 74.6%~90.3% 정도를 설명한다(R−SQUARE Latest Variable 참조). 이 지표들은 선형 성장모델이 데이터에 잘 적합하다는 것을 나타낸다. 남아 있는 25.4%(첫 시점)에서 9.7%(마지막 시점)의 잠재상태요인 분산은 신뢰할 만한 특수한 시점에서의 변이성에 기인한다. 이것은 특수한 시점에서의 변동들이 연구의 종료 시점보다는 초기에 더 중요하다는 것을 보여 준다.

측정모델에서 두 지표가 모든 측정시점에서 .911에서 .947 사이의 값으로 잠재상태요인들에 높은 부하량을 가진다는 것이 발견되었다. 이 값들은 지표들이 상당히 동질적이고 높은 신뢰도를 가진다는 것을 나타낸다. 지표의 특수한 요인에 대한 두 번째 지표의 부하량들은 통계적으로는 유의하나 상당히 작은 값이다(.208과 .224 사이). 따라서 관측된 점수의 변이성의 4.3~5.0%만이 지표의 특수한 효과들에 기인한다.

관측변수들의 신뢰도(R−SQUARE Observed Variable)는 .88~.918 사이의 값으로 추정되었다. 이것은 일차 LGCM에서의 값인 .694~.785보다는 상당히 높다. 게다가 일차 LGCM에서는 신뢰도가 시간의 경과에 따라 증가했지만 이차 LGCM에서는 거의 완벽히 안정적으로 나타났다. 이러한 차이들은 일차 모델에서 특정 시점의 효과들이 낮은 신뢰도와 혼재되었기 때문으로 설명할 수 있다. 우선, 이것은 특수한 시점의 효과들이 있는 경우라면 언제든지 일차 LGCM에서의 지표의 신뢰도들은 과소 추정된다. 둘째, 특수한 시점에서의 **변화**(현재 관측된 데이터에서는 특수한 시점 효과는 시간에 따라 감소)가 일차 LGCMs에서는 지표의 신뢰도에 있어서 '변화들'로 잘못 반영된다. 이러한 결과는 일차 LGCMs는 개념들이 완벽히 속성상태(trait-like)인 경우에만 사용되어야 한다는 것을 의미한다. 반면 이차모델들은 덜 제약적이고, 개념들이 상태와 속성 요소 모두를 가진 경우에도 의미 있는 결과들을 제공할 수 있다[이 쟁점에 대한 보다 자세한 논의는 Geiser 등(출판 중) 참조].

```
STANDARDIZED MODEL RESULTS (STDYX Standardization)

                                                Two-Tailed
                  Estimate    S.E.  Est./S.E.    P-Value

 INTERC   |
    ANX1           0.864    0.019     46.518      0.000
    ANX2           0.932    0.021     43.447      0.000
    ANX3           0.922    0.030     31.217      0.000
    ANX4           0.909    0.039     23.222      0.000

 LINEAR   |
    ANX1           0.000    0.000    999.000    999.000
    ANX2           0.205    0.020     10.387      0.000
    ANX3           0.405    0.038     10.669      0.000
    ANX4           0.600    0.059     10.193      0.000

 ANX1     BY
    A11            0.949    0.010     99.540      0.000
    A21            0.918    0.010     90.264      0.000

 ANX2     BY
    A12            0.947    0.009    110.162      0.000
    A22            0.911    0.009     97.051      0.000

 ANX3     BY
    A13            0.947    0.008    125.147      0.000
    A23            0.927    0.009    108.099      0.000
```

```
ANX4     BY
   A14          0.946    0.008   123.294      0.000
   A24          0.932    0.009   106.026      0.000

IS2    BY
   A21          0.208    0.015    13.758      0.000
   A22          0.223    0.016    13.928      0.000
   A23          0.224    0.016    13.857      0.000
   A24          0.223    0.016    13.532      0.000

IS2    WITH
   ANX1         0.000    0.000   999.000    999.000
   ANX2         0.000    0.000   999.000    999.000
   ANX3         0.000    0.000   999.000    999.000
   ANX4         0.000    0.000   999.000    999.000
   INTERC       0.000    0.000   999.000    999.000
   LINEAR       0.000    0.000   999.000    999.000

LINEAR    WITH
   INTERC      -0.259    0.071    -3.659      0.000

Means
   INTERC       1.844    0.092    20.014      0.000
   LINEAR      -0.720    0.095    -7.582      0.000

Intercepts
   A11          0.000    0.000   999.000    999.000
   A21          0.059    0.027     2.230      0.026
   A12          0.000    0.000    999.000   999.000
   A22          0.064    0.029     2.226      0.026
   A13          0.000    0.000   999.000    999.000
   A23          0.064    0.029     2.221      0.026
   A14          0.000    0.000   999.000    999.000
   A24          0.064    0.029     2.219      0.027
```

```
    ANX1          0.000     0.000   999.000    999.000
    ANX2          0.000     0.000   999.000    999.000
    ANX3          0.000     0.000   999.000    999.000
    ANX4          0.000     0.000   999.000    999.000

 Variances
    IS2           1.000     0.000   999.000    999.000
    INTERC        1.000     0.000   999.000    999.000
    LINEAR        1.000     0.000   999.000    999.000

 Residual Variances
    A11           0.099     0.018     5.460      0.000
    A21           0.115     0.017     6.746      0.000
    A12           0.104     0.016     6.363      0.000
    A22           0.120     0.015     7.793      0.000
    A13           0.103     0.014     7.176      0.000
    A23           0.090     0.014     6.465      0.000
    A14           0.106     0.015     7.310      0.000
    A24           0.082     0.014     5.696      0.000
    ANX1          0.254     0.032     7.910      0.000
    ANX2          0.188     0.023     8.188      0.000
    ANX3          0.180     0.021     8.648      0.000
    ANX4          0.097     0.028     3.446      0.001

R-SQUARE

    Observed                                   Two-Tailed
    Variable Estimate    S.E.  Est./S.E.    P-Value

    A11           0.901     0.018    49.770      0.000
    A21           0.885     0.017    52.066      0.000
    A12           0.896     0.016    55.081      0.000
    A22           0.880     0.015    57.118      0.000
    A13           0.897     0.014    62.574      0.000
```

```
A23         0.910    0.014    65.336      0.000
A14         0.894    0.015    61.647      0.000
A24         0.918    0.014    63.977      0.000

 Latent                                Two-Tailed
Variable Estimate    S.E.  Est./S.E.   P-Value

ANX1        0.746    0.032    23.259      0.000
ANX2        0.812    0.023    35.357      0.000
ANX3        0.820    0.021    39.311      0.000
ANX4        0.903    0.028    32.101      0.000
```

도표(plot) 옵션을 사용하여 평균적인 모델 예측 평균 성장곡선을 만들 수 있고, 이는 Graph → View graphs 옵션을 사용하여 나타낼 수 있다([그림 4-41] 참조). 개인적인 성장곡선의 그래프는 Mplus의 이차 LGCMs에서는 현재 이용이 가능하지 않다.

일차 LGCMs에서와 같은 방식으로 이차 LGCMs는 다양한 방식으로 확대될 수 있다. 예를 들어, 추가적인 성장요인들을 모델에 포함시켜 선형 성장과 더불어 비선형 혹은 다른 형태의 성장을 연구할 수 있다. 비선형 성장 요인의 설정은 일차 LGCMs와 동일하기 때문에 여기서는 자세히 묘사하지 않는다.

더불어 변화의 공변량들 역시 이차 LGCMs에 포함될 수 있다. 이러한 점에서 이차 모델들은 일차 LGCMs보다 더 유연하다고 다시 한번 말할 수 있다. 이차 LGCMs는 연구자들이 변화의 공변량들을 포함시키는 것뿐만 아니라 잠재상태 잔차 변수들로 대변되는 상황에 따른 특수한 분산치를 포함시킬 수도 있다.

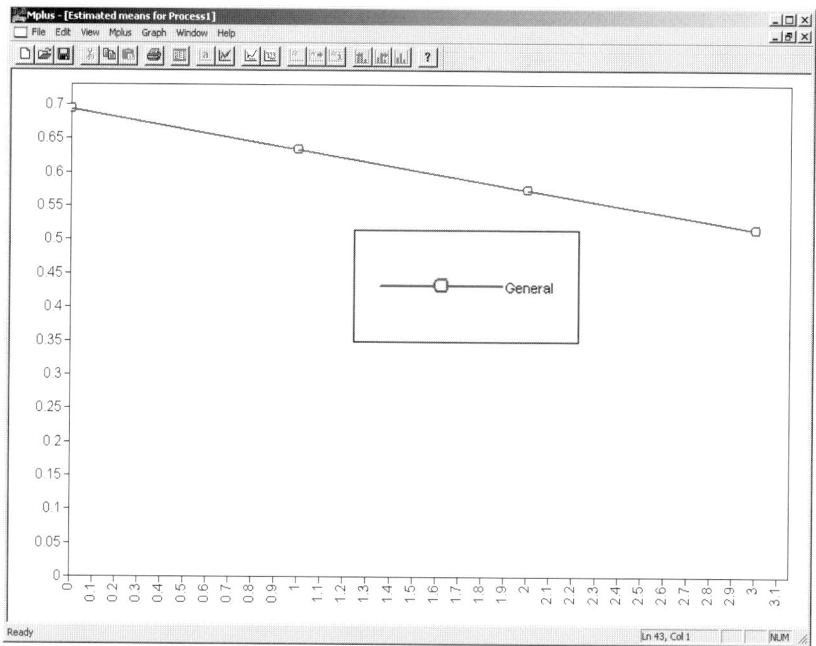

[그림 4-41] Mplus 도표 옵션을 통해서 생성된 불안 데이터에 대한 2차 선형 LGCM을 위한 평균 모델 예측 성장곡선

제5장

다수준 회귀분석

1 다수준 분석 소개

다수준 모델들(**위계적 선형 모델들, 무선회귀모델** 혹은 **혼합 모델들**로도 불림)은 군집화된 데이터, 즉 위계적(혹은 군집) 구조를 가진 데이터를 분석하는 데 사용된다. 군집화된 데이터 구조에서는 가령 연구를 위해 상이한 학급들로부터 학생들이 선택될 때 몇몇 학생들은 같은 학급을 공유하게 된다(공통의 동료 환경, 선생님 등을 공유함). 이러한 경우 관찰단위들(학생들)은 학급 안에 내포된다(혹은 '결합된다'). 이차원의 표본설계에서 수준-1과 수준-2 단위 사이를 구분할 수 있다. 앞선 예에서 학생들은 수준-1 단위들을 대변하고(저차원, 소위 **미시적 수준**의 단위들), 학급들은 수준-2 단위들(**거시적 수준**의 단위들)을 대변한다. 표본설계디자인에 따라서 추가적인 높은 수준들(가령, 학교들, 구역들, 도시들, 지역들, 주들, 국가들)이 있을 수 있다. 우리의 예에서는 오직 두 가지 수준만을 고려한다.

내포된 데이터 구조들은 측정 상황들(혹은 시점들)이 개인들에게 내포되는 종단적 데이터에서도 발생할 수 있다. 따라서 다수준 분석은 종단적 데이터를 분석하는 데에도 사용될 수 있다(예를 들면, Bryk & Raudenbush, 1987; Singer & Willett, 2003 참조).

군집화된 데이터의 위계적 구조를 고려한다는 것은 두 가지 이유에서 중요하다. 첫째, 군집표집은 정의상 많은 전통적인 통계 방법, 가령 최소자승(OLS) 회귀분석과 분산분석(ANOVA; Cohen et al., 2003)에서 만들어진 관찰들의 독립성 가정을 위배한다. 둘째, 독립변수들 혹은 예측요인들이 상이한 수준의 분석에서 역할을 할 수 있다. 예를 들어, 교사와 관련된 변수들인 교수법 혹은 성별은 수준-2의 변수로 적절히 모델화되어야 한다.

임의 표본들(군집 구조가 없는)에서 관찰의 독립성 가정은 만족된다. 하지만 군집표본들에서는 같은 군집으로부터의 관찰 사이에서 의존이 종종 발생한다. 앞의 학생들의 예에서 같은 학급의 학생들이 특정한 속성들(가령, 특정한 주제에 대한 지식, 일반적 학업 성취)에 있어서 다른 학급에 속해 있는 아이들보다 서로 좀 더 유사한 모습이 보일 것이라고 기대할 수 있다. 그 이유는 같은 학급의 학생들이 부분적으로 같은 영향을 받을 수 있기 때문이다. 예를 들어, 그들은 전형적으로 같은 교사(들)를 공유하고, 학급 안에서 같은 집단 역동들에 노출된다.

적절한 조정 없이 군집화된 데이터를 분석하기 위해 일반적인 통계 방법을 사용하는 것은 편향된 결과들을 유도할 수 있다. 특별히, 모델모수들의 표준오차들(가령, 회귀계수들)이 과소추정될 수 있는데, 그 이유는 군집화로 인한 데이터에서의 의존성이 효과적인 표본 크기를 과대추정하기 때문이다(Cohen et al., 2003; Snijders & Bosker, 1999). 표준오차들의 과소추정의 원치 않는 결과로 편향된 통계적 추론(특별히, 알파 오차율의 증가)과 모수추정치들의 신뢰구간들을 부정확하게 추정한다는 것이다. 통계적 유의도 검증과 관련된 p 값은 일반적으로 너무 작아져서 모수가 모집단에서 0과 같다라는 영가설을 지나치게 자주 기각하게 한다. 나아가 신뢰구간들이 너무 작아지는데, 이는 모수추정치에 있어서 실제보다 더 높은 수준의 정확성을 나타내게 된다.

데이터의 다수준 구조가 고려되어야 하는 두 번째 이유는 다른 수준들에서 변수들과 그 상호작용을 모델화하는 것은 종종 실제적인 관심사가 되기 때문이다. 예를 들어, 많은 경우에 개인적 수준에서 변수들(가령, 학생들의 속성들)과 군집수준에서 변수들(가령, 학급 수준에서의 속성들)은 결과변수(가령, 학업성취도)의 예측을 위해 적절히 사용된다. 학생들의 수준에서 변수들, 가령 지능, 근면함, 그리고 동기는 학업 역량을 설명하는 데 적절할 수 있다. 학급 수준에서 변수들, 가령 학급 크기, 학급 환경, 그리고 교사의 속성들(교수법, 교사의 성별 등)은 흥미 있는 예측변수들이 될 수 있다. 상이한 수준들에서 예측요인들의 주요 효과들을 연구하는 것과 더불어 다수준 모델들은 상이한 수준에서 변수들 사이의 상호작용들을 모델화하는 것을 가능하게 해 준다(소위 **교차-수준 상호작용들**; 가령 5장 '절편들 그리고 기울기들 결과모델'과 더불어 Luke, 2004 참조).

글상자 5.1. 다수준 회귀분석의 중요한 장점들의 요약

다수준 회귀분석의 가장 중요한 장점들은 다음과 같이 요약된다.

- 다수준 모델들은 데이터에서 의존상태를 유발하는 위계적 데이터 구조를 적절히 설명한다.
- 다수준 모델링은 1종 오류의 증가와 부정확한 신뢰구간들을 초래하는 군집화에 따른 표준오차의 편향을 피한다.
- 다수준 모델들은 상이한 수준들에서 변수들을 분석하고 교차수준의 상호작용들의 분석도 가능하게 한다.
- 다수준 분석은 전통적 통계 방법, 가령 ANOVA의 반복 측정과 비교하여 보다 유연하고 적은 전제들을 필요로 한다.

다수준 분석의 좀 더 자세한 설명은 Hox(2002), Kreft와 Leeuw(1998), Luke(2004), Raudenbush와 Bryk(2002), Singer와 Willett(2003), 그리고

Snijders와 Bosker(1999)에서 살펴볼 수 있다. 다수준 분석에 대한 개론적인 내용은 Cohen 등(2003, 14장)에서 살펴볼 수 있다. 종단적 데이터를 분석하기 위한 다수준 모델들은 Bryk와 Raudenbush(1987), Singer와 Willett (2003)에서 살펴볼 수 있다.

2 Mplus에서 다수준 모델들의 설정

Mplus에서 다수준 모델들의 설정은 `analysis: type=twolevel;` 옵션을 사용하여 수행된다. 이 옵션을 사용하기 위해서는 Mplus 기본 프로그램에 'multilevel add-on' 혹은 'combination add-on'의 업그레이드가 필요하다(자세한 사항은 http://www.statmodel.com 참조). 버전 6에서 Mplus는 오직 두 수준에서 변수들을 모델화할 수 있다. 예외적으로 종단 데이터에서는 다변량 접근 방법이 사용될 수 있다. **다변량**은 반복적인 측정으로 인한 이차 수준 구조(시점이 개인 안에 내포됨)가 각 시점에서 하나 혹은 그 이상의 결과 변수들을 가지는 (일차-수준) LGCMs를 사용하여 설명된다는 것을 의미한다(4장 '5. 잠재성장곡선모델들' 참조).

글상자 5.2. 다수준 회귀분석의 예

우리는 Mplus에서 다수준 회귀모델 분석을 설명하기 위하여 단순한 횡단데이터를 사용하고자 한다. 이 예에서 결과(혹은 종속)변수는 독일 학생들의 수학 성취도이다. 이 예에서 503명의 학생들(수준-1 단위)은 34개 학급(수준-2 단위)에 내포되어 있다. 각 학생은 수학 시험(변수 math)과 독일 인지 능력 시험(인지능력검정 KFT; Heller et al., 1976; 변수 kft)을 치렀다. 변수들 math와 kft는 수준-1 변수들을 나타낸다. 왜냐하면 그것들은 학생들의 수준에서 측정되었기 때문이다(각 학생은 각 시험에 잠재적으로 상이한 점수를 가질 수 있다).
더불어 학교 유형-관례적인 독일 고등학교(sekundarschule; conventional German high school) 대 독일 9년제 고등학교(gymnasium)-이 기록되었고, 더미코드화 되었다(변수 stype; 0=관례적인 고등학교, 1=9년제 고등학교).
학교 유형은 수준-2 변수인데, 그 이유는 상이한 학급들에 대해서 변할 수는 있지만 같은 학급 안의 학생들이 변하는 것은 아니기 때문이다.
[그림 5-1]은 math_kft.sav라 명명된 SPSS 데이터의 일부를 보여 준다. 개별적인 데이터들은 Mplus에서 다수준 분석을 위해 필요하고, 이 개별적 데이터들은 구체적인 수준-2 단위에서 멤버십을 나타내는 소위 **군집변수**를 포함하여야 한다(여기서는 학교 학급들). 우리의 예에서 군집변수는 class로 이름 붙이고 학교 학급 1부터 34까지로 열거된다.

세 번째 수준(가령, 개인들이 조직 내 혹은 학급 내에 내포되는 경우) 역시 type=twolevel; 옵션을 사용하여 설명된다. 따라서 만약 하나의 수준이 반복된 관측들로 정의된다면 전체적으로 세 가지 수준은 Mplus에서 모델화될 수 있다.

3 TwoLevel Basic 옵션

Mplus에서 유용한 옵션은 소위 twolevel basic 옵션으로, 다수준 분석의 초기에 데이터가 Mplus에 의해 정확하게 읽혀지고 있는지 검토하기 위하여 사용될 수 있다(2장 역시 참조). twolevel basic 옵션은 데이터에서 군집 구조와 관측들의 의존성의 정도에 대한 개요를 제공해 준다. 관측들의 의존성의 정도는 종종 **급내 상관관계 지수**(Intraclass correlation coefficient: ICC)에 의해 측정된다. 0의 ICC 값은 관측들이 군집 자격에 있어 독립성을 가진다는 것을 나타낸다. ICC 값이 클수록 많은 개인 간 차이가 군집들 사이의 차이에 기인한다는 것을 의미한다. Mplus는 자동적으로 다수준 분석에서 ICC 출력물을 제공한다. 다른 다수준 회귀분석 프로그램들에서는 ICC가 때때로 소위 영(null) 혹은 절편-단독(intercept-only) 모델의 분산 모수추정치들을 토대로 수동적으로 계산되어야 한다[5장 4. '1) 영모델(절편-단독모델)' 참조].

ICC ρ_{IC}는 군집들(수준-2 분산 σ_B^2, 'B'는 '군집들 사이'를 의미)과 총 분산 사이($\sigma_B^2+\sigma_W^2$)의 분산의 비율로 정의되고, σ_W^2는 군집들 안에서 (수준-1) 분산을 나타낸다('W'는 '군집들 내부'를 의미).

$$\rho_{IC} = \frac{\sigma_B^2}{(\sigma_B^2 + \sigma_W^2)}$$

글상자 5.3. 이 장에서 사용되는 다수준 회귀모델들을 위한 공식적인 기호

다음의 공통된 기호는 다수준 회귀 모델들에서 모수추정치들을 나타내기 위해 이 장에서 사용된다. 표본 데이터를 토대로 실제적인 추정치들은 모집단 모수들의 표본 추정치들이라는 것을 명확히 하기 위하여 모자표시(^)와 함께 제시된다.

Y_{ij} =종속변수에서 군집 j에 속해 있는 개인 i의 값
β_{0j} =수준-1 회귀방정식에서 임의 절편
β_{1j} =수준-1 회귀방정식에서 임의 기울기
X_{ij} =수준-1 예측변수에서 군집 j에 속해 있는 개인 i의 값
r_{ij} =수준-1 잔차점수
σ_{rij}^2 =수준-1 잔차분산(임의 절편 모델에서는 within이 σ_W^2로도 표시됨)
γ_{00} =수준-2에서 임의 절편 계수를 위한 전체 평균/절편
γ_{01} =수준-2에서 임의 절편을 위한 기울기 계수

γ_{10} =수준-2에서 임의 기울기를 위한 절편
γ_{11} =수준-2에서 임의 기울기를 위한 기울기 계수
W_j =수준-2 예측변수에 대한 수준-2 단위의 값(가령, 학교 학급)
υ_{0j} =수준-2에서 임의 절편을 위한 잔차점수
υ_{1j} =수준-2에서 임의 기울기를 위한 잔차점수
σ^2_{uoj} =임의 절편에 대한 수준-2 잔차분산(절편-단독 모델에서 between이 σ^2_B 로 표시됨)
σ^2_{u1j} =임의 기울기에 대한 수준-2 잔차분산
τ_{01} =임의 절편과 임의 기울기 사이의 수준-2 (잔차) 공분산
ρ_{IC} =급내 상관계수

매우 작은 ICC 값, 소위 .05 혹은 .10이 관찰의 의존성을 고려하지 않는 전통적인 최소자승 회귀분석들과 ANOVA 등에서 통계적으로 유의미한 검증 결과의 심각한 편향을 유발할 수 있다(가령, Cohen et al., 2003, p. 538). 이차원 수준의 기본분석에서 Mplus는 ICC 값과 분석에 포함된 모든 변수들에 대한 추정된 수준-1(군집 내)과 수준-2(군집들 간) 분산들을 출력물로 보여 준다(즉, use-variables 아래에 나열된 모든 변수).

[그림 5-1]에 제시된 개별 데이터는 2장 '1. 선형구조방정식모델이란'에 묘사된 과정에 따라 Mplus에서 사용되기 위하여 math_kft.dat라는 이름의 ASCII 파일로 전환되었다. 변수들 math와 kft를 위한 이수준 기본분석의 설정을 위한 Mplus 입력 파일은 [그림 5-2]에서 볼 수 있다. 군집변수 class는 하위명령어 cluster = class;를 사용하여 수준-2단위(여기서는 학교 학급들)가 이 변수에 기반하여 정의된다는 것을 Mplus에 알림으로써 구체적으로 정의된다. 군집변수는 usevariables 목록에 나타날 필요는 없는데, 이는 이 변수가 특별한 기능을 가진 변수이고 모델에서 독립 혹은 종속 변수로 사용되지 않기 때문이다.

다음에 이수준 기본분석을 위한 Mplus 출력물에서 가장 중요한 부분이

제시된다. Summary of Analysis에서 503명의 학생들(수준-1 단위들)과 두 변수(math와 kft)가 분석에서 사용되었음을 알 수 있다. Mplus는 변수 class가 이 분석에서 의도대로 군집변수로 역할을 한다는 것도 알려 준다. 이것은 수준-2 단위들이 정확하게 정의되었는지를 한 번 더 검증하게 한다(수준-2 변수 stype은 5장 4. '3) 평균결과모델'과 5장 5. '2) 절편들 그리고 기울기들 결과모델'의 분석에 포함된다).

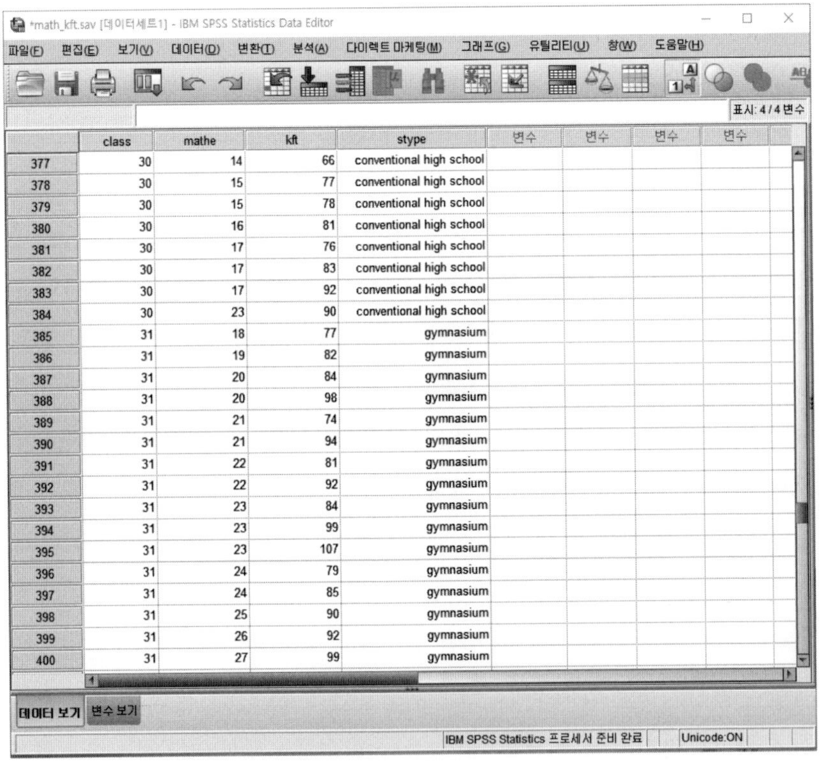

*math_kft.sav [데이터세트1] - IBM SPSS Statistics Data Editor

파일(F) 편집(E) 보기(V) 데이터(D) 변환(T) 분석(A) 다이렉트 마케팅(M) 그래프(G) 유틸리티(U) 창(W) 도움말(H)

표시: 4 / 4 변수

	class	mathe	kft	stype	변수	변수	변수	변수
377	30	14	66	conventional high school				
378	30	15	77	conventional high school				
379	30	15	78	conventional high school				
380	30	16	81	conventional high school				
381	30	17	76	conventional high school				
382	30	17	83	conventional high school				
383	30	17	92	conventional high school				
384	30	23	90	conventional high school				
385	31	18	77	gymnasium				
386	31	19	82	gymnasium				
387	31	20	84	gymnasium				
388	31	20	98	gymnasium				
389	31	21	74	gymnasium				
390	31	21	94	gymnasium				
391	31	22	81	gymnasium				
392	31	22	92	gymnasium				
393	31	23	84	gymnasium				
394	31	23	99	gymnasium				
395	31	23	107	gymnasium				
396	31	24	79	gymnasium				
397	31	24	85	gymnasium				
398	31	25	90	gymnasium				
399	31	26	92	gymnasium				
400	31	27	99	gymnasium				

데이터 보기 변수 보기

IBM SPSS Statistics 프로세서 준비 완료 Unicode:ON

[그림 5-1] 표본 데이터 math_kft.sav의 스크린샷

변수 class는 상이한 학교 학급들을 나타내고, Mplus에서 군집변수로 사용됨. 변수 math는 연속형 종속변수, kft는 수준-1 연속형 예측변수, 그리고 stype은 더미코딩된 수준-2 예측변수임.

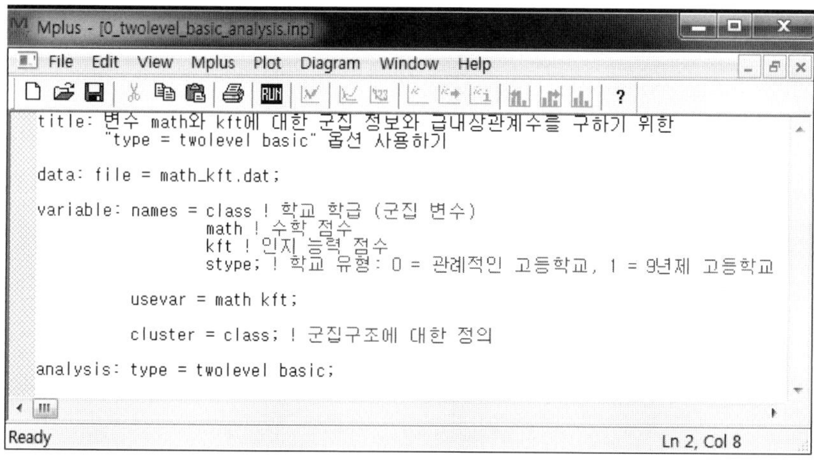

```
title: 변수 math와 kft에 대한 군집 정보와 급내상관계수를 구하기 위한
       "type = twolevel basic" 옵션 사용하기

data: file = math_kft.dat;

variable: names = class ! 학교 학급 (군집 변수)
                  math ! 수학 점수
                  kft ! 인지 능력 점수
                  stype; ! 학교 유형: 0 = 관례적인 고등학교, 1 = 9년제 고등학교

          usevar = math kft;

          cluster = class; ! 군집구조에 대한 정의

analysis: type = twolevel basic;
```

[그림 5-2] 변수 math 와 kft를 위한 이수준 기본분석(twolevel basic analysis)을 위한 Mplus 입력 파일

```
SUMMARY OF ANALYSIS

Number of groups                                  1
Number of observations                          503

Number of dependent variables                     2
Number of independent variables                   0
Number of continuous latent variables             0

Observed dependent variables

  Continuous
   MATH          KFT

Variables with special functions

  Cluster variable     CLASS
```

SUMMARY OF DATA는 현재 데이터에서 군집구조에 관한 좀 더 자세한 정보를 제공해 준다. 여기서 우리는 34개의 군집들(학교 학급들=수준-2 단위들)을 다루고 있다. Mplus는 군집 규모의 분포에 관해서 잎-줄기(Stem-and-leap) 형태의 도표로 보여 주고 있다. 한 군집은 5명의 학생들로 구성되고(번호 22번을 가지는 학교 학급), 또 한 군집은 8명(학급번호 18)으로 구성되는 등으로 나타난다. 최빈값은 군집 당 13명의 학생들이다(학교 학급번호 14, 2, 5, 23, 그리고 13). 학생 수가 가장 많은 학급은 학급번호 7이다(이 학급에 24명의 학생들의 잎). 도표 아래에 Mplus는 평균 군집 규모를 보고하고 있다(여기서 학급 당 평균 14.794명의 학생들).

```
SUMMARY OF DATA

   Number of clusters                         34
    Size (s)       Cluster ID with Size s


      5            22
      8            18
      9            19
     10            16 21 12 25
     11            20 3
     12            8
     13            14 2 5 23 13
     14            4
     15            17 24 1
     16            6 28 30
     17            11 27
     18            29 26 35 36
     19            33
     20            31
     21            34
```

```
     22          10
     23          32
     24          7

  Average cluster size         14.794
```

Mplus의 다음 출력물은 kft와 math 변수 모두에 대한 추정된 ICC 값들이다. kft에 대한 값은 $\rho_{IC}=.44$이고, math에 대한 값은 $\rho_{IC}=.378$로 학급 멤버십이 math와 KFT 시험 점수들에 있어서 개인 간의 차이의 상당 부분을 설명하고 있음을 나타낸다. 다시 말하면, math와 kft 점수들의 분산에 있어서 적지 않은 정도가 학교 학급들 사이에 평균적인 성과 차이에 기인한다는 것을 의미한다. 이 예에서 역시 학급 수준에서 예측 변수들을 고려하는 것이 합리적이라는 것을 의미하는데, 이는 이 수준에서 고려할 만한 분산치의 정도가 있기 때문이다. 만약 학급들 사이에 큰 차이가 없다면 수준-2 예측인자들의 포함은 합리적이지 않다.

```
  Estimated Intraclass Correlations for the Y Variables

              Intraclass                 Intraclass
  Variable   Correlation    Variable    Correlation

  MATH          0.440         KFT          0.378
```

다음은 수준 1과 수준 2에 대한 기술통계치들(평균들, 공분산들, 그리고 상관관계들)을 분리하여 제시한 Mplus 출력물이다. 변수의 (전체) 평균들은 수준 2에서 추정된다(학급 간 수준). 추정된 전체 평균은 math는 $\hat{\gamma}_{00}=$ 11.930이고, kft는 $\hat{\gamma}_{00}=66.716$이다. 수준-1의 평균들(혹은 군집평균들)이

수준-2 모수치들의 함수식(전체 평균 더하기 전체 평균으로부터 떨어진 군집의 특수한 분산치들)이라고 전제한다면 수준 1에서의 평균들(그룹 내 수준)은 Mplus에서는 0.000으로 출력된다. 개인 수준에서 추정된 변수들의 분산들은 math의 경우 $\hat{\sigma}_W^2 = 26.484$이고 kft는 $\hat{\sigma}_W^2 = 235.735$이다. 학급 수준에서 추정된 분산은 math의 경우 $\sigma_B^2 = 20.806$이고, kft는 $\hat{\sigma}_B^2 = 142.985$이다.

```
RESULTS FOR BASIC ANALYSIS
NOTE: The sample statistics for within and
between refer to the maximum-likelihood estimated
within and between covariance matrices,
respectively.

       ESTIMATED SAMPLE STATISTICS FOR WITHIN

          Means
              MATH        KFT
            ________    ________
1             0.000       0.000

          Covariances
              MATH        KFT
            ________    ________
MATH         26.484
KFT          52.327     235.735

          Correlations
              MATH        KFT
            ________    ________
MATH          1.000
KFT           0.662       1.000
```

```
ESTIMATED SAMPLE STATISTICS FOR BETWEEN

        Means
           MATH         KFT
           ________     ________
1          11.930       66.716

        Covariances
           MATH         KFT
           ________     ________
MATH       20.806
KFT        49.983      142.985

        Correlations
           MATH         KFT
           ________     ________
MATH        1.000
KFT         0.916        1.000
```

분산추정치는 추정된 ICCs 값을 계산하는 데 사용될 수 있다(이것은 Mplus가 자동적으로 ρ_{IC} 값을 제시하기 때문에 실질적으로 필요하지는 않다).

$$\text{math의 경우: } \hat{\rho}_{IC} = \frac{\hat{\sigma}_B^2}{\hat{\sigma}_W^2 + \hat{\sigma}_B^2} = \frac{20.806}{26.484 + 20.806} = 0.44$$

$$\text{kft의 경우: } \hat{\rho}_{IC} = \frac{\hat{\sigma}_B^2}{\hat{\sigma}_W^2 + \hat{\sigma}_B^2} = \frac{142.985}{235.735 + 142.985} = 0.378$$

더불어 우리는 개별적 수준에서 math와 kft 사이의 상관관계가 r=.662인 것을 볼 수 있는 반면에, 학교 학급 수준에서 상관관계는 그것보다 높다(r=.916). 요약하면, 학교 학급들 사이에 높은 분산치를 감안하면 현재의 데이터를 분석하기 위하여 다수준 분석을 사용하는 것을 많이 추천할 필요가 있다. 만약 우리가 군집구조에 대한 고려없이 전통적인 최소자승 회귀분석을 사용한다면 회귀계수의 표준오차를 유의미하게 과소추정하게 되고, 결과적으로 1종 오류의 증가와 편향된 신뢰구간들을 유발할 수 있다. 우리는 여기서 다양한 유형의 다수준 회귀모델들을 Luke의 분류에 따라서 고려한다(2004; 그의 〈표 2-1〉 참조). 우리는 **영** 혹은 절편-단독 모델의 가장 기본인 소위 **임의계수 회귀모델**들로 불리는 것으로 논의를 시작한다.

4 임의 절편 모델들

1) 영(null) 모델(절편-단독 모델)

영(null) 혹은 **절편-단독 모델**(intercept-only model)은 다수준 회귀분석의 첫 번째 단계에 종종 추정되는데, 그 이유는 그것이 종속변수를 위한 ICC를 추종하는 데 사용될 수 있기 때문이다. Mplus에서 이 단계는 반드시 필요하지는 않다. 왜냐하면 수준-1과 수준-2 분산과 *ICC*는 분석 옵션인 type=twolevel(혹은 two-level basic)이 사용될 때면 언제든지 직접적으로 나오는 출력물이기 때문이다. 우리가 여기서 교육적인 목적으로 절편-단독 모델을 논의하는 이유는 그것이 가장 단순한 형태의 다수준 모델들이고, Mplus에서 이러한 기본 모델과 그것의 설정을 이해하는 것은 보다 복잡한 다수준 모델들의 분석에 대한 이해를 촉진시키기 때문이다.

절편-단독 모델에서는 수준 1 혹은 수준 2에서 종속변수에 대한 예측변수가 없다. 수준 1에서 개별 점수들 Y_{ij}는 군집평균 β_{0j} 더하기 군집평균으로부터 개인이 가지는 특수한 편차(혹은 잔차점수) r_{ij}로 분해된다.

$$\text{수준 1: } Y_{ij} = \beta_{0j} + r_{ij}$$

우리 데이터의 예에서 학교 학급 j에 속하는 개별 학생 i(가령, David)의 수학 점수는 David의 학교 학급의 평균(군집평균)에 David의 수학 점수가 학급 평균으로부터 떨어진 편차를 더한 것으로 나타난다. 분산 σ^2_{rij}는 학급 내 분산치의 정도(수준-1)를 나타낸다.

$$\sigma^2_{rij} = \sigma^2_W$$

σ^2_{rij}의 큰 값은 같은 학급에 속해 있는 학생들 사이의 수학 점수에서 상당한 수준의 개인 간 차이가 존재한다는 것을 의미한다. 이수준 기본 분석(5장 '3. TwoLevel Basic 옵션' 참조)으로부터 수학 점수에 대한 값은 $\hat{\sigma}^2_{rij} = \hat{\sigma}^2_W = 26.484$로 이미 알고 있다. 같은 추정치가 절편-단독 모델을 기반으로도 구해진다. 수준 2에서 군집평균 β_{0j}에서의 분산치가 모델화된다. 군집평균들은 모든 학교 학급을 포괄하는 전체 평균(γ_{00})에 군집평균이 전체 평균으로부터 떨어진 편차(υ_{0j})를 더한 것으로 분해된다.

$$\text{수준 2:}\ \beta_{0j} = \gamma_{00} + \upsilon_{0j}$$

수준-2 방정식은 절편-단독 모델에서 군집평균들은 평균 γ_{00}과 분산 σ^2_{uoj}을 가지는 변수들로 둘다 수준 2에서의 모수들이라는 것을 보여 준다. 이는 **임의 절편 모델** 이름을 설명하기도 한다. 전통적인 최소자승 회귀분석에서 절편은 특정한 값(고정효과)인 반면에, 임의 절편 모델에서 절편 β_{0j}는 군집들에 따라서 다양하고, 따라서 이는 임의 효과를 나타낸다. 앞의 예에서 수학 점수 평균들은 고정된 값이 아니라 학교 학급에 따라서 다양하게 변할 수 있다.

분산 σ^2_{u0j}는 수준-2 단위들(군집들 사이)에서 군집평균들의 차이들을 나타낸다.

$$\sigma^2_{u0j} = \sigma^2_B$$

즉, 학교 학급들 사이에서 차이들의 정도를 말한다. σ^2_{u0j}의 큰 값은 학교 학급들 사이에 평균 수학 점수들에서 큰 차이가 있다는 것을 나타낸다. 이 수준 기본 분석으로부터 수학 점수에 대한 $\hat{\sigma}^2_{u0j} = \hat{\sigma}^2_B = 20.806$로 알고 있다. 유사한 추정치는 절편-단독 모델에서도 얻을 수 있다. 이 모델에서 학교 학급들에 따른 수학 점수 평균들에서 분산치가 외부변수들에 의해 설명되는 것이 아니기 때문에(수준-2 방정식은 어떤 외부변수도 포함하고 있지 않다), 절편-단독 모델은 때로 **무조건적 평균 모델**(unconditional cell means model), **비제약적 모델**(unconstrained model), **빈 모델**(empty model), 혹은 **영 모델**(null model)로 불리기도 한다.

요약하면, 절편-단독 모델에서는 다음의 3가지 유형의 모수에 대한 Mplus 추정치를 구할 수 있다.

- 수준 1(계급 내):
  - 군집평균들 주변의 개별 점수들의 분산
    $\sigma^2_{rij} = \sigma^2_W$
- 수준 2(계급 간):
  - 전체 평균 γ_{00}
  - 전체 평균 주변의 군집평균들의 분산
    $\sigma^2_{u0j} = \sigma^2_B$

[그림 5-3]은 종속변수 math를 사용한 절편-단독 모델의 추정을 위한 Mplus 입력 파일을 보여 준다. usevariables 아래에 변수 math를 나열하

고, 적절한 군집 변수(여기서는 학급)를 설정하고, 그리고 분석을 요청하면 된다. type=twolevel. 구체적인 모델 명령문은 '영 모델'에서는 요구하지 않는다. 입력 파일을 실행하면 다음의 Mplus 경고메시지가 출력창에 나타난다.

```
*** WARNING in MODEL command
All variables are uncorrelated with all other
variables in the model. Check that this is
what is intended.
   1 WARNING(S) FOUND IN THE INPUT INSTRUCTIONS
```

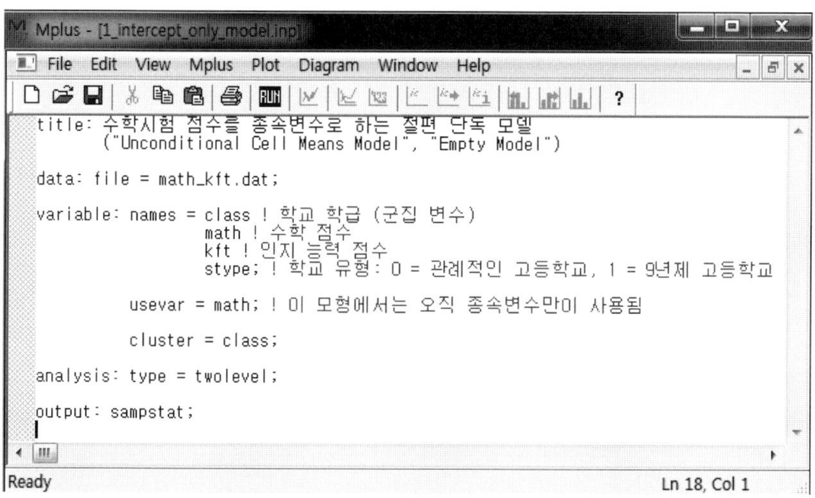

[그림 5-3] 변수 math에 대한 절편-단독 모델의 설정을 위한 Mplus 입력 파일

이 메시지는 우리가 변수들 간의 어떠한 관계들도 설정하지 않았기 때문에 나타난다. 이는 개별 점수들 혹은 군집평균들을 어떤 외부변수들과도 관련시키지 않은 영 모델과 비슷하다. 따라서 경고메시지는 이 특별한 경우에는 무시될 수 있다(다른 모델들에서는 같은 혹은 유사한 메시지들이 잠재적

으로 심각한 모델 설정의 오류를 나타낼 수 있으니 일반적으로 무시해서는 안 된다는 점을 명심).

Mplus 출력물은 MODEL RESULTS−Within Level 아래에 수준−1 분산의 추정치를 제공한다($\hat{\sigma}^2_{rij}$ =26.480). Between Level 아래에는 전체 평균($\hat{\gamma}_{00}$ =11.933)과 수준−2 분산값 $\hat{\sigma}^2_{u0j}$ =20.853을 구할 수 있다. 추정값들은 이수준 기본 분석에서 추정했던 값들과 약간의 차이만을 가진다(5장 '3. TwoLevel Basic 옵션' 참조). 더불어 절편−단독 모델은 모델 모수추정치들의 표준오차들을 검증 통계치(z 점수들)와 그에 상응하는 p 값과 함께 제공한다.

```
MODEL RESULTS

                                              Two-Tailed
             Estimate    S.E.  Est./S.E.    P-Value

Within Level

 Variances
    MATH       26.480    2.450   10.809      0.000

Between Level

 Means
    MATH       11.933    0.808   14.776      0.000

 Variances
    MATH       20.853    6.017    3.466      0.001
```

글상자 5.4. Mplus에서 type=twolevel 아래의 표준오차의 추정

type=twolevel에서는 모델 모수들의 표준오차들은 Mplus 초기설정상 완고한 최대우도추정법을 통해서 추정된다(추정방식=mlr;). 전통적인 최대우도추정법은 다음의 설정을 사용하여 요청될 수 있다.

```
analysis: estimator = ml;
```

절편-단독 모델은 *ICC* 계산을 위해 사용될 수 있는 수준-1과 수준-2 분산만을 제공한다. 이 모델은 어떤 추가적인 독립변수들을 포함하지 않는다('빈 모델'). 따라서 이 모델에서는 개인 수준 혹은 집단 평균들의 점수에서 분산치는 다른 변수들에 의해 설명되지 않는다. 다음으로, 추가적인 독립변수들이 (1) 오직 수준-1[소위 **공분산(ANCOVA) 모델의 임의 효과들**(random effects) **분석**], (2) 오직 수준-2[소위 **평균들의 결과 모델들**(means-as-outcomes models)], 혹은 (3) 수준-1과 수준-2 모두[소위 **절편들과 기울기들의 결과모델들**(intercepts-and-slopes-as-outcomes models)]에 존재하는 좀 더 복잡한 다수준 모델들을 논의한다.

2) 일원배치 임의 효과 ANCOVA

우리는 이제 연구자가 (1) 연속적인 수준-1 예측변수(가령, KFT 점수)만을 사용하여 결과변수(가령, 수학 점수로 일관되게 사용)를 예측하고자 하는 경우, 그리고 (2) KFT 평균들에서 군집들에 따라서 수준-1 회귀식들의 기울기들에서 차이들이 없다는 것을 전제로 학교 학급들 사이에 차이를 통제하고자 하는 경우에 대해서 논의하고자 한다. 결과 모델은 임의 절편(β_{0j})과 고정된 기울기($\beta_{1j}=\gamma_{10}$)를 가지는 수준-1 회귀식으로 구성된다. 이 모델은 임의 요인을 가진 일원분류 공분산 분석(소위 **일원배치 임의 효과 ANCOVA**;

Luke, 2004)으로, 이 경우에 임의 요인은 학교 학급이다.

$$\text{수준 1: } Y_{ij} = \beta_{0j} + \beta_{1j} \cdot X_{ij} + r_{ij}$$
$$\text{수준 2: } \beta_{0j} = \gamma_{00} + \upsilon_{0j}$$
$$\beta_{1j} = \gamma_{10}$$

수준−2 방정식들은 이 모델에서 수학 점수에서 KFT 점수로의 수준−1 회귀식으로부터 나온 절편 β_{0j}이 학교 학급들(수준−2 단위들)에 따라서 변할 수 있다는 것을 보여 준다. 반대로 수준−1 기울기 계수 β_{1j}는 학교 학급들에 따라서 일관된 형태를 보이는 것으로 간주된다. 이것은 수준−2 방정식에서 β_{1j}에 대한 잔차 점수가 없는 반면에, 절편 β_{0j}에 대해서는 잔차항 υ_{0j}이 포함된다는 사실로부터 살펴볼 수 있다. 이 모델은 만약 수준−1 회귀식들이 실제적으로 학교 학급들에 따라서 변한다고 한다면 지나치게 제약적이라고 할 수 있는데, 그 이유는 그러한 분산치들이 모델에서 허용되지 않기 때문이다. 5장 '5. 임의 절편과 기울기 모델들'에서는 군집들에 따라 절편과 기울기 계수들 모두에서 분산치를 허용하는 모델들을 고려한다.

Mplus에서 일원배치 임의 효과(one-way random effects) ANCOVA 모델의 모수들을 다음의 방식으로 구할 수 있다.

- 수준 1(계급 내):
  - 고정된 기울기(고정 효과) $\beta_{1j} = \gamma_{10}$
  - 잔차 분산 σ^2_{rij}
- 수준 2(계급 간):
  - 군집들 사이의 평균 절편 γ_{00}
  - 군집들 사이의 절편들의 분산 σ^2_{u0j}

이 모델의 결과를 구체적으로 살피기에 앞서 다수준 분석에 매우 중요한 개념을 소개하고자 한다. 그것은 **예측변수들의 중심화**(centering)이다. 중심화는 3장 '2. 관측변수들로 이뤄진 단순선형회귀분석'의 최소자승 회귀분석(〈글상자 3.4〉 참조)에서 간단히 소개되었다. 간단하게 중심화의 쟁점을 다시 논의하기 위해서 단순 최소자승 회귀분석으로 돌아가 보자.

$$Y = \beta_0 + \beta_1 \cdot X + \epsilon$$

기준변수 Y가 단일 예측변수 X로의 회귀식에서 β_0는 고정된 절편을 나타내고, β_1는 고정된 기울기 계수를 나타내고, ϵ는 잔차 변수를 나타낸다. 이 예에 대한 추정된 최소자승 회귀방정식은 다음과 같다.

$$\text{math} = -6.486 + 0.279 \cdot \text{kft} + \text{residual}$$

추정된 최소자승 회귀계수들은 군집화를 반영하지 않았기 때문에 사용되어서는 안 된다. 이 방정식에서 부적인 절편($\hat{\beta}_0 = -6.486$)은 kft 점수가 0인 학생들에게서 −6.486의 수학 점수를 기대하게 된다는 것을 의미한다. 결과의 해석과 관련해서 이 추정치에는 두 가지 문제가 있다. 첫째는 부적 점수들이 결과변수 math가 가질 수 있는 가능한 값들의 범위 밖에 놓이게 된다는 것이다(수학 점수에 대한 가능한 가장 적은 점수는 0이다). 둘째, 0의 kft 원점수는 어떤 학생들에게도 관찰될 가능성이 매우 낮다는 것이다(그리고 사실 현재 연구에서도 관찰되지 않는다). 따라서 실질적으로 절편에 대한 의미 있는 해석은 비중심화된 변수를 가지는 이 예에서는 불가능하다—분석 전에 독립변수 kft를 중심화함으로써 이 변수의 0점은 보다 의미를 가진다. 중심화는 의미 있는 절편(보통은 평균)이 각각의 원점수로부터 차감된다. 이 분석에서 중심화된(혹은 편차) 점수들이 원점수들을 대신하여 사용된다.

종종 사용되는 중심화 유형은 **전체 평균 중심화**(grand mean centering)로, 전체 평균 $\overline{X}$이 모든 원점수 X_{ij}로부터 차감된다.

$$X_{IJ}^{C} = X_{ij} - \overline{X}$$

X_{IJ}^{C}는 중심화된 변수를 나타낸다. 가령, 만약 학생들이 전체 평균 중심화된 KFT 변수에서 0의 점수를 가진다면 이것은 이 학생의 kft 점수가 전체 표본의 평균과 정확히 동일하다는 것을 의미한다. 중심화된 변수에서 부적인 값들은 학생의 점수가 kft 평균 점수 아래에 있다는 것을 나타내고, 양의 값들은 점수가 표본에서의 평균보다 높다는 것을 나타낸다.

최소자승 회귀모델에서 중심화는 상이한 절편 추정치를 가지는데, 이는 독립변수들이 의미 없는 0점을 가지거나 혹은 0의 값이 의미는 있으나 데이터에서 나타나지 않는 경우(3장 '2. 관측변수들로 이뤄진 단순선형회귀분석' 참조)에 전형적으로 보다 의미 있는 해석을 위해 사용된다. 중심화된 예측변수들을 가진 회귀방정식에서 절편은 독립변수에 대한 **평균**값을 가진 개인의 종속변수에 대한 기대값을 제공한다. 기울기는 단순회귀모델에서 중심화에 의해 영향을 받지는 않는다. math–kft 예에 대한 최소자승 회귀방정식은 비중심화 대신에 중심화된 kft 점수가 사용될 때 다음과 같이 수정된다.

$$\text{math} = 12.533 + 0.279 \cdot \text{kft} + \text{residual}$$

우리는 회귀방정식의 기울기가 아닌 오직 절편만이 변했다는 것을 볼 수 있다. 새로운 절편은 12.533으로, 이는 평균적인 kft 점수를 가진 학생들에 대해서 kft에 대한 math의 선형회귀에 기반했을 때 12.533의 수학 점수를 기대할 수 있다는 것을 의미한다. 실질적으로 이것은 비중심화된 회귀방정식에서 음의 절편 추정치보다 의미 있는 결과를 나타낸다.

Mplus에서 변수들의 중심화는 하나의 추가적인 하위명령어 centering을 variable 명령어에 추가하면 실행된다. 이는 독립변수들을 Mplus 분석에 앞서 수동적으로 중심화를 시킬 필요가 없다는 것을 의미한다. Mplus는 중심화에 대해서 두 가지 옵션을 제공한다. (1) 전체 평균에서 중심화(*grand mean centering*)와 (2) 군집평균에서 중심화(*group mean centering*)이다. 전체 평균 중심화는 다음의 설정으로 Mplus에서 실행된다.

```
variable: centering = grandmean (kft);
```

군집평균 중심화는 다음과 같이 요청된다.

```
variable: centering = groupmean (kft);
```

다수준 모델들에서 상이한 유형의 중심화의 사용에 대한 자세한 권고사항은 Enders와 Tofighi(2007), Hofmann과 Gavin(1998), Kreft, de Leeuw와 Aiken(1995)에서 살펴볼 수 있다. [그림 5-4]는 앞의 예에 대한 일원배치 임의 효과 ANCOVA 모델의 설정을 위한 Mplus 입력 내용을 보여 준다. 중요한 점은 예측변수 kft는 수준-1 변수로 정의되는데, 이는 우리가 살펴본 예에서 이 변수가 수준 1에서만 사용되었기 때문이다.

```
within = kft;
```

더불어 앞에서 묘사된 것처럼, kft 변수에 대한 전체 평균 중심화를 사용하였다. 모델 명령어에서 수준 1에서 회귀방정식을 설정한다. 수준 1은 Mplus에서 계급 내 수준을 나타내기 때문에 이러한 수준을 가리키는 방정식을 명확히 하기 위한 명령어를 포함한다.

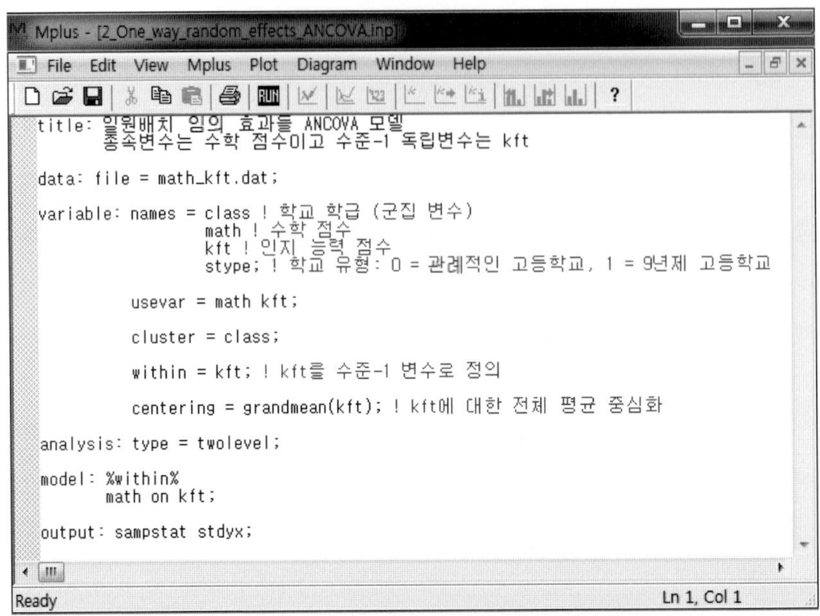

[그림 5-4] 결과변수 math와 수준-1 예측변수인 kft를 위한 일원배치 임의 효과들 ANCOVA 모델의 설정을 위한 Mplus 입력 파일

```
model: %within%
       math on kft;
```

우리의 모델에서 수준-2 방정식들은 추가적인 구조없이 오직 임의 절편과 고정된 기울기만을 포함하기 때문에 계급 간 수준에 대한 어떠한 설정도 필요 없다. Mplus는 자동적으로 수준 2에서 모수 γ_{00}과 σ^2_{u0j}를 추정한다(고정 기울기 $\beta_{1j}=\gamma_{10}$는 수준-1 모수로 Mplus에서 취급된다). 출력 명령어의 하위명령어 stdyx는 완전표준화해를 요청하는 데 사용된다. MODEL RESULTS–With in Level에서 Mplus는 추정된 기울기 계수 $\hat{\beta}_{1j}=\hat{\gamma}_{10}=0.234$와 더불어 추정된 수준-1 잔차분산 $\hat{\sigma}^2_{rij}=14.883$을 제공한다. Between Level에서 평균 절편($\hat{\gamma}_{00}=12.310$)과 임의 절편에 대한 수준-2 잔

차분산($\hat{\sigma}^2_{u0j}$ =5.403)이 제공된다.

```
MODEL RESULTS

                                                Two-Tailed
               Estimate    S.E.  Est./S.E.    P-Value

Within Level

 MATH    ON
    KFT           0.234    0.012    20.042      0.000

 Residual Variances
    MATH         14.883    1.052    14.141      0.000

Between Level

 Means
    MATH         12.310    0.437    28.142      0.000

 Variances
    MATH          5.403    1.612     3.352      0.001
```

수준-1 잔차분산(14.883)은 수준-1에서 예측변수를 포함하지 않은 [5장 4. '1) 영 모델(절편-단독 모델)'참조] 절편-단독 모델(26.48)에서 추정된 (무조건적) 수준-1 분산보다 실질적으로 작게 나타났다. 이는 수학 시험 점수들에 있어서 실질적인 분산치의 정도가 개인의 kft 점수들에서 차이에 의해 설명될 수 있다는 것을 보여 준다(우리는 전체 평균 중심화를 사용했기 때문에 이러한 차이들은 계급 내 그리고 계급 간 차이 모두를 반영한다; 자세한 내용은 Enders & Tofighi, 2007 참조). 이 효과의 크기에 대한 보다 자세한 정보는 표준화해(STDYX Standardization) 아래에 제공되어 있다. math에서 kft로의 회귀에 대한 표준화된 수준-1 회귀계수는 0.773으로 추정되었다. 수준-1 회귀식에 대한 추정된 R^2 값은 .598로, 개인의 수학 점수에서의 분산의 거의 60% 정도가 KFT 점수들에 대한 개인과 그룹 차이에 의해서 설명된다는 것을 보여 준다.

```
STANDARDIZED MODEL RESULTS (STDYX Standardization)

                                                Two-Tailed
            Estimate    S.E.  Est./S.E.    P-Value

Within Level

 MATH    ON
    KFT           0.773    0.020    38.617      0.000

 Residual Variances
    MATH          0.402    0.031    12.987      0.000

Between Level

 Means
    MATH          5.296    0.763     6.938      0.000

 Variances
    MATH          1.000    0.000   999.000    999.000

R-SQUARE

Within Level

    Observed                                 Two-Tailed
    Variable Estimate    S.E.  Est./S.E.    P-Value
    MATH         0.598    0.031    19.309     0.000
```

3) 평균결과모델

이전 절에서 하나의 수준-1 예측인자를 가지고 수준-2에서는 가지지 않는 임의절편 모델에 관해 논의하였다. 이제는 수준-1에서는 예측인자가 없으나 수준-2에서 예측인자를 가지는 모델에 대해서 논의해 보기로 한다. 이러한 모델은 종속변수에 있어서 군집평균들에서의 차이들을 설명하는 것에만 관심을 가질 때 유용할 수 있다(Luke, 2004). 예를 들어, 거시적 차원의 변수들, 가령 교사의 특성들 혹은 출석하는 학교 학생들의 유형을 통해서 수학 점수 군집평균들에 있어서 차이들을 설명하는 것에 관심을 가지는 경우가 있을 수 있다. 수준-1의 예측인자는 없고, 수준-2 예측인자 W_j를 가지는 모델에 대한 방정식들은 다음과 같이 작성될 수 있다.

수준 1: $Y_{ij} = \beta_{0j} + r_{ij}$

수준 2: $\beta_{0j} = \gamma_{00} + \gamma_{01} \cdot W_j + \upsilon_{0j}$

수준-1 방정식은 오직 관측된 점수를 군집평균과 군집평균으로부터의 개별적 편차로 분해하여 포함한다. 모델에서 이 부분은 절편-단독 모델과 동일하다(5장 4. '1) 영모델(절편-단독모델)' 참조). 절편-단독 모델과는 달리, 평균결과모델(means- as-outcomes model)에서 수준-2 방정식은 수준 2에서 군집평균들에서의 차이는 수준-2 예측인자 W_j에 의해서 설명된다는 것으로 구조화된다. 모수 γ_{00}과 γ_{01}는 수준-2 예측인자에 대한 군집평균들의 회귀식에서 고정된 수준-2 회귀계수들이다. 용어 υ_{0j}는 W_j에 의해서 예측되지 않는 군집평균 β_{0j}의 부분이다. 이 모델은 수준-2 변수들에서 군집들 사이의 차이를 설명하는 것에 초점을 맞추기 때문에 Luke(2004)에 의해 **평균결과모델**로 불리고 있다.

앞의 예에서 평균결과모델은 학교 학급 수준에서 수학 점수의 차이들이 학교 **유형**[표준(관례)적인 고등학교 대 9년제 고등학교]에 의해서 설명될 수 있는지에 관한 질문을 검증해 볼 수 있게 한다. 변수 stype은 수준-2 변수인데, 이는 학교 학급 내가 아닌 학급 간에 변하기 때문이다. 우리는 stype를 모델에서 수준-2 예측인자(W_j)로 사용할 수 있다. Mplus는 평균결과모델에 대해서 다음의 모수추정치들을 제공한다.

- 수준 1(계급 내):
  - 잔차 분산 σ^2_{rij}
- 수준 2(계급 간):
  - β_{0j}에서 W_j로의 회귀식에 대한 고정 절편 γ_{00}
  - β_{0j}에서 W_j로의 회귀식에 대한 고정 기울기 γ_{01}
  - 잔차 분산 σ^2_{u0j}

우리의 예에서 회귀계수 γ_{00}와 γ_{01}는 특별한 의미를 가진다. 왜냐하면 수준-2 예측인자인 학교 유형은 0=표준 고등학교와 1=9년제 고등학교 항목을 가진 이분형 변수이기 때문이다. 이러한 이유로 γ_{00}는 표준 고등학교 집단의 예상되는 평균 수학 점수를 보여 준다. 기울기 계수 γ_{01}는 수학 점수들에서 예상되는 평균 차이를 나타낸다(9년제 고등학교에서 표준 고등학교를 뺀). 계수들의 해석은 학교 유형 변수의 범주에 대한 코딩체계를 다르게 사용하면 변할 수 있다는 점에 주의하여야 한다[가령, 효과 혹은 대조 코딩: 자세한 내용은 Cohen 등(2003)의 8장 참조].

[그림 5-5]는 수학 시험 점수에 대한 평균결과모델을 위한 Mplus 입력 파일을 보여 준다. 변수 stype는 수준-2 변수로만 정의 내려져야 한다는 점을 표시하는 것이 중요하다. 이것은 변수 명령어에서 다음의 설정을 통해서 가능하다.

```
between = stype;
```

계급 간 수준 변수들은 오직 군집들 간에서만 변할 수 있고, 군집들 내에서는 변하지 않는다는 것을 기억해야 한다. 만약 계급 간 수준 변수들로 정의된 변수들이 어떠한 군집들 내에서 분산을 보여 준다면, Mplus는 출력 시에 경고메시지를 나타낼 것이다. 게다가 stype 변수는 중심화를 할 필요가 없는데, 이는 더미코딩된 변수에 있어서 0의 값은 의미를 가지기 때문이다(앞의 경우, 그것은 관례적인 고등학교 그룹을 나타낸다). 모델 명령문에서 수학 시험 점수(변수 math)는 수준 2에서 학교 유형 변수에 의해 예측된다.

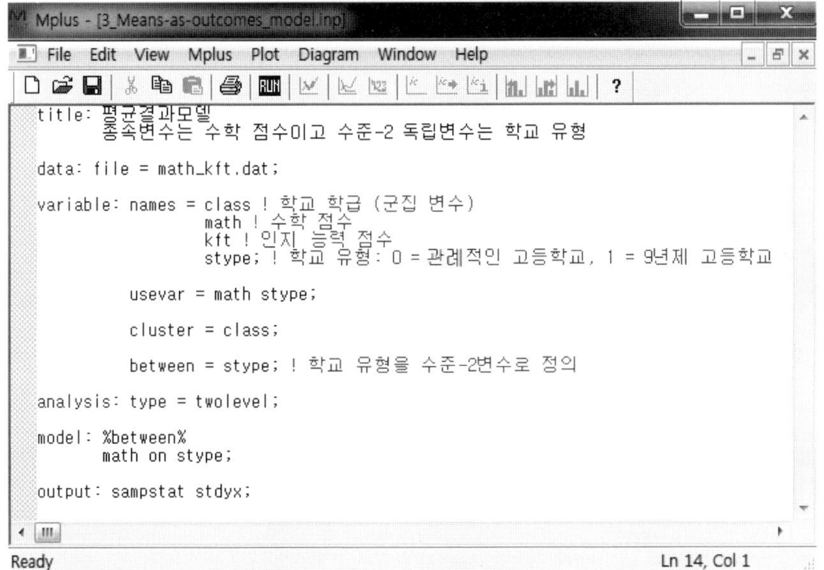


```
title: 평균결과모델
       종속변수는 수학 점수이고 수준-2 독립변수는 학교 유형

data: file = math_kft.dat;

variable: names = class ! 학교 학급 (군집 변수)
                  math ! 수학 점수
                  kft ! 인지 능력 점수
                  stype; ! 학교 유형: 0 = 관례적인 고등학교, 1 = 9년제 고등학교

          usevar = math stype;

          cluster = class;

          between = stype; ! 학교 유형을 수준-2변수로 정의

analysis: type = twolevel;

model: %between%
       math on stype;

output: sampstat stdyx;
```

[그림 5-5] 결과변수 math와 수준-2 예측변수 stype에 대한 평균결과모델의 설정을 위한 Mplus 입력 파일

```
model: %between%
       math on stype;
```

수준 1에서는 임의 절편 이외에 다른 구조는 없기 때문에 계급 내 수준을 위한 명령문은 이 모델에서는 필요하지 않다. Mplus는 자동적으로 계급 내 수준에 대한 잔차분산을 추정한다. 출력 명령어에서 stdyx 키워드를 포함함으로써 완전표준화해 역시 요청된다. 결과물에서 다음과 같은 모수추정치들을 구할 수 있다.

```
MODEL RESULTS

                                              Two-Tailed
             Estimate   S.E.  Est./S.E.   P-Value

Within Level

 Variances
    MATH       26.467    2.450   10.802     0.000

Between Level

 MATH    ON
    STYPE      10.641    1.188    8.957     0.000

 Intercepts
    MATH       10.003    0.441   22.671     0.000

 Residual Variances
    MATH        3.980    0.887    4.488     0.000
```

수준1에서 Mplus는 수준−1 잔차분산($\hat{\sigma}^2_{rij}$ =26.467)이다. 수준2에서 기울기 계수 $\hat{\gamma}_{10}$는 10.641로 추정된다. 이것은 수학 시험 점수에서 9년제 고등학교와 표준 고등학교 집단 사이의 수학 시험 점수에 기대하는 평균 차이가 10.641이라는 것을 의미한다. 이 값은 통계적으로 유의하다(z=8.957, p<.001). 9년제 고등학교 집단에서 평균 수학 점수는 표준 고등학교 집단보다 유의미하게 크다고 결론 내릴 수 있다. 따라서 stype 변수는 학교 학급에 따른 평균 수학 점수에서 보이는 차이의 상당 부분을 설명한다고 할 수 있다.

수준-2 회귀식의 절편은 $\hat{\gamma}_{00}=10.003$으로 추정된다. 이것은 표준 고등학교 집단에서 예상되는 평균 수학 시험 점수가 10.003점이라는 것을 의미한다. 9년제 고등학교 집단에 대한 예상되는 평균은 수준-2 절편과 수준-2 기울기 계수의 합산 값으로 계산될 수 있다. $\hat{\gamma}_{00}+\hat{\gamma}_{01}=10.003+10.641=20.644$.

이 모델에서 수준-2 잔차분산은 $\hat{\sigma}^2_{u0j}=3.98$로 추정된다. 이는 추정된 (무조건적) 수준-2 분산이 20.853(5장 4. '1) 영모델(절편-단독모델)' 참조)이었던 절편-단독 모델과 비교해서 학교 유형이라는 예측인자를 추가함으로써 수준-2에서의 잔차분산이 상당히 감소하고 있다는 것을 보여 준다. 이것은 다시 수준-2 예측인자인 학교 유형이 학교 학급들 사이에서 수학 시험 점수에서의 차이의 상당 부분을 설명하고 있다는 것을 나타낸다. [그림 5-6]의 그래프는 이러한 결과를 묘사하고 있다. 동그라미와 네모는 (가중되지 않은) 34개 학교 학급의 각각의 평균을 가리킨다(비가중 군집평균들). 오차 막대들은 각각의 군집평균들로부터 위 그리고 아래로 1 표준편차라는 것을 각각 나타낸다. 동그라미들은 표준 고등학교 집단의 군집평균들을 나타내는 반면에, 네모들은 9년제 고등학교 집단에 대한 군집평균들을 나타낸다. 두꺼운 수평선은 추정된 절편 계수 $\hat{\gamma}_{00}$로, 이는 Mplus 다수준 분석에 기초하여 고등학교 집단에 대한 추정된 평균을 나타낸다. 점선 형태의 수평선은 9년제 고등학교 집단에 대한 추정된 평균을 보여 준다(추정된 계수들 $\hat{\gamma}_{00}+\hat{\gamma}_{01}=20.644$의 합). 그래프는 표준 고등학교와 9년제 고등학교 사이에 수학 시험 역량에서 추정된 평균 10.641점의 큰 차이를 보여 준다. 이러한 평균 차이는 평균결과모델에서 유의미한 기울기 계수 $\hat{\gamma}_{01}$로 나타나고, 예측인자로 학교 유형을 포함시킨 이후에 수준-2 분산에서 큰 감소를 가져오는 결과를 만들었다.

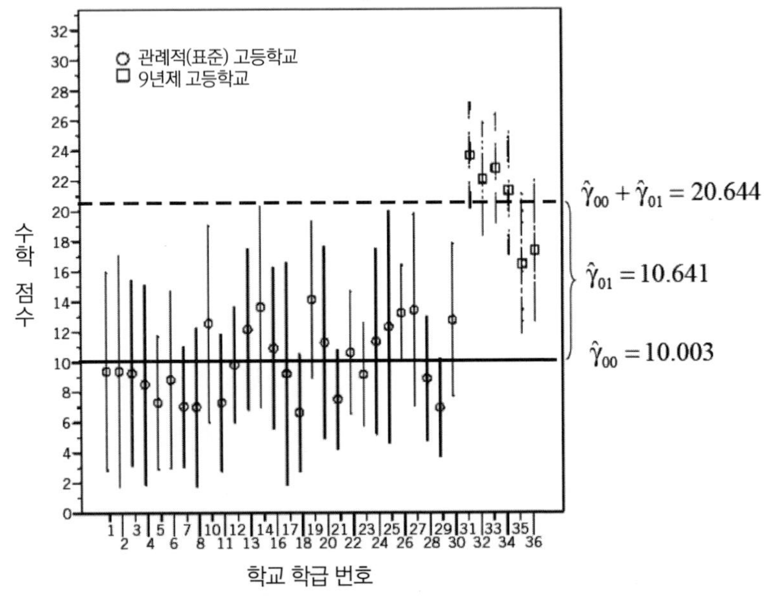

[그림 5-6] 군집-수준 수학 점수와 학교 유형 사이의 관계를 묘사하는 오차막대 도표
이 그림은 평균결과모델에서 추정된 수준-2 회귀계수들의 의미를 설명함.

설명된 분산치의 추정된 부분은 표준화해 (stdyx) 아래 Mplus 출력물에서 살펴볼 수 있다. 표준화된 수준-2 회귀계수 0.897은 매우 크다는 것을 알 수 있다. R^2 값은 Mplus에 의해서 0.805로 추정된다. 이것은 학교 학급들 사이의 수학 점수 평균에서의 차이가 대략 80.5% 정도로 학교 유형들 사이의 차이에 의해 설명된다는 것을 의미한다. 학교 학급에 따른 수학 점수에서 남아 있는 분산치는 모델에서 설명되지 않은 부분으로 남게 된다.

```
STANDARDIZED MODEL RESULTS

STDYX Standardization

                                              Two-Tailed
              Estimate    S.E.  Est./S.E.    P-Value

Within Level

 Variances
    MATH          1.000    0.000  999.000    999.000

Between Level

 MATH    ON
    STYPE         0.897    0.033   27.184      0.000

 Intercepts
    MATH          2.213    0.246    9.013      0.000

 Residual Variances
    MATH          0.195    0.059    3.287      0.001

R-SQUARE

Within Level

Between Level

    Observed                                  Two-Tailed
    Variable Estimate    S.E.  Est./S.E.    P-Value

    MATH          0.805    0.059   13.592      0.000
```

5 임의 절편과 기울기 모델들

지금까지 우리는 단지 수준-1 회귀식의 절편이 수준-2 단위들에 따라서 변하도록 허용된 다수준 회귀모델들에 대해서 논의하였다. 하지만 종종 군집들에 따라 수준-1 기울기 계수들에서 가능한 분산을 분석하는 것 역시 중요하다. 그것은 임의 기울기들을 가진 모델들을 분석하는 것이다.

[그림 5-7]은 기술적인 수준에서 KFT에 대한 수학 시험 점수의 최소자승 회귀분석을 학교 학급에 따라서 보여 주는 것으로, 회귀선들은 절편들(회귀선이 y축과 다른 수준에서 만남)과 기울기들(회귀선들이 상이한 변화율을 가짐) 모두에서 차이가 난다. 아직까지는 이러한 차이들이 통계적으로 유의한지는 명확하지가 않다. 수준-2 단위에 따른 기울기에서의 분산치를 검증해 보는 것 역시도 재미있을 것으로 생각된다. 수준-1 회귀식들의 절편들과 기울기 모두 수준-2 단위에 따라 변할 수 있는 모델들을 **임의 계수 회귀모델들(random coefficient regression models)**이라고 부른다(Cohen et al., 2003; Luke, 2004). 군집들에 따른 절편들과 기울기들에서의 차이가 수준-2 예측변수들에 의해 설명되는 모델들을 Luke(2004)에 의해 **절편들-그리고 기울기들 결과모델들**로 명명되었다.

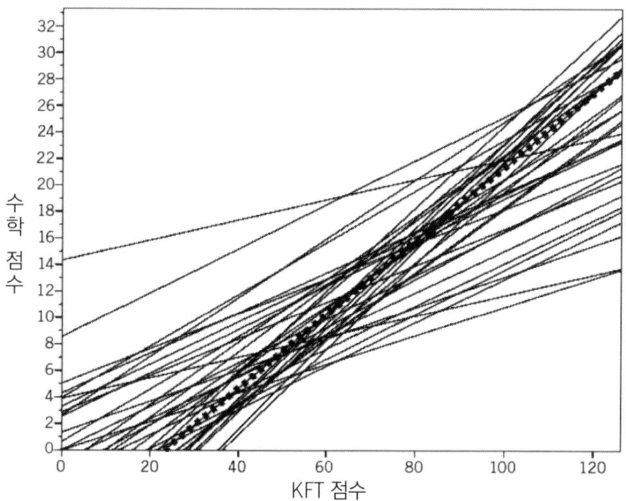

[그림 5-7] 학교 학급에 따른 kft 점수가 수학 점수에 미치는 최소자승 회귀분석 (OLS regression)

각각의 선은 34개 학교 학급들의 회귀선을 나타냄. 굵은 점선은 모든 학교 학급의 (비중심화)평균 최소자승 회귀선을 나타냄.

1) 임의 계수 회귀분석

군집들에 따른 수준-1 회귀식의 절편과 기울기 모두에서 차이를 허용하고자 한다면 일원배치 임의 효과 ANCOVA 모델(5장 4. '2) 일원배치 임의 효과 ANCOVA' 참조)은 다음과 같이 확장될 수 있다.

수준 1: $Y_{ij} = \beta_{0j} + \beta_{1j} \cdot X_{ij} + r_{ij}$

수준 2: $\beta_{0j} = \gamma_{00} + \upsilon_{0j}$

$\beta_{1j} = \gamma_{10} + \upsilon_{1j}$

수준-2 방정식들은 잔차항들이 수준-2 회귀식 모두에 포함되어 분산치가 이제 절편과 기울기 모두를 위해 허용되고 있다는 것을 보여 준다. 수준-2 예측인자들이 없는 임의 계수 회귀 모델은 유용하다. 예를 들어, 연구자가 수준-1 예측변수들에 배타적으로 관심을 가지면서 더불어 군집화된 데이터의 효과들을 설명하기를 원하는 경우에 유용할 수 있다. 만약 이러한 경우에 연구자가 관찰들의 군집성을 고려하지 않은 채 전통적인 최소자승 회귀분석을 사용하였다면 회귀계수들의 추정된 표준오차들에서 편향이 예상되고, 이는 결과적으로 유의도와 신뢰구간들에 대한 부정확한 검증으로 이어질 수 있다. 임의 계수 회귀모델에서는 반대로 관찰들 사이에서의 의존들을 고려하기 때문에 표준오차들, 검증 통계치들, p 값들, 그리고 신뢰구간들이 보다 정확하다.

일원배치 임의 효과 ANCOVA 모델과 임의 계수 회귀모델과의 단 하나의 차이는 수준-1 기울기 계수에 대해서 수준-2 방정식에서 잔차항을 가진다는 점이다. 우리의 예에서 이는 KFT 점수에 대한 수학 점수의 회귀식에 대한 회귀선들이 [그림 5-7]에서 묘사하였듯이, 이제는 각 학교 학급에서 상이한 절편과 기울기를 가질 수 있다는 것을 의미한다. Mplus는 임의 계수 회귀모델들에 대하여 다음의 모수추정치들을 제공한다.

- 수준 1(계급 내):
  - 잔차 분산 σ^2_{rij}
- 수준 2(계급 간):
  - 군집들 사이의 평균 절편 γ_{00}
  - 군집들 사이의 절편들의 분산 σ^2_{u0j}
  - 군집들 사이의 평균 기울기 계수 γ_{10}
  - 군집들 사이의 기울기들에서의 분산 σ^2_{u1j}
  - 절편과 기울기 사이의 공분산(Mplus에서 구체적으로 요청될 필요가 있음) τ_{01}

[그림 5-8]은 우리의 예에 대한 임의 계수 회귀 모델의 설정을 보여 준다. 예측변수 KFT는 within 하위명령어를 사용하여 수준-1 변수로서 정의 내려지고 보다 직접적인 결과들의 해석을 위하여 전체 평균 중심화 유형으로 모델에 투입된다(5장 4. '2) 일원배치 임의효과 ANCOVA' 참조).

```
within = kft;
centering = grandmean (kft);
```

수준 1에서 수학 시험 점수는 KFT 시험 점수에 의해 예측된다. 수준-1 회귀식의 절편과 기울기는 수준-2 단위들에 따라서 변할 수 있는 임의 계수들로 인식된다. Mplus에서 임의 기울기들을 분석하기 위해서는 analysis 명령어를 type = twolevel random으로 수정하여야 한다. 이어서 적절한 임의 기울기가 모델 명령문에서 정의 내려져야 한다. Mplus는 임의 기울기를 마치 잠재변수인 것으로 취급함으로써 임의 기울기는 자동적으로 수준 2에서 분산을 가진다. 신택스 파일에서 이것은 다음과 같이 설정된다.

```
model: %within%
       beta1j | math on kft;
```

이 설정에서 beta1j는 임의 기울기 계수를 위해 선택된 (임의적) 상징을 나타낸다. 이러한 명령어는 KFT 점수에 대한 수학 점수의 수준-1 회귀식이 수준-2 단위들에 따라 변할 수 있는 잠재변수로 취급된다는 것을 의미한다. 수준 2에서 임의 절편과 임의 기울기 사이의 공분산 τ_{01}의 추정을 위한 명령어를 포함하는데, 그 이유는 이 모수가 Mplus의 초기설정 상 추정되지 않기 때문이다.

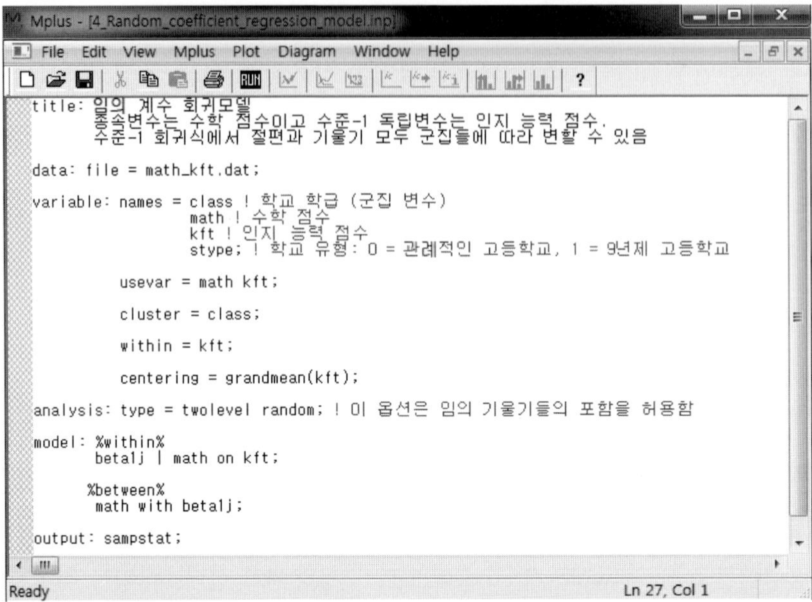

[그림 5-8] 결과변수 math와 수준-1 예측변수 kft에 대한 임의 계수 회귀모델의 설정을 위한 Mplus 입력 파일

```
%between%
math with beta1j;
```

Mplus 출력물에서 다음과 같은 모수추정치들을 구할 수 있다(analysis: type = twolevel random에서는 Mplus가 현재 표준화 모수추정치들은 제공하지 않는다).

```
MODEL RESULTS

                                                   Two-Tailed
                Estimate    S.E.  Est./S.E.    P-Value

Within Level

 Residual Variances
    MATH          14.862    1.091    13.627      0.000

Between Level

 MATH WITH
    BETA1J         0.050    0.032     1.572      0.116

 Means
    MATH          12.195    0.456    26.771      0.000
    BETA1J         0.233    0.012    19.401      0.000

 Variances
    MATH           4.801    1.356     3.542      0.000
    BETA1J         0.001    0.001     0.672      0.502
```

수준-1 잔차분산은 $\hat{\sigma}^2_{rij}=14.862$로 추정된다. 이것은 예측인자 kft가 포함되지 않은 절편-단독 모델(20.853)보다는 상당히 작은 값이다. 계급간 수준에서 군집들에 따른 평균 절편 추정치($\hat{\gamma}_{00}=12.195$)와 평균 기울기($\hat{\gamma}_{10}=0.233$)를 구할 수 있다. 따라서 모든 학교 학급에 따른 '평균' 회귀방정식은 다음과 같을 수 있다.

$$\text{Math} = 12.195 + 0.233 \cdot \text{kft\_centered} + \text{residual}$$

비교를 위하여 데이터에서 군집구조가 반영되지 않는 최소자승 회귀분석을 다시 살펴보자.

$$\text{Math} = 12.533 + 0.279 \cdot \text{kft\_centered} + \text{residual}$$

여기서 결과들이 매우 유사하다는 것을 볼 수 있다. 그럼에도 불구하고, 임의 계수 회귀모델은 이 경우에 더 선호되는데, 그 이유는 이 모델이 군집화로 인한 관찰들 사이의 의존을 고려함으로써 표준오차들이 정확하게 추정되고, 학급에 따른 절편들과 기울기들에서 잠재적인 차이들이 허용되기 때문이다.

절편들과 기울기들에서 분산치는 계급 간 수준에서 분산 추정치를 통해서 분석될 수 있다. 다시 한 번 절편들에서의 분산치($\hat{\sigma}^2_{u0j}$ =4.801)를 볼 수 있다. 기울기들에서의 분산($\hat{\sigma}^2_{u1j}$ =0.001)은 상대적으로 적다. 그럼에도 불구하고, 만약 학교 학급들 사이의 기울기들에서 차이들의 효과들이 이론적으로 예측된다면 수준-2 예측변수들에 의해서 설명될 수 있다는 가능성을 배제해서는 안 된다. 군집들에 따른 기울기들에서 차이들을 예측하는 것은 다음에서 소개될 소위 **절편들과 기울기들 결과모델**을 설정함으로써 가능하다. 마지막으로 절편과 기울기 사이의 추정된 공분산은 $\hat{\tau}_{01}$ =0.050로 통계적으로 유의하지 않다(z =1.572, p =.116).

2) 절편들 그리고 기울기들 결과모델

연구자들은 종종 개인적 수준(미시적 변수들, 수준-1 예측인자들)과 군집수준(거시적 변수들, 수준-2 예측인자들) 모두에 있어서 변수들의 영향에 관심을 가진다. 지금까지 우리는 예측변수가 전혀 없거나[절편-단독 모델, 5장 4. '1) 영모델(절편-단독모델)'] 혹은 수준 1에서만 예측변수를 가지는(일원배치 임의 효과들 ANCOVA, 5장 4. '2) 일원배치 임의 효과 ANCOVA'; 임의 계수 회귀모델, 5장 5. '1) 임의 계수 회귀분석') 혹은 수준 2(평균결과모델, 5장 4. '3) 평균결과모델')에서만 가지는 경우에 관해서 논의를 해 왔다. 이제는 임의 절편들과 임의 기울기 모두가 설정되고, 거기에 수준-1과 수준-2 예측변수 모두 동시에 있는 보다 일반적인 모델에 대해 알아보기로 한다. Luke (2004)에 따르면 이 모델을 **절편들 그리고 기울기들 결과모델**로 명명하였다. 예에서처럼 KFT 점수를 수학 점수의 수준-1 예측인자로, 학교 유형을 수준-2 예측인자로 사용한다. 다음은 하나의 수준-1과 하나의 수준-2 예측인자를 갖는 절편들과 기울기들 결과모델들을 위한 공식적인 방정식이다.

수준 1: $Y_{ij} = \beta_{0j} + \beta_{1j} \cdot X_{ij} + r_{ij}$

수준 2: $\beta_{0j} = \gamma_{00} + \gamma_{01} \cdot W_j + \upsilon_{0j}$

$\beta_{1j} = \gamma_{10} + \gamma_{11} \cdot W_j + \upsilon_{1j}$

우리의 예에서 개인의 수학 시험 점수에서 개인의 KFT 점수로의 수준 1에서의 회귀식을 다시 생각해 보자. 이 회귀식에서 절편 β_{0j}와 기울기 β_{1j}는 학교 학급들에 따라 변하는 것이 허용된다(5장 5. '1) 임의 계수 회귀분석'에서 논의된 임의 계수 회귀모델에서와 같이). 잔차항 r_{ij}는 수준-1 예측인자를 통해서 설명되지 않는 학생들 사이의 수학 시험 점수에서의 차이를 나타낸다.

수준 2에서 수준 1로부터의 절편과 기울기 계수들은 수준-2 예측인자인 학교 유형(W_j)으로 회귀된다(두 개의 수준-1 계수 가운데 하나만을 위한 예측변수를 포함시키는 것도 가능하다. 가령, 절편만을 위한 경우이다). 모수 γ_{00}는 수준-2 모수가 0의 값을 가질 때 기대되는 절편값을 나타낸다. 따라서 앞의 예에서 γ_{00}는 0으로 코딩된 집단, 즉 관례적인 고등학교 집단을 가리킨다.

모수 γ_{01}는 수준-2 예측변수에서 1단위 변할 때 절편에서 기대되는 변화를 나타낸다. 앞의 경우에 수준-2 예측인자 stype는 0=관례적인 고등학교와 1=9년제 고등학교의 값을 가지는 이분형이다. 따라서 γ_{01}는 9년제 고등학교와 일반 고등학교 사이의 절편에서의 기대되는 차이를 알려 준다. 만약 γ_{01}이 0이라면 학교 유형들 사이에 절편들에서 차이는 없는 것이다. 만약 γ_{01}이 0보다 크다면 9년제 고등학교 집단에서의 절편이 관례적인 고등학교에서의 절편보다 크다는 것을 나타낸다. 만약 γ_{01}이 0보다 작다면 관례적인 고등학교 집단에서의 절편이 9년제 고등학교 집단에서의 절편보다 크다는 것을 나타낸다.

모수 γ_{10}와 γ_{11}의 해석은 이 모수들이 회귀식의 기울기를 나타낸다는 것만을 제외하고는 유사한 원칙을 따른다. 모수 γ_{10}는 0으로 코딩된 집단(관례적인 고등학교)에서의 추정된 기울기를 제공한다. 모수 γ_{11}는 기울기에서의 차이를 나타낸다(9년제 고등학교 빼기 관례적인 고등학교). 만약 $\gamma_{11}=0$이면 학교 유형들 사이의 기울기들에서 차이가 없다. 만약 $\gamma_{11}>0$이면 9년제 고등학교 집단에서의 기울기가 관례적인 고등학교 집단에서의 기울기보다 크다. 만약 $\gamma_{11}<0$이면 관례적인 고등학교 집단에서의 기울기가 9년제 고등학교 집단에서의 기울기보다 크다.

모수 γ_{11}는 특별한 관심의 대상이 되는데, 그 이유는 이 계수가 수준-1 예측인자(여기서는 KFT 점수)와 수준-2 예측인자(여기서는 학교 유형) 사이의 잠재적 상호작용 효과를 나타내기 때문이다. 이것은 **교차-수준 상호작용(cross-level interaction)**으로 불리며, 이는 수준-1 예측인자와 결과 사이의 관계가 수준-2 예측인자의 값들에 의존하여 변한다는 것을 의미한다. 우리의 예에서 이것은 만약 교차-수준 상호작용이 존재한다면 math에서 kft로의 회귀는 상이한 학교 유형들에 대해서 달라진다는 것을 의미한다. 유의미한 γ_{11} 계수는 유의미한 교차-수준 상호작용을 나타낼 수 있다.

잔차항 v_{0j}와 v_{1j}는 수준-2 예측인자인 학교 유형에 의해 설명되지 않는 학교 학급들 사이의 절편과 기울기 계수들에서 차이들을 나타낸다. 요약하면, Mplus에서 절편들 그리고 기울기들 결과모델에서 다음과 같은 추정치를 구할 수 있다.

- 수준 1(계급 내):
  - 잔차 분산 σ_{rij}^2
- 수준 2(계급 간):
  - 임의 절편 β_{0j}에서 W_j로의 회귀에 대한 고정 절편 γ_{00}
  - 임의 절편 β_{0j}에서 W_j로의 회귀에 대한 고정 기울기 γ_{01}
  - 임의 기울기 β_{1j}에서 W_j로의 회귀에 대한 고정 절편 γ_{10}
  - 임의 기울기 β_{1j}에서 W_j로의 회귀에 대한 고정 기울기 γ_{11}
  - 임의 절편들에 대한 잔차 분산 $\hat{\sigma}_{u0j}^2$
  - 임의 기울기들에 대한 잔차 분산 $\hat{\sigma}_{u1j}^2$
  - 임의 절편과 임의 기울기 사이의 잔차 공분산(Mplus에서 구체적으로 요청될 필요가 있음) τ_{01}

절편들 그리고 기울기들 결과모델의 설정을 위한 Mplus 입력 파일은 [그림 5-9]에서 볼 수 있다.

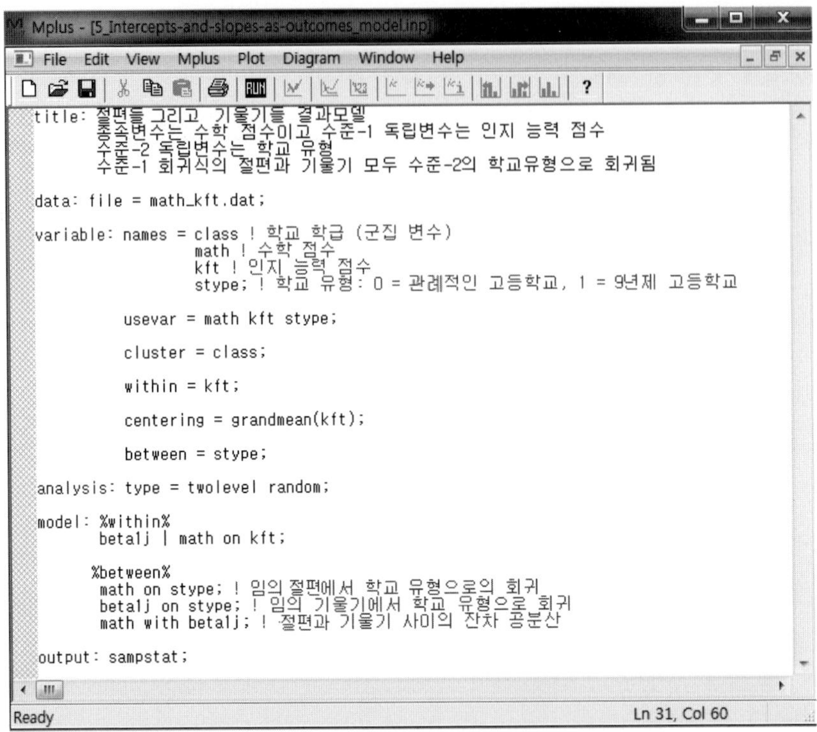

[그림 5-9] 결과변수 math, 수준-1 예측변수 kft, 그리고 수준-2 예측변수 stype에 대한 절편들 그리고 기울기들 결과모델의 설정을 위한 Mplus 입력 파일

변수 kft는 역시 수준-1 변수로서 정의된다는 것을 기억해야 한다. 게다가 변수 kft는 결과들의 의미 있는 해석을 위하여 전체 평균에서 중심화되어 있다. 변수 stype는 수준-2 변수로서 정의되었기 때문에 이 변수는 오직 수준 2에서만 사용될 수 있다. 수준 1(%within%)에 대한 모델 명령문에서 math에서 kft로의 회귀에 대한 기울기는 임의 효과로 정의된다(beta1j로 명명됨).

```
model: %within%
       beta1j | math on kft;
```

수준 2(%between%)에서 임의 절편에서 수준-2 예측인자 stype로의 회귀는 다음의 명령어로 요청된다.

```
%between%
math on stype;
```

실질적으로 임의 기울기 beta1j 역시 학교 유형으로 회귀되는 것으로 설정된다.

```
beta1j on stype;
```

math with beta1j; 명령어는 임의 절편과 기울기 사이의 잔차 공분산 τ_{01}의 추정을 요청하기 위하여 포함된다. 모든 적절한 잔차 분산은 초기설정상 추정된다. Mplus 출력물에서 앞의 예에 대한 모수추정치들은 다음과 같이 구할 수 있다.

```
MODEL RESULTS

                                           Two-Tailed
             Estimate   S.E.  Est./S.E.  P-Value

Within Level

 Residual Variances
    MATH      14.608    1.070   13.658     0.000
```

```
Between Level

 BETA1J    ON
    STYPE      -0.058    0.018   -3.139      0.002

 MATH    ON
    STYPE       5.394    0.969    5.568      0.000

 MATH    WITH
    BETA1J      0.035    0.022    1.567      0.117

 Intercepts
    MATH       11.536    0.396   29.149      0.000
    BETA1J      0.226    0.013   17.258      0.000

 Residual Variances
    MATH        3.022    0.724    4.171      0.000
    BETA1J      0.001    0.001    0.509      0.611
```

수준-1 잔차분산은 $\hat{\sigma}^2_{rij} = 14.608$로 추정된다. 수준 2에서 Mplus는 우선 임의 기울기 β_{1j}에서 학교 유형으로 회귀에 대한 추정된 회귀계수 $\hat{\gamma}_{11}$를 제공한다. 현재 예에서 추정된 회귀계수 $\hat{\gamma}_{11}$는 추정된 평균 회귀 기울기들에서의 차이(9년제 고등학교 빼기 관례적인 고등학교)를 나타낸다. $\hat{\gamma}_{11}$의 값은 −0.058로, .01 수준에서 통계적으로 유의하다($z = -3.139$, $p = .002$). 이는 수학 점수에서 kft 점수로의 회귀에서 회귀선의 기울기가 9년제 고등학교 집단과 일반 고등학교 집단 사이에서 유의미하게 다르다는 것을 의미한다.

이러한 교차-수준 상호작용 효과는 [그림 5-10]의 산점도에서 묘사된 것처럼, 학교 유형에 따른 전통적인 최소자승 회귀선들을 보여 준다. [그림 5-10]은 9년제 고등학교 집단에 대한 회귀선(점선)이 일반 고등학교 집단의 회귀선(실선)보다 평평한 기울기를 가진다는 것을 보여 준다. $\hat{\gamma}_{11}$에 대한 z 검증 결과에 따르면 회귀선들의 기울기들에서의 이러한 차이는 통계적으로 유의하다. $\hat{\gamma}_{11}$의 부적인 표시는 9년제 고등학교 집단에서 평균 기울기 계수가 일반 고등학교 집단에서보다 작은데(덜 가파른데), 그 이유는 9년제 고등학교가 1로 코딩되었고, 관례적인 고등학교는 0으로 코딩되었기 때문이다($\hat{\gamma}_{11}$의 정적인 표시는 일반 고등학교 집단보다 9년제 고등학교 집단에서 가파른 기울기를 나타낼 수 있다).

다음으로 Mplus는 학교 유형에 대한 임의 절편의 회귀에 대한 추정된 회귀 계수 $\hat{\gamma}_{01}$를 보고한다. 우리의 사례에서 계수 $\hat{\gamma}_{01}$는 추정된 평균 절편들에서의 차이(9년제 고등학교 빼기 관례적인 고등학교)를 제공한다. $\hat{\gamma}_{01}$의 값 5.394 역시 통계적으로 유의하다($z = 5.568$, $p < .001$). 요약하면, 수준-2 예측인자인 학교 유형은 학교 학급들 사이의 절편과 기울기 계수 모두에서 차이들을 설명해 준다. 예측변수 kft가 전체 평균에서 중심화되었다는 것을 전제로 추정된 값 5.394는 평균적인 KFT 점수를 가진 학생들(전체 표본과 비교해서)이 만약 일반 고등학교 집단이 아닌 9년제 고등학교 집단에 속한다면 수학 점수에 있어서 5.394점을 더 받을 것이라는 것을 나타낸다. 절편들에서의 차이는 [그림 5-10]에 역시 설명되어 있다. 두 학교 유형에 대한 회귀선들은 전체 평균 중심화된 kft 변수의 0점과 다른 수준들에서 교차한다(9년제 고등학교에 대한 점선은 실선의 일반 고등학교 집단보다 위에서 0점과 만난다).

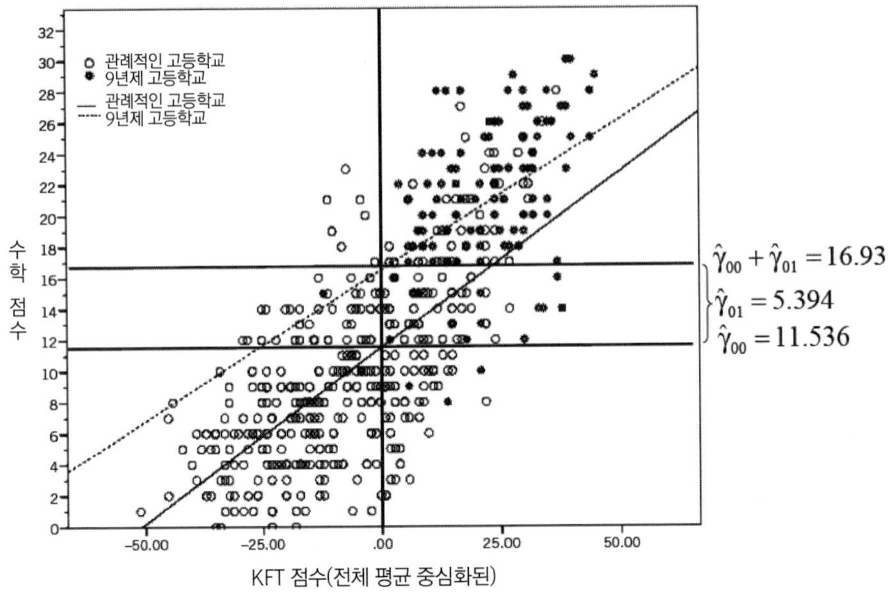

[그림 5-10] 학교 학급들에 따라 전체 평균 중심화된 kft 점수에 대한 수학 점수의 최소자승 회귀선과 절편들과 그리고 기울기들 결과모델에서 추정된 수준-2 회귀선의 절편계수들

절편들에서 우선 임의 절편 β_{0j}에서 학교 유형으로의 회귀에 대한 추정된 절편 $\hat{\gamma}_{00}$를 구할 수 있다($\hat{\gamma}_{00}=11.536$). 이 값은 수학 점수에서 kft 점수로의 회귀에 대한 추정된 절편이 11.536이라는 것을 말해 준다([그림 5-10]과 비교). 따라서 평균 kft 값을 가진 일반 고등학교 학생들의 수학 시험 점수는 11.536이 기대된다. 회귀계수들 $\hat{\gamma}_{00}+\hat{\gamma}_{01}$의 합은 9년제 고등학교 집단에서 학생들에게 기대되는 절편값과 동일하다. 11.536+5.394=16.93. 결과적으로 평균적인 KFT 점수를 가진 9년제 고등학교 학생들에게 기대되는 수학점수는 16.93이다.

더불어 학교 유형에 대한 임의 기울기 β_{1j}의 회귀에 대한 추정된 절편 $\hat{\gamma}_{10}$가 추정된다($\hat{\gamma}_{10}=0.226$). 이 값은 일반 고등학교 집단에서 kft 점수에 관한 수학 점수의 회귀에 대해서 회귀선의 추정된 기울기를 제공해 준다($\hat{\gamma}_{10}$; 이 계수는 대략 [그림 5-10]에 있는 실선의 최소자승 회귀식의 기울기와 동일하다). 따라서 우리는 이제 9년제 고등학교 집단에서 예상되는 기울기를 계산할 수 있는데, 그것은 $\hat{\gamma}_{10}$와 $\hat{\gamma}_{11}$의 합 0.226+(−0.058)=0.168과 같다. 이것은 회귀선의 기울기가 9년제 고등학교 집단에서 학생들에 대한 것이 일반 고등학교에 비해서 더 평평하다는 것을 보여 준다. 수준 2에서 Mplus는 추가적으로 절편($\hat{\sigma}^2_{u0j}$ =3.022)과 기울기($\hat{\sigma}^2_{u1j}$ =0.001)에 대한 잔차 분산과 더불어 절편과 기울기 사이의 잔차 공분산($\hat{\tau}_{01}$ =0.035)를 추정하였다.

Mplus는 하나의 수준-1 그리고/혹은 하나의 수준-2 예측인자 이상을 가지는 다수준 회귀 모델을 분석하는 데에도 사용된다. 그러한 확장된 모델들에서 몇몇 혹은 모든 절편과 기울기는 임의 계수들로 설정될 수 있다. 기울기들이 임의 계수들이 아닌 예측인자들에 대해서는 분리된 on 명령문이 모델 명령어에 포함될 필요가 있고, 이때 | 표시와 임의 기울기의 이름은 생략된다. 다음의 예를 참고하라.

```
model: %within%
       beta1J | y on x1;
       y on x2;
```

이 예에서 오직 x1에 대한 변수 y의 회귀식 기울기(beta1J | y on x1;)만이 임의 기울기인 반면에, x2에 대한 y의 회귀식의 기울기(y on x2;)는 고정될 수 있다. 이 예에서 x2에 대한 y의 회귀식의 기울기는 절편(고정) 효과로 군집들에 따라 변하지 않는다.

Mplus의 특별한 강점은 이 책에서 소개된 단일 다수준 회귀모델들(단일 종속변수를 가진 모델들)뿐만 아니라 복수의 종속변수들을 동시에 고려하는 다변량 회귀모델들 역시 분석할 수 있다는 점이다. 이는 다수준 데이터의 구조에서 연구자들이 경로분석들, 확인적 요인분석들, 구조방정식들(3장 참조), 잠재성장곡선모델들(4, 5장 참조), 그리고 잠재계층모델들(6장 참조)을 analysis: type = twolevel 옵션을 사용한 이수준 모델로서 분석할 수 있다는 것을 의미한다. Mplus에서 보다 복잡한 다변량 다수준 모델들의 분석은 Geiser 등(2012)에 논의되어 있다.

제6장

잠재계층분석

1 잠재계층분석의 소개

잠재계층분석(Latent class analysis: LCA) 혹은 잠재구조분석(Latent strueture analysis)은 개인들을 동질적인 하위집단들(잠재계층들, 잠재유형들)로 분류하는 데 사용하는 통계적인 과정이다(Goodman, 1974; Lazarsfeld & Henry, 1968). 분류를 위한 시작점들은 범주별(명목 혹은 서열) 검사 혹은 설문지 문항들(가령, 지능검사 문항들을 풀었는지/안 풀었는지; 증상이 존재하는지 대 부재하는지; 리커트 척도로 측정된 설문지의 문항들)의 세트에 따라서 개인들의 관찰된 응답 패턴들을 보는 것이다. LCA에서 문항들 사이에서의 관계들은 사전에 미리 알지 못했던 하위인구집단들(잠재계층들)의 존재에 의해서 설명된다. 다시 말해, 관측된 문항에 대한 응답패턴들에서 개인적 차이들은 잠재적 계층 멤버십에서의 차이들로 설명되고, 각각의 계층은 특징적이고, 계층 특유의 응답 형태를 보여 준다.

예를 들어, 높은 확률을 가지고 공간능력을 측정하는 데 있어 특정 문항들에만 답하고 나머지에는 답을 하지 못하는 개인들을 고려해 보자. 만약 다른 문항들이 다른 해결전략들로 풀 수 있다면 이것은 이러한 차이들을 설명해 줄 수 있다. 따라서 이러한 특정한 응답 형태를 보이는 개인들은 이들에 의해서 사용되는 특별한 해결전략을 나타내는 잠재계층으로 할당될 수 있다. 유사하게, 시험에서 임의로 답을 하거나 추측하는 개인들도 잠재계층분석에서 '추측계층(guessing class)'을 형성할 수 있다. 임상심리학의 분야에서 뚜렷한 증상 패턴들이 있는 환자들은 상이한 유형들의 질환들 혹은 질병들을 나타내는 상이한 잠재계층들로 할당될 수 있다. 성격 연구의 예를 보면 개인들은 그들의 성격 유형에 따라 분류될 수도 있다. 잠재계층분석의 주요 목적들은 〈글상자 6.1〉에 요약되어 있다.

글상자 6.1. 잠재계층분석의 중요한 목적들

- 관측된 응답 패턴들에서 차이들을 충분히 설명하는 데 필요한 계층들의 수를 결정하고 실질적으로 의미 있는 방법으로 데이터를 요약한다(탐색적 잠재계층분석). 이 모델은 간명해야 하고, 따라서 데이터를 설명하기 위해서 최소한의 잠재계층들을 사용하여야 한다.
- 계층들이 무엇인가를 설명한다. 계층들이 실질적으로 어떻게 해석될 수 있고, 이들이 또 다른 계층들과는 어떻게 다른가?
- 유형학적인 구조들에 관한 가설을 검증한다(확인적 잠재계층분석).
- 구체적인 잠재계층분석 접근을 기초로 하여 분류에 대한 신뢰도를 평가한다.
- 진단적 목적으로 한 명 혹은 그 이상의 개인들에 대해서 가장 적합한 잠재계층 자격을 결정한다.
- 계층 자격과 외부변수들(가령, 연령, 성, 성격변수들, 지능) 사이의 관계들을 분석한다.

앞의 예들은 잠재계층분석과 탐색적 요인분석(Exploratory Factor Analysis: EFA) 사이의 유사성들을 알려 준다. 두 가지 접근은 데이터의 축소를 위해서 사용될 수 있다. 탐색적 요인분석에서 연속적 변수들 사이에서의 관계들은 보다 적은 수의 연속적인 잠재변수들(요인들)로 '설명된다'. 전통적인 잠재계층분석에서 범주변수들 사이의 관계들은 여러 개의 잠재계층 가운데 하나의 자격으로서 '설명된다'. LCA와 EFA의 가장 큰 차이는 EFA가 연속적인 잠재변수('요인들')과 수량적 지표들을 사용하는 반면에, LCA는 범주형 지표들 사이의 관계들을 설명하기 위하여 하나의 범주형 잠재변수(여러 개의 범주를 가지는 잠재계층변수=잠재계층들)를 사용한다는 것이다.

LCA는 탐색적 방법뿐만 아니라 확인적 분석 기법으로도 사용될 수 있다. 예를 들어, LCA는 특정 수만큼의 계층들을 전제하고/혹은 모수 제약들(가령, 계층의 특성들 혹은 크기들에 관해서)을 가함으로써 개인들 사이에 유형화된 차이들에 관한 이론(가령, 애착 유형, 성격 유형들, 해결전략들에서의 차이들)을 검증할 수 있다. 모델 검증 그리고/혹은 모델 비교들을 통해서 우리는 유형화된 모델에 대한 가설이 관측된 데이터와 잘 부합되는지를 검증할 수 있다. 이것은 CFA와 SEMs(3장 참조)에서 사용한 모델 검증들과 유사하다.

간단하게, 우리는 이 책에서 탐색적 LCA를 사용하여 이분형 변수들의 분석만을 고려하기로 한다. 이러한 과정은 다분형 변수들과 확인적 성격을 가지는 분석들로 쉽게 일반화할 수 있다. 이분형 변수를 위해서 단일 문항에 대한 LCA모델은 다음과 같이 작성될 수 있다(가령, Collins & Lanza, 2010; Rost, 2004).

$$p(X_{vi}=1)=\sum_{g=1}^{G}\pi_g\pi_{ig}$$

이 공식에서 $p(X_{vi}=1)$는 임의로 선택된 개인 v가 문항 i에 대해서 $X=1$의 점수를 가질 무조건적 확률을 나타낸다(여기서 $i=1,\cdots,$ I는 정확하게 검증 문항을 풀거나 혹은 설문지 문항을 표기하는 경우임). 계층 크기 모수 π_g는 잠재계층 g(g=1, ⋯ , G)에 속할 무조건적 확률을 나타낸다. 이 모델은 각각의 개인이 오직 하나의 잠재계층에 속한다는 것을 전제한다. 따라서 모든 계급-크기의 모수들의 합은 1과 같다.

$$\sum_{g=1}^{G} \pi_g = 1$$

모수 π_{ig}는 계급 g에서 자격을 가지는 조건에서 항목 i에 대한 점수 1의 조건부 확률을 나타낸다.

$$\pi_{ig} = p(X_{vi} = 1 \mid G = g)$$

이 확률은 종종 **조건부 반응**(conditional response) 혹은 **조건부 해결 확률**(conditional solution probability)로 불린다. 따라서 LCA모델은 문항 i에 대한 개인들의 반응 확률은 잠재계층 출현 빈도와 문항에 대한 계층 특유의 반응 확률 모두를 나타낸다. 〈글상자 6.2〉는 LCA모델에서 추정되는 모수들에 대한 설명을 포함한다.

관측된 반응 패턴들을 적절히 설명하는 데 필요한 계층들의 수는 추정되는 모델의 모수는 아니라는 점을 기억해야 한다. EFA와 유사하게, 탐색적 LCA에서 계층들의 수는 보통 특정 적합도 기준과 모델 비교들을 통해서 결정된다. 상이한 계층들의 수를 가진 모델들이 동일한 데이터에 부합될 수 있다. 통계 지표들을 사용하여 모델들의 적합도가 비교된다. 만약 이 방법이 적절하고 추정된 모수들의 측면에서도 쉽게 해석된다면 가장 적합도가 높은 모델이 선택된다. 모델적합도의 평가와 통계적 모델 비교를 위한 기준들은 6장 '3. 모델적합도 사정과 모델 비교들'에서 논의된다.

LCA와 이 기본모델의 확장에 대한 보다 자세한 설명은 Clogg(1995), Collins와 Lanza(2010), Hagenaars(1993), Hagenaars와 McCutcheon(2002), Langeheine와 Rost(1988), McCutcheon(1987), Rost와 Langeheine(1997),

그리고 John Uebersax의 홈페이지에서 살펴볼 수 있다(http://www.john-uebersax.com/stat/soft.htm). 다중집단들(다중집단 LCA)의 비교를 위한 LCA의 사용은 Eid, Langeheine 그리고 Diener(2003)의 교차-문화 연구의 영역에 논의되어 있다. Mplus 신택스를 포함한 다중집단 LCA의 응용 예는 Geiser, Lehmann 그리고 Eid(2006)에서 살펴볼 수 있다.

글상자 6.2. 이분형 변수를 위한 LCA모델에서 추정되는 모수들에 관한 요약

- π_g =계층 크기 혹은 계층 비율 모수. G−1 계층 크기 모수 π_g이 추정된다. 마지막 계층의 크기는 $\sum_{g=1}^{G} \pi_g = 1$ 전체로 인해 독립적인 모델 모수가 아니다.
- π_{ig} =계층 g에서 문항 i에 대한 조건부 반응 확률들. 이분형 지표들에서 G·I 조건부 반응 확률 π_{ig}가 추정된다(각 문항의 두 번째 범주를 위한 조건부 확률은 $1-\pi_{ig}$에 의해 주어진다).
- Mplus는 LCA모델의 모든 모수를 동질적인 로지스틱 역치(threshold) 모수화로서 결과물을 제시해 준다(가령, Hagenaars, 1993). 로지스틱 역치 모수들을 확률로 전환하는 것은 Mplus 사용자 가이드 13장에서 논의된다(Muthén & Muthén, 1998~2012).

2 Mplus에서 LCA모델들의 설정

Mplus에서 LCA모델들의 설정은 혼합분포모델들(mixture distribution models)의 분석을 위한 모듈을 필요로 한다(analysis: type=mixture 옵션). Mplus에서 LCA모델들을 분석하기 위해서는 Mplus 기본 버전에 더하여 혼합 혹은 추가(mixture or the combination add-on) 업그레이드가 필요하다. 〈글상자 6.3〉은 이 장에서 사용되는 데이터의 예를 소개한다.

글상자 6.3. 이 장에서 사용된 데이터의 예

computergames.dat 데이터를 사용하여 Mplus에서 LCA의 분석을 설명한다. 이 데이터는 컴퓨터 게임 선호에 대한 질문지에 응답한 861명의 독일 아이들의 응답들을 포함하고 있다. 다음은 이 질문지의 한글 번역본이다.

당신은 얼마나 자주 다음의 컴퓨터 게임들을 하나요?		
	전혀 혹은 드물게	종종 혹은 매우 종종
1. 모험 게임들		
2. 액션 게임들		
3. 스포츠 게임들		
4. 환타지 역할놀이 게임들		
5. 논리 게임들		
6. 기술-훈련 게임들		
7. 시뮬레이션 게임들		
8. 운전 시뮬레이션 게임들		

Quaiser-Pohl, Geiser 그리고 Lehmann(2006)은 LCA를 상이한 유형의 컴퓨터 게임자들이 앞에서 제시된 8가지 컴퓨터 게임 문항들에 의하여 확인될 수 있는지를 이분형 응답 문항들에 적용하여 살펴보았다. 보다 구체적으로 얼마나 많은 잠재계층들이 구별되어 나타나는지 그리고 각각의 잠재계층이 어떻게 해석될 수 있는지를 살펴보고자 하였다. 더불어 아이들을 확실히 구별되는 컴퓨터 게임자들의 유형에 얼마나 일관성 있게 분류할 수 있는가에 관심을 가지고 있다. 이 연구에 대한 추가적인 연구 질문들에 대한 정보를 위하여 Quaiser-Pohl 등(2006)을 참고하라.

[그림 6-1]은 세 개의 잠재계층을 가진 LCA모델을 위한 Mplus 입력 파일을 보여 준다(세 개의 계층으로 접근하는 것에 대한 논거는 모델적합도를 논의하는 이후의 장들에서 보다 명확히 나타난다). 여기서 사용되는 데이터는 computergames.dat이다. 이 데이터는 대상자 ID 번호(변수 id)와 8가지 컴퓨터 게임 질문지 문항들에 대한 반응들(변수 이름들: c1–c8)을 포함한다. 명령어 variable: auxiliary = id;를 사용하여 Mplus가 변수 id를 보조변수

(auxiliary variable)로 사용한다. 이 보조변수는 통계분석에서는 중요한 역할을 하지 않지만 Mplus에 의해서 제공된 개별적인 계층할당확률들을 포함하는 새롭게 생성된 데이터에서는 반드시 포함되어야 한다(다음의 savedate 명령어에 대한 설명 참조). 보조적인 명령어 없이는 대상자 ID가 새로운 데이터에 저장되지 않는다. 이것은 가령 LCA가 개별적인 진단 목적들로 사용되는 경우에는 단점이 될 수 있다.

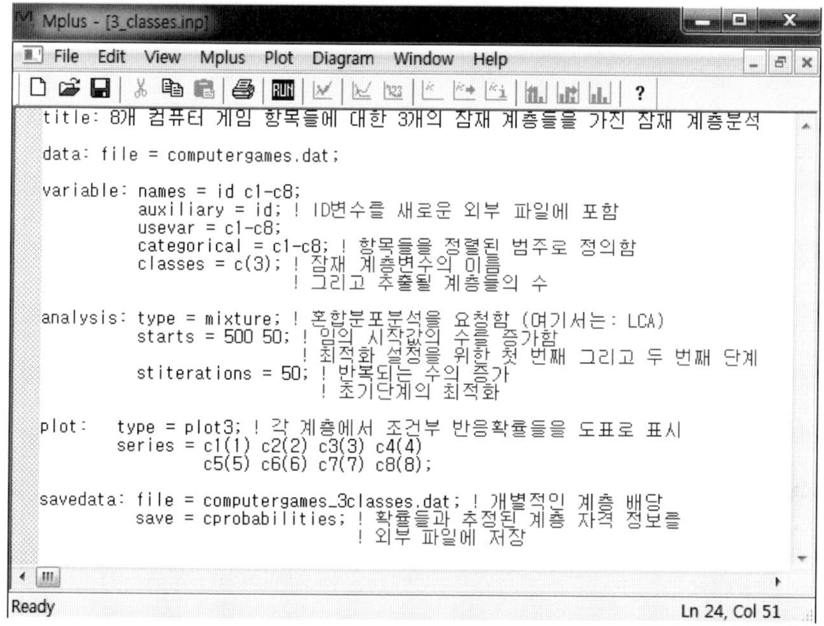

[그림 6-1] 8개의 컴퓨터 게임 문항들에 대한 세 개의 계층들을 가진 LCA의 설정을 위한 Mplus 입력 파일

ID변수가 없다면 데이터에서 구체적인 개인들은 추정되는 계층 자격 정보에 더 이상 연결되지 않는다. 명령어 categorical=c1−c8;은 8개의 컴퓨터 게임 문항들을 (정렬된) 범주로서 정의한다(여기서는 이분형). 만약 2개 이상의 범주들을 가진 정렬된 범주의 문항들이 사용되었다면 같은 명령

어가 역시 사용될 수 있다[정렬되지 않은 범주(명목) 변수들을 위해서는 명령어 `nominal =`이 사용될 수 있다]. 명령어 `classes = c(3);`를 사용하여 잠재범주(혹은 잠재계층) 변수가 이름 c를 가지고 3개의 범주(즉, 3개의 잠재계층)를 가지게 설정된다. 이는 세 개의 계층이 추출될 수 있다는 것을 의미한다. 명령어 `analysis: type = mixture;`를 사용하여 Mplus가 혼합분포분석(여기서는 LCA)을 수행하게 한다. **혼합분포**는 학생들의 인구집단이 특징적인 하위집단들로 구성된다는 것을 전제한다(특징적인 컴퓨터 게임 유형들을 반영하는 잠재계층들). LCA의 목적은 인구집단을 이질적인 하위집단으로 '분해'하는 것이다.

CFA와 SEMs와 유사하게, LCA를 위한 모수추정치들과 모델적합도 통계치(6장 '3. 모델적합도 사정과 모델 비교들' 참조)는 Mplus의 초기설정으로 되어 있는 최대우도법(ML)에 기초하여 반복적인 추정 과정을 통하여 결정된다. 목적은 가능한 한 가장 큰 우도의 대수값(log likelihood value)을 가진 해를 찾기 위한 우도함수를 최대화하는 것이다. **우도의 대수값**은 주어진 모델에서 관측된 데이터의 확률을 측정하는 것으로 다양한 적합도 통계치를 계산하는 데 기초로서 활용된다(6장 '3. 모델적합도 사정과 모델 비교들' 참조).

LCA(그리고 일반적으로 혼합분포분석들)에 특별히 적합한 반복적 추정 과정들에서 하나의 복잡한 문제는 단일한 종류의 모수 시작값들이 가장 좋은 우도의 대수값을 가진 해를 찾는 것을 종종 허용하지 않는다는 것이다. 그 결과는 모델 추정이 소위 **국소 최대우도(local likelihood maximum)**로 종결되고, 이는 종종 부정확한 모수추정치들과 연관된다. 그러한 국소적인 해(local solution)는 예를 들어 부정확한 적합도 통계치들과 편향된 모수추정치들과 연결된다(예를 들어, Uebersax, 2000 참조). 따라서 국소 해들은 피하여야 한다(〈글상자 6.4〉와 비교).

만약 일부 시작값들을 LCA에서 시행해 본다면 상대적으로 국소우도 최대값을 가지게 될 확률이 높을 것이다. 나아가 국부 최대값(local maxima)은 비록 4개 혹은 5개 계층들만이 추출된다 할지라도 실제적인 적용에 있어서 빈번하게 일어난다는 것을 보여 준다(Uebersax, 2000). 충분한 수의 임의 시작값(random starting values)들을 사용하는 것은 LCA 프로그램이 최대우도값을 가지는 최적의 해를 찾을 확률을 증가시킨다. 사실 상대적으로 단순하고 소수의 계층들을 가진 LCA모델들을 위하여 큰 숫자의 시작값을 사용하는 것은 보통 실질적인 최대값을 찾는 것을 보장해 준다.

Mplus의 초기설정은 10개 세트의 임의 시작값들이 프로그램에 의해 생성되고 모델 추정에 사용된다. 이러한 상대적으로 적은 숫자의 시작값들은 실제로 특히 둘 혹은 셋 이상의 잠재계층이 추출되는 경우와 같이 보다 복잡한 모델들의 경우에서는 불충분할 수 있다. 안정적으로 하기 위하여 사용자들이 많은 숫자의 시작값들을 설정할 것을 추천한다. 상대적으로 안전한 설정은 최소한 500 세트의 시작값들을 초기단계의 최적화 설정에서 요청하는 것이다(복잡한 모델들을 위해서는 보다 큰 숫자가 필요할 수 있다). 명령어 `analysis: starts =` 가 Mplus에서 시작값의 숫자를 증가시키는 데 사용될 수 있다. `starts = 500 50;`으로 설정하는 것은 Mplus가 초기단계의 최적화에서 500 세트의 초기값들을 사용하고 (단지 10개를 사용하는 대신) 첫 번째 단계에서 최대우도값을 보여 준 50개의 초기값 세트를 두 번째 단계의 최적화에서 선택하고, 이를 수렴 기준(Mplus에서 초기설정은 모수 변화가 0.000001보다 작은 경우)에 도달할 때까지 시행한다. 최대우도값을 가지는 해는 최종해(the final solution)로서 Mplus에 의해서 출력된다.

시작값의 숫자를 증가시키는 것과 더불어 초기단계의 최적화를 위해서는 충분한 숫자의 반복을 선택하는 것을 추천한다(Uebersax, 2000). Mplus에서 명령어 `analysis: stiterations =` 가 초기 최적화에서 반복의 숫자를 증가시키는 데 사용될 수 있다(Mplus 초기설정은 초기단계에서 단지 10번을 반복하는 것이다). 명령어 `stiterations = 50;` 초기단계의 반복 숫자를 10에서 50으로 증가시킨다.

일반적으로, 만약 최상의 우도값이 최소한 두 차례의 시작값들에서 발견되지 않는다면, Mplus는 경고메시지를 보낸다. 이 경우에는 어떠한 모수추정치를 해석하기에 앞서 모델을 좀 더 큰 시작값들을 가지고 다시 분석해야 한다. 만약 최상의 우도값이 아주 큰 시작값(가령 2,000)내지는 최소한 또 다른 시작값에 의해서 반복될 수 없는 경우에는 결과들을 매우 신중하게 해석하여야 한다. 이 경우에는 모델이 식별되지 않거나 혹은 데이터가 즉각적으로 잘 정의되지 않을 것이다(가령, 매우 작은 표본으로 인해). 〈글상자 6.4〉는 LCA에서 국소우도를 피하기 위한 가장 중요한 전략들을 요약하고 있다.

도표(plot) 옵션은 상이한 계층들에서 추정되는 조건적 반응 확률을 시각화하는 데 매우 유용하다. LCA에서 이것은 선 그래프의 형태로 이루어지고, 문항들은 x-축에 제시되고 조건적 반응 확률들은 y-축에 제시된다. 이러한 방식으로 각각의 계층에서 문항들의 기본 정보를 구할 수 있고, 이는 계층들에 대한 보다 쉬운 해석을 가능하게 해 준다. 이러한 다이어그램은 Mplus에서 옵션 plot: type = plot3;을 사용하여 구할 수 있다. series 옵션을 사용하여 정렬된 문항들이 x-축에서 제시될 것이다.

```
series = c1 (1) c2 (2) c3 (3) c4 (4) c5 (5) c6 (6) c7 (7) c8 (8);
```

결과 도표는 다음의 LCA에 대한 Mplus 출력물에 관해 논의하는 곳에서 볼 수 있다.

추정되는 LCA모델 모수들에 기초하여 각 개인이 추출된 계층들 각각에 속하게 될 확률이 추정된다. 이러한 개인 계층 할당 확률들에 기초하여 우리는 각 개인에게 가장 최적의 계층 자격을 진단적 목적으로 추정해 볼 수 있다. 개인은 그들의 할당 확률이 가장 높은 계층으로 할당된다. Mplus에서 savedata 명령어가 개인의 계층 할당 확률들과 외부 파일에 대한 최적의 잠재계층 자격 정보를 저장하는 데 사용될 수 있다. 이러한 값들을 외부 파일로 저장하기 위해서 우리는 다음과 같이 설정한다.

savedata: file = computergames_3classes.dat;

save = cprobabilities;

글상자 6.4. LCA에서 국소우도를 피하기

국소우도는 LCA의 실제적인 적용에서 종종 나타난다. 다음의 제안을 따르면 국소해들(local solutions)을 피하는 데 도움이 될 수 있을 것이다(Uebersax, 2000 역시 참조).

- 충분한 숫자의 상이한 시작값들을 사용하라 두 계층들 이상을 가진 LCA모델의 추정에서 충분한 수의 임의 시작값들이 사용되어야 한다(즉, 최초의 최소 500, 그리고 두 번째 단계의 최적화에서 최대 50; 복잡한 모델들은 1000/100 혹은 보다 더 사용되어야 한다). → `analysis: starts = 500 50;` 혹은 `starts = 1000 100;`
- 충분한 숫자의 초기 단계의 반복들을 사용하라 Mplus가 초기설정으로 사용하는 것보다 많은 숫자의 초기 상태 반복들을 선택하기를 역시 추천한다(가령, `analysis: stiterations = 50;`).
- 최선의 우도 대수값의 반복 가능성을 체크하라 LCA의 사용자들은 가장 큰 (최선) 우도 대수값이 최소한 두 개의 상이한 시작값들의 결과인지를 검토하여야 한다. 이는 Mplus 출력물에서 쉽게 확인할 수 있다(논의 부분 참고).
- 적은 수의 잠재계층들을 가진 모델들을 선호하라 가능하다면 사용자들은 큰 숫자의 잠재계층들이 추출되는 것을 피해야 하는데, 그 이유는 많은 계층들을 가진 모델에서 국소우도가 발생할 가능성이 보다 적은 계층들을 가진 모델에 비해서 더 높기 때문이다. 이미 네 개 혹은 그 이상의 계층들을 가진 경우, 국소우도가 보다 자주 관측되는 경향이 있음을 알 수 있다.
- 엄격한 수렴 기준을 사용하라 수렴을 위한 Mplus 기준은 0.000001이다. 만약 의심이 된다면 국소우도를 피하기 위하여 좀 더 작은 수렴 기준을 선택하여야 한다(가령, `analysis: convergence = 0.0000001;`).
- 많은 경계 모수추정치들을 포함하는 해들을 피하라 만약 많은 조건부 반응 확률들이 해에서 정확히 0 혹은 1로 추정된다면 (소위 **경계 추정치들**; 〈글상자 6.5〉와 비교) 이는 타당하지 않은 해의 표시이고 혹은 너무 많은 계층이 추

출되었다는 것을 나타낸다.

- 모델 모수추정치들을 하나 혹은 그 이상의 추가적인 LCA 프로그램들에서 반복해서 시행하라 이는 상이한 소프트웨어 프로그램들 사이에 추정치들을 비교하여 특히 많은 계층을 가진 복잡한 모델들을 분석하는 경우에 재확정을 가능하게 한다. 이상적으로 최고의 우도 대수값은 모든 프로그램에서 발견되어야 한다.
- 추가적인 데이터를 가진 모델을 반복 시행하라 계층 해의 타당도를 표시하는 또 다른 경우는 이 해가 새로운 데이터에서도 반복될 수 있는지를 보는 것이다.

이 명령어를 통해서 Mplus는 computergames_3classes.dat 이름을 가진 새로운 파일을 그 입력 파일을 포함하고 있는 동일한 디렉토리 안에 저장하게 된다. 새 파일은 8개의 컴퓨터 게임 변수들, ID 변수 id(왜냐하면 우리는 이 변수를 변수 명령어 아래에 보조변수로 정의하였기 때문이다), 개인 계층 할당 확률들(새 변수들은 분석에서 Mplus에 의해서 CPROB1, CRPOB2, 그리고 CPROB3으로 명명된다), 그리고 추정되는 계층 자격(Mplus에 의해서 새 변수 C가 생성됨)을 포함한다.

LCA를 위해서 Mplus 초기설정은 강건한 표준오차들(robust standard errors)을 가진 최대우도법을 사용하여 모수들을 추정한다. 관례적인 최대우도 표준오차들은 `analysis: estimator = ml;` 명령어를 사용하여 요청된다.

다음에서 컴퓨터 게임 예의 세 계층 해를 위한 Mplus 출력에서 가장 중요한 부분을 살펴볼 수 있다. 우선 우리는 총 표본에서 각 범주에 대한 무조건부 항목 반응 확률들을 구할 수 있다. 전체적으로 모든 문항에서 전혀/드물게라는 범주가 보다 자주 선택되었다는 것을 알 수 있다. 우리가 관심을 가지는 것은 조건부 반응 확률들이 하위집단들, 즉 세 개로 추출된 잠재계층들에서 다른 패턴을 보여 주는지 아닌지를 살펴보는 것이다.

글상자 6.5. 경계 모수추정치들(boundary parameter estimates)

경계 모수추정치들은 이론적으로 허용 가능한 모수 공간의 경계에서의 추정치들이다. 확률들(가령, LCA에서 π_{ig} 모수들)에서 허용 가능한 범위는 0과 1 사이이다(이는 Mplus 역치 모수화에서 +15와 −15 값들과 각각 대응된다). 경계 추정치들은 데이터가 드물게 (가령, 많은 문항 그리고/혹은 작은 표본을 사용하는 것 때문) 나타나거나 많은 계층을 가진 해들을 가지는 경우에 보다 많이 발생할 수 있다. 경계 추정치들은 종종 너무 많은 계층이 추출되었다는 것의 표시이고, 역시 때때로 국소우도 혹은 식별문제의 증상을 나타낼 수도 있다. 이러한 이유로 경계 해들은 매우 주의 깊게 해석되어야 한다. Mplus에서 경계 해의 출현은 다음의 경고메시지를 통해서 나타난다.

```
IN THE OPTIMIZATION, ONE OR MORE LOGIT THRESHOLDS APPROACHED
     AND WERE SET AT THE EXTREME VALUES. EXTREME VALUES
     ARE -15.000 AND 15.000. THE FOLLOWING THRESHOLDS WERE
     SET AT THESE VALUES:
* THRESHOLD 1 OF CLASS INDICATOR C1 FOR CLASS 2 AT ITERATION 35
* THRESHOLD 1 OF CLASS INDICATOR C4 FOR CLASS 2 AT ITERATION 38
* THRESHOLD 1 OF CLASS INDICATOR C2 FOR CLASS 2 AT ITERATION 58
* THRESHOLD 1 OF CLASS INDICATOR C3 FOR CLASS 3 AT ITERATION 66
* THRESHOLD 1 OF CLASS INDICATOR C8 FOR CLASS 3 AT ITERATION 69
```

이 메시지는 추정 과정에서 하나 혹은 그 이상의 조건부 반응 확률들이 추정되었고, 경계값이 0 혹은 1(Mplus에서 역치값 +15와 −15에 대응됨)로 설정되었다는 것을 나타낸다.

```
SUMMARY OF CATEGORICAL DATA PROPORTIONS

    C1
      Category 1     0.822
      Category 2     0.178
    C2
      Category 1     0.727
      Category 2     0.273
    C3
      Category 1     0.746
      Category 2     0.254
    C4
      Category 1     0.816
      Category 2     0.184
    C5
      Category 1     0.739
      Category 2     0.261
    C6
      Category 1     0.746
      Category 2     0.254
    C7
      Category 1     0.649
      Category 2     0.351
    C8
      Category 1     0.674
      Category 2     0.326
```

다음은 50개의 시작값들에 대한 우도 대수값들의 요약으로, 초기단계의 최적화 이후 최대 우도 대수값(최선에서 최악의 우도 대수값의 순서로)을 연관된 시작점(seed=시작값들을 생성하기 위한 임의 시작 숫자)과 대응되는 시작값들의 숫자와 함께 보여 준다. 같은 우도 대수값 −3463.814가 첫 단계로부터 50개의 최선의 시작값들의 각각에서 발견될 수 있다는 것을 볼 수 있다. 이는 좋은 표시인데, 그 이유는 해(solution)가 다양한 다른 시작값들 사이에서 반복된다는 것을 보여 주기 때문이다. 이것은 국소 우도가 이 해에서는 분명히 쟁점이 되지 않는다는 것을 나타낸다. 이러한 결과는 상대적으로 적은 수의 계층들을 가지고 잘 정의된 모델들에서 전형적으로 나타난다.

```
RANDOM STARTS RESULTS RANKED FROM THE BEST TO THE
WORST LOGLIKELIHOOD VALUES

Final stage loglikelihood values at local maxima,
seeds, and initial stage start numbers:

          -3463.814  605358        321
          -3463.814  57226         208
          -3463.814  714455        476
          -3463.814  965639        463
          -3463.814  798821        423
          -3463.814  85734         411
          -3463.814  926797        406
          -3463.814  973369        202
          -3463.814  7959          256
          -3463.814  987090        70
          -3463.814  137305        379
          -3463.814  732596        320
          -3463.814  900268        327
          -3463.814  319575        499
          -3463.814  576596        99
          -3463.814  772131        407
          -3463.814  100874        108
          -3463.814  377504        294
          -3463.814  694303        282
          -3463.814  741888        138
```

```
-3463.814  582296       452
-3463.814  344422       296
-3463.814  340112       126
-3463.814  937225       394
-3463.814  848890       95
-3463.814  695155       150
-3463.814  455617       242
-3463.814  168762       200
-3463.814  846194       93
-3463.814  347515       24
-3463.814  970689       266
-3463.814  21345        199
-3463.814  652266       490
-3463.814  971853       402
-3463.814  81117        305
-3463.814  417035       149
-3463.814  570908       98
-3463.814  655497       376
-3463.814  637345       19
-3463.814  736574       414
-3463.814  923437       398
-3463.814  782821       272
-3463.814  315029       471
-3463.814  850840       232
-3463.814  972873       157
-3463.814  860102       495
-3463.814  793035       187
-3463.814  414828       322
-3463.814  483369       270
-3463.814  529496       343
```

초기설정으로 Mplus는 사용자에게 국부 최대값(local maxima)의 쟁점을 우도 대수값(log likelihood values)의 목록 아래에 항상 출력되는 다음의 메시지로 알려 준다.

```
WARNING: WHEN ESTIMATING A MODEL WITH MORE THAN TWO CLASSES,
IT MAY BE NECESSARY TO INCREASE THE NUMBER OF RANDOM STARTS
USING THE STARTS OPTION TO AVOID LOCAL MAXIMA.
```

현재 예에서 이 메시지는 앞에서 보듯이, 세 계층 모델을 위해서 충분한 숫자의 임의 시작값을 사용하기 때문에 무시될 수 있다.

보다 많은 잠재계층을 가진 모델에서 우리는 Mplus 목록에서 우도 대수값들 사이에 약간의 차이들이 있다는 것을 발견하게 된다. 이 경우에 최선의 우도 대수값이 최소한 두 개의 다른 시작값들의 데이터에서 발견되는 경우에 재확증할 수 있다. 이 경우가 아니라면 Mplus는 다음과 같은 경고 메시지를 나타낸다.

```
WARNING: THE BEST LOGLIKELIHOOD VALUE WAS NOT REPLICATED.
THE SOLUTION MAY NOT BE TRUSTWORTHY DUE TO LOCAL MAXIMA.
INCREASE THE NUMBER OF RANDOM STARTS.
```

Mplus에서 권장되듯이, 이 경우에 우리는 최선의 우도 대수값이 복수의 시작값들로 인해 신뢰할 수 있게 식별될 때까지 임의 시작값들의 수를 늘리고/혹은 첫 번째 단계의 최적화(앞을 참조)에서 반복들의 수를 늘려야 한다. 만약 최선의 우도 대수값이 증가된 시작값들로도 대체될 수 없다면 이는 모델이 데이터를 위해 잘 정의되지 않는다는 것을 의미한다. 이어서 오직 다음의 메시지(그리고 더 이상 추가적인 오류 메시지는 없음)만 나타나야 한다.

```
THE MODEL ESTIMATION TERMINATED NORMALLY
```

만약 모델이 적절히 수렴되었다면 최종 해에 대한 최선의 우도 대수값은 MODEL FIT INFORMATIOIN: 아래에 다시 나타나게 된다.

```
MODEL FIT INFORMATION

Loglikelihood

        H0 Value                        -3463.814
```

이 우도 대수값은 상이한 세트의 시작값들에 대한 우도 대수값의 이전 목록의 최상단에 나타난 최고값과 동일하다.

글상자 **6.6.** optseed 옵션

Mplus에서 우도 대수값의 목록은 연속적인 분석단계들에서 최선의 우도 대수값을 가지는 해를 반복해서 시행하는 데 있어 유용할 수 있다. 이는 사용자에게 복잡한 모델에서 시간이 많이 걸리는 큰 수의 시작값을 생성할 필요없이 최선의 해를 재생산하게끔 한다. 이 접근법은 가령 우리가 초기에 요청되지 않았던 해를 위한 추가적인 출력물을 요청하기를 원할 때 유용하게 사용될 수 있다. Mplus에서 소위 optseed 옵션을 사용하여 구체적인 해를 이와 연관된 구체적인 시작 숫자에 기초하여 반복 실행해 볼 수 있다. 현재의 예에서 입력에서 다음을 설정할 수 있다.

analysis: optseed = 605358;

숫자 605358은 숫자 321을 가진 시작값들(staruting value set)을 포함하는 초기의 수로, 이는 우도 대수값들 목록에서 제일 처음 순위의 시작값들이다.

RANDOM STARTS RESULTS RANKED FROM THE BEST TO THE WORST LOGLIKELIHOOD VALUES

Final stage loglikelihood values at local maxima, seeds, and initial stage start numbers:

−3463.814 605358 321

이 시작값들은 −3463.814라는 가장 최고의 우도 대수값을 제공하는 세트들 중에 있다. 이 예에서 우리는 50개의 시작 숫자들 가운데 하나를 선택할 수 있는데, 그 이유는 모든 50개의 시작값이 동일한 최고 우도 대수값을 보여 주기 때문이다. 하지만 이는 보다 많은 계층을 가진 모델들에서는 항상 그렇지는 않다. 앞에서 설정된 optseed 명령어를 사용하여 Mplus는 정확하게 시작점 605358에 기초하여 발견된 동일한 해를 비록 이것이 이후의 출력 파일에서 확인되어야 할지라도 반복 실행할 것이다.

다음은 6장 '3. 모델적합도 사정과 모델 비교들'에서 자세히 논의될 상이한 모델 적합 통계치들이다.

```
Information Criteria

        Number of Free Parameters             26
        Akaike (AIC)                    6979.628
        Bayesian (BIC)                  7103.338
        Sample-Size Adjusted BIC        7020.769
           (n* = (n + 2) / 24)

Chi-Square Test of Model Fit for the Binary and
Ordered Categorical
(Ordinal) Outcomes

        Pearson Chi-Square

        Value                            386.883
```

```
        Degrees of Freedom                    229
        P-Value                            0.0000

        Likelihood Ratio Chi-Square

        Value                             340.605
        Degrees of Freedom                    229
        P-Value                            0.0000
```

다음으로 Mplus 는 모델에서 잠재계층들의 추정되는 크기들에 관한 정보를 제공해 준다. 다음의 표가 추정된 $\hat{\pi}_g$ 모수들의 측면에서 계층 크기들을 포함하고 있다.

```
FINAL CLASS COUNTS AND PROPORTIONS FOR THE LATENT
CLASSES BASED ON THE ESTIMATED MODEL

   Latent
  Classes

      1       149.48776        0.17362
      2       327.71918        0.38063
      3       383.79305        0.44575
```

이 추정치들에 따르면 계층 3은 대략 44.6%($\hat{\pi}_g$ =.44575)를 차지하는 가장 큰 계층이다. 우리 표본에서 이는 대략적으로 384명의 참가자들에 해당한다. 계층 2는 대략적으로 38.1%($\hat{\pi}_2$ =.38063, 대략적으로 328명의 참가자들)의 크기를 가진다. 계층 1은 대략적으로 17.4%를 가지는 가장 작은 계층이다($\hat{\pi}_1$ =.17362, 대략 150명). 계층들의 순위는 임의적이라는 것을 명심하여야 한다. 이는 예를 들어 만약 우리가 같은 데이터이지만 다른 컴퓨터들을 사용하여 세 계층 해를 분석한다면 아마도 계층들의 순서에 관해서는 다른 해들을 얻을 수도 있다. 그러나 이 해는 여전히 동일한 우도 대수값을 보여주고, 모수추정치들도 다르지 않을 것이다.

Mplus는 추정된 사후 확률들에 기반하여 계층 크기를 결과로 제시한다. 이 예에서 이러한 추정치들은 추정된 모델에 기반한 계층 비율들과 거의 동일하다.

```
FINAL CLASS COUNTS AND PROPORTIONS FOR THE LATENT
CLASS PATTERNS BASED ON ESTIMATED POSTERIOR
PROBABILITIES

   Latent
  Classes

      1        149.48771          0.17362
      2        327.71923          0.38063
      3        383.79307          0.44575
```

엔트로피 통계치는 분류의 질을 위한 요약 측정치이다. 1에 가까운 값들은 높은 분류의 정확성을 나타내고, 반면에 0에 가까운 값들은 낮은 분류의 확실성을 나타낸다.

```
CLASSIFICATION QUALITY

     Entropy                    0.731
```

보다 유용한 정보는 특정 계층에 할당되는 개인들에 대한 평균 계층 할당 비율들(the average class assignment probabilities)이다. 각 사람에 대해서 LCA는 각각의 개인이 세 개의 추출된 계층 중의 하나에 속하게 될 확률을 추정하게 해 준다. 앞에서 언급하였듯이, 진단(혹은 다른) 목적을 위해서 사람들이 그들의 관측된 반응 패턴에 따라서 가장 높은 확률을 가지는 계층에 할당될 수 있다. Mplus는 이러한 종류의 확실한 분류에 기반을 두고 계층 크기들을 우선적으로 출력한다.

```
CLASSIFICATION OF INDIVIDUALS BASED ON THEIR MOST
LIKELY LATENT CLASS MEMBERSHIP

Class Counts and Proportions

   Latent
  Classes

      1       152         0.17654
      2       317         0.36818
      3       392         0.45528
```

명백한 분류에 기반하여 추정된 계층 크기들은 우리의 예에 제시된 추정된 계층 비율 $\hat{\pi}_g$로부터 약간의 편차가 있다. 이러한 두 종류의 계층 비율 추정치들 사이의 어느 정도의 불일치는 최대 계층 할당 확률을 사용한 개인들의 명백한 분류는 거의 항상 어느 정도의 추정 오차와 연관되어 있기 때문이다. 그 이유는 각 개인이 각 계층에 대해서 특정한(0이 아닌) 자격 확률을 가지는데, 이것이 사람들이 확률이 가장 높은 하나의 잠재계층으로 할당될 때 고려되지 않기 때문이다. 이러한 이유로 모수들 $\hat{\pi}_g$은 잠재계층 크기들을 추정하는 데 더 선호된다.

다음은 개인들이 각 계층에 할당될 평균적인 잠재계층 할당 확률들이다. 이들은 LCA의 해의 질(the quality of an LCA solution)을 나타내는 중요한 지표이다. 분류 행렬의 주 대각선에서 1에 가까운 값들은 분류의 높은 정밀성 혹은 신뢰도를 나타낸다. 이 행렬의 주 대각선의 높은 값들은 평균적으로 개인들이 높은 확실성을 가지고 그들에게 가장 적합한 잠재계층에게로 분류된다는 것을 의미한다. 반대로, 보통에서 낮은 값들은 평균적으로 계층 분류에 있어서 높은 불확실성이 있다는 것을 나타낸다. Rost(2006)에 따르면 주 대각선에 있는 값들은 적절한 계층 해를 위해서 .8 혹은 그보다 커야 한다. 우리의 예에서 계층들 2와 3(.913과 .922 각각)에 대해서 높은 계층 할당 확률들을 구할 수 있었던 반면에 계층 1의 구성원들을 위한 평균 할당 확률은 단지 .76으로 상대적으로 낮았다. 분명히 계층들 2와 3에 비해서 계층 1에 대한 할당에 있어서는 다소 불확실성이 존재하였다. 계층 1의 구성원들은 상대적으로 계층 2(.146)에 속하게 될 높은 평균 확률 역시 가지고 있었다. 따라서 이 두 계층 사이의 어느 정도의 중복이 있었다. 그럼에도 불구하고, 계층 1에 대한 분류의 질은 여전히 만족스러운 수준으로 보인다.

```
Average Latent Class Probabilities for Most Likely
Latent Class Membership (Row) by Latent Class
(Column)

           1        2        3

     1   0.760    0.146    0.094
     2   0.061    0.913    0.025
     3   0.037    0.041    0.922
```

보다 많은 잠재계층이 추출될 때 일반적으로 평균 계층 할당 확률들은 낮아지는 경향이 있다. 그 이유는 많이 추출된 계층에서는 부정확한 분류를 할 확률이 높기 때문이다. 계층들은 종종 더 이상 명확하게 분리되지 않는다.

MODEL RESULTS에서 Mplus는 우선 로지스틱 역치 모수화(logistic threshold parameterization)에서 LCA모델의 모수들을 제공한다. 첫째는 조건부 반응 확률 $\hat{\pi}_{ig}$에 대응하는 추정된 역치 모수들이다. Categorical Latent Variables-Means 아래에서 Mplus는 계층 크기들 $\hat{\pi}_g$에 대응하는 역치 모수들을 출력물로 제시한다. 이러한 모수들이 확률들로 수렴되는 것은 13장의 **Mplus 사용자 가이드**에서 설명된다(Muthén & Muthén, 1998~2012).

```
MODEL RESULTS

                                                  Two-Tailed
                  Estimate      S.E.   Est./S.E.    P-Value

Latent Class 1

 Thresholds
    C1$1             1.398     0.506      2.761      0.006
    C2$1             1.920     0.706      2.717      0.007
    C3$1             1.675     0.423      3.961      0.000
    C4$1             1.489     0.523      2.850      0.004
    C5$1            -0.981     0.406     -2.413      0.016
    C6$1            -1.480     0.654     -2.263      0.024
    C7$1             0.187     0.357      0.524      0.600
    C8$1             0.685     0.334      2.052      0.040

Latent Class 2

 Thresholds
    C1$1             0.555     0.144      3.852      0.000
```

```
    C2$1        -0.591     0.191    -3.101      0.002
    C3$1        -0.097     0.163    -0.593      0.553
    C4$1         0.463     0.143     3.244      0.001
    C5$1         1.154     0.247     4.681      0.000
    C6$1         1.542     0.291     5.290      0.000
    C7$1        -0.628     0.152    -4.134      0.000
    C8$1        -0.576     0.159    -3.633      0.000

Latent Class 3

 Thresholds
    C1$1         4.582     0.780     5.872      0.000
    C2$1         4.334     0.804     5.388      0.000
    C3$1         2.723     0.322     8.455      0.000
    C4$1         4.583     0.927     4.947      0.000
    C5$1         2.216     0.300     7.391      0.000
    C6$1         2.166     0.366     5.924      0.000
    C7$1         2.873     0.326     8.817      0.000
    C8$1         2.845     0.410     6.937      0.000

Categorical Latent Variables
 Means
    C#1         -0.943     0.247    -3.817      0.000
    C#2         -0.158     0.151    -1.048      0.294
```

보다 쉽게 해석 가능한 것은 추정된 확률 모수들 $\hat{\pi}_g$와 $\hat{\pi}_{ig}$ 측면에서 LCA 결과의 출력물이다. $\hat{\pi}_g$ 모수들의 추정값들은 추정된 모델에 기반한 잠재계층의 최종 계층 빈도들과 비율들(FINAL CLASS COUNTS AND PROPORTIONS FOR THE LATENT CLASSES BASED ON THE ESTIMATED MODEL) 출력물 아래에 이미 제시되었다. 조건부 반응 확률들 $\hat{\pi}_{ig}$(더불어 $1-\hat{\pi}_{ig}$)의 추정치들은 RESULTS IN PROBABILITY SCALE 아래에 제공된다. Category 1에서 Mplus는 하위

범주에 대한 조건 반응 확률들($1-\hat{\pi}_{ig}$)을 각각 제시한다. 여기서 하위 범주는 0으로 입력되고, '전혀/드문'으로 명명된다. Category 2에서 상위 범주(이 경우, 이 범주는 1로 입력됨: '종종/매우 종종')에 대한 조건부 반응 확률들 $\hat{\pi}_{ig}$이 제시된다.

```
RESULTS IN PROBABILITY SCALE

Latent Class 1

 C1
    Category 1 0.802 0.080 9.968 0.000
    Category 2 0.198 0.080 2.463 0.014
 C2
    Category 1 0.872 0.079 11.068 0.000
    Category 2 0.128 0.079 1.623 0.105
 C3
    Category 1 0.842 0.056 14.991 0.000
    Category 2 0.158 0.056 2.808 0.005
 C4
    Category 1 0.816 0.078 10.399 0.000
    Category 2 0.184 0.078 2.345 0.019
 C5
    Category 1 0.273 0.081 3.383 0.001
    Category 2 0.727 0.081 9.020 0.000
 C6
    Category 1 0.185 0.099 1.878 0.060
    Category 2 0.815 0.099 8.247 0.000
 C7
    Category 1 0.547 0.088 6.179 0.000
    Category 2 0.453 0.088 5.125 0.000
 C8
    Category 1 0.665 0.074 8.941 0.000
    Category 2 0.335 0.074 4.508 0.000
```

```
Latent Class 2

 C1
    Category 1 0.635 0.033 19.021 0.000
    Category 2 0.365 0.033 10.915 0.000
 C2
    Category 1 0.356 0.044 8.152 0.000
    Category 2 0.644 0.044 14.721 0.000
 C3
    Category 1 0.476 0.041 11.727 0.000
    Category 2 0.524 0.041 12.916 0.000
 C4
    Category 1 0.614 0.034 18.144 0.000
    Category 2 0.386 0.034 11.423 0.000
 C5
    Category 1 0.760 0.045 16.916 0.000
    Category 2 0.240 0.045 5.332 0.000
 C6
    Category 1 0.824 0.042 19.466 0.000
    Category 2 0.176 0.042 4.165 0.000
 C7
    Category 1 0.348 0.034 10.094 0.000
    Category 2 0.652 0.034 18.917 0.000
 C8
    Category 1 0.360 0.037 9.847 0.000
    Category 2 0.640 0.037 17.521 0.000

Latent Class 3

 C1
    Category 1 0.990 0.008 126.531 0.000
    Category 2 0.010 0.008 1.295 0.195
 C2
    Category 1 0.987 0.010 96.062 0.000
```

```
   Category 2 0.013 0.010 1.259 0.208
C3
   Category 1 0.938 0.019 50.383 0.000
   Category 2 0.062 0.019 3.309 0.001
C4
   Category 1 0.990 0.009 106.680 0.000
   Category 2 0.010 0.009 1.090 0.276
C5
   Category 1 0.902 0.027 33.919 0.000
   Category 2 0.098 0.027 3.699 0.000
C6
   Category 1 0.897 0.034 26.596 0.000
   Category 2 0.103 0.034 3.049 0.002
C7
   Category 1 0.947 0.017 57.362 0.000
   Category 2 0.053 0.017 3.242 0.001
C8
   Category 1 0.945 0.021 44.386 0.000
   Category 2 0.055 0.021 2.580 0.010
```

추정된 조건부 반응 확률들에 기초하여 계층 1에 할당된 아이들이 문항 C5(논리 게임들)와 C6(기술-훈련 게임들)을 제외하고는 '종종/매우 종종' 범주에 기입하는 확률이 상당히 낮다는 것을 볼 수 있다. 분명히, 계층 1은 논리와 기술-훈련 게임들을 선호하는 아이들의 집단인 반면에 다른 유형의 게임들에 대해서는 드물게 혹은 전혀 하지 않는 것으로 보고된다. 앞에서 살펴보았듯이, 대략 17.4%의 아이들이 이 잠재계층에 포함된다.

계층 2에 있는 아이들은 다른 패턴의 조건부 반응확률들을 보여 준다. 그들은 일반적으로 '종종/매우 종종' 범주에 있어서 계층 1의 아이들보다 더 높은 확률을 보여 준다. 구체적으로, 계층 2의 구성원들은 문항 C2(액션 게임들), C3(스포츠 게임들), C7(시뮬레이션 게임들), 그리고 C8(운전 시뮬레이

선 게임들)에 대해서 높은 반응 확률들을 가진다. 따라서 계층 2는 일반적으로 컴퓨터 게임들을 더 자주 하고 특히 액션과 시뮬레이션 게임들을 선호하는 아이들의 집단을 나타낸다. 앞에서 살펴봤듯이, 추정된 계층 비율 모수들에 기초하여 대략 38.1%의 아이들이 이 집단에 포함된다.

가장 큰 계층(계층 3, 44.6%)은 모든 문항에 있어서 '종종/ 매우 종종' 범주에 대해 매우 낮은 확률들의 패턴을 보이는 특징이 있다. 따라서 계층 3은 게임을 하지 않는 계층, 즉 질문지에 나열된 컴퓨터 게임들을 종종 혹은 매우 종종하지 않는 아이들의 집단으로 해석될 수 있다.

명확하고 쉬운 해석을 위해서 각 계층에서 조건부 반응 확률들 $\hat{\pi}_{ig}$을 소위 **계층 프로필 도표**(class profile plot)를 사용하여 시각화하는 것이 유용하다. 이러한 방법에서 계층들의 의미뿐만 아니라 계층 해의 질을 사정하는 것도 더 용이하다. 예를 들어, 적절한 계층 해는 주로 낮거나 혹은 높은 조건부 반응 확률들을 보여 주어서 계층들이 명백하게 해석될 수 있는 특징을 전형적으로 갖는다. 우리는 출력물에서 GRAPH → View Graphs를 사용한 Mplus point-and-click 메뉴의 도표 옵션을 통해서 요청된 선 그래프를 볼 수 있다. 도표 선택하기(Select a plot to view)에서 추정된 확률들(Estimated probabilities)를 선택하면 된다([그림 6-2] 참조).

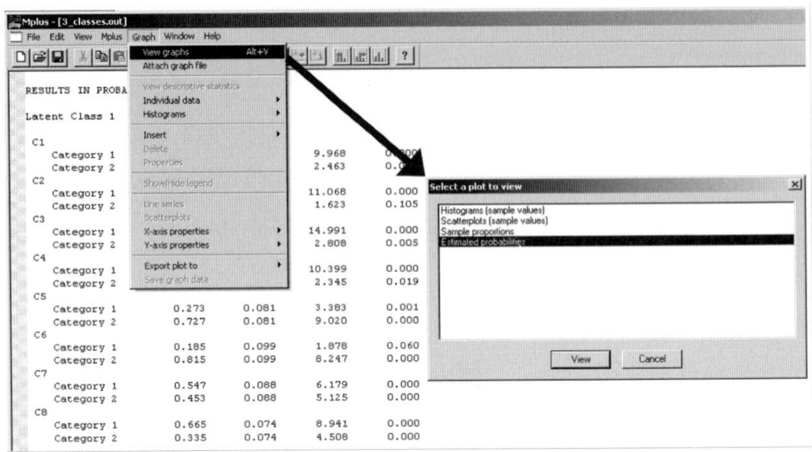

[그림 6-2] Mplus에서 문항 프로필 도표를 보기 위한 첫 번째 단계

이어서 우리는 첫 번째 혹은 두 번째 범주에 대한 확률들이 그래프에서 보이도록 설정해야 한다([그림 6-3] 참조). 비록 이분형 변수들에 대해서 임의적이기 하지만 도표는 만약 높은 범주($\hat{\pi}_{ig}$; 여기서는 '종종/매우 종종')에 대한 확률들이 도표화(이 범주는 일치를 나타냄) 되었을 때가 낮은 범주($1-\hat{\pi}_{ig}$, 불일치를 나타냄)에 대한 확률들에 비해서 해석하기가 쉽다. [그림 6-4]의 선 그래프를 구할 수 있는데, 여기서 추정된 계층 비율들 역시 퍼센트로서 제시된다.

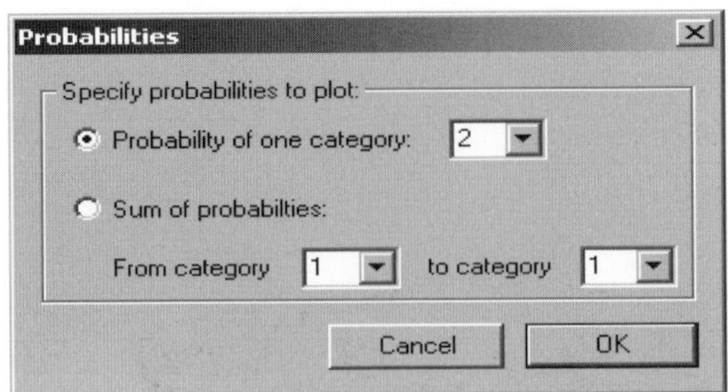

[그림 6-3] 프로필 도표에 보일 조건부 반응 확률들의 유형의 설정

이 예에서 두 번째 범주에 대한 확률들('종종/매우 종종')이 선택됨.

Mplus 선 그래프를 수정할 수 있는 옵션들이 제한적이라는 것을 가정하면(가령, y-와 x-축들의 이름들을 포함할 수 없음) 이 그래프들은 계층 해의 우선적인 검사를 위해서는 유용하지만 출판물 혹은 발표 등에 포함시키기에는 적절하지 않을 수 있다. 따라서 적절한 조건부 반응 확률들은 보다 개선된 디자인의 그래프를 제공하는 외부 그래픽 프로그램을 사용하여 제시하는 것이 낫다. 예를 들어, [그림 6-5]는 마이크로소프트 엑셀 선 그래프에서 해를 보여 준다.

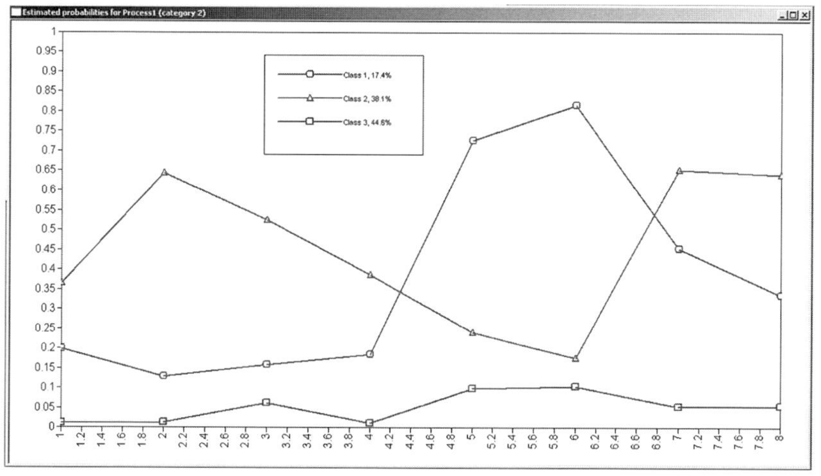

[그림 6-4] 세 잠재계층 각각에 대해서 컴퓨터 게임 문항들의 두 번째 범주에 대한 조건부 반응 확률들을 보여 주는 Mplus 프로필 도표

문항들은 x-축에 놓이고, y-축은 범주 '종종/매우 종종'에 응답한 조건부 확률을 보여 줌.

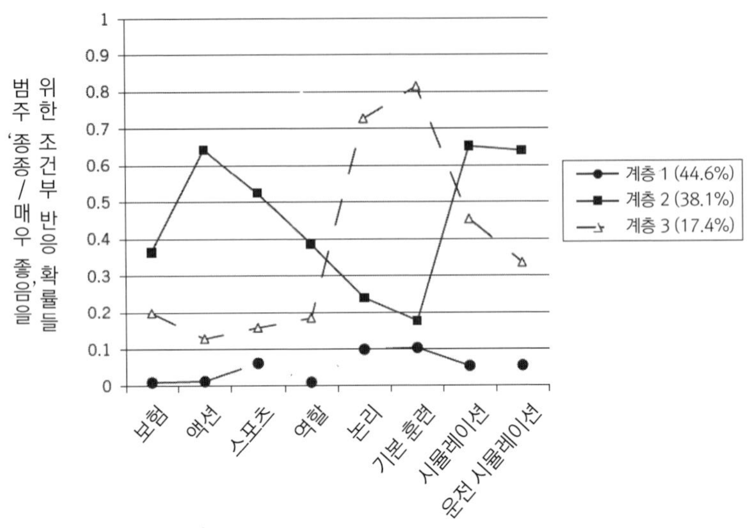

[그림 6-5] [그림 6-4]에 제시된 같은 데이터에 대한 마이크로소프트 엑셀 선 그래프

이 예에서 계층들의 순서는 '가장 큰 것'에서 '가장 작은 것' 순서로 변하였고, 따라서 Mplus 해에서 가장 작은 계층은 이제 계층 3이고, 가장 큰 계층은 계층 1이다. 더불어 해의 해석을 용이하게 하기 위하여 문항 내용에 따라서 x-축에 이름이 붙었다.

계층 프로필 도표를 사용하여 계층들이 서로 어떻게 다른지 역시 살펴볼 수 있다. 가장 큰 계층(이제 계층 1)은 게임 비참가자 계층으로, 모든 문항에 대해서 '종종/매우 종종' 문항에 답할 확률이 매우 낮다. 두 번째로 큰 계층(계층 2)은 일반적으로 게임을 더 하는 아이들이고, 특별히 액션, 스포츠, 그리고 시뮬레이션 게임들을 선호한다. 가장 작은 계층(이제 계층 3)은 논리와 기술-훈련 게임을 즐기는 아이들로 구성된다.

계층 프로필 도표와 더불어, 최대 계층 할당 확률에 기초하여 개인의 계층 할당 확률들과 추정된 계층 자격을 외부 파일로 저장할 수 있도록 요청할 수 있다. Mplus 결과물 파일의 마지막 부분을 보면 우리는 새로운 파일로 저장된 오래된 그리고 새로운 변수들의 목록을 얻을 수 있고, 더불어 새로운 데이터 파일에서 변수의 구성에 대한 정보도 얻을 수 있다. 이 정보는 새로운 데이터 파일에서 변수들(열)이 나타나는 순서를 알려 주기 때문에 중요하고, 따라서 데이터가 외부 통계 프로그램들, 가령 SPSS에서 향후 분석을 정확하게 진행할 수 있게 된다. 예를 들어, 변수 ID(대상자 ID)는 데이터에서 더 이상 첫 번째 변수가 아니고 9번째 변수가 된다.

```
SAVEDATA INFORMATION

  Order and format of variables

   C1          F10.3
   C2          F10.3
   C3          F10.3
   C4          F10.3
   C5          F10.3
   C6          F10.3
   C7          F10.3
   C8          F10.3
   ID          F10.3
   CPROB1      F10.3
   CPROB2      F10.3
   CPROB3      F10.3
   C           F10.3
  Save file
   computergames_3classes.dat

  Save file format
   13F10.3

  Save file record length    5000
```

Mplus가 데이터에 추가한 네 개의 새로운 변수는 CPROB1, CPROB2, CPROB3, 그리고 C이다. 새롭게 생성된 데이터 파일은 computergames_3classes.dat(이 이름은 입력 파일에서 설정되었다)이고, 향후 분석들에서 사용될 수 있다. 예를 들어, Mplus에서 저장된 계층 자격 정보는 데이터에서 특정한 아이들의 선호에 관해서 살펴볼 때 이용할 수 있다. 특정 아이들은 어떠한 컴퓨터 게임 계층에 포함되는가? 이러한 그리고 유사한 질문들은 Mplus 가 각각의 아이들에 대해 저장한 개인의 계층 할당 확률들에 기초하여 답할 수 있다. [그림 6-6]은 새롭게 생성된 네 개의 변수 CPROB1, CPROB2, CPROB3, 그리고 C를 포함하는 새로운 데이터 파일의 한 부분을 발췌한 것을 보여 준다. Mplus에서 생성된 데이터를 읽기 위한 SPSS 신택스 파일은 웹사이트에서 발견할 수 있다.

변수 CPROB1, CPROB2, 그리고 CPROB3은 계층 1, 2, 그리고 3에서 각각의 아이들의 계층 자격의 추정된 확률을 나타낸다. 예를 들어, 반응 패턴에 기초하여 데이터에서 첫 번째(첫 번째 행) 아이는 계층 1에 속하게 될 확률 .218, 계층 2에 속하게 될 확률 .028, 그리고 계층 3에 속하게 될 확률 .754를 가진다. 확률들의 합은 1이라는 것을 명심하라. 이는 LCA가 각각의 아이들이 추출된 잠재계층들 가운데 오직 하나에 속하게 된다는 것을 의미하기 때문이다. 이 아이의 확률이 계층 3에 대해서 가장 크다면 이 아이는 이 계층에 할당되고 따라서 변수 C에서 3의 값을 가지게 되는데, 이는 각각의 아이에 대한 가장 적합한 잠재계층 자격을 나타낸다.

두 번째 아이(두 번째 줄)는 계층 1에 대해서 가장 높은 확률(.988)을 가지고 있고, 따라서 계층 1 등에 할당된다. 이 방법으로 (1) 얼마나 신뢰할 수 있게 각 개인이 분류되는가, 그리고 (2) 추정된 계층 할당 확률들에 기초하여 각 개인에 대해서 가장 적합한 잠재계층 자격을 추정할 수 있다. Mplus가 표준적인 출력물에서 보고하는 가장 최적의 잠재계층 자격을 위한 평균적인 잠재계층 할당 확률들은 이러한 개별적인 계층 할당 확률들에 기초하여 계산된다.

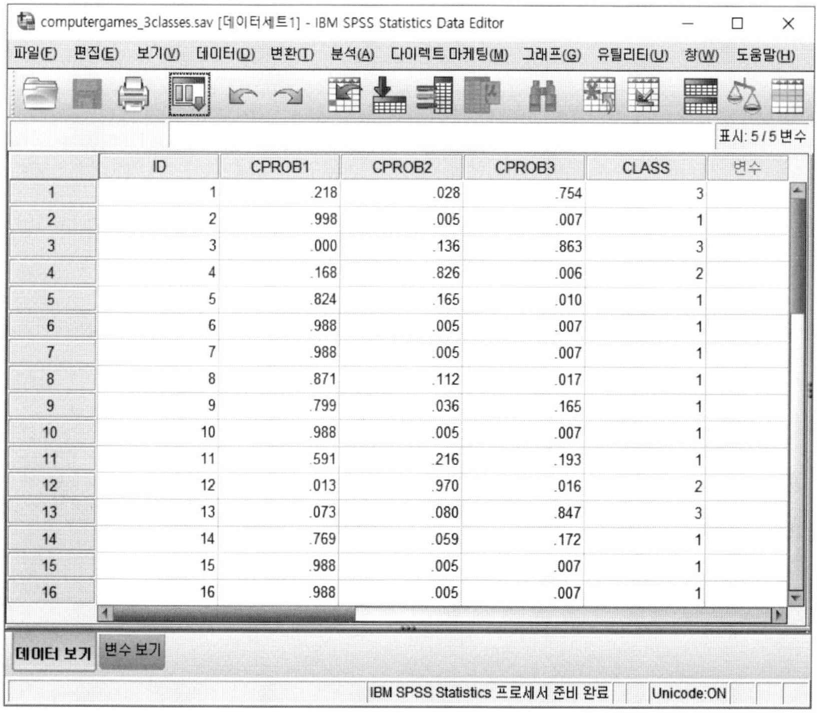

computergames_3classes.sav [데이터세트1] - IBM SPSS Statistics Data Editor

파일(F) 편집(E) 보기(V) 데이터(D) 변환(T) 분석(A) 다이렉트 마케팅(M) 그래프(G) 유틸리티(U) 창(W) 도움말(H)

표시: 5 / 5 변수

	ID	CPROB1	CPROB2	CPROB3	CLASS	변수
1	1	.218	.028	.754	3	
2	2	.998	.005	.007	1	
3	3	.000	.136	.863	3	
4	4	.168	.826	.006	2	
5	5	.824	.165	.010	1	
6	6	.988	.005	.007	1	
7	7	.988	.005	.007	1	
8	8	.871	.112	.017	1	
9	9	.799	.036	.165	1	
10	10	.988	.005	.007	1	
11	11	.591	.216	.193	1	
12	12	.013	.970	.016	2	
13	13	.073	.080	.847	3	
14	14	.769	.059	.172	1	
15	15	.988	.005	.007	1	
16	16	.988	.005	.007	1	

데이터 보기 변수 보기

IBM SPSS Statistics 프로세서 준비 완료 Unicode:ON

[그림 6-6] 개별적인 추정된 계층 할당 확률들(변수들 CPROB1-CPROB3)과 최적의 계층 자격(변수 C)을 포함하는 데이터 computergames_3classes.sav로부터의 발췌

3 모델적합도 사정과 모델 비교들

연구자들은 종종 추출해야 할 계층들의 수에 관하여 확고한 가정을 할 수 있는 견고한 이론을 가지고 있지 못하다. 계층들의 수가 LCA에서 추정되는 모델 모수가 아니라고 전제하면 계층들의 수는 모델 검증과/혹은 모델 비교들을 통해서 간접적으로 결정되어야 한다. 실제 이는 연구자들이 보통 상이한 숫자의 계층들을 가진 LCA모델들을 연속적으로 추정하고(가령, 2개에서 5개 계층 해), 그 다음 이 모델들의 절대적 그리고 상대적 적합도

를 비교한다는 것을 의미한다. 가장 최적의 적합도를 가진 모델이 보통 선택된다.

최적의 적합도 모델의 선정을 위하여 몇 개의 상이한 기준들이 이용된다. 여기서는 Mplus에서 이용 가능한 기준들에 대해서만 논의한다. 우리는 절대적 적합도를 평가하는 지표들(모델적합도가 관측된 데이터와 절대적 기준에서 얼마나 잘 적합한가?)과 상대적 적합도를 평가하는 지표들(모델적합도가 다른 모델들과 비교해서 얼마나 좋은가?) 사이를 구분할 수 있다. LCA에서 모델적합도를 평가하는 지표들에 관한 보다 구체적인 정보는 Collins, Fidler, Wugalter와 Long(1993), Formann(2003), 그리고 Rost (2004)에서 살펴볼 수 있다.

1) 절대적 모델적합도

(1) 우도비(likelihood ratio)와 피어슨 카이제곱 통계치(pearson χ^2 statistics)

절대적 모델적합도(absolute model fit)는 계층 해가 관측된 반응 패턴들을 재생산해 낼 수 있는 정도를 의미한다. Mplus에서 이를 위해 두 개의 다른 검증 통계치인 우도비(LR) 검증과 피어슨 카이제곱 검증이 이용 가능하다. 두 통계치 모두는 관측된 반응 패턴 빈도들과 모델에 의해서 예측된 반응 패턴 빈도들의 비교에 기초하고 있고, LCA 분석을 할 때 초기설정으로 나오는 결과물이다. 최적의 조건들(다음의 논의 참고) 아래에서 두 통계치는 모델이 모집단에서 사실이라는 영가설을 토대로 카이제곱 분포를 따른다. 유의한 값들은 모델과 데이터 사이의 통계적으로 유의미한 차이를 나타낸다. 이 경우에 모델은 관측된 데이터를 완전히 재생산하지 못하게 된다(가령, 너무 적은 수의 계층들이 추출되기 때문이다).

불행히도 LR과 피어슨 통계치들은 상당히 제약적인 조건 아래에서만 카이제곱 분포를 따른다. 구체적으로, 이러한 통계치들로부터 신뢰할 만한

p 값들을 얻기 위해서는 상대적으로 큰 표본 크기와 상대적으로 적은 숫자의 문항들을 필요로 한다(Collins et al., 1993; Langeheine, Pannekoek, & van de Pol, 1996; von Davier, 1997). 하지만 실제로는 상당히 큰 숫자의 문항들을 가지지만 표본 크기가 적은 경우들을 많이 다루어야 해서 LR과 피어슨 통계치들의 점근선의 조건들(asymptotic conditions)은 만족되지 않는다. 이러한 경우들에서는 '데이터의 희박함(data sparseness)' 혹은 '자료구조(sparse tables)'로 증명된다. 데이터의 희박함으로 인해 결과는 LR과 피어슨 통계치들로부터 구해진 p 값들이 신뢰할 수 없다는 것이다(Rost, 2004).

경험적으로 볼 때 만약 같은 모델에 대한 LR과 피어슨 검증 통계치들 사이의 차이가 큰 경우에 p 값들은 신뢰할 수 없다. 만약 그 값들이 매우 다르다면 이는 적어도 두 통계치 중의 하나는 이론적인 카이제곱 분포를 따르지 않는다는 것을 나타낸다. Colliins 등(1993)과 Langeheine 등(1996)은 이러한 경우에 모수적 부트스트랩 방법(parametric bootstrap method)을 사용하기를 제안하였는데, 이는 실제적으로 적용하는 데 타당한 검증 통계치의 실증적 분포를 대략적으로 나타내는 데 사용될 수 있다.

유감스럽게도, Mplus 6.1 버전에서는 모수적 부트스트랩은 상대적 모델적합도 사정(부트스트래핑 LR 차이 검증; 6장 3. 2) '(1) 부트스트랩 LR 차이 검증' 참조)에는 실행될 수 있지만 절대적 적합도 사정에는 사용되지 못한다. 현재로서는 전반적 모델적합도 사정을 위한 모수적 부트스트랩은 Monte Carlo 시뮬레이션 연구를 통하여 Mplus에서 간접적으로만 구해질 수 있다(Muthén & Muthén, 2002; Geiser et al., 2012). 우리 데이터 예에서 관례적인 p 값들을 가진 피어슨 카이제곱과 LR 통계치들은 다음과 같다.

```
MODEL FIT INFORMATION

Chi-Square Test of Model Fit for the Binary and Ordered
Categorical (Ordinal) Outcomes

          Pearson Chi-Square

          Value                            386.883
          Degrees of Freedom                   229
          P-Value                           0.0000

          Likelihood Ratio Chi-Square

          Value                            340.605
          Degrees of Freedom                   229
          P-Value                           0.0000
```

검증 통계치들의 값들은 비교적 유사하고(LR=386.883; Pearson χ^2 = 340.605), 따라서 우리는 두 검증치에 대한 점근적 조건들이 대략적으로 충족되었다고 의심해 볼 수 있다. 결과적으로 여기서 p 값들은 주의를 기울여야 하지만 해석될 수 있다.

앞의 예에서 두 통계치는 유의미한 p 값들을 보여 준다. 따라서 이 통계치들에 기초하여 세 개의 계층 해는 기각되어야 한다. 그러나 LR 혹은 피어슨 카이제곱 값 어떤 것도 자유도(df=229)에 비해서 큰 값이 아니다. 이는 모델의 부적합 정도가 매우 크지는 않다는 것을 나타낸다. 더불어 상대적으로 큰 표본(N=861)이 사용되고 있고, 그로 인해 상대적으로 사소한 잘못된 설정들도 발견될 수 있는 통계적 검증력을 가진다고 할 수 있다. 따라서 모델 비교들과 더불어 추가적인 모델적합도 지표들이 모델의 적합도에 대한 보다 정확한 설명을 위해서 사용되어야 한다.

(2) 잔차 통계치들

잔차 통계치들(tech10 output)은 반응 패턴들이 특별히 피어슨 카이제곱 통계치와 우도비 값에 기여하는 측면에서 모델의 부적합에 미치는 영향을 사정하는 데 유용하다. 잔차 통계치들은 독특하거나 일탈적인 반응 패턴들을 가진 경우인 '이상치들'을 발견하게끔 해 준다. 잔차 통계치들은 각각의 관측된 반응 패턴들이 전반적인 피어슨 카이제곱 값과 우도비에 기여하는 정도를 나타낸다. 더불어 Mplus는 각 패턴별 표준화된 잔차들(z 점수들)을 출력해 준다. 절대 z 점수의 큰 값들은 특별히 모델의 의해서 과소-혹은 과대 추정된 반응 패턴 빈도들을 나타낸다. 잔차 통계치들은 Mplus의 표준적인 출력물은 아니기 때문에 Mplus 입력 파일에서 아래 줄의 코드를 입력함으로써 설정된다.

```
output: tech10;
```

시간 절약을 위하여 tech10 출력물에 대한 추가적인 요청을 가진 모델을 재추정하기 위하여 optseed 기능(〈글상자 6.6〉 참조)을 사용한다. 이러한 목적을 위하여 이전 분석에서 최적의 우도비 값과 연관된 시작점(seed)을 설정하고, Mplus는 500세트의 모든 시작값을 다시 반복할 필요없이 자동적으로 최적의 해를 재생산한다.

```
analysis: optseed = 605358;
```

완전한 입력 파일은 웹사이트에서 살펴볼 수 있다. 우리는 이제 추정된 모델 모수들을 통해서 추가적인 출력물(TECHNICAL 10 OUTPUT)을 얻는다. Mplus는 우선 관측된 반응 패턴들에 대한 자세한 개요를 제공해 준다. 8개의 컴퓨터 게임 문항들에 따른 각각의 관측된 반응 패턴은 Mplus에서

열거된다. 우리의 예에서 전체 163(전체 2^8=256 가능한 것 중의) 반응 패턴들은 실제적으로 관측되었다. 예를 들어, 숫자 1을 가진 패턴(00100001)은 어린이들이 3번째(C3)와 마지막 문항(C8)에 대해서만 두 번째 범주('종종/매우 종종')를 선택하는 패턴을 가리킨다. 패턴 숫자 2(00000000)에서 범주 '종종/매우 종종'은 8개 문항 어디에도 선택되지 않았다는 것을 의미한다.

```
TECHNICAL 10 OUTPUT

    MODEL FIT INFORMATION FOR THE LATENT CLASS INDICATOR MODEL PART

    RESPONSE PATTERNS

    No. Pattern    No. Pattern    No. Pattern    No. Pattern
      1 00100001     2 00000000     3 11000101     4 00001100
      5 00000100     6 00001000     7 00000001     8 00101000
      9 00001110    10 10000001    11 00000010    12 00010000
     13 10011111    14 01001100    15 01001010    16 11101011
     17 11001100    18 01011110    19 00011110    20 00001101
     21 10011100    22 10001100    23 01001111    24 00101100
     25 10111111    26 11100111    27 01000011    28 00010010
     29 10000000    30 00011000    31 10001110    32 10101110
     33 00001010    34 00011111    35 01000110    36 00100101
     37 10010111    38 00011100    39 10010100    40 11011100
     41 00100011    42 01000000    43 00000110    44 00000101
     45 00001001    46 00001111    47 10000110    48 00100000
     49 00010001    50 11111111    51 10111011    52 00100100
     53 01000010    54 11000000    55 10101111    56 11010001
     57 01100010    58 01110000    59 01100000    60 00111111
     61 01011001    62 00110000    63 01110111    64 01001011
     65 01100011    66 00101011    67 01010001    68 11100010
     69 11000111    70 11000001    71 11100001    72 01110011
     73 01100111    74 01101000    75 11000010    76 11111011
```

77	11010111	78	11110011	79	11100011	80	11101111
81	01100001	82	10010010	83	01101111	84	11101001
85	11001000	86	00101001	87	10110010	88	11110001
89	00011010	90	00000011	91	11101010	92	01010011
93	11110111	94	10001011	95	00000111	96	11000011
97	01010010	98	11010011	99	11001001	100	00100111
101	10010011	102	00110010	103	10001010	104	00011011
105	01010100	106	11110010	107	11111000	108	00101110
109	01101011	110	11011110	111	11001011	112	01100110
113	01000100	114	00001011	115	01100101	116	11011011
117	01010000	118	01001110	119	10100011	120	00010100
121	00101111	122	11010010	123	11011001	124	10000010
125	10110111	126	10010000	127	00110011	128	10010110
129	00110001	130	10100000	131	10000011	132	10011000
133	10111101	134	10100010	135	00101101	136	10001111
137	01011000	138	01110010	139	11011000	140	10100001
141	10111010	142	00010110	143	01000001	144	01101001
145	10000100	146	01010111	147	00010111	148	11110110
149	00100010	150	01111010	151	11001111	152	01011011
153	00101010	154	01011111	155	11011111	156	11010000
157	00111011	158	11011010	159	01110101	160	01110001
161	10010001	162	11010101	163	01001000		

이어서 Mplus는 163개의 관측된 반응 패턴들에 대한 관측된 그리고 이에 대응하는 모델-예측 반응 패턴 빈도들(model-implied response pattern frequencies)의 목록을 제공해 준다. 공간을 절약하기 위해서 첫 번째 44 패턴들만 여기서 보여 준다(전체 결과물은 웹사이트에서 확인 가능하다). 예를 들어, 우리 표본에서 첫 번째 패턴(00100001)은 13명의 어린이들에게서 관측되지만, 세-계층 모델 아래에서는 네 명에서 다섯 명의 어린이들에 관해서만 기대된다. 관측된 그리고 모델-예측 패턴 빈도들 사이의 이러한 불일치는 첫 번째 패턴에 대한 상당히 큰 z 점수 4.09를 가져온다. 이는 이

반응 패턴의 관측된 빈도는 '너무 높다'는 것을 보여 주고, 이는 전반적인 모델의 부적합에 유의미한 영향을 미치게 된다.

전체적으로 제일 큰 z 값은 반응 패턴 숫자 40(11011100; z=8.47)인 것으로 관측된다. 분명히 이러한 패턴을 보이는 어린이들은 특별히 세-계층 해에 기초해서는 분류하기가 어렵다. z 통계치들과 더불어 각 패턴이 전체 피어슨 카이제곱 통계치와 우도비 값에 얼마나 기여를 하는지 역시 살펴볼 수 있다. 숫자 1 패턴의 경우, 상당히 큰 기여도를 보여 주는 데 피어슨 카이제곱 통계치의 16.68과 우도비의 28.07 정도를 기여한다. 이 값들은 구조방정식(〈글상자 3.7〉과 비교)에서 수정지표들과 유사한 해석을 하면 된다. 가령 예를 들어 패턴 번호 1이 관측되지 않는다면 전체적인 피어슨 카이제곱 값은 16.68 정도 감소하게 된다. 잔차 통계치들은 이상치들(가령, '척도화되지 않는' 사례들)에 관한 가치 있는 정보와 데이터에서 다른 독특한 특징들에 관한 정보를 제공해 줄 수 있다. 하지만 이러한 통계치들이 순전히 데이터에 기반한 방식으로 '불편한' 반응 패턴들을 가진 사례들을 배제하는 데 사용되어서는 안 된다.

```
RESPONSE PATTERN FREQUENCIES AND CHI-SQUARE CONTRIBUTIONS

 Response       Frequency    Standardized Chi-square Contribution
  Pattern   Observed Estimated Residual  Pearson Loglikelihood
                                (z-score)
     1        13.00      4.42      4.09    16.68     28.07
     2       261.00    255.07      0.44     0.14     12.00
     3         1.00      0.78      0.25     0.06      0.51
     4        27.00     18.73      1.93     3.65     19.75
     5        32.00     35.06     -0.53     0.27     -5.84
     6        29.00     31.54     -0.46     0.20     -4.87
     7        14.00     18.34     -1.02     1.03     -7.56
     8         5.00      3.05      1.12     1.24      4.93
```

9	11.00	13.22	-0.62	0.37	-4.04
10	2.00	2.05	-0.03	0.00	-0.10
11	19.00	18.53	0.11	0.01	0.96
12	3.00	3.94	-0.48	0.23	-1.64
13	1.00	0.50	0.71	0.50	1.39
14	1.00	2.52	-0.96	0.91	-1.85
15	3.00	2.26	0.49	0.24	1.70
16	1.00	2.05	-0.73	0.54	-1.43
17	4.00	0.68	4.03	16.22	14.18
18	2.00	0.67	1.63	2.65	4.38
19	2.00	3.03	-0.59	0.35	-1.66
20	9.00	8.18	0.29	0.08	1.71
21	2.00	0.90	1.15	1.33	3.18
22	2.00	3.92	-0.97	0.94	-2.69
23	4.00	1.64	1.85	3.40	7.14
24	5.00	3.23	0.99	0.97	4.37
25	1.00	0.22	1.67	2.77	3.03
26	2.00	1.40	0.51	0.26	1.43
27	9.00	10.32	-0.41	0.17	-2.47
28	5.00	2.40	1.68	2.83	7.35
29	4.00	3.88	0.06	0.00	0.24
30	1.00	1.41	-0.35	0.12	-0.69
31	4.00	3.30	0.39	0.15	1.55
32	2.00	0.73	1.49	2.21	4.03
33	4.00	5.48	-0.63	0.40	-2.52
34	3.00	1.70	1.00	1.00	3.41
35	2.00	1.96	0.03	0.00	0.09
36	4.00	1.37	2.25	5.04	8.57
37	2.00	0.57	1.89	3.55	5.00
38	1.00	3.59	-1.37	1.87	-2.56
39	1.00	0.46	0.80	0.64	1.56
40	4.00	0.20	8.47	71.73	23.92
41	8.00	6.40	0.64	0.40	3.57
42	7.00	6.57	0.17	0.03	0.89

```
43        9.00      7.12      0.71      0.49      4.21
44        8.00      5.25      1.20      1.44      6.74
...       ...       ...       ...       ...       ...
```

잔차통계치 표의 마지막에 Mplus는 실제 데이터에는 관측되지 않았던 모델 예측 반응 패턴들로부터 나온 전반적인 피어슨 카이제곱 값에 대한 전반적인 기여도를 제공해 준다(소위 '빈 셀들').

```
THE TOTAL PEARSON CHI-SQUARE CONTRIBUTION FROM EMPTY CELLS IS 77.39
```

더불어 tech10은 LCA에서 모델적합도를 검증하는 데 유용할 수 있는 일변량 그리고 이변량모델적합도 정보(여기서는 보이지 않음)를 포함한다.

2) 상대적 모델적합도

피어슨 카이제곱과 LR 통계치를 사용한 절대적 모델적합도를 평가하는 것은 통계를 위한 점근성 조건을 빈번하게 위배함으로 인해 복잡해진다(6장 3. 1) '(1) 우도비와 피어슨 카이제곱 통계치' 비교). 이러한 이유로 연구자들은 종종 LCA모델적합도를 경쟁모델과의 비교를 통한 상대적 적합도 측면에서 평가한다(종종 표적모델보다 많거나 혹은 적은 계층들을 가진 모델들). Mplus는 상이한 숫자의 계층들을 가진 모델들의 적합도를 직접적으로 비교하는 데 사용할 수 있는 두 개의 상이한 통계 검증인 부트스트랩 LR 차이검증(tech14)과 Vuong-Lo-Mendell-Rubin 검증(tech11)을 제공한다. 더불어 다른 통계적 모델들과 유사하게 LCA모델들은 추가적인 정보기준(Mplus에서: *AIC*, *BIC*, 그리고 sample-size- adjusted *BIC*)을 사용하여 비교할 수 있다.

(1) 부트스트랩 LR 차이 검증

부트스트랩 LR 차이 검증(tech14 Output)을 사용하여 우리는 G 잠재계층들을 가진 모델과 $G-1$ 계층을 가진 모델을 비교할 수 있다. 여기서 G와 $G-1$ 계층 모델 사이의 LR 값들에서의 차이가 계산된다. 모수적 부트스트랩 과정을 사용(예를 들어, Langeheine et al., 1996; von Davier, 1997)하여 LR 차이에 대한 대략적인 p 값들이 G와 $G-1$ 모델 모두를 각각의 부트스트랩 표본에 적합시키고, 각 부트스트랩 표본에 대한 LR 차이값들을 계산함으로써 추정된다. 이 과정은 $G-1$ 계층 모델이 진실한 모델(true model)이라는 영가설 아래서 LR 차이값들의 실증적인 배분을 나타낸다. 유의미한 p 값은 G 계층들을 가진 모델이 한 계층이 적은 간명한 모델에 비하여 데이터에 더 잘 부합한다는 것을 나타낸다. 비유의적인 p 값에서는 한 계층이 적은 보다 간명한 모델이 선호된다.

우리의 예에서는 우선 두-계층 해(two-class solution)와 세-계층 모델(three-class model)을 비교검증한다. 부트스트랩 LR 차이 검증은 Mplus에서 [그림 6-1]에 세-계층 모델을 위한 입력 파일에 다음의 명령어를 추가하여 이루어진다.

```
output: tech14;
```

이상적인 부트스트랩 표본들(가령, 500)을 선택하기 위하여 추가적으로 다음을 설정한다.

```
analysis: lrtbootstrap = 500;
```

500개의 부트스트랩 표본들은 LR 차이 검증을 위한 대략적인 p 값을 상당히 정확하게 추정하기에 충분한다. 각 모수적 부트스트랩 표본의 분석을 하는 과정에서 어떠한 국부 최대값도 생기지 않는다는 것을 보장하기 위하여 G와 $G-1$ 계층 모델 모두의 추정을 위한 임의 시작값들의 숫자를 첫 번째에 50 그리고 두 번째 단계에 20으로 증가한다.

analysis: lrtstarts = 50 20 50 20;

보다 복잡한 모델들에서는 부트스트랩 분석에 사용되는 임의 시작점들의 숫자들을 (비록 이것이 요구된 계산 시간의 상당한 증가를 가져옴에도 불구하고) 보다 증가시킬 것을 강하게 추천한다. Mplus 초기설정(lrtstarts = 0 0 20 5)은 국부 최대값의 문제로 타당한 부트스트랩 결과들을 구하는 데 종종 충분하지 않다(〈글상자 6.4〉와 비교). 우리는 Mplus에서 다음과 같은 추가적인 출력물을 얻을 수 있다.

```
TECHNICAL 14 OUTPUT

Random Starts Specifications for the k-1 Class Analysis Model
        Number of initial stage random starts            10
        Number of final stage optimizations               2

Random Starts Specification for the k-1 Class Model for Generated Data
        Number of initial stage random starts            50
        Number of final stage optimizations              20
Random Starts Specification for the k Class Model for Generated Data
        Number of initial stage random starts            50
        Number of final stage optimizations              20
     Number of bootstrap draws requested                500

PARAMETRIC BOOTSTRAPPED LIKELIHOOD RATIO TEST FOR 2 (H0) VERSUS 3 CLASSES

        H0 Loglikelihood Value                     -3522.517
        2 Times the Loglikelihood Difference         117.407
        Difference in the Number of Parameters             9
```

```
Approximate P-Value                                0.0000
Successful Bootstrap Draws                            500
```

G-1 모델에 대한 우도비 값(여기서는 세-계층 모델에 대응하여 검증한 두-계층 모델)은 -3522.517(이는 H0 우도비 값에서 확인됨)이다. G-1 모델에 대한 우도비 값을 보다 큰 숫자의 시작값들을 사용한 이전의 G-1 모델과 비교하는 것이 중요한데, 이는 부트스트랩 과정에서 추정된 모델이 국부 최대값을 대변하지 않는다는 것을 확실히 살펴보기 위함이다. 두-계층 모델에 대한 분리된 분석의 출력물은 여기서 제시되지 않지만 회사 사이트에서는 볼 수 있다. 500세트의 시작값들을 가진 두-계층 해에 대한 분리된 추정은 동일한 전체적인 우도비 값을 보여 주는 것으로 나타났고, 이는 현재의 부트스트랩 결과들을 신뢰할 수 있음을 나타낸다.

Mplus는 두 모델들 사이의 LR 값들에서 차이와 동일한 LR 차이값 역시 보고한다. 두-계층 모델에서 LR 값은 458.012이다(웹사이트의 출력물 참조). 세-계층 모델에서 LR 값은 340.605이다(6장 3. 1) '1) 우도비와 피어슨 카이자승 통계치' 참조). 따라서 LR 차이는 117.407이다. 두-계층 모델에 비하여 세-계층 모델에서 9개의 추가적인 모수들이 추정된다(하나의 추가적인 계층 크기 모수와 8개의 추가적인 조건부 반응 확률들). LR 차이값 117.407은 부트스트랩 p 값에 따르면 .0001보다 작아 유효하다(대략적인 p 값). 따라서 이 기준에 의하면 세-계층 모델은 두-계층 모델에 비하여 유의미하게 나은 적합도를 보여 준다.

세 개 대 네 계층들의 비교에서 우리는 추가적으로 tech14 출력물을 포함한 네-계층 해를 추정하여야 한다(자세한 입력 설정은 웹사이트를 참조). 다음과 같은 결과(오직 최적의 출력물만 제시됨)를 볼 수 있다.

```
PARAMETRIC BOOTSTRAPPED LIKELIHOOD RATIO TEST FOR 3 (H0) VERSUS 4 CLASSES

          H0 Loglikelihood Value                        -3463.814
          2 Times the Loglikelihood Difference             54.239
          Difference in the Number of Parameters                9
          Approximate P-Value                              0.0000
          Successful Bootstrap Draws                          500
```

세-계층 모델에 대한 우도비 값(-3463.814)은 정확히 반복되고, 따라서 부트스트랩 결과를 신뢰할 수 있다. 세-그리고 네-계층 해 사이의 LR 값들에서 차이는 역시 유의미하다. LR△=54.239, $df=9$, $p<.0001$. 이 기준에 의하면 세-계층 해보다는 네-계층 모델이 더 선호된다. 하지만 유지해야 할 계층들의 수에 대한 결정은 단순히 통계적인 것에만 의존해서는 안 되고, 해의 실질적인 기준과 해석에 기반하여야 한다. 우리의 예에서는 네-계층 해보다는 세-계층 해가 해석하기가 좀 더 용이한 것으로 나타났다(6장 3. '3) 해석능력' 참조).

(2) Vuong-Lo-Mendell-Rubin 검증

Vuong-Lo-Mendell-Rubin(VLMR; tech11 Output) 검증(Lo, Mendell, & Rubin, 2001)은 LR 차이 검증과 유사한 원칙을 기반으로 한다. 유의미한 VLMR 검증값은 추정된 모델이 한 계층이 적은 모델에 비해 유의미하게 더 나은 적합도를 가진다는 것을 보여 준다. VLMR 검증의 두 가지 버전은 Mplus에서 명령어 `output: tech11;`를 통하여 구할 수 있다. 우리의 예에서 VLMR 검증은 두 개 대 세 잠재계층들에 대한 다음의 결과를 제공해 준다.

```
TECHNICAL 11 OUTPUT

Random Starts Specifications for the k-1 Class Analysis Model
        Number of initial stage random starts                    10
        Number of final stage optimizations                       2

VUONG-LO-MENDELL-RUBIN LIKELIHOOD RATIO TEST FOR 2 (H0) VERSUS 3 CLASSES

        H0 Loglikelihood Value                            -3522.517
        2 Times the Loglikelihood Difference                117.407
        Difference in the Number of Parameters                    9
        Mean                                                 19.334
        Standard Deviation                                   20.559
        P-Value                                              0.0035

LO-MENDELL-RUBIN ADJUSTED LRT TEST
        Value                                               115.508
        P-Value                                              0.0038
```

여기서도 HO Loglikelihood Value 아래에 있는 우도비 값을 충분한 수의 시작값들을 가진 분리된 분석을 통해서 $G-1$ 계층 모델에서 구해진 우도비값과 비교하여 확인하는 것이 중요하다(여기서 값은 예상대로 동일하다). 이 경우에 부트스트랩 LR 차이 검증과 마찬가지로 VLMR 검증은 두 계층 모델에 비하여 세 계층 모델을 선호하는 것으로 나타났다(VLMR 검증에 대한 p =.0035와 수정된 버전에 대한 p =.0038). 반대로, 세 개 대 네 계층의 비교(tech11을 가진 네 계층 모델에 대한 확장된 입력 파일을 사용; 웹사이트 참조)는 부트스트랩 LR 차이 검증과는 다른 결과를 보여 준다.

```
TECHNICAL 11 OUTPUT

VUONG-LO-MENDELL-RUBIN LIKELIHOOD RATIO TEST FOR 3 (H0) VERSUS 4 CLASSES

          H0 Loglikelihood Value                          -3463.814
          2 Times the Loglikelihood Difference               54.239
          Difference in the Number of Parameters                  9
          Mean                                               18.229
          Standard Deviation                                 28.354
          P-Value                                            0.0896

LO-MENDELL-RUBIN ADJUSTED LRT TEST

          Value                                              53.362
          P-Value                                            0.0925
```

VLMR 검증과 그것의 수정된 버전과 관련된 p 값들은 비유의적이다(각각 p=.0896과 p=.0925). 이러한 검증들에 따르면 네-계층 모델이 보다 간명한 세-계층 해에 비하여 적합도가 유의미하게 더 나아지지 않는다는 것을 의미한다(반대로, 부트스트랩 LR 검증은 세-계층 모델에 비하여 네-계층 모델이 유의미하게 더 좋은 적합도를 보여 주었다).

Nylund, Asparouhov 그리고 Muthén(2007)의 시뮬레이션 연구의 결과는 일반적으로 부트스트랩 LR 검증이 VLMR 검증보다 계층의 수에 대한 정확한 지표라는 것을 나타낸다. 따라서 부트스트랩 LR 검증이 실제 적용에 있어서는 더 선호되어야 한다.

(3) 정보기준

정보기준(Information Criteria: IC)은 모델 비교를 위한 기술적 지표들이다. 이들은 데이터에 대한 모델의 적합도와 모델 간명도를 모두 고려한다(추정된 모수들의 수 포함). 보다 많은 계층을 가진 모델들은 보다 적은 계층을 가진 모델들에 비해 데이터에 더 잘 적합한다. 반면에 계층이 하나씩 추가되면서 추정되어야 할 모델 모수들의 수는 증가한다(그리고 간명도는 감소한다). IC 측면에서 가장 최선의 모델은 적합도도 좋고 가능한 한 적은 수의 모수들을 사용하는 것이다. 연속적인 모델들에서 가장 작은 *AIC*, *BIC*, 혹은 표본 크기가 조정된 *BIC*(*aBIC*)를 가진 모델이 선호된다. 우리의 예에서 Mplus 초기 출력물에서 세-계층 모델에 대한 다음의 IC 값들을 얻을 수 있다.

```
MODEL FIT INFORMATION

Information Criteria

          Number of Free Parameters                 26
          Akaike (AIC)                        6979.628
          Bayesian (BIC)                      7103.338
          Sample-Size Adjusted BIC            7020.769
            (n* = (n + 2) / 24)
```

이 값들은 절대적 관점에서는 의미가 없다. 하지만 다른 모델들에서 계산된 IC 값들과는 비교될 수 있다. 예를 들어, 우리는 이것들을 둘-혹은 네-계층 해들을 가진 IC 값들과 비교할 수 있다. 세 가지 해 모두에 대한 IC 값들은 〈표 6-1〉에서 볼 수 있다. *BIC* 지표는 세 계층에서 가장 작은 반면에 *AIC*와 *aBIC*는 네(혹은 그 이상) 계층들을 더 선호하는 것으로 나타났다. 시뮬레이션 연구에 기반하여 Nylund 등(2007)은 LCA에서 계층들의 수를 정하기 위해 *BIC* 지표를 추천한다.

3) 해석능력

LCA에서 모델적합도 평가와 모델 비교들의 경우, 단지 통계적 기준만이 중요한 역할을 하는 것은 아니다. 해의 해석 역시 동등하게 중요하다(Collins & Lanza, 2010). 이 점은 이 장에서 논의된 데이터 표본을 사용하여 설명할 수 있다. 비록 부트스트랩 LR 검증이 네-계층 해가 세-계층 해 접근에 비해서 보다 나은 적합도를 보여 준다 할지라도, 네-계층 해에서의 잠재계층이력들에 대한 구체적인 조사는 네-계층 해에서 계층들 중의 하나는 해석하기 어렵다는 것을 나타낼 것이고, 이는 이 계층이 컴퓨터 게임 문항들에 대해서 기본적으로 중간-크기의 조건부 반응 확률들을 보여 주기 때문이다. 따라서 이 계층을 어떻게 해석할지가 분명하지 않다.

〈표 6-1〉 컴퓨터 게임 예에서 상이한 계층 해들을 위한 IC

Model	AIC	BIC	aBIC
두 계층(two classes)	7079.035	7159.923	7105.935
세 계층(three classes)	6979.628	**7103.338**	7020.769
네 계층(four classes)	**6943.389**	7109.922	**6998.771**

주: AIC, Akaike의 정보기준; BIC, Bayesian 정보기준; aBIC, 표본-크기가 조정된 BIC. 가장 작은 값은 굵은 글씨체로 표기됨.

일반적으로 쉽게 해석되는 계층 해는 전형적으로 조건부 반응 확률들의 대다수가 1 혹은 0에 가깝게 나타나는 반면에, 중간-크기의 조건부 반응 확률들은 발생하지 않는다. 많은 문항에 있어서 중간-크기의 조건부 반응 확률들을 보여 주는 계층들은 종종 해석되기 어려운데, 그 이유는 이 계층에 속한 개인들이 문항에서 높은 범주에 답할 '50 대 50'의 확률을 가질 수 있기 때문이다. 예외는 답변이 옳다 혹은 틀리다와 같은 이분형 검증 문항들이다. 이러한 문항들에 대해서 .5의 확률은 정답을 추측할 확률과 일치된다. 따라서 몇몇 혹은 전체 문항들에 대해서 .5 주변의 조건부 반응 확률들을 가진 계층들은 특정 상황들에서 추측 전략을 사용하는 개인들의 집단으로서 의미 있게 해석될 수 있다.

현재의 예에서 네-계층 해에 대응하는 또 다른 논쟁은 이 해 접근법이 경계선의 추정치를 포함한다는 것이다(하나의 조건부 반응 확률이 정확하게 0으로 추정된다). 따라서 세-계층 해는 데이터를 보다 합리적으로 대변하는 것으로 나타나는데, 이는 해석이 더 용의하기 때문이다(그리고 보다 간명하다). 〈글상자 6.7〉은 LCA에서 모델적합도를 평가하기 위해 가장 중요한 기준을 정리하였다.

글상자 6.7. LCA에서 모델적합도를 평가하기 위한 가장 중요한 기준들의 개요

- 절대적 적합도 평가를 위한 유의도 검증. LR과 피어슨 카이제곱 통계치들은 Mplus에서 초기설정으로 보고된다. 이러한 통계치들과 관련된 실제적인 문제들은 그것들이 오직 문항들의 수가 적고 표본의 크기가 큰 경우에만 이론적인 카이제곱 분포를 따른다는 것이다. 모수적 부트스트랩은 데이터가 희박할 때 실제적인 p 값들을 제공하는 실증적 검증 분포를 만들어 내는 데 사용될 수 있다(Mplus에서 Monte Carlo 시뮬레이션 연구를 통해서 간접적으로 이용 가능함).
- 모델 잔차들의 분석. 모델 잔차들(output: tech10;)은 연구자가 왜 모델이 전반적으로 나쁜 적합도를 보이는지를 파악하는 것을 도와줄 수 있다. 구체적으로, 연구자는 잔차들을 어떠한 조건부 패턴들이 전반적 부적합도에 가장 크게 기여하는지를 발견하는 데 사용할 수 있다. 이것은 가령 이상치들 혹은 독특한 반응 패턴들을 가진 개인들을 발견하는 데 도움을 줄 수 있다.
- 통계적 모델 비교들. 정보기준(Information criteria: IC; 가령, *AIC*, *BIC*, *aBIC*)은 기술적인 모델 비교들을 위해서 사용될 수 있다. 가장 작은 IC 값을 가진 모델이 선택된다. *BIC*는 계층들의 수를 결정하는 데 잘 활용된다. 통계적 검증들(VLMR 검증 → tech11 출력물 그리고 부트스트랩 LR 검증 → tech14 출력물) 역시 Mplus에서 이용 가능하다. 부트스트랩 LR 검증은 특별히 추천된다.

- 평균 계층 할당 확률들. 좋은 계층 해를 찾기 위하여 평균 계층 할당 확률들은 .8과 동일하거나 혹은 더 커야 한다.
- 엔트로피. LCA모델에서 분류의 질을 위한 요약된 측정지표이다. 1에 가까운 값들은 좋은 분류 정확성을 나타내는 반면에, 0에 가까운 값들은 정확성의 부족을 나타낸다. 엔트로피 지표는 Mplus 초기 출력물의 한 부분이다.
- 계층들의 수. 간명한 해는 되도록 작은 계층들을 사용한다. 하나 혹은 보다 적은 계층들을 가진 해들의 경우 그리고 그것이 실질적 중요성을 가진다면 우리는 보다 적은 계층들을 가진 모델을 선택하는 것을 고려해 볼 수 있다.
- 경계선의 모수추정치들의 수. 만약 많은 조건부 반응 확률들이 정확히 0 혹은 1로 추정된다면 이는 너무 많은 계층, 국부 최대값, 식별문제 혹은 그렇지 않다면 신뢰할 수 없는 해를 추출했다는 신호일 수 있다. Mplus는 만약 경계선의 모수들이 분석에서 나타날 경우에 출력물에 경고메시지를 제공한다.
- 해석. 각각의 잠재계층은 명확하게 해석되어야 한다. 일반적으로 해석은 모든 문항이 계층 내에서 높거나 혹은 낮은 조건부 반응 확률들을 가지는 경우가 가장 쉽다. 해석이 가능하고 이론적으로 의미 있는 해들은 해석될 수 없는 해들보다 더 선호되어야 한다.
- 해의 반복/안정성. 만약 탐색적인 LCA 해가 원래의 표본과는 다른 특성을 가진 표본들의 새로운 데이터에서 반복될 수 있다면 그 결과는 타당성과 일반화 가능성 측면에서 긍정적인 신호이다(가령, 상이한 연령 집단 혹은 국적).

[부록 1] Mplus 주요 명령어

명령어	의미/설명	부연 설명	장(chapter)/절(section)
title:	분석의 제목	필수 명령어 아님	2
data: file = <name_of_data_file.dat>;	분석될 데이터를 포함한 파일의 이름과 위치의 설정	만약 해당 데이터가 입력 파일과 동일한 디렉토리에 저장된 경우 완전한 경로를 설정할 필요는 없음	2
data: listwise = on;	결측치의 목록별 삭제	Mplus 버전 5의 초기설정으로 결측치에 대한 FIML 추정이 사용됨	2
data: type = <type of summary data>;	분석될 요약 데이터 종류의 설정	예 1(평균들, 표준편차들, 그리고 상관 행렬): data: type = means std corr;	2
data: nobservations = <sample size>;	표본 크기의 설정(요약된 데이터가 분석에서 사용될 때 필수임)	개별 데이터가 분석될 때에는 필수가 아님; 이 책에서 nobobservations 대신에 축약어인 nobs가 사용됨	2
variable: names = <list of all variable names>;	변수 이름들의 설정	변수 이름들은 8글자 이상이 될 수 없음	2
variable: categorical = <list of ordered categorical variables to be used in the analysis>;	분석에서 서열화된 범주형(서열) 혹은 이분형 변수의 설정		6

variable: nominal = <list of nominal variables to be used in the analysis>;	서열화되지 않은 범주형 변수들의 설정(명목)		6
variable: usevariables = <list of all variables used in the statistical model>;	통계적 모델에서 사용되는 모든 변수의 설정	통계모델에서 모든 변수가 다 사용되면 필수적으로 필요 없음; 책에서 축약어인 usevar이 사용됨	2
variable: missing = <variable name (missing value code)>;	결측치 코드의 설정	missing = all(결측치-코드); 모든 변수에 대해서 같은 결측치 코드로 정의함	2
variable: cluster = <cluster variable>;	군집 자격을 나타내는 변수의 정의	다층모델기법을 사용하여 내포된 데이터(가령, 학교 학급들 안에 내포된 어린이)를 분석할 시 필수적으로 사용됨	5
variable: within = <name of the level-1 variable(s) in the analysis>;	다층분석에서 수준 1에서만 사용된 변수의 정의		5
variable: between = <name of the level-2 variable(s) in the analysis>;	다층분석에서 수준 2에서만 사용된 변수의 정의		5

variable: centering = grandmean × (<variable name>);	전체 평균 변수의 중심화		3; 5
variable: centering = groupmean × (<variable name>);	군집평균 변수의 중심화 (집단 평균 중심화)		5
variable: classes = <name of the latent class variable> (<number of latent classes>);	잠재계층 변수의 이름과 추출된 계층의 수의 설정	잠재계층 분석과 다른 유형의 혼합 분배 분석들에서 사용됨	6
variable: auxiliary = <name of the auxiliary variable>;	보조변수의 설정 (가령, 대상자 ID 변수)	실제 분석에 사용되지 않는 추가적인 변수를 Mplus에서 생성된 외부 파일에 저장하는 데 사용될 수 있음	6
analysis: type = basic;	기본 분석	데이터를 검토하는 데 사용됨; 오직 기술 통계치만 제공함	2
analysis: type = general;	관례적인 회귀, 경로, 그리고 구조방정식 분석들을 위해 사용되는 분석의 유형	Mplus에서 초기설정 유형의 분석	3; 4
analysis: type = twolevel;	이수준 분석	이수준을 가진 다층분석을 실행하기 위한 군집변수의 설정과 연결해서 사용됨	5
analysis: type = twolevel random;	임의(random) 기울기들을 가진 이수준 분석	임의 기울기들을 가진 다층분석들에서 사용됨	5.5

analysis: type = mixture;	혼합분배분석(mixture distribution analysis)	variable: classes = 〈잠재계층변수의 이름〉(〈잠재계층의 수〉)와 연계된 잠재계층분석 혹은 다른 유형의 혼합분배분석을 설정하는 데 사용됨	6
analysis: estimator = <type of estimator>;	분석에 사용되는 추정 방식의 설정(가령, 최대우도 추정을 위한 ml)	초기설정이 아닌 다른 추정 방식을 선택하는 데 사용될 수 있음	여러 장들
model:	모델의 설정		3-6
model: y on x;	변수 y에서 변수 x로의 회귀		3-5
model: y with x;	변수 y와 x의 공분산/상관관계		3; 4
model: f by y;	잠재요인 f에 대한 지표 y의 요인부하량	by 다음에 나오는 첫 번째 지표의 요인부하량은 식별을 위해 1로 초기설정됨; 예를 들어, f에 대한 y의 부하량은 1로 고정됨	3
<parameter>*	고정 모수를 자유롭게 설정	예: f by y*; 이 명령어는 f에 대한 y의 부하량을 자유롭게 설정함	3
<parameter>* <starting value>	사용자가 정의한 모수에 대한 시작값을 할당	더불어 고정 모수를 자유롭게 설정(그리고 동시에 시작값을 부여)	3
<parameter>@ <number>	모수를 특정한 값으로 고정	예: f by y1*1 y2@1; 이 명령어는 f에 대한 y1의 부하량은 자유롭게 하고 (그리고 이 부하량에 대한 시작값으로 1 부여) 같은 요인에 대한 y2의 부하량을 1로 고정함	3

<parameter>(label)	모수에 대한 표시	표시는 숫자 혹은 글자가 될 수 있음; 이 명령어는 모수들을 또 다른 모수들과 동일하게 설정하는 데 종종 사용되거나 혹은 소위 **모델 제약 명령어**에서 모델을 가리킬 때 사용됨	4
	성장요인 혹은 임의 기울기들의 설정	성장곡선모델과 임의 기울기들을 가지는 다층모델에서 사용됨	4.5; 5.5
model: %within% <model specification>	이수준 분석에서 수준-1 부분의 설정		5
model: %between% <model specification>	이수준 분석에서 수준-2 부분의 설정		5
<name of the random slope> | y on x;	다층모델에서 x에 대한 y의 회귀식에서 임의 기울기의 설정	임의 기울기들을 가지는 다층모델에서 사용됨	5.5
model indirect:	경로모델에서 직접, 간접, 그리고 총 효과들의 요약을 요청	특별히 통계적 매개분석에서 적절함(간접 효과들을 가진 경로분석)	3.5
model indirect: y ind x;	x에서 y로의 모든 간접 효과의 출력물		3.5
output:	초기설정에서 제공되지 않는 추가적인 출력물에 대한 요청		여러 장들
output: sampstat;	기술 통계치		여러 장들

output: patterns;	관측된 결측데이터 패턴들과 결측데이터 패턴 빈도들(FIML 추정이 사용되는 경우)	data: listwise = on;에서는 사용되지 못함	2
output: standardized;	모든 표준화 해		여러 장들
output: stdyx;	오직 완전한 표준화 해		여러 장들
output: cinterval;	모든 모수추정치에 대한 신뢰구간들		3.5
output: residual;	모델-예측 공분산과 평균 구조와 잔차 통계치		
output: modindices;	모델 수정 지표들		
plot:	도표의 출력		4.5; 6
savedata: file = <name of the new data set>;	새로운 혹은 수정된 데이터/외부 파일들을 저장		6
savedata: save = <information to be saved>;	정보를 외부 파일에 저장하기 위한 설정	예를 들어, 잠재계층분석에서 개별적 학급 할당확률들을 새로운 변수로 저장하는 데 사용될 수 있음	6

[부록 2] Mplus 입력 파일에서의 주요 실수들과 해결책

문제	가능한 원인	잠재적 해결방법
출력물에 오류 메시지; 어떤 모델도 계산되지 않음	데이터가 Mplus에서 발견되지 않음	데이터의 이름과 위치가 정확하게 설정되었는지 검토
	데이터가 Mplus에 의해서 정확하게 읽혀지지 않음	변수들의 수와 순서가 정확하게 설정되었는지 검토
	입력줄이 80 혹은 90 글자를 초과	너무 긴 입력줄들을 짧은 줄들로 나누어 사용
	입력 파일에서 하나 혹은 그 이상의 세미콜론(;)이 생략된 경우	각 명령어의 끝에 세미콜론(;)을 삽입
	usevar 명령어의 부적절한 설정(가령, 너무 많은 혹은 너무 적은 변수들이 usevar 아래에 나열됨) 혹은 usevar 명령어가 입력 파일에 설정되지 않은 경우	usevar 명령어가 정확하게 설정되었는지 검토
	변수 이름들이 부정확하게 기록된 경우(usevar 혹은 모델 명령어에서)	모델 명령어가 정확하게 설정되었는지 검토
부정확한 혹은 타당하지 않은 기술 통계치들/모델결과들; 추정 혹은 수렴 문제들 등	결측값들이 적절히 입력되지 않거나 혹은 결측값 코드가 부정확하게 설정된 경우	적절히 결측값을 입력하고 변수 명령어에서 하위명령어 missing =.를 사용하여 결측값 코드를 설정함

*역자 주: SPSS에서 원자료를 탭으로 구분된 형태의 파일로 저장하여 이 파일을 Mplus에서 자료분석을 위해 사용하는데, 종종 이 파일을 사용하여 Mplus을 통해 분석을 실행하였을 때 분석이 실행이 안되고 오류메시지가 나타난다. 부록2에서 제시되고 있는 문제해결 방법 외 가능한 하나의 해결 방법 중 하나는(특히, 출력물 파일에서 'Invalid symbol in data file'이라는 오류메시지가 나타났을 때) Mplus에서 사용한 데이터 파일을 Mplus를 통해 열어보고 데이터를 확인해보는 것이다. 데이터를 확인할 때, 데이터의 첫 번째 줄 첫 번째 열에 하나의 한자와 물음표가 위치해 있는 경우가 있는데, 이 한자와 물음표를 지우고 첫 번째 줄 첫 번째 열의 변수값을 확인하고, 칼럼의 줄을 맞춘 후 저장하여 다시 실행하면 오류가 해결될 수 있다.

	Mplus에서 부정확한 데이터의 처리 과정	데이터의 검토; 만약 필요하다면 SPSS로부터 새로운 데이터를 저장함; Mplus에서 데이터의 적절한 과정을 검토하기 위한 기본 분석의 실행
	데이터에서 변수들의 순서 혹은 숫자가 variable: names로 설정된 것과 다른 경우	variable 명령어에 변수들의 수와 정확한 순서를 검토
출력물에 다음의 오류 메시지가 뜨는 경우: At least one variable is uncorrelated with all other variables in the model. Check that this is what is intended.	usevar 명령어가 설정되지 않음(이 경우에 Mplus는 모든 변수가 모델에서 사용된다는 것을 전제한다).	데이터에 있는 모든 변수가 모델에서 사용되어야 하는 경우가 아니면 usevar 명령어를 추가
	usevar 명령어가 부정확하게 설정됨(모델에서 실제 사용된 것보다 더 많은 변수가 나열된 경우)	분석에서 실제로 사용되는 변수들만 usevar 아래에 나열
데이터가 Mplus에 의해 읽혀지지 않거나 혹은 부정확하게 읽히는 경우; 이러한 이유로 결과물이 안나오거나 혹은 부정확한/타당하지 않은 결과들이 나옴	데이터에서 소수점 표시에 점 대신에 쉼표가 포함된 경우	소수점이 점으로 표시되었는지 검토
	데이터가 Mplus에서 인식될 수 없는 글자를 포함하는 경우	데이터를 Mplus에 저장하기 이전에 글자 변수들을 피하거나 혹은 그들을 숫자 변수들로 전환시킴

	결측값들이 결측값 코드로 입력되지 않는 경우	결측값 코드를 모든 결측값에 할당. 숫자로 된 결측값 코드(가령, −99)가 가장 잘 작동함. SPSS에서 RECODE 명령어를 사용하여 쉽게 할 수 있음
	변수 이름들이 데이터에서 나타남	변수 이름을 데이터 파일에서 삭제 혹은 데이터 파일에서 변수 이름들을 파일에 추가하지 않고 저장
	데이터가 탭으로 구분된(tab-delimited) 형태로 저장되지 않고 고정된 ASCII 형태로 저장	데이터를 탭으로 구분된 형태로 저장
	데이터가 입력 파일과 같은 디렉토리에 위치하지 않거나 혹은 데이터 아래 부정확한 경로로 설정되었기 때문에 발견되지 않는 경우	데이터가 설정된 디렉토리에 잘 위치하고 있는지 검토
	`variable: names=` 명령어에 표시된 변수들의 순서와 숫자가 실제 데이터 상에 있는 변수들의 순서/숫자와 일치하지 않는 경우	names 명령어에 나열된 변수들의 순서와 숫자가 정확한지 검토
	하나 혹은 그 이상의 입력줄들이 80 혹은 90 글자를 초과하는 경우	리턴 키를 사용하여 너무 긴 입력줄을 분리할 것
Mplus가 모든 입력 명령어가 정확하고 데이터도 정확하게 처리됨에도 불구하고 모델을 추정하지 못하는 경우	`analysis: type = basic;`이 설정된 경우. 기본 옵션에서 실제적인 모델 모수치들이 Mplus에 의해서 추정되지 않는 경우	`type = basic;`을 `type = general;`로 대체할 것; 혹은 또 다른 적절한 유형의 분석으로 대체할 것

[부록 3] 더 읽을거리

A .pdf version of the *Mplus User's Guide* can be downloaded for free from the Mplus homepage *(http://www.statmodel.com)*.

Muthén, L. K., & Muthén, B. O. (1998–2007). *Mplus user's guide, fifth edition.* Los Angeles: Muthén & Muthén. *http://www.statmodel.com/ugexcerpts.shtml.*

The following book by Barbara Byrne introduces basic and advanced structural equation modeling with Mplus:

Byrne, B. M. (2011). *Structural equation modeling with Mplus: Basic concepts, applications, and programming.* New York: Routledge.

The following book deals with more complex analyses in Mplus:

Geiser, C., Crayen, C., & Enders, K. (2012). *Advanced data analysis with Mplus.* Wiesbaden: VS Verlag für Sozialwissenschaften. (Manuscript in preparation)

Specific readings that deal with the specific statistical details of methods discussed in the book can be found at the beginning of each chapter.

참고문헌

Aiken, L. S., & West, S. G. (1991). *Multiple regression: Testing and interpreting interactions*. Newbury Park, CA: Sage.

Baron, R. M., & Kenny, D. A. (1986). The moderator.mediator variable distinction in social psychological research: Conceptual, strategic, and statistical considerations. *Journal of Personality and Social Psychology, 51*, 1173–1182.

Bollen, K. A. (1989). *Structural equations with latent variables*. New York: Wiley.

Bollen, K. A., & Curran, P. J. (2006). *Latent curve models: A structural equation perspective*. New York: Wiley.

Bollen, K. A., & Long, S. (Eds.). (1993). *Testing structural equation models. Newbury Park*, CA: Sage.

Bryk, A. S., & Raudenbush, S. W. (1987). Application of hierarchical linear models to assessing change. *Psychological Bulletin, 101*, 147–158.

Byrne, B. M., Shavelson, R. J., & Muthén, B. O. (1989). Testing for the equivalence of factor covariance and mean structures: The issue of partial measurement invariance. *Psychological Bulletin, 105*, 456–466.

Chen, F., Bollen, K. A., Paxton, P., Curran, P., & Kirby, J. (2001). Improper solutions in structural equation models: Causes, consequences, and strategies. *Sociological Methods and Research, 29*, 468–508.

Clogg, C. C. (1995). Latent class models: Recent developments and prospects for the future. In G. Arminger, C. C. Clogg, & M. E. Sobel (Eds.), *Handbook of statistical modeling in the social sciences* (pp. 311. 359). New York: Plenum Press.

Cohen, J., Cohen, P., West, S. G., & Aiken, L. S. (2003). *Applied multiple regression/correlation analysis for the behavioral sciences*. Mahwah, NJ:

Erlbaum.

Cole, D. A., Martin, J. M., & Powers, B. (1997). A competency-based model of child depression: A longitudinal study of peer, parent, teacher, and self-evaluations. *Journal of Child Psychology and Psychiatry and Allied Disciplines, 38*, 505–514.

Cole, D. A., Martin, J. M., Powers, B., & Truglio, R. (1996). Modeling causal relations between academic and social competence and depression: A multitrait.multimethod longitudinal study of children. *Journal of Abnormal Psychology, 105*, 258–270.

Cole, D. A., & Maxwell, S. E. (2003). Testing mediational models with longitudinal data: Questions and tips in the use of structural equation modeling. *Journal of Abnormal Psychology, 112*, 558–577.

Collins, L. M., Fidler, P. L., Wugalter, S. E., & Long, J. D. (1993). Goodness-of-fit testing for latent class models. *Multivariate Behavioral Research, 28*, 375–389.

Collins, L. M., & Lanza, S. T. (2010). *Latent class and latent transition analysis with applications in the social, behavioral, and health sciences*. New York: Wiley.

Crayen, C. (2010). *Chi-square distributions calculator version 3* [Computer software]. Berlin: Freie Universitat.

Duncan, T. E., Duncan, S. C., & Strycker, L. A. (2006). *An introduction to latent variable growth curve modeling: Concepts, issues, and applications* (2nd ed.). Mahwah, NJ: Erlbaum.

Eid, M. (2000). A multitrait.multimethod model with minimal assumptions. *Psychometrika, 65*, 241–261.

Eid, M., Courvoisier, D. S., & Lischetzke, T. (2011). Structural equation modeling of ambulatory assessment data. In M. R. Mehl & T. S. Connor (Eds.), *Handbook of research methods for studying daily life* (pp. 384–406). New York: Guilford Press.

Eid, M., Gollwitzer, M., & Schmitt, M. (2010). *Forschungsmethoden und*

Statistik [Research methods and statistics]. Weinheim, Germany: Beltz.

Eid, M., Langeheine, R., & Diener, E. (2003). Comparing typological structures across cultures by multigroup latent class analysis. *Journal of Cross-Cultural Psychology, 34*, 195–210.

Eid, M., Lischetzke, T., & Nussbeck, F. W. (2006). Structural equation models for multitrait.multimethod data. In M. Eid & E. Diener (Eds.), *Handbook of multimethod measurement in psychology* (pp. 283–299). Washington, DC: American Psychological Association.

Eid, M., Nussbeck, F. W., Geiser, C., Cole, D. A., Gollwitzer, M., & Lischetzke, T. (2008). Structural equation modeling of multitrait.multimethod data: Different models for different types of methods. *Psychological Methods, 13*, 230–253.

Eid, M., Schneider, C., & Schwenkmezger, P. (1999). Do you feel better or worse?: The validity of perceived deviations of mood states from mood traits. *European Journal of Personality, 13*, 283–306.

Enders, C. K. (2010). *Applied missing data analysis*. New York: Guilford Press.

Enders, C. K., & Tofighi, D. (2007). Centering predictor variables in cross-sectional multilevel models: A new look at an old issue. *Psychological Methods, 12*, 121–138.

Finney, S. J., & DiStefano, C. (2006). Non-normal and categorical data in structural

equation modeling. In G. R. Hancock & R. O. Mueller (Eds.), Structural *equation modeling: A second course* (pp. 269–314). Greenwich, CT: Information Age.

Formann, A. K. (2003). Latent class model diagnostics: A review and some roposals. *Computational Statistics and Data Analysis, 41*, 549–559.

Geiser, C. (2009). *Multitrait-multimethod-multioccasion modeling*. Munich: AVM.

Geiser, C., Crayen, C., & Enders, C. K. (2012). *Datenanalyse mit Mplus fur Fortgeschrittene* [Advanced data analysis with Mplus]. Wiesbaden,

Germany: VS Verlag fur Sozialwissenschaften. (Manuscript in preparation)

Geiser, C., Eid, M., & Nussbeck, F. W. (2008). On the meaning of the latent variables in the CT−C(M−1) model: A comment on Maydeu-Olivares & Coffman (2006). *Psychological Methods, 13*, 49−57.

Geiser, C., Keller, B. T., & Lockhart, G. (in press). First-versus second-order latent growth curve models: Some insights from latent state-trait theory. *Structural Equation Modeling.*

Geiser, C., Lehmann, W., & Eid, M. (2006). Separating "rotators" from "non-rotators" in the mental rotations test: A multigroup latent class analysis. *Multivariate Behavioral Research, 41*, 261−293.

Geiser, C., & Lockhart, G. (2012). A comparison of four approaches to account for method effects in latent state-trait analyses. *Psychological Methods, 17*, 255−283.

Goodman, L. A. (1974). Exploratory latent structure analysis using both identifiable and unidentifiable models. *Biometrika, 61*, 215−231.

Hagenaars, J. A. (1993). *Loglinear models with latent variables.* Beverly Hills, CA: Sage.

Hagenaars, J. A., & McCutcheon, A. L. (Eds.). (2002). *Applied latent class analysis.* Cambridge, UK: Cambridge University Press.

Hancock, G. R., Kuo, W., & Lawrence, F. R. (2001). An illustration of second-order latent growth models. *Structural Equation Modeling, 8*, 470−489.

Heller, K., Gaedicke, A.−K., & Weinläder, H. (1976). *Kognitiver Fahigkeitstest (KFT 4−13)* [Cognitive Ability Test (KFT 4−13)]. Weinheim, Germany: Beltz.

Hertzog, C., & Nesselroade, J. R. (1987). Beyond autoregressive models: Some implications of the trait-state distinction for the structural modeling of developmental change. *Child Development, 58*, 93−109.

Hofmann, D. A., & Gavin, M. B. (1998). Centering decisions in hierarchical linear models: Implications for research in organizations. *Journal of*

Management, 24, 623–641.

Hox, J. J. (2002). *Multilevel analysis: Techniques and applications.* Mahwah, NJ: Erlbaum.

Hu, L., & Bentler, P. M. (1999). Cutoff criteria for fit indexes in covariance structure analysis: Conventional criteria versus new alternatives. *Structural Equation Modeling, 6,* 1–55.

Jöreskog, K. G. (1979a). Statistical models and methods for analysis of longitudinal data. In K. G. Jöreskog & D. Sörbom (Eds.), *Advances in factor analysis and structural equation models* (pp. 129–169). Cambridge, MA: Abt.

Jöreskog, K. G. (1979b). Statistical estimation of structural models in longitudinal-developmental investigations. In J. R. Nesselroade & P. B. Baltes (Eds.), *Longitudinal research in the study of behavior and development* (pp. 303–351). New York: Academic Press.

Kaplan, D. (2009). *Structural equation modeling: Foundations and extensions* (2nd ed.). Newbury Park, CA: Sage.

Kline, R. B. (2011). *Principles and practice of structural equation modeling* (3rd ed.). New York: Guilford Press.

Kovacs, M. (1985). The Children's Depression Inventory (CDI). *Psychopharmacology Bulletin, 21,* 995–998.

Kreft, I. G. G., & de Leeuw, J. (1998). *Introducing multilevel modeling.* London: Sage.

Kreft, I. G. G., de Leeuw, J., & Aiken, L. S. (1995). The effect of different forms of centering in hierarchical linear models. *Multivariate Behavioral Research, 30,* 1–21.

Lance, C. E., Noble, C. L., & Scullen, S. E. (2002). A critique of the correlated trait-correlated method and correlated uniqueness models for multitrait-multimethod data. *Psychological Methods, 7,* 228–244.

Langeheine, R., Pannekoek, J., & van de Pol, F. (1996). Bootstrapping goodness-of-fit measures in categorical data analysis. *Sociological Methods and Research, 24*, 249–264.

Langeheine, R., & Rost, J. (Eds.). (1988). *Latent trait and latent class models.* New York: Plenum.

Lazarsfeld, P. F., & Henry, N. W. (1968). *Latent structure analysis.* Boston: Houghton Mifflin.

Lo, Y., Mendell, N. R., & Rubin, D. B. (2001). Testing the number of components in a normal mixture. *Biometrika, 88*, 767–778.

Loehlin, J. C. (1998). *Latent variable models: An introduction to factor, path, and structural analysis.* Mahwah, NJ: Erlbaum.

Luke, D. A. (2004). *Multilevel modeling.* Thousand Oaks, CA: Sage.

MacKinnon, D. P. (2008). *Introduction to statistical mediation analysis.* Mahwah, NJ: Erlbaum.

MacKinnon, D. P., Lockwood, C. M., Hoffman, J. M., West, S. G., & Sheets, V. (2002). A comparison of methods to test mediation and other intervening variable effects. *Psychological Methods, 7*, 83–104.

MacKinnon, D. P., Lockwood, C. M., & Williams, J. (2004). Confidence limits for the indirect effect: Distribution of the product and resampling methods. *Multivariate Behavioral Research, 39*, 99–128.

Marsh, H. W., Wen, Z., & Hau, K. T. (2006). Structural equation models of latent interaction and quadratic effects. In G. Hancock & R. Mueller (Eds.), *Structural equation modeling: A second course* (pp. 225–265). Greenwich, CT: Information Age.

Mayer, A., Steyer, R., & Mueller, H. (in press). A general approach to defining latent growth components. *Structural Equation Modeling.*

McArdle, J. J. (1988). Dynamic but structural equation modeling of repeated measures *data.* In R. B. Cattell & J. Nesselroade (Eds.), *Handbook of multivariate experimental psychology* (pp. 561–614). New York: Plenum Press.

McArdle, J. J., & Hamagami, F. (2001). Latent difference score structural models for linear dynamic analysis with incomplete longitudinal data. In L. M.

Collins & A. G. Sayer (Eds.), *New methods for the analysis of change* (pp. 137–175). Washington, DC: American Psychological Association.

McCutcheon, A. L. (1987). *Latent class analysis.* Beverly Hills, CA: Sage.

Meredith, W. (1993). Measurement invariance, factor analysis and factorial invariance. *Psychometrika, 58*, 525–543.

Meredith, W., & Horn, J. (2001). The role of factorial invariance in modeling growth and change. In L. M. Collins & A. G. Sayer (Eds.), *New methods for the analysis of change* (pp. 203–240). Washington, DC: American Psychological Association.

Meredith, W., & Tisak, J. (1984, June). *On "Tuckerizing" curves.* Paper presented at the annual meeting of the Psychometric Society, Santa Barbara, CA.

Meredith, W., & Tisak, J. (1990). Latent curve analysis. *Psychometrika, 55*, 107–122.

Millsap, R. E., & Meredith, W. (2007). Factorial invariance: Historical perspectives and new problems. In R. Cudeck & R. MacCallum (Eds.), *Factor analysis at 100* (pp. 131–152). Mahwah, NJ: Erlbaum.

Mulaik, S. A., & Millsap, R. E. (2000). Doing the four-step right. *Structural Equation Modeling, 7*, 36–74.

Muthén, B. O. (2002). Beyond SEM: General latent variable modeling. *Behaviormetrika, 29*, 81–117.

Muthén, L. K., & Muthén, B. O. (2002). How to use a Monte Carlo study to decide on sample size and power. *Structural Equation Modeling, 9*, 599–620.

Muthén, L. K., & Muthén, B. O. (2010). *Mplus 6* [Computer software]. Los Angeles: Muthén & Muthén. *http://statmodel.com.*

Muthén, L. K., & Muthén, B. O. (1998–2012). *Mplus user's guide, sixth edition.* Los Angeles: Muthén & Muthén. *http://statmodel.com/ugexcerpts.shtml.*

Nylund, K., Asparouhov, T., & Muthén, B. O. (2007). Deciding on the number of classes in latent class analysis and growth mixture modeling: A Monte

Carlo simulation study. *Structural Equation Modeling, 14*, 535–569.

Pinquart, M. (2001). Correlates of subjective health in older adults: A eta-analysis. *Psychology and Aging, 16*, 414–426.

Quaiser-Pohl, C., Geiser, C., & Lehmann, W. (2006). The relationship between computer-game preference, gender, and mental rotation ability. *Personality and Individual Differences, 40*, 609–619.

Radloff, L. S. (1977). The CES–D Scale: A self-report depression scale for research in the general population. *Applied Psychological Measurement, 1*, 385–401.

Raffalovich, L. E., & Bohrnstedt, G. W. (1987). Common, specific, and error variance components of factor models: Estimation with longitudinal data. *Sociological Methods and Research, 15*, 385–405.

Raudenbush, S. W., & Bryk, A. S. (2002). *Hierarchical linear models* (2nd ed.). Thousand Oaks, CA: Sage.

Raykov, T. (1993). On estimating true change interrelationships with other variables. *Quality and Quantity, 27*, 353–370.

Raykov, T., & Marcoulides, G. A. (2006). *A first course in structural equation modeling* (2nd ed.). Mahwah, NJ: Erlbaum.

Reuter, T., Ziegelmann, J. P., Wiedemann, A. U., Geiser, C., Lippke, S., Schuz, B., et al. (2010). Changes in intentions, planning, and self-efficacy predict changes in behaviors: An application of latent true change modeling. *Journal of Health Psychology, 15*, 935–947.

Roosa, M. W., Liu, F., Torres, M., Gonzales, N., Knight, G., & Saenz, D. (2008). Sampling and recruitment in studies of cultural influences on adjustment: A case study with Mexican Americans. Journal of Family Psychology, 22, 293–302.

Rost, J. (2004). *Lehrbuch Testtheorie-Teskonstruktion* (2nd ed.) [Textbook test theory and test construction]. Bern, Germany: Huber.

Rost, J. (2006). Latent-Class-Analyse [Latent class analysis]. In F. Petermann & M. Eid (Eds.), *Handbuch de Psycologischen Dianostik* [Handbook of

Psychological Assessment] (pp. 275–287). Gottingen, Germany: Hogrefe.

Rost, J., & Langeheine, R. (Eds.). (1997). *Applications of latent trait and latent class models in the social sciences*. Munster, Germany: Waxmann.

Sayer, A. G., & Cumsille, P. E. (2001). Second-order latent growth models. In L. M. Collins & A. G. Sayer (Eds.), *New methods for the analysis of change* (pp. 177–200). Washington, DC: American Psychological Association.

Schafer, J. L., & Graham, J. W. (2002). Missing data: Our view of the state of the art. *Psychological Methods, 7*, 147–177.

Schermelleh-Engel, K., Moosbrugger, H., & Müller, H. (2003). Evaluating the fit of structural equation models: Test of significance and descriptive goodness-of-fit measures. *Methods of Psychological Research. Online, 8*, 23–74. http://www.dgps.de/fachgruppen/methoden/mpr-online.

Schumacker, R. E., & Lomax, R. G. (1996). *A beginner's guide to structural equation modeling*. Mahwah, NJ: Erlbaum.

Singer, J. D., & Willett, J. B. (2003). *Applied longitudinal data analysis: Modeling change and event occurrence*. New York: Oxford University Press.

Snijders, T. A. B., & Bosker, R. J. (1999). *Multilevel analysis: An introduction to basic and advanced multilevel modeling*. London: Sage.

Sobel, M. E. (1982). Asymptotic confidence intervals for indirect effects in structural equation models. In S. Leinhardt (Ed.), *Sociological methodology 1982* (pp. 290–312). Washington, DC: American Sociological Association.

Sörbom, D. (1975). Detection of correlated errors in longitudinal data. *British Journal of Mathematical and Statistical Psychology, 28*, 138–151.

Steyer, R. (1988). *Experiment, Regression und Kausalitat: Die logische Struktur kausaler Regressionsmodelle* [Experiment, regression, and causality: On the logical structure of causal regression models]. Unpublished habitation thesis, University of Trier, Trier, Germany.

Steyer, R., Eid, M., & Schwenkmezger, P. (1997). Modeling true intraindividual change: True change as a latent variable. *Methods of Psychological*

Research. Online, 2, 21–33. http://www.dgps.de/fachgruppen/methoden/mpr-online.

Steyer, R., Ferring, D., & Schmitt, M. J. (1992). States and traits in psychological assessment. *European Journal of Psychological Assessment, 8*, 79–98.

Steyer, R., Partchev, I., & Shanahan, M. (2000). Modeling true intra-individual change in structural equation models: The case of poverty and children's psychosocial adjustment. In T. D. Little, K. U. Schnabel, & J. Baumert (Eds.), *Modeling longitudinal and multiple-group data: Practical issues, applied approaches, and specific examples* (pp. 109.126). Hillsdale, NJ: Erlbaum.

Steyer, R., Schmitt, M. J., & Eid, M. (1999). Latent state.trait theory and research in personality and individual differences. *European Journal of Personality, 13*, 389–408.

Uebersax, J. (2000). *A brief study of local maximum solutions in latent class analysis*. Available at *http://www.johnuebersax.com/stat/local.htm.*

von Davier, M. (1997). Bootstrapping goodness-of-fit statistics for sparse categorical data: Results of a Monte Carlo study. *Methods of Psychological Research. Online, 2*, 29–48.

Ware, J. E., & Sherbourne, C. D. (1992). The MOS 36-item short-form health survey (SF–36): I. Conceptual framework and item selection. *Medical Care, 30*, 473–483.

Whitelaw, N. A., & Liang, J. (1991). The structure of the OARS physical health measures. *Medical Care, 29*, 332–347.

Widaman, K. F., & Reise, S. P. (1997). Exploring the measurement invariance of psychological instruments: Applications in the substance use domain. In K. J. Bryant, M. Windle, & S. G. West (Eds.), *The science of prevention: Methodological advances from alcohol and substance abuse research* (pp. 281–324). Washington, DC: American Psychological Association.

찾아보기

인명

명령어

내용

저자 소개

Christian Geiser

현재 미국 유타주의 로건시에 위치한 유타 주립대학교 심리학과의 부교수이다. 그의 연구 방법론의 관심은 종단적, 그리고 다차원 자료에 대한 잠재변수 심리측정 모델들의 개발, 평가, 그리고 적용이다. 주요 연구들에서는 그는 공간능력에서의 개인별 차이에 초점을 두고 그것들이 어떻게 설명될 수 있는지에 대해 살펴보고 있다.

역자 소개

김진현

현재 부산대학교 사회복지학과 부교수이다. 부산대학교 사회복지학과를 졸업하고 미국 사우스캐롤라이나 대학교에서 석사학위를 받았으며, 미국 오하이오 주립대학교에서 사회복지학 박사학위를 받았다. 주요 연구 관심 분야는 구조방정식을 통한 건강 불평등 이론의 검증과 잠재성장모델을 통한 종단연구 등이다.

한지나

현재 신라대학교 사회복지학과 조교수이다. 중앙대학교 사회복지학과를 졸업하고 미국 사우스캐롤라이나 대학교에서 석사학위를 받았으며, 미국 오하이오 주립대학교에서 사회복지학 박사학위를 받았다. 주요 연구 관심 분야는 노인 정신건강, 연령 차별주의, 그리고 구조방정식 모형 등이다.

Mplus를 이용한 데이터 분석

Data Analysis with Mplus

2019년 3월 25일 1판 1쇄 인쇄
2019년 3월 30일 1판 1쇄 발행

지은이 • Christian Geiser
옮긴이 • 김진현 · 한지나
펴낸이 • 김진환
펴낸곳 • (주) 학지사
04031 서울특별시 마포구 양화로 15길 20 마인드월드빌딩
대표전화 • 02)330-5114 팩스 • 02)324-2345
등록번호 • 제313-2006-000265호

홈페이지 • http://www.hakjisa.co.kr
페이스북 • https://www.facebook.com/hakjisa

ISBN 978-89-997-1783-3 93370

정가 20,000원

역자와의 협약으로 인지는 생략합니다.
파본은 구입처에서 교환해 드립니다.

이 도서의 국립중앙도서관 출판시도서목록(CIP)은 서지정보유통지원시스템 홈페이지(http://seoji.nl.go.kr)와 국가자료공동목록시스템(http://www.nl.go.kr/kolisnet)에서 이용하실 수 있습니다.
(CIP 제어번호: CIP2019009481)